노동,
운동,
미래,
전략

노동

역사를 넘어

미래

「노동, 운동, 미래, 전략」 발간위원회
노동자가 여는 평등의길 기획
김태훈 김현우 나상윤
남종석 노중기 박장현
신경아 장석준 조효래
한지원 지음

다시 새롭고
어려운 길을
출발하려는
우리 동지들에게

이매진

노동, 운동, 미래, 전략
다시 새롭고 어려운 길을 출발하려는 우리 동지들에게

1판 1쇄 2020년 8월 21일 **1판 2쇄** 2020년 11월 20일
지은이 김태훈 김현우 나상윤 남종석 노중기 박장현 신경아 장석준 조효래 한지원
기획 '노동, 운동, 미래, 전략' 발간위원회·노동자가 여는 평등의 길
펴낸곳 이매진 **펴낸이** 정철수
등록 2003년 5월 14일 제313-2003-0183호
주소 서울시 은평구 진관3로 15-45, 1018동 201호
전화 02-3141-1917 **팩스** 02-3141-0917
이메일 imaginepub@naver.com
블로그 blog.naver.com/imaginepub
인스타그램 @imagine_publish
ISBN 979-11-5531-118-9 (03300)

차례

2부___노동운동의 전환

전환의 시대,
노동운동의 전환

전태일이 분신한 지 반세기인 2020년, 민주노조운동의 앞날은 매우 불투명하다. 연초부터 시작된 코로나19 대전염병 사태는 결국 노동운동에도 심각한 상처를 남긴 채 첫 단계를 지나갔다. '코로나19 노사정 합의' 분란으로 전국민주노동조합총연맹(민주노총)은 내부적으로 더욱 분열하고 갈등했고, 외적으로 엄청난 이데올로기 공세에 시달려야만 했다. 그렇지만 코로나19에 따른 대규모 경제 위기와 고용 불안이 얼마나 어떤 형태로 전개될지 전혀 모르는 만큼 첫 단계일 뿐이다.

　아직 전모를 평가하기는 매우 이르지만 코로나19는 커다란 지구적 구조 변동을 암시하는 일이었다. 가장 밑바탕에는 수 세기나 진행된 기후 위기, 자본주의 산업화와 지구화가 배경으로 있었다. 또한 2008년 미국발 세계 공황과 4차 산업혁명의 충격으로 이미 심각하던 경제 위기와 고용 불안이 갑자기 현실의 문제로 폭발한 것이기도 했다. 더욱이 그 피해가 약자 집단에 집중된 점도 주목할 일이었다. 기존의 비정규 노동자들과 함께 새로운 플랫폼 노동자, 영세 자영업자들이 고용 불안과 경제 위기의 일차 희생자였다. 어두컴컴한 신자유주의 노동 양극화를 벗어나기 위해 고투 중인 민주노조운동이 갑자기 암흑 세상에 던져진 것일지도 모른다.

코로나19 사태로 드러난 또 하나의 중요한 진실은 민주노조운동의 현재 위치가 매우 모호하다는 점이었다. 촛불을 주도한 민주노조운동은 노동 존중 노동 정책과 신자유주의를 대신할 새 노동 체제에 대한 기대로 부풀었다. 조합원 수가 급증해 100만 명을 넘어서고 제1 노총이 되면서 그런 기대가 현실이 되는 듯했다. 그런데 노동 존중과 새 노동 체제가 섣부른 소망을 담은 사고라는 사실이 드러나는 데에는 그리 오랜 시간이 필요하지 않았다. 노동운동의 사회적 고립이 더욱 심화해 자본의 민주 노조 비판이 이제는 민주노총 내부에서 재생산되는 실정이다.

반세기를 싸워 만들어온 민주노조운동이 보여주는 오늘의 현실은 암담한 것처럼 보인다. 그러나 더 어려운 문제는 그 현실보다 미래의 조그만 가능성에 대한 모색일 것이다. 현재 민주노조운동을 둘러싼 벽들은 한 겹이 아니다. 가까운 곳에는 국가와 자본의 노동 전략도 있고 비정규 노동과 양극화 문제도 있다. '민주노총 포비아' 현상도 어려운 과제다. 그러나 문제는 그것만이 아니라는 데 있다. 4차 산업혁명, 기후 위기, 고령화, 장기 대불황, 동북아 국제 정세의 급변 같은 더 구조적이고 장기적인 변수들이야말로 진정한 어려움일 것이다.

이 책은 현장의 노동운동 활동가들이 오늘의 복잡하고 어려운 현실을 드러내 토론하자는 문제의식 아래 만들어졌다. 문제 해결은 문제가 문제라는 사실을 공유하는 데에서 시작할 것이라는 믿음 때문이다. 관련해서 독자들이 염두에 두었으면 하는 세 가지 점을 먼저 말씀드리고 싶다.

먼저 이 책에는 문제에 대한 답이 없다. 각 주제에 관해 지은이들은 나름의 답을 하기 위해 노력했지만, 그 대답이 충분하다고 생각하지 않기 때문이다. 일차적인 목적은 질문을 던지고 토론을 불러일으키는 데 있다.

둘째, 지은이들 사이 또는 발간위원회에도 어떤 최소한의 공통된 견해가 없다. 다만 발간위원회는 지은이들에게 자기 견해를 가능한 한 명료하게 제시해달라고 요청했다. 토론을 유발하기 위한 목적이었다.

셋째, 마찬가지로 이 책에 담긴 여러 주장은 기획자인 '노동자가 여는 평등의 길'(평등의길)의 정치적 입장과 무관하다. 노동운동 활동가 모임인 평등의길은 문제를 풀 답을 원하지 않으며, 당장은 대답이 가능하다고 보지도 않는다. 오로지 민주 노조의 미래를 고민하는 누구나 참여해 함께 토론하자는 제안을 건네고 싶을 뿐이다.

1부에서는 주로 거시적이고 장기적인 구조적 쟁점들을 나열해서 다루고자 했다. 4차 산업혁명과 4차 산업혁명이 노동의 재편에 미치는 영향을 다룬 1장은 어두운 미래를 직시하자고 호소한다. 플랫폼 자본주의로 나아가는 구조 변동은 과거의 경험을 뛰어넘는 엄청난 경제 고용 위기를 불러올 것이다. 박장현은 발본의 성찰을 해서 탈기업 노동 체제를 구성하기 위한 장기 구조적 전략 전환이 필요하다고 역설한다. 2장은 기후 위기가 이미 불러온 노동 위기와 일자리 위기에 노동조합이 시급히 대응해야 한다고 주장한다. 김현우는 노동조합과 환경운동의 뿌리가 같은데도 노조의 관심과 실천이 너무 부족한 우리 현실을 드러내고 변화를 촉구한다.

3장은 고령화 사회에 진입한 한국 사회의 구조 변동이 미칠 영향에 대해 논한다. 고령화는 현재도 심각한 노동계급 내부의 분절을 더욱 심화시킬 가능성이 크다. 한지원은 대기업과 중소기업, 공공 부문과 민간, 소수의 고소득층과 다수 저소득층의 격차를 확대하는 경향에 맞서 사회연대 전략의 필요성을 역설한다. 4장에서 남종석은 장기 불황과 대불황의 시대에 이어 다시 코로나19 경제 위기에 전세계가 봉착한 현실을 제시한다. 선진국 중에서 상황이 양호하던 한국 사회도 이제 본격적으로 고용 위기에 직면할 것이므로 계급 안팎의 연대를 새롭게 재구성하는 일이 시급하다는 진단을 내린다.

5장에서 김태훈은 언뜻 보아 노동과 거리가 있는 주제를 다룬다. 최근 들어 격변하는 동아시아 국제 관계다. 미-중 갈등의 심화, 북-미 협상의 진척과 질곡, 그리고 한-일 갈등은 경제적 파급 효과와 함께 노동운동의 노선 갈등을 다시 심화시킬 가능성이 있다. 6장은 앞 장에서 살펴본 구조 변동의 결과로 나타난 한국 사회의 불평등 심화 현상을 전체적으로 조망한다. 조효래는 조세 정책, 복지 정책, 경제민주화 정책 등을 불평등 완화 대책으로 제시하면서 노사 관계 세력 균형의 변화, 시민들의 정치의식 제고가 필요하다고 봤다.

2부는 노동운동에 직접 연관된 주제들로 구성됐다. 1장에서는 4차 산업혁명, 귀족노조론, 대안적 사회운동 등이 제기하는 노동조합의 필요성 문제를 다뤘다. 한지원은 21세기에도 노조가 사회 변화의 주역이 될 수 있다고 주장한다. 그리고 시장에 치우친 노조의 지향성을 사회와 계급으로 전환해야 한다고 역설한다. 2장에서는 한국 사회의 귀족노조론을 비판적으로 분석했다. 노중기는 수구 정치 세력, 자유주의 정치 세력, 개혁적 노동 연구자, 노동운동 내부 온건파가 귀족노조론 유포에 공동 참여하며 암묵적인 신자유주의 연대가 형성됐다고 주장한다.

다양한 측면에서 노동운동 혁신 모델을 검토한 3장은 사회연대 전략을 대안으로 제시했다. 3장에서 나상윤이 집중 검토한 대안 모델은 지역연대 전략이다. 지역 노동운동과 산업 노조운동의 동시 병행 확대 전략을 통해 오래된 기업 중심 노조운동을 넘어서려는 전략 목표가 필요하다고 역설했다. 4장에서 신경아는 노동조합에서 여성이 자리한 곳이 어디인지 다시 물었다. 성별 임금 격차, 성별화된 조직, 감추어진 젠더와 비뚤어진 젠더 의식, 브라더 문화와 펜스 룰과 백래시 등 남성 중심 문화가 여전했다. 어떻게 해야 할까? 작업장과 노동조합 내부의 성별 불평등을 해소하고 남성 중심 문화에서 벗어나 진정한 성평등을 실현하려면, 노동조합은 새로운 사회적 지향을 향해 나아가야 한다. 여성 혐오를 극복하고 새로운 노동조합 민주주의를 실현해야 한다.

5장은 진보 정당이 여전히 중요한 노동운동의 과제라는 점을 포괄적으로 보여준다. 장석준은 현재는 애물단지가 됐지만 진보 정당은 회피할 수 있는 과제가 아니라고 말한다. 자유주의 정당에는 미래가 없고, 노조만으로는 미래를 건설할 수 없으며, 전체 사회에 대한 헤게모니가 꼭 필요하기 때문이다. 마지막 좌담에서는 각각의 글로 나뉜 지은이들의 생각을 충분하지는 않지만 드러내 서로 교환하려 했다. 독자들은 노동운동 일선의 활동가와 진보적 연구자들이 나눈 진지한 토론을 참고해서 자신의 이야기를 만들 수 있을 것으로 기대한다.

1년이 넘는 시간 동안 발간위원회는 지은이들을 중심으로 여러 차례 내부 토론회를 열었다. 동시에 발간위원회에서는 이 작업의 성격과 내용에 대해 토론했다. 결과가 충분히 만족스럽지는 않으며 많은 문제점이 있다는 사실을 잘 알고 있다. 그러나 2000년대 초반 이후 민주노조운동 전반을 돌아보는 전략적 성찰이 실질적으로 사라진 현실을 생각하지 않을 수 없었다. 완전하지 않고, 많은 비생산적인 논쟁을 불러올 수도 있는 이 책을 감히 세상에 내놓자고 결정한 이유다. 새롭고 어려운 길을 다시 출발해야 하는 민주노조운동과 많은 활동가, 조합원 대중에게 누가 되지 않기만을 바란다.

작업이 늦어졌는데도 출판 노동자들의 노고 덕분에 예정된 출판 시기를 맞출 수 있었다. 무리한 요구를 수용해주신 출판 노동자들에게 사과와 더불어 진심으로 감사를 전한다.

2020년 8월

'노동, 운동, 미래, 전환' 발간위원회

(노중기, 조효래, 박장현, 한지원, 장석준, 나상윤)를 대표해

노중기 씀

1부

전환의
시대

1장

4차 산업혁명과 노동의 재편
공장과 임금 노동에서
플랫폼과 독립 노동으로?

박장현

1. 노동 전선 이상 없다? — 코로나 사태

1) 현실의 몇 장면 — 정보산업부터 제조업까지

우리는 지금 거대한 변화의 소용돌이 속에 있다. 그것을 '4차 산업혁명'이라고 부르는 사람도 있다. 호들갑 떨지 말라면서 반박하는 사람도 있다. 오늘날 우리가 겪고 있는 변화의 빠르기와 넓이와 깊이를 가늠해보기 위하여 현실의 몇 장면을 살펴보자.

민주노총 100만 조합원 시대가 열렸다. 2019년 12월, 노동부는 민주노총(97만)이 한국노총(93만)을 제치고 최대 노총의 자리를 차지하게 되었다고 발표했다. 전국교직원노동조합(전교조) 등 노동부가 통계에 넣지 않은 숫자를 합치면 민주노총 조합원은 100만 명을 훨씬 넘어선다. 1987년 노동자 대투쟁 이후 30년 동안 민주노조운동이 온갖 탄압을 뚫고 우여곡절을 거치면서 만들어낸 소중한 결실이다. 여기에 만족하지 않고 민주노총은 '곧 200만 시대를 열겠다'는 새로운 목표를 내세웠다.

그러나 숫자는 착각을 불러일으킬 수 있다. 겉은 부풀어 커지고 있지만, 속은 텅텅 비어 오그라들고 있다면? 최근 1~2년 동안 일어난 몇 가지 장면을 되돌아보자.

2018년 5월 31일, 지엠은 한국지엠 군산 공장을 폐쇄하였다. 거기서 일하던 수천 명의 노동자들은 하루아침에 길거리로 내쫓겨야 했다. 쌍용자동차 대량 해고 사태와는 성격이 전혀 다른 사건이었다. '정리해고 반대' 구호를 내세우며 진행된 온갖 투쟁도 소용없었다. '대마불사' 신화는 무너졌고, 군산 공장은 문이 닫혔다. 창원 공장과 부평 공장도 마냥 안전해 보이지는 않는다.

2018년 10월, 민주노총은 문재인 정부의 '경제사회노동위원회'에 참여하는 안건을 다루기 위하여 임시대의원대회를 소집하지만, 정족수 미달로 회의를 열지 못했다. 참여를 반대하는 쪽에서 회의를 보이콧한 것이었다. 다섯 달 뒤, 2019년 3월 6일, 민주노총은 '탄력근로제 확대 저지'를 내세우며 총파업을 단행한다. 총파업은, 전쟁에 비유하자면, 전면전 전략에 해당된다. 위원장이 삭발까지 하면서 독려했지만, 파업에 참여한 조합원 수는 전국적으로 채 1만 명도 되지 않았다. 다음달, 4월 5일, 민주노총 집행부는 다시 한 번 임시대의원대회를 개최하지만, 경사노위 참여 안건은 부결된다. 석 달 뒤 7월 18일, 민주노총은 '최저임금제 개악 저지'를 내세우며 다시 한 번 총파업을 결행한다. 참여 조합원 수는 3만 명에 그쳤다.

민주노총이 6개월 사이에 두 번 대의원대회를 열고, 4개월 사이에 두 번 총파업을 벌이는 동안에도 세상은 아랑곳하지 않고 제 갈 길을 갔다.

눈에 띄는 대로 먼저 운수물류업을 보자. 오늘날 여객운송업과 생활물류업은 플랫폼 노동의 가장 큰 원천으로 되고 있다. 2019년 3월 7일, 택시 업계와 카카오 모빌리티 사이의 오랜 분쟁이 쌍방 합의를 통하여 해결된다. 여기에는 국토교통부의 중재가 큰 영향을 미쳤다. 그러나 이어서 택시 업계와 타다 사이에 새로운 분쟁이 터져 나온다. 5월 1일, 음식 배달 플랫폼에서 일하는 배달 노동자들이 노동조합 '라이더 유니온'을 결성하고 나섰다. 그러나 민주노총에는 가입하지 않는다.

5월 20일, 국내 최대 온라인 쇼핑 플랫폼인 쿠팡이 음식 배달 플랫폼 쿠팡이츠를 출시한다. 몇 달 뒤 12월 13일, 국내 최대 음식배달 플랫폼 배달의 민족이 독일 자본 딜리버리 히어로에 자기 회사를 4조 5000억 원에 팔아치우기로 한다. 김봉진 대표는 매각 이유로 쿠팡을 둘러댔다. "일본계 자본을 등에 업은 C사의 경우 각종 온라인 시장을 파괴하는 역할을 많이 해왔다. 국내외 거대 자본의 공격이 지속될 경우 자금력이 풍부하지 않은 토종 앱은 한순간에 사라질 수 있는 게 정보기술 업계의 현실이다."

소매유통업을 보자. 1993년에 개점하여 그동안 지속적으로 발전해오던 이마트가 2019년 2분기에 처음으로 적자를 기록했다. 이마트보다 앞서 적자를 기록하기 시작한 롯데마트는 2019년, 앞으로 700개 점포 중 200개 점포의 문을 닫겠다는 계획을 세운다. 오프라인 소매유통업이 빠르게 무너져 내리고 있다. 전통 시장은 더 말할 것도 없다. 반면 쿠팡, G마켓, 11번가 등 온라인 소매유통업은 급성장하고 있다. 2020년 4월, 코로나19가 촉발한 사회적 거리 두기의 혼돈 속에서 마침내 온라인 유통업의 규모가 오프라인 유통업을 추월한다.

공공 서비스 부문도 조용하지 않았다. 6월 31일, 한국도로공사 톨게이트 노동자들이 '직접 고용 정규직화'를 요구하면서 고공 농성에 돌입했다. 이어서 본사 점거 농성이 벌어졌고, 청와대 앞 천막 농성, 삼보일배 투쟁을 거치면서 싸움은 이듬해 1월까지 이어진다. 투쟁의 고비마다 전국에서 많은 노동자들이 희망버스를 타고 와 연대의 마당을 넓혔다. 그러던 10월 13일, 청와대 경제수석비서관이 투쟁에 기름을 끼얹고 나선다. "톨게이트 수납원이 없어지는 일자리라는 게 눈에 보이지 않냐?"

금융업의 고용 축소는 어제오늘 일이 아니다. 2019년 말, 4대 시중 은행은 이듬해 초까지 80~90개 점포를 폐쇄할 것이라는 계획을 발표한다. 한국은행 조사를 따르면, 2014년 7589개이던 금융 기관 점포 수는 2019년까지 6931개로 줄어들어 5년 사이에 8.7퍼센트 감소하였다. 앞으로도 계속 감소할 전망이다. 반면 2017년 7월에 문을 연 카카오뱅크는 급성장에 급성장을 거듭하고 있다. 국내 최대 플랫폼 기업 네이버도 2020년 중에 은행업을 개시할 계획이다.

제조업은 예외일까? 2019년 9월 23일, 현대자동차는 미국 정보기술 회사 앱티브와 합작 회사를 만들기로 했다고 발표한다. 현대차는 2조 3000억 원을 대고 앱티브는 자율 주행 기술을 출자해서 각각 50퍼센트의 지분을 갖기로 했다. 이 합작을 통해 현대차는 글로벌 자동 주행 기술 세계 6위로 도약한다. 비슷한 시기에 현대차는 노동조합에 '2025 전략'을 설명하는 자리를 가졌고, 2030년부터 내연 기관 차량 신차 출시를 중단하겠다고 선언하였다. 자동차 생산을 전기차 중심으로 재편하겠다는 계획이다. 그 과정에서 현대차 일자리의 20~40퍼센트가 줄어들 것이라고 한다. 전기차는 자율 주행차 시대로 넘어가기 위한 징검다리에 해당된다.

여기에 발맞춰서 국토교통부는 '자율 주행차 안전 기준'을 새로 도입하면서 2020년 새해를 시작한다. 이 기준을 따르면, 7월부터 레벨3 수준 자율 주행차의 판매와 사용이 허용된다. 레벨3은 차로 유지 기능이 탑재되어 있어 고속도로에서 운전자가 운전대에서 손을 떼고 주행할 수 있는 수

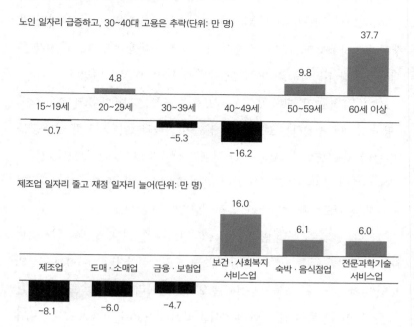

그림 1 문재인 정부 일자리 상황판

노인 일자리 급증하고, 30~40대 고용은 추락(단위: 만 명)

15~19세	20~29세	30~39세	40~49세	50~59세	60세 이상
-0.7	4.8	-5.3	-16.2	9.8	37.7

제조업 일자리 줄고 재정 일자리 늘어(단위: 만 명)

제조업	도매·소매업	금융·보험업	보건·사회복지 서비스업	숙박·음식점업	전문과학기술 서비스업
-8.1	-6.0	-4.7	16.0	6.1	6.0

자료: 통계청.

준을 가리킨다. 자율 주행차 선진국들은 레벨3 자율주행차의 판매와 사용을 허용하지 않고 있다. 안전을 책임질 수 없다는 뜻이다.

폭발적으로 팽창하는 산업도 있다. 정보산업이다. 자본의 판도 변화는 가장 먼저 주식시장을 통하여 표출된다. 2019년 마지막 주식 거래일 현재 삼성전자와 SK하이닉스에 이어 네이버가 코스피 시가 총액 3위 자리를 차지하고 있다. 현대자동차, LG화학, 포스코, 신한은행, KB금융, 한국전력 등 20세기 한국을 주름잡아온 쟁쟁한 간판 기업들을 넘어선 것이다. 이어서 2020년 5월에는 카카오가 현대자동차를 제치면서 코스피 시총 9위로 올라선다. 일본 주식시장에 상장된 게임업체 넥슨도 같은 달 시가 총액 20

조 원을 돌파하면서 현대자동차를 뛰어넘는다.

2019년 마지막 날, 중국 정부는 우한 시에서 신종 바이러스 환자가 발생했다고 세계보건기구WHO에 공식 보고한다. 이때만 해도 코로나19가 온 세상을 발칵 뒤집어놓을 것이라고 내다본 사람은 아무도 없었다.

2020년 1월 15일, 새해 첫 고용 지표를 발표하는 자리에 경제 부처 장관 6명이 동시에 참석하는 보기 드문 장면이 연출되었다. '일자리 대통령'을 첫 번째 공약으로 내걸고 출범한 문재인 정부가 2년 동안 실패를 거듭한 뒤에 드디어 성공을 거두기 시작한 것을 과시하는 자리였다. 2019년 취업자 수가 전년도보다 30만 1000명 늘어난 것이다.

그러나 숫자는 자칫하면 착각을 불러일으킬 수 있다. 늘어난 일자리는 대부분 정부가 돈을 퍼부어 만들어낸 공공 일자리였다. 주로 60세 이상의 노인 일자리다. 1차 노동시장에서는 오히려 일자리가 빠른 속도로 줄어들고 있다. 연령별로 보면, 생산의 핵심을 구성하는 40대 고용이 16퍼센트나 줄어들었다. 산업별로 보면, 제조업, 도소매업, 금융업 고용이 줄어들었다.

2) 실체일까, 거품일까

한국 경제의 이곳저곳에서 모아본 이런 장면들은 혁명적 변화에 해당될까, 아니면 그저 그런 일상적 변화에 불과할까?

느닷없이 들이닥친 코로나 바이러스는 이런 의문을 '한가한 질문'으로 만들어버렸다. 세상의 다른 모든 문제들을 삼켜버리는 블랙홀로 등장한 것이다. 서초동과 광화문에 매일 100만 명 이상의 시민을 불러모은 '조국 사태'도 삼켜버렸고, 검찰이 문재인 정권의 심장부를 겨누는 칼날로 들이댄 '울산시장 선거 부정 수사'도 묻어버렸다. 문재인 정부의 성공적인 방역 활동은 '코로나 국뽕'을 불러일으켰고, 4월 총선은 민주당 압승으로 끝났다. 이어서 '재난지원금' 또는 '재난기본소득'이 사람들의 눈과 귀를 몽땅 앗아간다. 국가가 모든 국민에게 수십만 원 씩 돈을 공짜로 나누어준다? 단군 이래 처음 벌어진 일이다.

"코로나 이후 시대는 절대로 코로나 이전 시대와 같은 수 없을 것이다." 벌써 이렇게 주장하고 나서는 사람들도 적지 않다. 코로나19가 세상을 혁명적으로 변화시키고 있다는 뜻이다. 어쩌면 맞는 말일 것이다. 만약 빠른 시일 내에 백신과 치료약이 개발되지 못한다면 코로나19는 세상을 돌이킬 수 없을 정도로 깊게 변화시킬 것이다.

코로나19를 기후위기와 연관시켜 이야기하는 사람들도 있다. "코로나19는 우연히 발생한 것이 아니라 기후위기의 산물이다." 맞는 말일 것이다. 18세기 산업혁명 이후 인간은 끊임없이 자연환경을 파괴하면서 영토를 확장했고, 그 결과 숙주를 잃어버린 바이러스가 이제 인간을 숙주로 삼으려 한다는 말이다. 그럼 이런 질문도 가능할 것이다. 기후위기는 우연의 산물일까? 이 질문은 우리의 관심을 다시 산업혁명의 역사로 데리고 간다.

2016년부터 이른바 '4차 산업혁명'에 대한 논쟁이 분분하(였)다. 실체가 있다고 말하는 사람도 있(었)고, 이데올로기 거품일 뿐이라고 말하는 사람도 있(었)다. '4차 산업혁명'이라는 말은 말도 되지 않는 말이기 때문에 사용하지 말아야 한다고 주장하는 사람도 있(었)다. 어느 쪽 말이 옳을까? 무엇을 판단 기준으로 삼아야 할까?

나는 '4차 산업혁명'이라는 말을 사용해야 한다고 고집하는 쪽이다. 내가 '혁명'이라는 말을 고집하는 것은 더 적절한 말을 찾을 수 없기 때문이다. 내가 볼 때, 오늘날 세상은 '혁명적'이라는 말로도 모자랄 정도로 빠르고 넓고 깊게 변하고 있다.

그러나 내가 고집하는 것은 이름이 아니라 내용이다. 나는 '혁명'이라는 말로 '빠르고 넓고 깊은 변화'를 가리키려 한다. 오늘날 세상이 빠르고 넓고 깊게 변하고 있다는 데 동감한다면, 이름 따위는 중요하지 않다. '혁명'이라고 불러도 좋고, '개똥'이라고 불러도 괜찮다.

혁명은 다음과 같은 세 가지 조건이 갖추어질 때 일어나게 된다.

첫째, 전에 없던, 새로운, 생산기술이 등장한다(기술 혁명).
둘째, 인간의 노동과 경제에 빠르고 넓고 깊은 변화를 불러일으킨다(경제 혁명).
셋째, 그 변화를 기존의 사회 체제로 도저히 감당할 수 없다(정치 혁명의 시기).

그렇다면 이른바 '4차 산업혁명'에 관련해 진행되고 있는 모든 논쟁도 결국 다음 세 가지 질문으로 모아지게 될 것이다.

첫째, 오늘날 전에 없던, 질적으로 새로운, 생산 기술이 등장하고 있는 중인가?
둘째, 그 기술이 인간의 노동과 경제에 빠르고 넓고 깊은 변화를 가져오고 있는가?
셋째, 그 변화를 기존의 자본주의 체제로 감당할 수 있을까?

내 대답을 미리 요약하자면 다음 같다.

첫째, 오늘날 전에 없던, 질적으로 새로운, 생산기술이 등장하여 다시 한 번 산업혁명이 시작되고 있다. '추가 생산비용 제로 기술'이다.
둘째, 새로운 생산 기술은 인간의 노동 생활과 경제 생활에 전에 없던, 질적으로 새로운, 현상을 불러일으키고 있다. 디지털 정보재가 출현하여 시장에 홍수처럼 범람하고 있다. 노동과정에서는 인공지능 로봇이 인간을 대신하기 시작했다. 경제의 생산 측면에서는 '수확 체증의 법칙'이 출현하여 작동하기 시작했다. 수요 측면에서는 '양면 네트워크 효과'가 확산되고 있다.

셋째, 기존의 자본주의 체제로는 이런 경제적 변화를 감당할 수 없다. 새로운 사회 질서가 요구되고 있다.

'4차 산업혁명'은 실체일까, 거품일까? 이 질문이 중요한 이유는 그 대답이 실천의 방향을 좌우하기 때문이다. 어느 쪽을 택하는가에 따라 노동운동의 진로도 달라질 것이다. 변화를 변화로 인정하는 사람은 대응책을 구할 것이다. 위기를 기회로 바꾸기 위하여 능동적으로 궁리하고 실천할 것이다. 변화를 변화로 인정하지 않는 사람은 오늘도 어제처럼, 내일도 오늘처럼 행동할 것이다.

혁명을 혁명으로 느끼지 못할 때 노동자 대중은 혁명의 물결에 수동적으로 떠밀릴 수 있을 뿐이다. 능동적으로 헤쳐 나갈 수는 없다. 실체일까, 거품일까? 그러므로 이 질문은 다음 질문과 동전의 양면이다. 혁명을 할 것인가, 아니면 혁명을 당할 것인가?

2. 공장에서 플랫폼으로? — 4차 산업혁명과 자본주의 경제

1) 산업혁명의 단계

첫 번째 질문을 보자. 오늘날 전에 없던, 질적으로 새로운, 생산기술이 등장하고 있는가? 있다면, 무엇일까?

이 질문에 제대로 대답하기 위해서는 거시적인 관점에서 인류의 역사를 되돌아봐야 한다. 먼저 인류의 역사를 생산에 기계를 투입하기 이전의 시대와 이후의 시대로 나누어보자. 그러면 기계 투입 이전의 시대를 '농경 시대'라고 부를 수 있고, 이후의 시대를 '산업 시대'라고 부를 수 있다. 1712년 토머스 뉴커먼이 발명한 증기기관이, 이어서 1776년 제임스 와트가 발명한 개량 증기기관이 생산에 투입되면서 산업 시대가 시작된다.

18세기부터 지금까지 300년 동안 이어지고 있는 산업 시대를 뭉뚱그려서 하나의 시대로 볼 수도 있을 것이다. 그러면 300년의 기간을 '기계 시대'라고 부를 수 있다. 증기기관부터 인공지능 로봇까지 모두 '기계'로 부를 수 있기 때문이다.

반면 생산력의 발전 양상을 확인하기 위해서는 산업 시대를 좀더 세분해야 한다. 기계의 유형을 구별하면 산업 시대를 두 개, 세 개, 또는 네 개의 시대로 세분할 수 있다.

1940년대에 컴퓨터가 등장하기 전까지 세상에 존재하던 모든 기계는 아날로그 기계였다. 《제2의 기계 시대》를 쓴 에릭 브린욜프슨과 앤드루 맥아피는 이 시대를 '제1의 기계 시대'라고 부른다. 생산에 투입된 아날로그 기계는 우선 에너지 형태를 전환하는 데 이용되었다. 재료를 절단하고, 용접하고, 결합하고, 사출하는 데도 사용되었다. 제1의 기계 시대를 다시 두 단계로 나누어 1차 산업혁명 시대와 2차 산업혁명 시대로 구분하는 사람도 있다.

1940년대에 컴퓨터가 발명되면서 디지털 기계의 시대가 시작된다. 디지털 기계는 정보 형태를 전환하는 일을 수행한다. 숫자를 계산하고, 텍스트를 작성하는 데도 사용될 수 있으며, 데이터를 수집하고, 저장하고, 복사하고, 전송하는 데에도 사용될 수 있다. 이 시대를 '제2의 기계 시대'라고

표 1 산업혁명 단계

시기	명칭			기반 기술		사회경제
1만 년 전	농업 혁명				자연력 활용	농경사회
18세기 초반	기계 혁명	제1의 기계 시대	1차 산업혁명	아날로그 기술	기계화	시장 자본주의
19세기 후반			2차 산업혁명		기계화+전기화	독점주의 · 제국주의
20세기 중반		제2의 기계 시대	3차 산업혁명	디지털 기술	기계화+전기화 +디지털화	사민주의/신자유주의
21세기 초반			4차 산업혁명		기계화+전기화 +디지털화+지능화	정보자본주의 플랫폼 자본주의
21세기 중반					범용 인공지능?	경제의 특이점? 한계비용 제로 사회?

부를 수 있다. 그리고 이 시대를 다시 두 단계로 나누어 3차 산업혁명 시대
와 4차 산업혁명 시대로 구분하는 사람도 있다.

아날로그 기계는 인간의 육체적 노동생산성을 증대시키는 데 사용된다.
아날로그 기계의 생산물은 물질재다. 반면 디지털 기계는 인간의 정신적
노동생산성을 증대시키는 데 쓰인다. 디지털 기계의 생산물은 정보재다.

디지털 기술은 전에 없던 새로운 기술이었으며, 인간의 노동생산성을
획기적으로 증대시켰다. 그러나 디지털 기술의 혁명적 성격에 공감하는 사
람들 사이에서도 4차 산업혁명의 출발점이 구체적으로 무엇인지에 대해서
는 아직 의견이 분분한 편이다. 《제4차 산업혁명》이라는 책을 출간해 '4차
산업혁명'이라는 말을 유행시킨 클라우스 슈밥도 그 혁명의 출발점을 명
쾌하게 지적하지 못하고 있다. 반면 나는 특히 인터넷과 인공지능 로봇을
주목하고자 한다.

1940년대에 발명된 컴퓨터는 그때부터 50년 동안 주로 계산을 하는 일

에 투입되었다. 컴퓨터의 빠른 계산 능력은 인간의 계산 노동 생산성을 무한히 확장시켰다. 컴퓨터는 전쟁 시기에 적군의 암호문을 해독하는 데도 이용되었고, 포탄의 탄도를 계산하는 데도 이용되었다. 평화 시기에는 우주선을 달나라에 보내는 데도 이용되었고, 기업의 많은 회계 서류와 행정 서류를 처리하는 데도 이용되었다. 제조업 생산 공정을 부분적으로 자동화하는 데도 투입되었다.

인터넷이 대중화된 때는 1990년대다. 이때부터 컴퓨터의 용도는 비약적으로 확장된다. 계산하는 일보다 사람과 사람을 이어주는 일에 더 많이 이용된 것이다. 인터넷을 통하여 편지를 주고받을 수도 있었고, 음성이나 동영상을 주고받을 수도 있었다. 라디오나 텔레비전처럼 많은 사람에게 소식을 전할 수도 있었고, 가상 공간을 설정하여 많은 사람이 한꺼번에 모일 수도 있었다. 온 세상의 모든 데이터가 인터넷을 통하여 수집되고, 교환되고, 새로 생성되었다. 이른바 빅 데이터 시대가 시작된 것이다.

빅 데이터를 처리하여 가치 있는 정보를 추출해내는 기술도 새로 등장하였다. 그 중심에 인공지능 기술이 있다. 1950년대에 처음 싹을 틔운 인공지능 기술은 수십 년 동안 성장이 정체되어 있었는데, 인터넷과 빅 데이터라는 새로운 토양을 만나 폭발적으로 성장하기 시작했다.

20세기 하반기를 '컴퓨터 시대'라고 부른다면, 1990년부터 시작된 21세기 상반기는 '인터넷 시대'라고 부를 수 있다. 컴퓨터 기술이 인간의 계산 능력을 무한히 확장시켰다면, 인터넷 기술은 인간들 사이의 연결 능력을 무한히 확장시키고 있다. 연결 능력과 계산 능력은 전혀 다른 것이다. 오늘날 인터넷 기술은 사람과 사람을 이어주는 일을 넘어서서, 사물과 사물을 이어주는 일에도 투입되고 있다.

인터넷 기술을 토대로 삼아 새로 출현한 대표적 생산수단으로 '플랫폼'

을 꼽을 수 있다. '플랫폼'이라는 말은 '디지털 연결망'을 뜻한다. 20세기의 전통적 연결망으로 도로망, 철도망, 항공망 등을 꼽을 수 있다면, 21세기의 새로운 연결망으로 디지털 플랫폼을 꼽을 수 있다.

디지털 플랫폼은 전에 없던 새로운 산업, 정보산업을 창출하고 있다. 또한 전부터 존재하던 산업, 금융산업, 유통산업, 물류산업을 빠르고 넓고 깊게 재편하고 있다. 여기서 한 걸음 더 나가서 조만간 제조업을 뿌리부터 재편할 것으로 보인다. 제조업 재편에 관련해서 가장 주목해야 할 기술은 인공지능에 결합된 3차원3D 프린팅 기술을 꼽을 수 있을 것이다.

2) 추가 생산비용 제로 기술

이제 두 번째 질문으로 넘어가자. 새로운 생산 기술이 인간의 노동과 경제에 빠르고 넓고 깊은 변화를 불러일으키고 있을까?

모든 기술은 인간의 노동생산성을 증대시킨다. 증기기관에서 시작하여 기계, 전기, 화학 기술로 이어진 아날로그 기술도 인간의 노동생산성을 꾸준히 증대시켜왔다. 그러나 디지털 기술을 생산에 투입하면서 전에 없던 새로운 현상이 나타나고 있다. '추가 생산비용 제로' 현상이다.

디지털 기술의 생산물은 정보재다. 물질재와 달리 정보재는 추가 생산비용 없이 무한정 복사할 수 있다는 특성을 가지고 있다. 소프트웨어나 콘텐츠를 개발하고 생산하여 디지털 파일에 담기까지는 많은 자본이 투입되어야 한다. 그러나 일단 파일에 담고 나면 추가로 생산하는 데 더는 비용이 들어가지 않는다. 복사하면 되기 때문이다. 10개를 복사하든 10만 개를 복사하든 마찬가지다. 이것을 경제학에서는 '한계비용 제로'라고 한다.

마이크로소프트, 애플, 구글, 아마존, 네이버, 카카오, 쿠팡 등 오늘날 폭발적으로 번창하는 플랫폼 기업들은 모두 추가 생산비용 제로 기술을 토대로 삼아 생겨났다. 특히 2007년부터 대중화되기 시작한 스마트폰은 플랫폼 기업의 확산에 날개를 달아주었다.

(디지털 파일을 담기 위해서는 그때마다 물질적 저장 장치가 필요하기 때문에 추가 생산비용을 완전히 '제로'라고 볼 수는 없다고 주장하는 사람들이 있다. 그런 사람들은 이른바 '제논의 역설'에 갇혀서 머리카락을 쪼개고 또 쪼개고 있다. 여기서는 이 주제를 두고 길게 논쟁할 시간이 없으므로 다음 기회로 미루기로 하자.)

추가 생산비용 제로 기술이 본격적으로 생산에 투입된 흐름은 인터넷 기술의 상용화와 대중화에 더불어 시작되었다고 볼 수 있다. 인터넷 기술은 1969년에 처음 개발되었지만, 오랫동안 군사 시설이나 첨단 연구소들 사이의 통신에만 사용되었을 뿐 일반 대중에게는 개방되지 않고 있었다. 1992년에 인터넷 기술이 대중에게도 개방된다. 이때부터 인터넷을 상업용으로 사용하는 것도 가능해졌다.

초기에 인터넷의 확산 속도는 매우 더뎠다. 인터넷 회선이 연구실, 사무실, 가정의 데스크탑 컴퓨터에 연결되었기 때문에 이동 중에는 사용할 수 없었다. 아직 다양한 앱들이 개발되기 전이라서 주된 용도는 이메일을 주고받는 데 머물렀다. 그러나 인터넷 기술의 가치를 재빨리 간파하여 1990년대 하반기에 벌써 플랫폼 사업을 시작한 선두 주자들도 있었다. 아마존, 이베이, 구글, 페이스북 등을 꼽을 수 있다. 마이크로소프트나 애플 등 기존의 정보 기업들도 플랫폼을 구축하여 활동의 중심지로 삼았다.

2007년에 스마트폰이 등장하면서부터 인터넷은 폭발적으로 확산되기 시작한다. 이제는 이동 중에도 인터넷 접속이 가능해진 것이다. 그뿐만 아니라 스마트폰의 성능은 빠른 속도로 향상되고 가격은 빠른 속도로 하락

그림 2 스마트폰의 확산

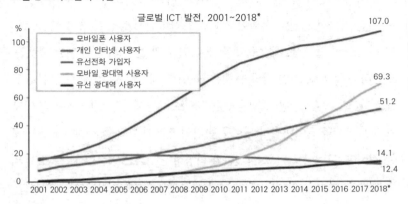

글로벌 ICT 발전, 2001~2018*

범례:
- 모바일폰 사용자
- 개인 인터넷 사용자
- 유선전화 가입자
- 모바일 광대역 사용자
- 유선 광대역 사용자

107.0
69.3
51.2
14.1
12.4

주) *는 추정치임.
자료: ITU World Telecommunication/ICT Indicators database.

하여 누구라도 하나씩 살 수 있을 만한 수준이 됐다.

앞서 나는 '혁명'이라는 말의 뜻을 '빠르고 넓고 깊은 변화'로 정의했다. 오늘날 빠르고 넓고 깊은 변화를 모든 사람이 피부로 느낄 수 있도록 만들어주고 있는 물건으로는 스마트폰 만한 것이 없다. 코로나19 바이러스의 전파 속도가 빠르다고 하지만, 스마트폰의 속도에 견주면 느림보 거북이다. 2007년부터 2017년까지 겨우 10년 사이에 전세계 인구의 70퍼센트가 스마트폰을 하나씩 손에 쥐게 된다. 단일한 제품이 이렇게 짧은 시간에, 이렇게 많은 사람의 손에 들어간 사례는 인류 역사상 처음일 것이다.

스마트폰이 만들어내고 있는 변화의 깊이를 가늠해보자. 스마트폰은 인터넷과 무선 통신을 결합해서 모든 사람을 모든 사람과 실시간으로 연결시키고 있다. 또한 스마트폰은 위성 항법 장치GPS와 지도를 탑재하고 있어서 모든 사람이 모든 사람의 위치를 실시간으로 확인할 수 있게 해준다.

이런 기술적 토대를 이용하여 돈벌이를 하려는 사람이 나타나지 않는다면 오히려 이상할 것이다. 오늘날 대박을 터트리고 있는 대부분의 플랫폼은 이런 기술적 조건을 돈벌이 기회로 포착하면서 등장했다. 소셜 네트워크 서비스ᴺᴬ 플랫폼, 게임 플랫폼, 온라인 쇼핑 플랫폼, 음식 배달 플랫폼, 모빌리티 플랫폼, 조건 만남 플랫폼 등 이루 헤아릴 수 없을 정도다. 요컨대, 오늘날 스마트폰은 경제를 근본적으로 재편해가고 있다. 전통적인 오프라인 경제를 밀어내면서 새로운 온라인 경제가 대세를 차지하도록 만드는 것이다. 그러나 스마트폰의 진짜 혁명적인 성격은 이른바 '공짜 경제'의 출현에서 확인할 수 있다. 오늘날 스마트폰을 손에 들지 않은 사람을 찾아보기 어렵다. 값도 별로 비싸지 않다. 가성비를 기준으로 초기 스마트폰 가격과 비교한다면 '거의 공짜' 수준으로 떨어졌다고 말해도 과장은 아닐 것이다. 또한 매일 많은 스마트폰 앱이 쏟아져 나오는데, 대부분은 진짜 공짜다. 페이스북 앱도 공짜, 유투브 앱도 공짜다. 지도 앱도 공짜, 내비게이션 앱도 공짜다. 우리는 공짜로 제공되고 있는 앱을 수십 개씩 스마트폰에 깔아두고 있는데, 그러면서도 그것이 '공짜 경제의 출현'을 알려주고 있다는 점을 자각하는 사람은 많지 않다.

나는 스마트폰을 4차 산업혁명의 첫 번째 실물 증거로 꼽고자 한다. 그리고 두 번째 실물 증거는 자율 주행차가 될 것이라고 예상한다. 앞으로 몇 년 안에 자율 주행차가 전면적으로 상용화되어서 오늘날 우리가 스마트폰 사용하듯이 일상적으로 사용하게 된다면, 우리는 또 한 번 '빠르고 넓고 깊은 변화'를 피부로 느끼게 될 것이다.

3) 수확 체증 법칙과 양면 네트워크 효과

추가 생산비용 제로 기술을 이용하여 새로 조성되고 있는 오늘날의 플랫폼 경제는 20세기까지의 경제와는 질적으로 구별되는 두 가지 새로운 특징을 보여준다.

첫째, 생산 측면에서 수확 체증의 법칙이 작동한다. 둘째, 수요 측면에서 양면 네트워크 효과가 작동한다.

토지, 자본, 노동을 주요 생산요소로 투입해온 지금까지의 경제에는 생산 과정에 수확 체감의 법칙이 작동해왔다. 생산요소 투입량을 늘리면 거기에 비례하여 생산량도 늘어나지만, 어느 정도 수준을 지나면 추가 생산요소 투입량에 견줘 추가 생산물 산출량이 점점 더 줄어든다는 법칙이다.

반면 지식 정보를 제4의 생산요소로 투입하는 플랫폼 경제에서는 수확 체증의 법칙이 작동한다. 추가 생산비용이 제로이기 때문에 생산량을 무한정 늘릴 수 있다. 무한정 복사하면 되기 때문이다.

바로 이런 새로운 특성 덕분에 '플랫폼 사업'이라는 새로운 사업 모델이 출현할 수 있다. 플랫폼 사업은 앱을 시장에 무한정 공짜로 뿌리는 데서 시작되기 때문이다. 아마존도 그랬고, 쿠팡도 그랬다. 배달의민족도 마찬가지이고, 쿠팡이츠도 똑같다. 앱을 한 사람 한 사람에게 뿌릴 때마다 추가 비용이 들어갔다면, 플랫폼 사업은 애당초 출현하기 어려웠을 것이다.

한편 수요 측면에서 보자면, 플랫폼은 두 개의 네트워크로 구성되어 있다. 공급자 네트워크와 소비자 네트워크다. 플랫폼 사업의 기본 골격은 서로 마음에 드는 공급자와 소비자를 매칭해주는 데 있다. 그런데 소비자 입장에서 보자면, 공급자 수가 많으면 많을수록 마음에 드는 공급자를 찾기 쉽다. 그러므로 소비자는 공급자 네트워크가 큰 플랫폼을 선호하게 된다. 거꾸로, 공급자 입장에서 봐도 마찬가지다. 소비자들이 많으면 많을수록 마음에 드는 소비자를 찾기 쉽다. 그러므로 소비자 네트워크가 큰 플랫폼을 선호한다. 이런 식으로 소비자 네트워크와 공급자 네트워크는 상대방을 키워주게 된다. 바로 '양면 네트워크 효과'다.

플랫폼 사업자 쪽에서 보자면, 초기 투자를 통하여 어느 정도 규모를 갖춘 양면 네트워크를 구축하고 나면, 그다음부터는 플랫폼이 저절로 커진다. 이때부터는 땅 짚고 헤엄치기로 돈을 벌 수 있게 된다는 뜻이다.

(플랫폼 기업은 양면 네트워크 효과를 통하여 초과 이윤을 올리는데, 이 새로운 현상을 규명하기 위하여 많은 마르크스주의 이론가들이 '지대 이론'을 다시 끌어다 쓰고 있다. 그 이론가들은 변화를 규명할 수 있는 내생적 요인은 찾아보지 않고, 외생적 요인으로 도피하고 있다. 마치 초과 이윤의 원천을 코로나 바이러스에서 찾는 것과 흡사하다. 여기서는 따질 시간이 없으니 언급만 해두고 넘어가기로 하자.)

4) 자본의 판도 변화

새로운 생산 기술은 경제에 어떤 변화를 가져오고 있을까? 이 질문에 답할 실물 자료를 찾기 위해서는 오늘날 플랫폼 기업들이 자본주의 경제를 재편하고 있는 모습을 간략하게 살펴보면 좋을 것이다.

오늘날 플랫폼 기업들은 자본주의 경제의 판도를 빠르고, 넓고, 깊게 재편하고 있다. 예컨대 세계 주식시장 시가 총액 10위 안에 들어가는 기업들을 살펴보자. 10년 전만 하더라도 금융산업, 에너지산업, 제조업 기업들이 세계 시장을 지배하고 있었다. 정보산업 기업은 겨우 한 개였다. 그러나 겨우 10년 만에 판도가 뒤집어져서 지금은 10개 중 7개가 정보산업 기업이다. 모두 플랫폼 기업이다. 세계 주식시장보다 한 걸음 느리기는 하지만, 한국 주식시장에서도 똑같은 흐름을 확인할 수 있다.

표 2 글로벌 최대 기업(2018/2008)

2018

순위	기업	설립연도	10억 달러
1	애플*	1976	890
2	구글*	1998	768
3	마이크로소프트*	1975	680
4	아마존*	1994	592
5	페이스북*	2004	545
6	텐센트*	1998	526
7	버크셔 해서웨이	1955	496
8	알리바바*	1999	488
9	존슨앤드존슨	1886	380
10	제이피 모건	1871	375

2008

순위	기업	설립연도	10억 달러
1	페트로차이나	1999	728
2	엑손	1870	492
3	GE	1892	358
4	차이나모바일	1997	344
5	중국공상은행	1984	336
6	가즈프롬	1989	332
7	마이크로소프트	1975	313
8	로열더치셸	1907	266
9	시노펙(중국석유화공)	2000	257
10	에이티엔티	1885	238

주) *는 플랫폼 기업.
출처: Bloomberg Google.

5) 자본의 내부 구성 변화

변화는 기업 규모에서만 일어나고 있지는 않다. 자본의 내부 구성에서도 근본적인 변화가 일어나고 있다. 토지, 건물, 기계 등의 유형 자산이 차지하는 비중이 빠르게 줄어들고 있으며, 지식 정보 등 무형 자산이 차지하는 비중이 빠르게 늘어나고 있다. 예컨대, '스탠더드 앤드 푸어스$^{S\&P}$ 500'에 속하는 거대 기업들의 자본 구성을 보면, 1975년에는 유형 자산과 무형 자산의 비중이 각각 83퍼센트와 17퍼센트였는데, 2015년에는 그것이 완전히 뒤집어져서 각각 16퍼센트와 84퍼센트다. 이처럼 빠르고 넓고 깊게 진행되는 자본의 판도 변화와 내부 구성 변화를 보면서 오늘날의 자본주의를 '플랫폼 자본주의' 또는 '정보자본주의'로 부르는 사람들이 있다. 2008

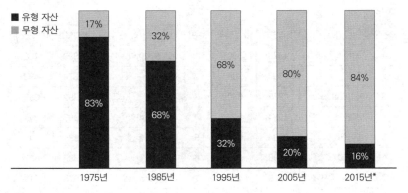

그림 3 유형 자산과 무형 자산의 비율 변화(1975~2015)

출처: *Annual Study of Intangible Asset Market Value*, Ocean Tomo, 2015

년 세계 금융위기를 전후하여 자본주의가 신자유주의 시대를 마감하고 새로운 시대로 접어들었다는 말이다. 나도 이 의견에 동감한다.

6) 공장의 축소와 해체

기술 변화가 인간 노동에 가져오고 있는 변화를 추적하자면 생산 조직의 변화를 살펴봐야 할 것이다.

기계가 처음 생산에 투입된 18세기부터 컴퓨터가 생산의 부분적 자동화를 실현한 20세기까지를 '공장 시대'라고 부를 수 있다. 이 시기 인류의 생산 활동은 주로 대규모 공장(또는 사무실, 매장)이라는 실물 공간 안에서 일어났다. 공장을 돌리려면 넓은 땅 위에 큰 건물을 세우고, 그 안에 여러 가지 설비와 기계를 설치하고, 많은 노동자들을 투입해야 했다. 사무실과 매장도 공장과 비슷한 방식으로 조직되고 운영되었다. 한마디로 말해, 공장 시대의 생산 활동은 많은 사람이 한곳에 모여야만 진행될 수 있었다.

인터넷과 무선 통신이 본격적으로 생산에 투입되는 21세기에는 사정이 근본적으로 달라지고 있다. 우리는 실시간으로 산 너머 사람을 만날 수도 있고, 바다 건너 사람을 찾아낼 수도 있다. 실시간으로 지구 반대편 사람과 함께 설계도를 그릴 수도 있고, 기계를 함께 조작할 수도 있다. 디지털 플랫폼이라는 가상 공간을 통하여 생산 활동이 진행될 수 있게 된 것이다.

정보산업은 디지털 플랫폼이 생산에 가장 먼저 도입된 산업이다. 정보 기업은 넓은 땅, 큰 건물, 많은 노동자가 필요 없다. 디지털 연결망만 있으면 얼마든지 생산을 조직할 수 있다. 코로나 사태가 들이닥치자 트위터 회사는 모든 직원들에게 일시적으로 재택근무를 지시했는데, 곧이어 더 신박한 계획을 발표한다. 코로나 사태가 완전히 끝난 뒤에도 모든 직원에게 영구히 재택근무를 할 수 있는 선택권을 부여하겠다는 것이다.

정보산업에 이어 금융산업을 꼽을 수 있다. 컴퓨터는 숫자를 계산하는 데 가장 효율적인 기계였고, 인터넷은 빛의 속도로 자본을 전송했다. 금융산업에 종사하는 대부분의 노동자가 하는 일은 사실 서비스 업무가 아니라 정보 처리 업무다. 정보 처리 기술이 발달하면 발달할수록 금융산업에서 정리해고가 늘어나는 것도 이런 점 때문이다. 오늘날에는 카카오뱅크 등 '점포 없는 은행'이나 '노동자 없는 은행'까지 등장하여 확산되고 있다.

금융산업에 이어서 유통산업(=도소매업)에 디지털 플랫폼이 생산수단으로 투입되기 시작했다. 유통 과정은 판매자가 상품을 전시하고 소비자가 상품을 검색하는 데서 시작된다. 그리고 소비자가 돈을 지불하고 판매자가 상품(의 소유권)을 넘겨주는 데서 끝난다. 오늘날 이 모든 과정은 얼마든지 온라인으로 처리할 수 있다. 오프라인에서 상품을 배달하는 업무는 유통 업무가 아니라 물류 업무에 속한다.

아마존과 이베이가 대박을 터트리면서 유행하기 시작한 온라인 쇼핑은 쇼핑 문화를 뿌리부터 바꿔놓고 있다. 한국에서도 이미 온라인 쇼핑 플랫폼이 오프라인 도소매점을 밀어내고 대세를 차지했다. 이런 변화는 오프라인 도소매업에 종사하는 자영업자와 노동자 수를 감소시키는 쪽으로 작용하는데, 이런 현상을 이른바 '아마존 효과'라고 부른다.

유통 플랫폼의 성장은 생활물류 플랫폼의 성장으로 이어지고 있다. 온라인으로 거래된 상품을 오프라인에서 배달해주는 생활물류 산업에 디지털 플랫폼이 생산수단으로 투입되고 있는 것이다. 그 결과 퀵서비스, 택배, 용달, 음식 배달 산업이 전면 재편되고 있다. 오늘날 생활물류 산업이 발전하는 속도가 얼마나 빠른지 배달 노동자를 구하기 힘들 정도라고 한다. 특히 코로나19 사태는 사회적 거리 두기를 강제함으로써 온라인 쇼핑 플랫폼의 폭발적 성장을 부채질하고 있다.

여객운송 산업에도 디지털 플랫폼이 투입되고 있다. 우버는 흔히 '택시 없는 세계 최대 택시 회사'로 불린다. 한국에서는 택시업계의 저항에 부딪혀 우버가 진출하지 못했다. 그 빈틈을 겨냥하여 카카오가 모빌리티 플랫폼을 구축하고 대량으로 무료 앱을 뿌렸는데, 그중에는 카풀 앱도 있었다. 카카오 카풀 사업은 처음에는 택시업계의 격렬한 저항에 부딪혔지만, 우여곡절을 거치면서 타협을 일궈냈다.

생활물류 산업과 여객운송 산업의 플랫폼들은 대부분 이른바 '공유 경제'라는 이름을 내세우며 영리 경제를 추구하고 있다. 그 결과 '공유 경제' 개념이 오염되고 있을 뿐 아니라 고용 형태도 구별하기 어려워지고 있다. 예컨대 스마트폰 앱의 지시를 받으며 달리고 있는 배달 노동자를 '플랫폼 노동자'로 봐야 할까, 아니면 '디지털 특수 고용 노동자'로 봐야 할까? 겉으로 봐서는 구별할 수 없다. 속을 들여다봐도 헷갈린다.

이런 애매함과 헷갈림도 아마 잠시뿐일 것이다. 앞으로 몇 년 안에 자율 주행차가 전면 상용화되면, 생활물류 산업과 여객운송 산업은 다시 한 번 전면 재편될 것이다. 어쩌면 이 두 산업에서 더는 인간 노동자를 찾아보기 어렵게 될지도 모른다. 오늘날 그 노동자들이 수행하고 있는 일을 몇 년 안에 자율 주행차가 맡게 될 것이기 때문이다. 2020년 5월 28일, 우정사업 본부는 10월부터 자율 주행 우체국과 우편물 배달 로봇을 시험 운행할 것이라고 발표했다. 이런 식으로 조만간 자율 주행차가 전면 상용화된다면, 동시에 인간 배달 노동자 또는 인간 운송 노동자가 사라지게 될 것이다. 그러면 그 노동자들이 '플랫폼 노동자'인지 '디지털 특수 고용 노동자'인지 구별해야 할 필요성도 함께 사라지게 될 것이다.

제조업은 아직 플랫폼의 침공을 받지 않고 있는 것처럼 보인다. 다른 산업에서는 공장의 시대가 끝나더라도, 제조업에서는 공장의 시대가 계속될 것처럼 보인다. 그러나 겉모습만 그럴 뿐이다. 달리 말해서 시간 문제일 뿐이다. 앞서 살펴본 산업들과 달리 제조업은 생산 공정이 훨씬 더 복잡하고 까다롭기 때문에 디지털 플랫폼이 짧은 시간 안에 전면적인 변화를 가져오기는 힘들 것이다. 그러나 '힘들다'는 말을 '불가능하다'는 뜻으로 받아들인다면 조만간 쓴맛을 보게 될 것이다. '시간이 좀더 걸린다'는 뜻으로 받아들여야 할 것이다. 플랫폼 기술과 3D 프린팅 기술이 본격적으로 결합하면서 제조업 생산 공정에도 근본적인 변화가 시작되고 있다. 그런 흐름을 보여주는 구체적 사례를 살펴보자.

오늘날 현대자동차 울산 공장에는 약 500만 제곱미터(150만 평) 대지 위에 지은 거대한 건물들에서 노동자 5만 명이 크고 작은 설비와 기계를 작동시키면서 자동차를 생산하고 있다. 20세기의 공장 시대가 여전히 위력을 뽐내며 지속되고 있는 것이다. 엄청난 자본과 인력이 투입되지만, 현대자동차는 아직 변변한 자율 주행차를 한 대도 생산하지 못하고 있다.

그림 4 변화하지 않는 자동차 공장과 변화하는 자동차 공장

로컬모터스 공장.

3D 프린터로 자율 주행 버스 '올리'를 찍어내는 모습.

현대자동차 울산 공장.

시내 도로를 시험 운행 중인 올리, 2018년 오하이오 주.

한편 미국 애리조나 주 로컬모터스 공장에는 2000제곱미터(600평) 정도의 대지 위에 자리한 허름한 창고 같은 건물이 하나 있고, 그 속에는 100명 정도 되는 노동자들이 일하고 있다. 설비와 기계는 컴퓨터 몇 대와 3D 프린터 몇 대뿐이다. 그러나 이 공장은 기획-설계-생산-검사 등 자동차 생산에 필요한 모든 과정을 수행하고 있다. 또한 수준 높은 자율 주행차를 생산할 수 있다.

로컬모터스의 생산력은 땅과 건물과 기계에서 나오는 것도 아니고, 노동자 수에서 나오는 것도 아니다. 디지털 플랫폼에서 나온다. 로컬모터

스는 오픈 플랫폼을 이용하여 자동차의 기획과 설계를 크라우드 소싱 방식으로 공모하는데, 로컬모터스 플랫폼에 가입한 외부 엔지니어의 수가 2018년 기준 7만 명이 넘는다. 이렇게 디지털 플랫폼을 통하여 수집되고 조립된 설계도에 따라 로컬모터스는 자동차를 3D 프린터로 찍어내기만 하면 된다. 3D 프린터를 대량으로 설치한다면 자동차를 대량으로 찍어낼 수도 있을 것이다.

이런 사례를 통하여 우리는 21세기 '공장 없는 공장' 시대의 모습이 어떠할지 미루어 짐작해볼 수 있다. 한마디로 말해 플랫폼 기술은 제조업에도 적용될 수 있으며, 공장을 점점 더 축소하거나 해체하는 쪽으로 작동하게 될 것이다.

3. 임금 노동에서 독립 노동으로? — 4차 산업혁명과 노동

1) 고용 규모

새로운 생산 기술이 노동과 경제에 어떤 변화를 가져올까? 이 질문은 이리 돌든 저리 돌든 결국 일자리 문제로 나아갈 것이다.

2016년 3월, 알파고와 이세돌 사이에 벌어진 바둑 대국은 한국에 두 가지 개념을 유행시켰다. '인공지능'과 '4차 산업혁명'이다. 3년 동안 '창조경제'라는 깃발을 휘둘렀지만 아무런 성과를 올리지 못하고 있던 박근혜 대통령이 기회를 낚아챘다. '창조경제=4차 산업혁명'이라는 새로운 공식을 내세우면서 실패를 만회하려 나선 것이다.

그때부터 주류 언론 매체는 '창조경제=4차 산업혁명'이라는 제목으로

도배를 하기 시작했고, 동시에 '4차 산업혁명'이라는 말이 오염되기 시작한다. 때마침 세계 이곳저곳에서 '인공지능과 고용 사이의 연관성'에 대한 이런저런 연구 보고서들이 발표되고 있었다.

고용 예측 보고서들은 서로 다른 측정 기준과 측정 방법을 사용하여 미국 노동시장을 측정하였으며, 서로 다른 결론을 내놓았다. 2013년에 작성된 프레이/오스본 보고서는 '하나의 일자리에서 수행되고 있는 직무 occupation가 통째로 인공지능 로봇에 의해서 대체될 가능성'이라는 기준을 사용하여 측정하였고, 현재의 직업들 중 47퍼센트가 2030년까지 사라질 가능성이 있다고 예측했다. 2017년에 작성된 경제협력개발기구OECD 보고서는 '하나의 일자리에서 수행되고 있는 직무를 구성하고 있는 일부의 업무task가 인공지능 로봇에 의해서 대체될 가능성'을 기준으로 삼아 측정하였고, 9퍼센트의 일자리만 대체될 것이라고 보았다. 같은 해에 프라이스워터하우스 쿠퍼스PwC 연구소는 OECD 보고서의 측정 방법을 수정하여 적용했는데, 38퍼센트가 기술적 실업의 위험에 맞닥트릴 가능성이 있다는 결론에 도달하였다. 마지막으로 맥킨지 연구소는 '한 사람의 노동시간 중 인공지능 로봇으로 대체될 가능성이 있는 시간 비중'을 기준으로 측정하여 46퍼센트가 대체될 가능성이 있다는 결론을 내놓았다.

2018년, LG경제연구원은 한국을 대상으로 프레이/오스본, OECD, 맥킨지가 사용한 기준을 차례대로 적용해보았는데, 각각 43퍼센트, 6퍼센트, 52퍼센트의 일자리가 인공지능 로봇에 의하여 대체될 가능성이 있다는 결론을 얻었다.

이런 고용 예측 보고서들이 담고 있는 내용을 한마디로 요약하면 이랬다. "인공지능 로봇이 인간을 일자리에서 몰아낼 가능성이 커지고 있다." 보고서들의 핵심 내용은 조만간 기술적 실업이 들이닥칠 가능성을 경고하

그림 5 연구 방법론에 따른 고위험 일자리 비중(%)

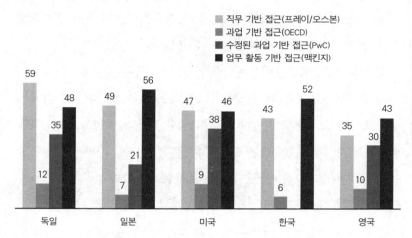

주) PwC의 연구에서 한국은 포함되지 않았음. Frey&Osborne 방법론에서 한국 수치는 LG경제연구원 계산 결과.
자료: Frey&Osborne(2013), WTO(2017), OECD(2016), PwC(2017), McKinsey(2017), LG경제연구원.
출처: 김건우, 〈인공지능에 의한 일자리 위험 진단〉, LG경제연구원, 2018.

는 데 있었다. "만약 정치적으로 대책을 마련하여 실천하지 않는다면, 지식정보기술의 발전에 따라 조만간 이렇게 될 가능성이 있다." 이런 뜻, 그 이상도 그 이하도 아니었다.

그러나 모든 보고서는 해석자에 따라 저마다 다르게 해석될 수 있다. 때는 박근혜 정권 시기였다. 한국의 노동운동 이론가들은 '4차 산업혁명론=인공지능=대량 실업'이라는 공식을 자본과 정권의 음흉한 공세로 해석하였다. 정리해고를 위한 이데올로기 준비 공작이라는 것이었다. 그 이론가들은 공세에 맞서서 '4차 산업혁명=기술결정론'이라는 대항 공식을 내세웠으며, 노동운동은 기술결정론을 투쟁으로 극복할 수 있다고 주장하였다. 노동운동 활동가들은 이 대항 공식이 마음에 들었다. "투쟁으로 돌파하자!" 이 구호는 30년 전부터 활동가들에게 익숙한 것이었다. 새로운 객관적 관찰도, 새로운 주관적 성찰도 요구하지 않았다. 그때부터 한국 노동운동 안에서 '4차 산업혁명'이라는 말은 '사용해서는 안 되는 말'로 되었고, 이런 암묵적 금기는 지금까지 계속되고 있다.

그런데 '4차 산업혁명'이라는 말을 거부하는 대부분의 이론가들과 활동가들이 '산업 4.0' 또는 '인더스트리 4.0'이라는 말은 별로 거부감 없이 사용하고 있다. 그러면서 한 번이라도 생각해본 적이 있을까? '4차 산업혁명'이라는 말과 '산업 4.0'이라는 말은 실은 동일한 현실을 가리키고 있다. 오늘날 우리가 맞닥트린 빠르고, 넓고, 깊은 변화를 가리키는 것이다. 이름만 다를 뿐이다. 이 사람은 '쇠똥이'라고 부르고, 저 사람은 '개똥이'라고 부를 뿐이다. 그런데 왜 이 말은 되고 저 말은 안 된다는 걸까?

미래 예측 보고서들의 본뜻을 진지하게 고려하는 사람이라면 이런 질문을 던질 수 있고, 또 던져야 할 것이다. 오늘날 자본주의 국가들이 일상적으로 체험하고 있는 만성적 실업은 단순한 경기적 실업이 아니라 실은 경기적 실업에 기술적 실업이 덧보태진 현상이 아닐까? 기술적 실업은 이미 시작되고 있는 것이 아닐까?

그러나 한국에서는 노동조합도 정부도 이런 질문을 던지지 않고 있다. 오히려 질문 자체를 단호하게 부인함으로써 노동자와 국민의 불안한 심리를 마사지하려 애쓰고 있다. 촛불혁명의 결실로 탄생한 문재인 정부는 대통령 직속으로 4차산업혁명위원회를 만들었다. 그 위원회가 2018년 초에 발표한 고용 미래 예측 보고서는 노동자와 국민의 불안한 심리를 성공적으로 달래주었다. 보고서의 핵심 내용은 이랬다. "지금까지 해오던 대로 하더라도 2030년까지 오히려 186만 개의 일자리가 늘어날 것이며, 거기에 정부가 적극적인 고용 정책을 수행한다면 12만 개의 일자리가 추가로 늘어날 것이다." 이것이 보고서의 핵심이다. 인공지능 로봇이 전면적으로 생

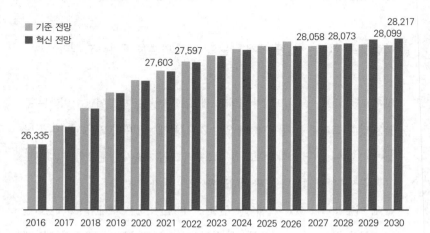

그림 6 문재인 정부가 예측한 고용의 미래

■ 기준 전망
■ 혁신 전망

28,217
28,099
28,058 28,073
27,597
27,603
26,335

2016 2017 2018 2019 2020 2021 2022 2023 2024 2025 2026 2027 2028 2029 2030

출처: 대통령직속 4차산업혁명위원회.

산 과정에 투입되더라도 2030년까지 일자리가 줄어들기는커녕 오히려 7.1 퍼센트 또는 7.6퍼센트 늘어난다는 것이다!

이렇게 주장하는 사람들은 4차 산업혁명이 새로운 산업과 일자리를 충분히 만들어낼 것이라고 본다. 1차, 2차, 3차 때도 그랬기 때문에, 4차 때라고 해서 달라질 이유가 없다는 것이다. 그런 사람들은 자신의 주장을 입증하기 위하여 다음 같은 체계적인 논거를 사용하고 있다.

첫째, 지식 정보기술을 도입한 기업이 성장하면 우선 그 기업 안에서 새로운 일자리가 생겨날 것이다.

둘째, 그런 기업과 산업적으로 연관되어 있는 여러 기업들이 함께 성장하면서 추가로 일자리가 늘어날 것이다.

셋째, 지식 정보기술의 발전은 지금까지 존재하지 않던 새로운 산업, 이른바 '4

차 산업'을 출현시킬 테고, 거기에서 많은 새로운 일자리가 창출될 것이다.

이렇게 주장하는 사람들에게 나는 두 가지 반론을 제기하고 싶다.

첫째, 지식 정보기술의 도입이 다양한 새로운 일자리를 만들어낼 것이라는 주장은 맞다. 그러나 문제는 거기에 있지 않다. 문제는 얼마나 많은 일자리를 만들어내느냐에 있다. 지식 정보산업은 소수의 고급 기술자만 필요할 뿐 대규모 고용을 창출하지 않는다. 연관 기업들에서도 마찬가지다.

둘째, 이른바 '4차 산업'이 새로 출현할 것이라는 주장은 맞지 않다. 왜냐하면 정보 처리 업무는 이미 1차, 2차, 3차 산업 안에 포함되어 있기 때문이다. 예컨대 3차 산업으로 분류되는 금융산업 종사자들은 대부분 정보 처리 업무를 수행하고 있다. 디지털 금융 기술의 발전은 소수의 새로운 일자리를 창출하면서 기존의 금융산업 일자리를 대폭 감소시키는 쪽으로 작용할 것이다. 다른 산업에서도 비슷한 일이 벌어질 것이다.

4차 산업혁명이 새로운 산업, 4차 산업을 만들어낼 것이라는 주장은 전통적인 산업 분류법이 빚어낸 오해에서 출발하고 있다. 20세기 내내 통용된 전통적 산업 분류법은 생산물과 기업을 기준으로 삼아 고용 규모를 측정하였다. 자동차 생산 기업에 소속된 사람들은 바퀴를 조립하는 사람이든 자율 주행차 알고리즘을 개발하는 사람이든 가리지 않고 모두 제조업(=2차 산업) 종사자로 분류하고 있다.

20세기 분류법은 마치 3차 산업에 이어서 정보산업이 4차 산업으로 새로 출현할 것 같은 착각을 불러일으키고 있다. 그러나 '정보 노동/비정보 노동'이라는 잣대를 사용하여 오늘날의 일자리를 다시 분류해보면, 선진

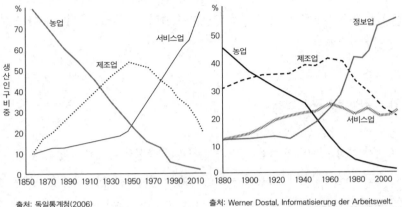

그림 7 3차원 산업 구조 분류법이 야기하는 착시 현상

출처: 독일통계청(2006)

출처: Werner Dostal, Informatisierung der Arbeitswelt. Mittellungen aus der Arbeitsmarkt-und Berufsforschung Jg.28, H.4, S.529.

자본주의 국가들의 경우 정보 처리 업무에 종사하고 있는 노동자 규모가 이미 전체 노동 인구의 50퍼센트가 넘는다는 사실을 확인할 수 있다. 이런 사실을 잣대로 삼아 예측하면, 정보 처리 일자리 수는 앞으로 줄어들면 줄 어들지 늘어나기는 어려울 것으로 보인다.

도대체 어디서 충분한 일자리가 새로 생겨날 수 있을까? 내가 볼 때 자 본주의 노동시장은 구조적 대량 실업을 벗어나기 어렵다. 그러나 2030년 이 되면 문재인 정부는 더는 그 자리에 없다. 그러니 그때 가서 무슨 일이 일어나든 책임질 필요가 없다. 4차 산업혁명이 충분히 많은 일자리를 새로 만들어낼 것이라고 주장하는 이론가들도 2030년이 되면 아마 더는 그 자 리에 있지 않을 것이다. 오늘날 기술결정론을 맹렬하게 비판하면서 노동 자들에게 일자리를 투쟁으로 지키라는 전략을 제시하고 있는 이론가들도 마찬가지일 것이다. 2030년이 되면 노동자들과 활동가들은 누구를 붙들 고 되물을 수 있을까? 그때 왜 그런 말을 했느냐고······.

(4차 산업혁명의 신기술이 고용 규모에 미칠 영향에 대해서는 아쉽지만 여기서 마무리하고, 다른 기회를 마련하여 좀더 차분하고 자세하게 다룰 것을 기약하자.)

2) 고용의 내부 구조 변화

20세기 공장 시대의 노동은 일터와 일자리를 중심으로 수행되었다. 노사 관계도 마찬가지였다. 사용자는 노동자에게 일자리를 제공하였고, 노동 자는 매일 그 일자리로 출근하여 정해진 시간만큼 노동을 제공하였다. 사 용자는 피라미드식 경영관리 시스템을 통하여 노동자들을 통제하였다. 한 마디로 말해서 오늘날 이른바 '정규직' 노동자들에게 해당되는 '정규적' 고 용 조건과 노동과정은 20세기 공장 시대에 형성되고 표준화된 노사관계 를 뜻한다.

노동운동도 공장을 토대로 삼아 형성되고 발전하였다. 산별 노조와 진 보 정당은 노동자들이 공장의 울타리를 넘어서서 단결할 수 있는 틀을 제 공하였다. 그러나 공장이라는 토대를 벗어날 수는 없었다.

공장 시대 노사관계는 20세기 말에, 그러니까 신자유주의 시대를 거치 면서, 꽤 많이 손상되었다. 아웃소싱(=간접 고용)이 유행하면서 고용 조건 이 손상되었고, 인터넷과 자동 기계가 투입되면서 노동과정도 손상되었 다. 그런 변화들을 한마디로 뭉뚱그려 표현하기 위하여 '비정규직'이라는 말이 유행하였다.

그러나 신자유주의 시대에도 공장 시대 노사관계의 뼈대는 그대로 유지 되었다. 간접 고용은 원청 사용자의 책임을 숨겨주었고, 특수 고용은 노동 자의 신분을 박탈했지만, 노동은 여전히 일터와 일자리를 중심으로 수행

그림 8 사람구름떼

되었다. 그러나 21세기 플랫폼 시대로 접어들면서 자본은 앙상한 뼈대마저 허물고 있다. 디지털 플랫폼은 일터를 해체시키고, 호출 앱은 일자리를 해체시키고 있는 것이다.

2019년, 전국서비스산업노동조합연맹은 〈플랫폼노동 보호와 조직화 방안 연구보고서〉를 내놓았다. 생활물류 산업을 대상으로 수행한 이 연구를 따르자면, 디지털 플랫폼은 산업 구조와 고용 구조를 재편하고 있을 뿐만 아니라 노동과정도 근본적으로 재편하고 있다. 가장 심각한 변화로 '일자리'를 '일거리'로 해체시키는 점을 꼽을 수 있다. '아웃소싱'이 신자유주의 시대를 지배했다면 '크라우드 소싱'이 정보자본주의 시대를 지배하기 시작한 것이다. 이런 변화는 특히 '디지털 특수 고용'과 '플랫폼 노동'을 비교해보면 선명하게 확인할 수 있다.

이 보고서의 한 대목을 보면 다음을 확인 또는 예상할 수 있다.

확인

첫째, 생활물류 산업에 플랫폼 노동이 도입되어 빠른 속도로 확산되고 있다.

둘째, 플랫폼 노동은 디지털 특수 고용 노동과 다른, 질적으로 새로운 특성을 가지고 있다. '사람구름떼human cloud'의 형성과 확산이다.

셋째, 플랫폼 노동은 일자리를 일거리로 해체시키고 있다.

넷째, 플랫폼 노동은 노동과정을 파편화시키고 있다.

다섯째, 4차 산업혁명은 지식 정보기술을 가진 극소수 고급 노동자 집단과 나머지 대다수 사람구름떼로 노동자계급을 양극화시키고 있다.

예상

플랫폼 노동은 기계가 사람을 대체하기 위한 과도기 단계로 될 수 있다.

코로나19 사태가 터져 나오기 몇 달 전에 작성된 이 보고서는 생활물류 산업에서 진행되고 있는 변화의 흐름만 추적하고 있다. 그러나 이 보고서에 담긴 핵심 내용은 다른 산업들에서도 공통으로 확인할 수 있다. 그리고 이 보고서가 제출된 직후에 터져 나온 코로나 사태가 보태지면서 변화는 더욱 빠르고, 넓고, 깊게 소용돌이치고 있다.

4. 위기는 기회? — 4차 산업혁명과 노동운동

만약 지금 식으로 계속 간다면, 다시 한 번 강조해서, 만약 지금 식으로 계속 간다면, 4차 산업혁명은 필경 대규모 기술적 실업을 몰고올 것이다. '지금 식으로 계속 간다면'이라는 말 속에는 '노동운동이 지금까지 해오던 대로 계속 해나간다면'이라는 뜻도 들어 있다.

공장 시대 노동조합들은 '고용 안정'과 '임금 인상'에 매진하였고, 신자유주의 시대에는 여기에 덧붙여 '비정규직 정규직화'에 목을 매었다. 진보 정당들은 '보편 복지'를 확충했지만, 노동을 토대로 삼은 복지였다. 한마디로 말해서 공장 시대 노동운동은 '노동 존중 세상'을 추구해왔다. 그러나 정보자본주의 플랫폼 시대에도 지금까지 해오던 대로 계속 해나갈 수 있을까? 그러다가는 오히려 노동 존중 세상에서 멀어지지 않을까?

인공지능 로봇이 인간의 노동을 대체하기 시작한 오늘날의 위기를 대안 세상의 기회로 역전시킬 수는 없을까? 디지털 플랫폼의 초독점화가 자본주의 체제의 붕괴로 이어지도록 만들 수는 없을까? 일자리가 일거리로 해체되고 있는 오늘날의 위기를 노동해방의 기회로 반전시킬 수는 없을까? 이 위기가 임금 노동(=종속 노동)의 시대를 마감하고 독립 노동(=자유 노동)의 시대를 열어젖히는 열쇠로 작동하도록 만들 수는 없을까?

1) 코로나19의 세 얼굴

2020년 3월 11일, 세계보건기구는 코로나2019를 팬데믹으로 선언하였다. 코로나 바이러스의 공포스러운 얼굴을 더는 감출 수 없게 되었다는 선언이었다. 그 뒤 불과 두세 달 만에 '비대면', '집합 금지', '도시 봉쇄', '사회적 거리 두기' 등의 구호가 지구 위의 모든 나라, 모든 공장, 모든 거리를 뒤덮게 된다. 동시에 마스크가 지구인의 필수품으로 된다. 2020년 6월 말 현재, 전세계 코로나19 확진자는 600만 명, 사망자는 40만 명을 넘어서고 있다. 이어서 가을에는 더 강력한 제2차 감염 쓰나미가 몰려올 것이라고 한다.

뜻하지 않은 강력한 외부 충격을 받고 세계 경제가 휘청거리고 있다.

1929년 대공황 이후 최대의 공황이라고 한다. 사회적 거리 두기 때문에 곳곳에서 경제의 공급 사슬과 수요 사슬이 동시에 끊어져버렸고, 곳곳에서 많은 공장(사무실, 매장)이 문을 닫았다. 그곳에서 일하던 많은 노동자들은 거리로 내몰렸다.

세계 각국 정부는 엄청난 돈을 뿌리면서 일자리 감소에 대처하고 있지만, 실업률 상승을 막기에는 턱도 없는 실정이다. 5월 26일 열린 국가재정전략회의를 직접 주재하면서 문재인 대통령이 발제한 내용을 인용하자면, 세계 각국은 지난 석 달 동안 벌써 세계 총 국내총생산GDP의 10퍼센트에 해당되는 9조 달러를 코로나 대책에 쏟아붓고 있다. 그러나 세계 전역에서 실업률이 총알처럼 솟아오르고 있다. 5월 28일, 미국 노동부는 실업수당 신청자 수가 4000만 명을 넘어섰다고 발표했다. 2월 실업률이 3.5퍼센트에 불과했는데, 불과 3개월 만에 16.3퍼센트로 치솟은 것이다. 정도 차이는 있지만 다른 나라들에서도 사정은 비슷하다. 과연 언제까지 이런 식으로 버틸 수 있을까? 만약 코로나19를 퇴치할 수 있는 백신과 치료약이 빨리 개발되지 않는다면, 1929년을 능가하는 대공황이 될지도 모를 일이다.

그러나 위기는 곧 기회다. 큰 위기는 큰 기회다. 코로나 바이러스는 인류에게 성찰의 기회를 주고 있다. 이것이 코로나 바이러스의 지혜로운 얼굴이다. 300년 동안 자본주의 산업화가 자연 생태계를 파괴한 결과가 누적되어 인류 자신의 생존을 위협할 수준에 도달한 사실을 새삼 자각하지 않을 수 없도록 만들어준 것이다. "코로나 바이러스는 기후위기의 산물이다." 환경운동 진영에서 표출되기 시작한 이런 성찰이 보통 사람들의 마음속에서 폭넓은 공감을 얻게 된다면, 코로나19 사태는 인류에게 재앙이 아니라 오히려 축복으로 될 수도 있을 것이다. 그러나 만약 이번 기회를 놓친다면, 아마 기후위기는 코로나19보다 수십 배나 수백 배 더 큰 위기를 몰고올 것이다.

공포의 얼굴과 지혜의 얼굴 사이에 코로나 바이러스의 세 번째 얼굴이 있다. 겉으로 봐서는 잘 보이지 않는 음흉한 얼굴이다. 코로나19는 안에서 곪아터질 것들을 바깥으로 배설해주는 하수도와 닮아 있다. 마지막 숨을 헐떡거리고 있는 자본주의 시장경제의 발악과 그 결과인 노동자와 자본가의 충돌을 외부로 흘려버릴 수 있는 배출구다. 코로나 사태는 자본주의 경제 질서의 바깥에서 들이닥친 외부의 적이다. 만약 자본가들과 함께 노동자들이 코로나 바이러스를 공동의 적으로 받아들인다면, 하수도는 콸콸 흐르게 될 것이다. 지금까지는 이런 형국이다. '코로나 전쟁'에 노동자들이 순진하게 동참하고 있는 것이다.

노동운동이 위기를 기회로 역전시키자면 앞서 환경운동이 시작한 성찰에 동참하면서 한 걸음 더 나아가야 한다. "코로나19가 기후위기에서 왔다면, 기후위기는 어디서 왔을까? 하늘에서 떨어졌을까, 땅에서 솟아났을까?" 이 질문은 우리를 다시 산업혁명의 역사로 데려갈 것이다.

코로나19 바이러스는 새로운, 전에 없던, 바이러스다. 그러나 코로나 충격으로 빚어지고 있는 사회경제적 변화는 실은 전에 없던 것이 갑자기 돌출한 것이 아니다. 코로나19는 그게 없었더라도 일어나게 될 변화를 터트려준 방아쇠일 뿐이며, 이미 오래전부터 진행되어오고 있던 변화의 속도를 높임으로써 변화 기간을 단축시키고 있을 뿐이다.

신자유주의 전략을 통하여 수명을 연장해온 자본주의 시장경제 질서는 21세기로 접어들면서 더는 지탱하기 어려워지고 있었다. 2008년 금융 위기로 촉발된 글로벌 경제 위기는 자본의 신자유주의 전략이 이제는 통용되기 어렵다는 사실을 선명하게 보여주었다. 장기 저성장의 늪에 빠진 자본주의 경제는 거기서 빠져나오기 위한 새로운 수단을 찾았고, 그것을 지식 정보기술에서 발견하였다. 그러나 새로운 수단은 '기술적 실업'이라는 부산물을 동반하지 않을 수 없었으며, 전환은 노동자들의 저항에 부딪히지 않을 수 없었다.

바로 이때 코로나19라는 외생적 충격이 돌발한다. 이제 코로나 사태의 소용돌이 속에서 벌어지는 모든 사회경제적 변화는 외생적 요인에 의하여 발생된 것처럼 보이게 된다. 이런 절호의 기회를 이용하여 자본가들은 그동안 지체되어온 구조조정을 밀어붙일 뿐만 아니라, 이참에 장래의 구조조정까지 앞당기고 있다. 노동자와 자본가의 갈등은 바이러스가 막아준다. '충돌의 아웃소싱'이라고 부를 수 있을 것이다. 자본가들은 이렇게 말한다. "나는 정말 이러고 싶지 않지만, 바이러스 때문에 어쩔 수 없다." 노동자들은 찍소리를 내지 못하고 있다. 바이러스 때문에 정리해고를 당하는 판에 도대체 누구를 상대로 투쟁할 것인가? 바이러스를 상대로?

거꾸로 코로나 사태는 노동자 민중에게 미래 사회에 대한 새로운 전망도 보여주고 있다. 바이러스는 자본주의 시장이 작동 불능 상태에 빠진 곳을 공공 영역이 메우지 않을 수 없도록 만들고 있다. 폐업 위기에 놓인 인프라 기업들의 사실상 국유화, 무상의료 방역, 정리해고 회피수당, 실업자 생계수당 등의 정부 조처들을 보면서 사람들은 자본주의 시장경제의 한계를 선명하게 확인하고 있다. 오랫동안 유령처럼 떠돌던 '기본소득' 개념이 빠르고, 넓고, 깊게 사람들 마음속으로 받아들여질 수 있도록 만들어준 점도 빼놓을 수 없을 것이다.

2) 자본의 약한 고리

이제 코로나19 사태 때문에 잠시 시야에서 사라져 있던 마지막 질문에 대한 대답을 찾아 나설 차례가 되었다. "오늘날의 경제적 변화를 기존의 자본주의 체제로 감당할 수 있을까?" 이 질문은 경제적 질문인 동시에 정치적 질문이다. 관찰자 관점으로 표현된 이 질문을 실천가 관점으로 표현하면 이렇게 된다. "변화의 흐름을 거역하고 있는 기존 체제를 변혁하려면 무엇을 어떻게 해야 할까?"

오늘날처럼 어지러운 변화의 소용돌이 속에서 탈출과 전진의 길을 찾아내기 위해서는 우선 변화의 내생적 요인과 외생적 요인을 선명하게 구분할 줄 알아야 할 것이다. 지금부터는 자본주의 경제의 내생적 요인이 가리키고 있는 변화의 방향을 살펴보자.

이른바 4차 산업혁명에 대한 사회적 토론이 시작되자 노동자들은 일자리에 대한 불안을 느꼈고, 그 반작용으로 4차 산업혁명을 부정적 시선으로 바라보게 되었다. 특히 노동운동 이론가들과 노동조합 활동가들이 이런 경향을 부채질하였다. 반면 나는 이런 질문이 필요하다고 생각한다. "대량 실업 문제는 과연 노동자들만 불안하게 만들고 있을까?"

조금치라도 앞을 내다볼 줄 아는 자본가들은 실은 노동자들보다 더 큰 불안에 떨고 있다. 지식 정보기술의 발전이 기술적 실업을 야기하여 대량 실업이 현실로 닥친다면 노동자 대중의 구매력이 줄어들 것이다. 첨단 기술을 투입하여 아무리 많은 상품을 생산해낸들, 그 상품을 시장에서 구매할 사람이 없다면 어떻게 될까? 코로나 사태의 숨겨진 정치경제학적 의미도 실은 여기서 찾아볼 수 있을 것이다. 대량 실업을 상상하기만 해도 자본가 집단은 치를 떨 수밖에 없다.

코로나 사태 때문에 일시적 시장 불능과 대량 실업이 발생하자 대부분의 나라에서 정부가 시장에 깊숙이 개입하며 나섰고, 노동자 민중의 소득 안정을 도모하기 위하여 어마어마한 재정을 투입하고 있다. 평소 같으면 이런 정부 개입에 맞서서 개거품을 물며 반대했을 자본가들이 이번에는 찍소리도 내지 않고 있다. 대량 실업이 몰고올 결과를 잘 알고 있기 때문이다. 조만간 노동자 민중이 세상을 뒤집자며 들고 일어날 판이다.

4차 산업혁명은 아마 '속도는 조금 덜 빠르지만 파동은 훨씬 더 넓고 깊은 코로나 사태' 같은 변화를 가져올 것이다. 추가 생산비용 제로 시대의 생산력은 자본주의 시장경제의 생산관계와 점점 더 병립하기 어렵게 되고 있다. 자본주의는 희소성 시대에 형성된 생산관계다. 자본주의 시장을 지배하고 있는 경쟁 원리도 희소성이 지배하는 사회에서 통용될 수 있는 제도다. 달리 말해서 자본주의는 풍요성의 시대에는 존속하기 어려운 제도다. 그런데 지금 추가 생산비용 제로 기술이 출현하여 풍요성의 시대를 열어가고 있다.

오늘날 개별 자본들이 널리 채택하는 '공짜 상품 전략'은 자본주의 경제가 막바지로 치닫고 있다는 것을 보여주는 생생한 증거다. 플랫폼 자본들은 시장 경쟁에서 승리하기 위하여 공짜 상품을 대량 살포함으로써 양면 네트워크를 선점하는 전략을 채택하고 있다.

구글 검색기도 공짜이고, 카카오 네비게이션도 공짜다. 이것을 '부분 유료화 전략'이라고도 한다. 높은 버전의 상품을 유료로 팔아먹기 위하여 낮은 버전의 상품을 무료로 제공하면서 미끼로 사용하는 것이다. 게임 상품의 유료화율은 때때로 5퍼센트 아래로 떨어지기도 한다. 95퍼센트를 공짜로 뿌리고 있다는 뜻이다.

공짜 상품의 품질은 유료 상품보다 조금 낮지만, 흔히 소비자들은 그것만으로도 충분히 욕구를 충족시킬 수 있다. 그럴수록 물질적 풍요는 늘어나지만, 유료 상품을 찾는 수요는 줄어들게 된다. 정보자본주의 시대 상품의 최대 역설이 바로 여기에 있다. 추가 생산비용 제로 기술은 상품을 무한정 공짜로 뿌릴 수 있도록 만들어주고 있다. 그러나 더 많은 상품을 공짜로 뿌리면 뿌릴수록 유료 상품을 찾는 수요는 줄어든다. 동시에 일자리도 줄어들고, 이윤의 원천도 오그라든다. 이처럼 4차 산업혁명은 자본주의를 그 세포부터 해체시키고 있다. 자본주의의 세포는 상품이다. 그런데 상품이 공짜로 된다면, 자본주의는 도대체 무엇을 먹고살 수 있을까?

이런 모순의 시대에 개별 자본들이 살아남기 위하여 공통으로 선택하는 방법들이 있다. 첫 번째 방법으로 다른 자본들보다 더 강력한 시장 경쟁력을 획득하기 위하여 더 첨단의 기술을 개발하고 투입하는 것을 꼽을 수 있다. 더 높은 기술을 통하여 더 거대한 양면 네트워크를 형성함으로써 시장 경쟁에서 유리한 고지를 선점한 자본은 나머지 자본들을 잡아먹으면서 초독점자본으로 발전해간다. 이미 플랫폼 자본주의는 국경을 넘어서서 글로벌 시장 수준의 초독점기업들을 탄생시키고 있다. 마이크로소프트는 글로벌 피시 운영 체제 시장의 90퍼센트 이상을 독점하고 있으며, 구글은 글로벌 검색 시장의 90퍼센트 이상을 독점하고 있다.

첨단 기술의 투입으로도 시장에서 경쟁력 우위를 획득하거나 유지할 수 없을 때 자본이 흔히 사용하는 다른 방법으로는 공권력을 동원하여 경쟁자들을 강제로 배제시키는 것을 꼽을 수 있다. 지식재산권 또는 특허권 제도가 바로 그것이다. 오늘날 지식재산권 분쟁이 곳곳에서 점점 더 치열해지고 있는 현상은 자본들이 그만큼 심각하게 생존의 위협을 느끼고 있다는 사실을 보여준다. 미국과 중국 사이에 치열하게 전개되고 있는 무역 전쟁도 겉으로 보자면 무역 전쟁지만, 속을 들여다보면 지식재산권을 독점하기 위한 전쟁이다.

자본이 채택할 수 있는 또 다른 방법(어쩌면 마지막 방법일지도 모른다)은 노동자 대중에게 상품을 구매할 수 있는 돈을 나누어주는 것이다. 그러면 시장도 돌아갈 수 있고, 공장도 돌아갈 수 있을 것이다. 마이크로소프트의 빌 게이츠는 로봇세를 거둬서 그렇게 하자고 제안하고 있다. 페이스북의 마크 저크버그와 테슬라의 일론 머스크는 기본소득을 나누어주는 것이 더 낫다고 주장하고 있다. 첨단 기술을 생산에 투입하여 억만장자가 된 자본가들이 제 입으로 이런 제안을 하고 있는 것이다. 오늘날 자본가들이 조만간 닥쳐올 기술적 실업에 대하여 얼마나 큰 불안을 느끼고 있는지 짐작할 수 있는 대목이다.

한편 추가 생산비용 제로 기술과 그 한 가지 형태인 플랫폼 기술은 공유주의자들에게도 새로운 기회를 제공해주고 있다. 이른바 '공유 경제'는 영리형 공유 경제와 공익형 공유 경제로 구분할 필요가 있다. 우버와 에어비앤비는 앞쪽에 속한다. '공유 경제'라는 간판을 내걸고 있지만 실은 자본주의 원리에 따라 작동하고 있다. 반면 월드 와이드 웹, 위키피디아 등 오픈소스 운동과 커먼즈 운동은 뒤쪽에 속한다. 메이커 스페이스, 팹랩 등 메이커 운동도 공익형 플랫폼에 속한다.

정부가 직접 공익형 플랫폼의 건설에 나서기도 한다. 서울시가 내놓은 '서울페이'는 성공 여부를 떠나 지자체가 나서서 공익형 플랫폼을 건설하려는 최초의 시도로 기록될 수 있을 것이다. 배달 앱 시장에도 공공 플랫폼이 대안 플랫폼으로 등장하고 있다. 군산시는 '배달의 명수' 앱을, 인천 서구는 '서구배달' 앱을 내놓았다.

앞으로 경제의 여러 영역에서 영리형 플랫폼과 공익형 플랫폼 사이에 거대한 싸움이 벌어질 것이다. 여기서 공익형 플랫폼이 세력을 넓혀가는 만큼 자본주의 시장은 좁아질 것이고, 생산물은 탈상품화될 것이다. 그런 만큼 자본주의 기업이 살아남을 수 있는 땅도 좁아질 수밖에 없다.

3) 노동조합운동의 딜레마

'물질적 풍요화와 일자리 희소화'라는 빠르고, 넓고, 깊은 변화의 흐름을 자본주의 시장경제 제도로 감당할 수 있을까? 아마 불가능할 것이다. 그렇다면 노동운동은 거꾸로 바로 이 지점에서 시작해야 하지 않을까?

물질적 생산성을 기준으로 판단한다면 4차 산업혁명의 추가 생산비용 제로 기술은 결핍 세계를 넘어서서 풍요 세계를 가리키고 있다. 오늘날 플랫폼 자본이 시장에 뿌리고 있는 공짜 상품들은 이미 인류가 풍요 세계의 문턱을 넘어서고 있다는 사실을 보여준다.

그러나 자본이 자기 손으로 노동자 대중에게 골고루 풍요를 분배해주는 일은 결코 일어나지 않을 것이다. 자본은 자신이 살아남기 위해서라도 끊임없이 경쟁에서 승리해야 한다. 그러자면 끊임없이 차별과 불평등을 생산해야 한다. 남들보다 더 우수한 기술을 개발해야 하고, 남들보다 임금노동자 수를 더 줄여야 한다. 또한 시장을 독점해야 하고, 지식재산권을 독점해야 한다. 차별과 불평등, 독점은 많은 중소 자본의 사망을 뜻하고, 시장 경쟁자 수의 축소를 뜻한다. 그럴수록 임금 노동자는 더 줄어들 것이다. 이렇게 자본은 잉여가치의 원천을 고갈시킴으로써 스스로 자신의 무덤을 파고 있다. 여기까지 이어지는 과정을 규명하는 것은 정보자본주의 시대 정치경제학의 역할이다.

스스로 자기 무덤 구덩이를 팠다고 해서 자본의 목숨이 자동으로 끊어지지는 않는다. 누군가 자본을 구덩이 속으로 밀어넣고 흙으로 덮어버려야 비로소 목숨이 끊어질 것이다. 누가 그 일을 할 수 있을까? 어떻게 그일을 할 수 있을까? 이 질문의 대답을 찾는 것이 정보자본주의 시대 변혁론의 과제다.

21세기는 플랫폼 자본주의 시대다. 그런데 한국의 민주 노조들은 몸은 21세기로 넘어왔지만 머리는 여전히 20세기에 머물러 있는 것으로 보인다. 민주노조운동이 오늘날의 변화를 혁명적 변화로 보지 못하고 있는 이유를 여기서 찾을 수 있을 것이다. 20세기 공장 시대 노동운동을 고수하고 있는 이유도 여기서 찾을 수 있을 것이다.

20세기 노동운동으로 탈출과 전진의 길을 찾아낼 수 있을까? 4차 산업혁명은 일자리를 마지막 희소 자원, 마지막 기득권으로 만들어가고 있다. 일자리를 20세기에 하던 것처럼 지키려 한다면 노동조합의 입지는 점점 더 좁아질 것이다. '공장으로 돌아가자'는 구호는 '공장을 살려내자'는 구호로 이어질 수밖에 없을 테고, 다시 '자본주의를 유지하자'는 구호로 이어질 수밖에 없을 것이다. 달리 말해서 노동조합이 지금의 일자리를 지키는 데 몰두하면 몰두할수록 자본주의의 수명은 더 연장될 것이다.

그렇다면 자본주의를 끝장내기 위하여 '공장으로 돌아가자'는 투쟁을 당장 그만두어야 할까? '비정규직 정규직화' 투쟁을 멈추어야 할까? '노조할 권리' 투쟁을 포기해야 할까? 그럴 수도 없다. 만약 그렇게 한다면 자본주의가 망하기 전에 노동자들이 모두 굶어 죽을 것이다.

이러기도 어렵고, 저러기도 어렵다. 바로 이것이 4차 산업혁명 시대 노동조합운동이 처해 있는 딜레마다. 그리고 이 딜레마 속에서 일자리 위기를 노동 해방의 기회로 전환시킬 전략을 마련하는 것이 21세기 변혁론의 과제다. 한국 민주노조운동의 혁신은 20세기에 두고온 머리를 21세기로 옮기는 데서 시작해야 할 것이다. 그러면 다음 같은 사실을 금방 확인할 수 있을 것이다.

오늘날 노동자들은 거대한 변화의 소용돌이 속에 있다. 신자유주의를 뒤덮으면서 새로 몰려오는 정보자본주의 물결 속에서 대부분의 노동자들은 익사할지도 모를 위기에 처해 있다. 그러나 위기가 큰 만큼 기회도 크다. 추가 생산비용 제로 기술을 발전시키면서 인류는 노동 해방의 문턱에 서 있다. 그렇다면 21세기 노동운동은 '노동 존중 세상'을 넘어 '노동 해방 세상'을 추구해야 하지 않을까? 그럴 때에만 위기를 기회로 반전시킬 수 있지 않을까? 그렇더라도 그 길은 결코 꽃길이 아닐 것이다.

4) 한국 민주노조운동은 장정을 시작할 수 있을까?

19세기 중엽의 태평천국운동은 중국 역사에서 처음으로 노동자 농민이 평등 사상을 토대로 공유주의를 지향한 변혁 운동이었다. 평등 사상과 공유주의는 청나라 지배 계급의 오랜 부패와 탄압에 신음하던 노동자 농민을 열광시켰다. 그 힘으로 태평천국 군대는 청나라 정부군을 무찌르면서 불과 3년 만에 중국 대륙의 절반을 해방구로 만들 수 있었고, 1853년에는 베이징을 코앞에 둔 난징까지 점령할 수 있었다. 그러나 그때부터 운동의 지도자 홍수전은 스스로 천왕의 지위에 오르는 등, 혁명 정신을 훼손하기 시작한다. 또한 지주 제도와 신분 질서를 부활시킨다. 활동가 집단 내부의 갈등과 권력 투쟁도 운동의 힘을 약화시켰다. 그러는 동안 서양 제국주의 외세의 지원을 받으면서 전열을 재정비한 청나라 군대가 난징을 포위하면서 진격해온다. 이때 태평천국 군대의 지휘관은 이수성이었다. 이수성은 뛰어난 활동가이며 전략가였다. 빈농 출신 병졸로 시작했지만, 천재적인 병술로 승리를 거듭하면서 최고 지휘관 자리에 올랐다.

이수성은 홍수전에게 성을 버리고 장정에 나서자고 제안한다. 난징을 버리고, 재기의 발판을 마련할 수 있는 곳으로 옮겨갔다가, 다시 힘을 일으켜 되돌아오자는 것이었다. 그러나 이미 권력과 향락에 몸이 절어 있던 홍수전은 다시 풍찬노숙 길에 오를 마음이 없었다. 홍수전은 장정 전략을 거절하고 성을 지키라고 명령한다. 결국 태평천국 군대는 난징에서 몰살당하였고, 혁명도 거기서 끝이 난다.

그러나 운동은 씨앗을 남긴다. 태평천국운동이 장정 전략을 포기하고 몰락한 뒤 60년이 지나 평등 사상과 공유주의는 다시 한 번 싹을 틔웠고, 마침내 중국 대륙을 온통 뒤덮으면서 꽃을 피우고 열매를 맺게 된다.

1920년 공산당을 창당하면서 본격적으로 시작된 새로운 운동은, 도시에서는 노동자를 조직하고 농촌에서는 농민을 조직하면서, 중국 곳곳에서 거점을 넓혀갔다. 지식인 활동가들은 주로 도시 지역에서 노동자계급을 조직화하는 데 힘을 쏟았으며, 상하이에 최고 지도부를 두고 있었다. 마오쩌둥은 중국 남동부 농촌 지역에서 농민을 조직화하여 장시 성 징강산에서 1000만 명을 포괄하는 해방구를 건설하였으며, 군대까지 양성하였다. 여기서 홍군의 역사가 시작된다. 장제스가 이끄는 국민당 정부군은 네 차례에 걸쳐서 토벌전을 이어갔지만, 마오쩌둥의 홍군은 유격전 전략을 펼쳐서 번번이 정부군을 따돌렸다.

1931년, 장제스가 이끄는 국민당 정부가 집중적인 탄압을 한 탓에 도시 지역에서는 공산주의 운동을 더는 지속하기 어렵게 된다. 소련 유학파가 주도한 공산당 지도부는 마오쩌둥이 있던 징강 산으로 피신하였다. 여기에 스탈린의 코민테른이 파견한 군사 고문 오토 브라운이 합류한다. 공산당 지휘 체계로 보자면 소련 유학파와 오토 브라운이 당권을 장악하고 있었다. 지휘부는 마오쩌둥의 유격전 전략을 비판하면서 전면전 전략을 채택하였다. 네 차례에 걸친 토벌전에 맞서 홍군이 거둔 승리를 보면서 오토 브라운과 소련 유학파는 근거 없는 자신감으로 팽만해 있었다.

1934년, 국민당 군대의 5차 토벌전이 시작된다. 그런데 이번에는 돌격

전이 아니라 진지전 전략을 구사하였다. 독일의 퇴역 장군 한스 폰 젝트를 초빙하여 새로운 전략을 채택한 것이다. 장제스는 홍군을 독 안에 든 쥐로 가두어 몰살시키겠다고 다짐하면서 100만 병력을 투입하였다. 국민당 군대는 징강 산을 에워싸고 길목마다 콘크리트 토치카를 구축하면서 한 걸음 한 걸음 포위망을 좁혀 들어왔다. 여기에 맞서서 오토 브라운과 소련 유학파는 전면전을 펼쳤고, 군사 지휘권을 상실한 마오쩌둥은 지켜볼 수밖에 없었다.

1934년 10월, 홍군은 턱밑까지 포위망을 좁혀온 국민당 군대의 집중 공격을 받아 궤멸 직전까지 몰렸고, 부랴부랴 도망길에 오르지 않을 수 없었다. 이때부터 3개월 동안 홍군은 목적지도 없고 전략도 없이 도망만 다녔다. 오로지 목숨을 건지는 것이 목표였다. 10만 명이던 병력이 3개월 만에 3만 명으로 줄어들었다.

1935년 1월, 구이저우 성 쭌이에서 열린 공산당 중앙정치국 회의를 통하여 다시 마오쩌둥에게 군사 지휘권이 부여된다. 이때부터 홍군은 다시 목적지와 전략을 가지게 된다. 북서부 산악 지역인 산시 성 해방구까지 옮겨가서 재기의 발판을 마련한 다음 되돌아와서 중국 대륙을 장악한다는 것이었다. 이렇게 해서 본격적인 장정이 시작된다.

장정은 도망도 아니고 전면전도 아니다. 장정은 목적지와 전략을 가지고 있기 때문에 도망이 아니다. 그렇다고 눈앞의 싸움에 온 힘을 쏟아붓지도 않기 때문에 전면전도 아니다. 장정은 싸우면서 도망치는 것이고, 도망치면서 전진하는 것이다.

장정에는 전방 부대와 후방 부대가 있다. 후방 부대는 추격해오는 적을 맞아 싸우면서 전방 부대가 안전한 곳에 도달할 때까지 버텨야 한다. 때때로 후방 부대가 소소한 전투에서 승리를 거둘 수도 있을 것이다. 그러나 그런 성과에 만족하여 그 자리에 눌러 앉아서는 안 된다. 때를 놓치지 말고 전방 부대를 쫓아가 합류해야 한다. 전방 부대는 앞길을 차단하는 적을 뚫고 나가면서 통로를 개척해야 한다. 빠른 시간 안에 통로를 확보하지 못한다면 힘이 떨어진 후방 부대는 무너질 것이며, 이어서 전방 부대도 무너지게 될 것이다. 때때로 전방 부대와 후방 부대 사이의 통신이 두절되기도 한다. 그럴 때는 서로 믿어야 한다. 이쪽이 저쪽을, 저쪽이 이쪽을 믿지 못하게 되면, 장정은 결코 성공할 수 없다.

장정은 되찾으러 온다는 조건으로 기득권을 내주는 전략이다. 눈앞의 작은 이익을 포기하고 멀리 있는 큰 이익을 찾아 고생길을 떠나는 것이다. 육참골단肉斬骨斷, 뼈를 끊어오기 위하여 살을 내줘야 하는 전략이다.

1935년 6월, 국민당 군대에 쫓기던 마오쩌둥의 홍군 1방면군은 장궈타오가 이끄는 4방면군을 만나 쓰촨 성에서 합류하였다. 1방면군은 1만 명이 겨우 살아남았고, 4방면군은 8만 명을 자랑했다. 당의 지휘 체계로 보자면 마오쩌둥이 상급자였지만, 장궈타오는 군대의 규모를 과시하면서 주도권을 행사하려고 했다. 마오쩌둥은 장정이라는 장대한 계획에 따라 험한, 국민당 군대가 추격하기 어려운, 북쪽 길을 주장했다. 목숨을 걸고 늪지대와 설산을 넘어야 하는 길이었다. 장궈타오는 당장 자리잡기 편한 서쪽 길을 고집하였다. 결국 둘은 갈라서게 된다. 그리고 4방면군은 곧 국민당 군대에 추격당해 전멸하고, 장궈타오는 장제스에게 투항해 목숨을 구걸하게 된다.

장정은 꽃길이 아니라 피눈물의 길이다. 중국 혁명군은 하루에 한 번 꼴로 전투를 치르면서, 매일 37킬로미터를 행군하여, 368일 동안 1만 2000킬로미터를 주파하였다. 만년설이 뒤덮인 산 5개를 포함하여 18개 산맥을 넘었고, 24개 강을 건넜으며, 6차례 소수민족 지구를 통과하였다. 징강 산

표 3 변화하는 노동 체제

기업 의존 노동 체제	탈기업 노동 체제
미시 노사관계	거시 노사관계
일자리 지키기	일자리 나누기
고용 안정	소득 안정
임금 인상	노동시간 단축
비정규직 정규직화	동일 노동 동일 임금
연공급	직무급
정리해고 철폐, 해고자 복직	공공 부문 확장
노조 할 권리	생활할 권리
노동권	여가권
과소비	공유 소비
환경 착취, 생태계 파괴	제로 배출, 녹색 산업혁명

을 떠날 때 홍군은 10만 병력을 헤아리고 있었다. 1년 동안 중국 대륙을 휘돌아 마침내 산시 성 해방구에 도달한 때 남은 병력은 6000명뿐이었다.

그러나 마오쩌둥이 정확하게 지적했듯이 장정은 커다란 승리였다. 우선 장정은 강철 같은 활동가 집단을 양성하는 과정이 되었다. 동시에 장정은 인민의 마음을 얻는 과정이 되었다. 이 두 자원을 바탕으로 삼아 홍군은 새로운 거점에서 병력을 양성하였고, 이어서 반격에 나섰고, 수십 배가 넘는 규모인 국민당 군대를 격파하고, 마침내 중국 대륙을 차지하게 된다.

내가 볼 때, 오늘날 한국의 노동조합운동은 5차 토벌군을 맞이한 징강산의 홍군을 닮은 상황에 있다. 그리고 운동을 지휘하고 있는 활동가 집단은 오토 브라운과 소련 유학파 지도부를 닮아 있다. '민주노총 100만 시대'라는 겉모습에 고무되어 전면전을 밀어붙이고 있다. 20세기 공장 시대 노동운동을 계속하고 있는 것이다. 나는 지금은, 더 늦기 전에, 한국 노동조합운동이 장정에 나서야 할 때라고 생각한다. 안락한 현재의 거점, 달콤한 현재의 기득권에 대한 미련을 얼른 버려야 길을 나설 수 있을 것이다. 그런 만큼 특히 일자리 기득권을 누리고 있는 대기업 정규직 노동자들은 장정에 동참하기를 망설일 것이다. 장궈타오의 4방면군이 그랬다. 그러나 머뭇거리는 시간이 길어질수록 승리의 기회도 그만큼 줄어들게 될 것이다. 만약 나에게 장정 부대가 거쳐가야 할 요충지들을 꼽아볼 기회가 주어진다면, 나는 급하게 다음 같은 약도를 제출하고 싶다. 앞쪽 칸은 현재의 위치를 가리킨다. 후방 부대가 맡아서 시간을 벌어야 할 지점들이다. 그러나 곧 버리고 떠나야 할 지점들이다. 뒤쪽 칸은 앞으로 나아가야 할 지점들이다. 전방 부대가 맡아서 신속하게 개척해야 할 지점들이다.

5) 활동가 집단의 역할

상전벽해桑田碧海, 뽕나무밭이 푸른 바다로 변할 만큼 긴 시간이 흐른 것을 가리키는 말이다. 노동자 대투쟁을 폭발시킨 30년 전에 우리가 있던 곳은 뽕나무밭이었다. 인터넷도 없었고, 인공지능도 없었다. 스마트폰도 없었고, 구글도, 아마존도, 페이스북도 없었다. 자율 주행차는 과학소설 속에서나 찾아볼 수 있었다. 그러던 그곳이 지난 30년 동안 푸른 바다로 변했다. 지금 우리는 바닷물이 턱밑까지 차오른 곳에 서 있다. 다시 10~20년이 지나면 바다는 더 깊어질 것이다.

위기가 패배로 끝나고 말까? 아니면 대역전의 기회가 될까? 이 질문에 맞는 대답의 열쇠는 노동운동 활동가 집단이 쥐고 있다.

4차 산업혁명과 더불어 자본주의는 자신의 무덤을 파고 있다. 그러나 노동자 대중이 자연 발생적으로 봉기하는 역사란 없다. 활동가 집단이 추동하지 않는다면 대중은 일어서지 않는다. 대중의 자연 발생적 봉기를 기다리는 사람은 결코 세상을 변혁할 수 없을 것이다. 거꾸로, 활동가 집단이 추동하기만 한다면 대중은 반드시 일어선다. 이런 믿음을 가지지 않은 사람도 결코 세상을 변혁할 수 없을 것이다. 2020년 현재, 한국 민주노조운동 활동가 집단이 가장 먼저 수행해야 할 과제는 무엇일까? 20세기에 머물러 있는 자신의 머리를 21세기로 옮겨와서 몸통에 붙이는 일이 아닐까?

뽕나무밭에서 싸울 때는 육군이 되어야 한다. 탱크를 앞세우고 달리든, 낮은 포복으로 박박 기든……. 반면 푸른 바다에서 싸우자면 해군이 되어야 한다. 보트를 젓든, 잠수함을 타든……. 푸른 바다에서도 육군으로 싸우면 어떻게 될까? 노동자 대중에게 계속 낮은 포복으로 박박 기라고 한다면 어떻게 될까?

✓얘깃거리

1. 많은 사람이 4차 산업혁명을 피부로 느낄 수 있게 하는 것 두 가지를 꼽으라면 스마트폰과 자율 주행차를 말합니다. 오늘날 우리는 저마다 스마트폰을 하나씩 손에 들고 있죠. 몇 년 안에 운전자가 필요 없는 자율 주행차가 상용화된다고도 하고요. 스마트폰은 우리의 노동과 삶을 얼마나 바꾸고 있을까요? 오늘날 스마트폰이 없다면 노동이 불가능한 사람이 얼마나 많을까요? 스마트폰 때문에 일자리에서 밀려난 사람은 없을까요? 스마트폰은 노조 활동도 바꿔놓고 있을까요? 조만간 자율 주행차가 상용화된다면 우리의 노동과 삶은 얼마나 달라질까요?

2. 컴퓨터 기술에 이어서 인공지능 기술이 다시 한 번 자동화 물결을 몰아오고 있습니다. 지엠이 한국지엠 군산 공장을 폐쇄한 면 배경에는 인공지능 기술이 있죠. 대형 마트와 시중 은행이 점포 수를 줄이는 배경에도 인공지능 기술이 있고요. 다른 한쪽에서는 플랫폼 노동자들이 빠르게 늘어나고 있는데, 그 배경에도 인공지능 기술이 자리잡고 있습니다. 인공지능 기술이 발전하면서 소비 물자가 점점 더 풍부해질 테지만, 고용 조건이 점점 더 나빠지고 일자리도 점점 더 줄어든다고 합니다. 여기에 맞서서 노동운동은 어떻게 대응해야 할까요? 위기를 기회로 바꿀 수 있는 길은 없을까요?

2장

'정의로운 전환'과 녹색 일자리
기후변화와 산업 재편에 관한 네 가지 물음

김현우

1. 서론 ― 네 가지 물음

기후변화에 대응하는 한국 정부의 입장은 지난 십수 년간 여러 정부가 바뀌어도 크게 변하지 않았다. 유엔이 나서서 국제적으로 처음으로 기후변화 대응 체제를 수립한 1993년의 교토 의정서 체제가 지속되는 동안에는, 한국은 선진국이 아니어서 온실가스 의무 감축국에 포함되지 않았는데 굳이 다른 나라보다 먼저 온실가스를 감축하여 경제성장 잠재력을 해치는 부담을 안을 필요가 없다는 논리가 팽배했다. 그렇지만 한국도 시나브로 온실가스 배출량이 늘어서 화석 연료 연소 기준 세계 7위 배출국으로 올라섰고, 국력과 국제적 위상도 높아진 만큼 그런 태도를 고수하기는 어려웠다. 그래서 이명박 정부와 박근혜 정부 때는 '얼리 무버' 또는 선진국과 후진국 사이의 '가교' 역할을 자임해 잠시 국제 사회의 박수를 받기도 했다. 그런데 실제로 한국의 온실가스 배출량이 줄어들지도 않았고 '녹색성장'의 실체가 실은 4대강 파괴 사업에 다름 아니었다는 것이 드러나면서 이제 한국은 '기후 악당' 국가로 지목받고 있다.

온실가스 배출의 당사자인 기업은 업체마다 입장이 다르지만, 국제 협약과 정부의 정책 변화가 사업에 어떻게 작용할지를 살피며 정보를 수집하고 예방형 로비를 하는 데 주력해왔다. 상위 10개 온실가스 다배출 업체의 총배출량이 한국 전체 온실가스 배출량의 절반에 이르는데도 산업계는 이미 자기들은 충분히 에너지를 절약하고 자원 이용을 효율화하고 있기 때문에 배출을 줄이라는 주문은 '마른 수건 쥐어짜기'라고 불평한다. 온실가스 배출 1위 기업인 포스코의 주요 인사가 산업계 대표격으로 국가 기후변화 정책을 수립하는 과정에 참여해서 큰 발언권을 행사해 기업에 부담이 될 배출권 거래제를 완화하고 에너지 가격 인상을 저지하는 한편, 다른 쪽에서는 녹색 제품을 개발하고 출시하는 양동 작전을 구사한다.

전통적인 환경운동을 위시한 시민사회에서는 기후변화에 대한 한국 정부의 미온적인 태도와 정책을 질타하고 산업계에 끌려다녀서는 안 된다고 주장한다. 정작 어려운 쪽은 노동자와 노동조합일지도 모른다. 기후변화의 영향은 노동자를 위시한 사회적 약자에 더욱 크게 다가가고 대처가 늦을수록 부담이 더 커지지만, 기후변화 대응을 위해 에너지 저소비형 산업과 저탄소 경제로 전환할 경우에는 장기적으로 경제는 더 어려워지고 고용에도 더 큰 변화가 초래될 가능성이 있기 때문이다. 특히 한국처럼 노와 사, 노와 정 사이에 불신의 벽이 높고, 정규직과 비정규직, 그리고 기업 간 노조의 구획이 연대의 장애물로 작용하며, 게다가 국제통화기금IMF 구제 금융 시기에 일방적으로 진행된 대규모 구조조정 같은 아픈 기억을 간직한 나라에서 산업과 고용의 예상되는 변화는 그것 자체로 염려스러운 문제로 다가온다.

여기서 몇 가지 질문을 던져보자. 첫째, 기후변화와 기후변화 대응은 노동자에게 어떤 영향을 미칠까? 둘째, 기후변화와 여기에 뒤따르는 산업 재편은 어떻게 전개될까? 셋째, 기후변화 대응은 노동자와 노동조합에 어떤 위기와 기회가 될 수 있을까? 넷째, 기후변화 대응에서 노동자와 노동조합은 무엇을, 누구와, 어떻게 할 수 있을까? 이 글에 이 모든 질문에 대한 대답을 충분히 담을 수는 없을 것이다. 그러나 미래의 노동운동을 위한 작은 힌트들을 함께 찾아보면 좋겠다.

2. 기후변화란 무엇인가

기후변화는 흔히 '지구 온난화'로 인식되는데, 이미 상당히 오래전부터 알려진 현상이었다. 19세기 초 프랑스 과학자 조제프 푸리에가 지구가 일정한 온도를 유지할 수 있는 이유를 연구하면서 '온실 효과greenhouse effect'를 탐구하기 시작했고, 19세기 중반 영국 물리학자 존 틸달은 이산화탄소가 지구로 들어오는 태양 에너지의 일부를 저장해서 지구를 따뜻하게 만드는 온실가스 중 하나라는 사실을 알아냈다. 그런데 온실 효과 자체는 나쁜 것이기는 커녕 매우 이로운 것일 수도 있다. 만약 온실 효과가 없다면 지구는 금성이나 화성 같은 행성들처럼 너무 뜨겁거나 차가워져서 생명이 살기 어렵겠지만 온실 효과가 너무 강해지면 부작용이 생겨나는 것이다. 물론 기후변화는 대기 중 에어로졸의 변화, 태양 활동의 변화, 태양과 지구의 위치, 도시화에 따른 토지 이용 방식의 변화와 산림 파괴 같은 여러 요인들에도 관련이 있다. 그러나 지금 가장 문제가 되는 것은 인간의 활동이 가중시키는 온실 효과에 따른 기후변화다.

지구 온난화에 영향을 미치는 온실가스에는 수증기, 이산화탄소(CO_2), 메탄(CH_4), 아산화질소(N_2O), 수소불화탄소(HFCs), 과불화탄소(PFCs), 육불화황(SF_6) 같은 직접 온실가스와 일산화탄소(CO), 질소가스 같은 간접 온실가스가 있다. 온실 효과에 가장 큰 영향을 미치는 이산화탄소는 지구 온난화에 기여하는 비중이 55~60퍼센트에 이른다. 게다가 석탄과 석유 같은 화석 연료 연소를 통해 직접적으로 발생한다는 점, 그리고 일단 대기 중에 방출되면 100년 이상 머무르면서 계속 온실 효과를 일으킨다는 점 때문에 가장 신경 써야 할 온실가스로 지목된다.

농업이 발달하고 가축을 많이 사육하면서 배출이 늘어난 메탄의 온난화 기여도는 20~25퍼센트 정도이며, 화학 비료 이용이 증가한 영향으로 질소계 온실가스 배출도 늘어나고 있다. 불화 가스 종류는 절대량은 적지만 이산화탄소에 견줘 9000배가량 온실 효과에 기여하기 때문에 잘 관리해야 한다. 이러한 온실가스 종류의 공통점은 무엇보다 산업혁명 이후 크게 증가한 인간의 생산과 소비 활동 때문에 함께 늘어나고 있다는 것, 그리고 지금도 계속 늘어나고 있기 때문에 전체적으로 관리하지 않으면 안 된다는 것이다.

지구 온난화를 연구하는 각국 과학자들은 1988년에 기후변화에 관한 정부간 패널[IPCC]을 구성하고 기후변화의 원인과 가능성을 본격적으로 논의하기 시작했다. IPCC는 1990년에 낸 첫 평가보고서를 통해 기후변화가 분명히 진행되고 있으며 화석 연료 연소 같은 인간의 활동이 원인일 가능성이 높다는 의견을 제시했다. 그 뒤로 IPCC는 주기적으로 발간하는 보고서를 통해 기후변화가 인간 활동의 결과라는 점을 보여주는 과학적 증거를 계속 쌓아가면서 기후변화에 적극 대응해야 한다고 강조하고 있다.

2014년에 채택된 IPCC 5차 평가보고서에 따르면 지난 2000년부터 10

년간 전세계적 온실가스 배출량을 관측한 결과 연평균 2.2퍼센트가 증가했으며, 이 중 이산화탄소가 배출량 증가의 78퍼센트 이상을 차지한 것으로 관측됐다. 보고서는 전지구적 온도 상승을 섭씨 2도 이하로 낮추기 위해 제시된 이산화탄소 배출 한도량인 2900기가톤^{Gt}의 3분의 2가 이미 지난 2011년까지 모두 배출됐으며, 앞으로 인위적 온실가스 배출을 멈추더라도 기후변화와 생물종 멸종, 식량 생산 감소, 사회적 갈등 증가 등 기후변화에 따른 위험은 계속될 것이라고 지적했다. 보고서는 이 상태라면 2100년의 평균 기온은 온실가스 배출량이 가장 많은 최악의 시나리오의 경우에 최대 4.8도 상승할 것으로 전망했다.

기후변화에 대응하기 위한 정책과 조치는 크게 두 가지로 구분할 수 있다. 하나는 기후변화의 속도와 폭을 완화시키기 위해서 온실가스 배출을 줄이는 '완화^{mitigation}' 정책으로, 제도적 규제와 기술 적용 등을 통해 대기 중 이산화탄소 배출을 줄이고 안정화시키는 정책 수단을 말한다. 그렇지만 대기 중으로 배출된 이산화탄소는 오랫동안 머무르며 영향을 미치기 때문에, 이미 시작된 기후변화에 '적응^{adaptation}'하기 위한 정책도 필수적이다. 이제부터 온실가스 배출을 줄이더라도 이미 배출된 분량이 오랫동안 온실 효과를 일으키기 때문에 지구 온도의 일정한 상승이 기정사실이라는 것이 과학자들의 결론이고 보면, 기온 상승이 가져올 변화에 특히 취약한 사회 집단과 국가들이 대비하도록 해야 하기 때문이다. 따라서 기후 정책은 언제나 완화와 적응이라는 두 축으로 제시된다.

그렇지만 이렇게 원칙적인 논의를 하기에는 상황이 너무나 급박해졌다. 산업혁명 시작 즈음 260피피엠^{ppm}이던 대기 중 이산화탄소 농도는 이제 405피피엠을 넘어서고 있고, IPCC를 위시한 전문적 연구 기관들은 지구 온난화의 '티핑 포인트'가 2도가 아닌 1.5도라고 말하고 있다. 1.5도 상승

그림 1 온도 상승 목표별 탄소 예산과 남은 시간

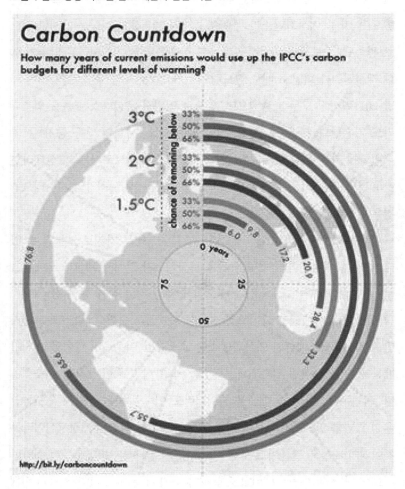

까지 남은 '탄소 예산carbon budget', 즉 배출이 허용되는 온실가스의 총량은
지금처럼 배출이 지속될 경우 채 10년이 남지 않은 것이다. 앞으로 몇 년
사이에 아주 급격한 배출량 감축이 일어나지 않으면 1.5도의 저지선이 무
너지고 걷잡을 수 없는 기후 상황으로 접어들 것이라는 예상이다.

이미 다가온 기후변화에 맞선 국제 사회의 대응도 불행 중 다행으로 조금씩 진전되어왔다. 기후변화 위기감이 싹트던 1992년 브라질에서 열린 유엔환경개발회의(리우 회의)에서 기후변화에 관련된 국제 협약이 채택되었고, 1994년 기후변화협약이 공식 발효된 뒤에는 1995년부터 기후변화협약 당사국 총회[COP]가 해마다 열려 기후변화에 대응하는 공식적인 국제 협상을 벌이게 되었다. 국제 사회가 합의하고 구속력을 지닌 첫 결과물은 1997년 COP3에서 합의되어 2005년에 공식 발효된 교토 의정서인데, 선진국과 후진국을 두 그룹으로 나누고 전자에 강제적 감축량을 명시한 것이 특징이다.

그렇지만 교토 의정서는 실제 지구 온난화를 막는 데는 너무 부족하다는 비판이 끊이지 않았고, 온실가스 최대 배출국인 미국의 부시 행정부가 의정서 비준을 거부하면서 효과는 더욱 반감되고 말았다. 유럽연합 국가들을 중심으로 명맥을 이어 오던 교토 체제를 대체할 새로운 기후 체제를 위한 모색이 오랫동안 이어졌고, 많은 우여곡절 끝에 만들어진 것이 2015년 말 파리에서 열린 COP21에서 채택된 '파리 협정[Paris Agreement]'이다.

3. 기후변화에서 기후위기로

기후변화는 단지 꾸준한 기온 상승만으로 나타나는 것이 아니라 지역에 따라 홍수나 가뭄 등 여러 가지 급격한 기후 현상을 보이게 된다. 그래서 기후학자들은 지구 온난화보다는 '기후 격변[climate upheaval]' 또는 '기후 혼란[climate chaos]'라는 표현을 선호하기도 했다. 그렇지만 2019년부터 부쩍 자주 들리기 시작한 용어는 '기후위기[climate emergency]'다.

그림 2 인류세에서 지구 시스템의 경로들

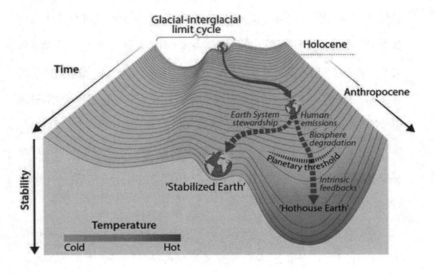

왜 지금을 '기후변화'가 아닌 '기후위기'의 시대라고 부르려 할까? '변화'라는 단어 자체는 어떤 부정적인 의미도 담지 않는다. 그냥 언제나 일어나고 어떤 방향으로든 일어나는 것이 변화다. 또는 변화가 없는 사람과 집단은 오히려 발전이 없는 존재라는 좋지 않은 이미지로 받아들여지기도 한다. 그러나 이제 더욱 분명해진 평균 기온 상승 전망과 이미 어렵지 않게 목격되는 우리 주변의 여러 이상 기후 현상들은 기후변화라는 평범한 용어로 표현하기에는 확실히 너무 심각해졌다. 2019년에 몰아닥친 서유럽의 폭염과 오스트레일리아의 산불 같은 재해는 우리가 이미 기후위기의 한가운데로 접어들고 있다는 분명한 느낌을 주고 있다.

기후위기는 '인류세人類世, Anthropocene'라는 개념까지 받아들이게 하고 있다. 40억 년이 넘는 지구의 역사 속에서 지구에는 정말이지 적당한 공전 궤도와 이심률, 세차 운동, 자전축의 기울기가 만들어졌고 지금부터 약 1만 년 전부터 일정한 온도와 대기의 운동을 갖는 환경을 갖게 되었다. 이런 일정하게 온난한 기후 조건 속에서 현생 인류는 강어귀를 중심으로 정착 생활을 시작했고, 오늘의 문명에 이르게 되었다. 그런데 네덜란드의 화학자 파울 크뤼천은 지금의 지질 시대를 '현세'로 일컫는 것은 더는 적절하지 않다며 인류세라는 개념을 사용할 것을 제안했다. 인위적인 방사능 핵종의 생성, 오래도록 썩지 않고 남아 있을 플라스틱 같은 지표들이 대표적이지만, 무엇보다 인간의 활동이 초래한 기후변화가 새로운 지질 시대의 핵심이라는 것이다. 인류세의 진전과 함께 온실가스 배출이 증가하게 되면 지구는 다시 온도 하강 국면으로 돌아올 수 있는 티핑 포인트를 넘어서 '찜통 상태hot house'에 빠져들게 될 것이라는 염려가 현실화된다는 전망이다.

이러한 전망을 더욱 구체화한 것이 IPCC가 2018년 10월 8일 인천 송도에서 열린 제48차 총회에서 발표한 〈1.5도 특별보고서〉다. 보고서의 원제는 '산업화 이전 수준 대비 지구 온난화 1.5℃의 영향과 관련 온실가스 배출 경로 ― 기후변화에 대한 전지구적 대응 강화, 지속 가능 발전, 빈곤 근절 노력의 측면에서'다. 이 특별보고서에서 2도가 아닌 1.5도 상승을 중요한 기준으로 삼은 이유는 지구 온난화에 따른 영향과 방아쇠 효과가 두 온도 사이에 결정적 차이를 보일 것이라는 예상 때문이다. '티핑 포인트'와 연쇄 효과를 고려하여 기후변화의 영향을 종합적으로 전망한 것이다.

IPCC는 금세기 말까지 온도 상승을 1.5도로 막는다면 2도의 경우에 견줘 해수면 상승이 10센티미터 정도 적어서 수천만 명의 삶터를 지킬 수 있고, 산호 멸종률을 99퍼센트에서 30퍼센트로 낮출 수 있으며, 곤충과 동식물 서식지의 파괴를 줄일 것이라고 예상한다. 즉 1.5도 상승이더라도 피해가 없다는 것이 아니라 그나마 치명적인 상태는 아니라는 것이며, 찜통 지구로 향하는 경로를 피할 수 있다는 뜻이다.

그림 3 〈1.5도 특별보고서〉에서 제시한 기온 상승과 온실가스 배출 감축 경로 요약

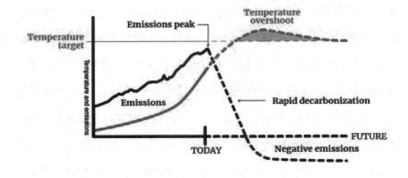

또한 IPCC 특별보고서는 1.5도 상승 목표를 달성할 수 있다고 보지만, 그 방법이 간단하거나 쉽지는 않다는 것도 알려준다. 보고서에 따르면, 1.5도 목표를 달성하려면 이산화탄소 배출량을 2030년까지 2010년 대비 최소 45퍼센트 감축해야 하며, 2050년까지 순제로[net-zero], 즉 온실가스 총배출량과 흡수량을 합쳐서 결과적으로 제로가 되어야 한다는 것이다. 또한 2050년까지 1차 에너지 공급의 50~65퍼센트, 전력 생산의 70~85퍼센트를 태양광과 풍력 등 재생 가능 에너지로 공급해야 한다는 구체적인 에너지 믹스 목표도 제시하고 있다.

한반도 역시 기후위기의 한가운데로 접어들고 있지만, 정치권과 언론은 너무도 조용하다. 미국처럼 기후변화 부정론자나 회의론자들이 공공연히 있는 것도 아니지만, 한국은 더욱 나쁜 '기후 침묵'의 상태다. 세계적으로도 유엔 기후변화협약의 그럴듯한 문구들만 미디어에 떠돌 뿐, 각국 정부의 실제 대응은 너무도 미진하거나 구두선에 그쳐온 게 사실이다. 이런 기후침묵의 한 모서리를 깨트린 것이 스웨덴의 청소년 환경운동가 그레타 툰베리가 시작한 '기후 파업'이다. 학교에서 배우고 생각한 데 따르면 자

신의 미래는 너무도 암울할 수밖에 없다는 결론을 굳히게 된 툰베리는, 미래를 빼앗아간 어른들의 책임을 물으며 금요일마다 학교를 결석하고 피켓 시위를 벌이기 시작했다. '미래를 위한 금요일' 시위는 이렇게 시작되었고, 유럽을 넘어 세계로 퍼지고 있다.

2019년의 가장 큰 기후행동은 안토니오 구테헤스 유엔 사무총장이 9월 23일 뉴욕에 소집한 기후행동 정상회의에 맞추어 세계적으로 조직되었다. 수백 명부터 수십만 명이 운집한 도시들까지 규모는 다양했는데, 집계에 따르면 전세계 185개국에서 760만 명 이상 참여했다. 한국에서는 334개 단체가 연대하여 '기후위기비상행동'이라는 연대체가 결성되었고, 서울에서 5000여 명 등 전국 12개 이상 도시에서 9월 21일 동시 기후행동이 진행되었다. 9월 27일에는 서울에서 수백 명 규모로 청소년 결석 시위를 열어 청와대까지 행진을 벌였다. 기후위기비상행동은 한국 정부가 기후위기를 인정하고 비상 선언을 할 것, 온실가스 배출 제로 계획을 수립하고 기후정의에 입각한 대응 방안을 마련할 것, 기후위기 대응을 위한 독립적인 범국가 기구를 구성할 것을 요구했다.

그렇지만 한국 정부의 반응을 보면 기후위기 운동의 갈 길이 너무도 멀다는 것도 확인할 수 있다. 뉴욕 기후행동 정상회의에 참석한 문재인 대통령의 연설은 기후위기 운동의 기대와 상당히 어긋난 것이었다. "한국은 (온실가스 감축을 위한) 파리 협정을 충실히 이행하고 있다. 동아시아 최초로 전국 단위 배출권 거래제를 시행하고 있으며, 석탄화력 발전소 4기를 감축했고, 2022년까지 6기를 더 감축할 예정이다." 그러나 이런 발언은 신규 석탄화력 발전소를 오히려 늘리고 있는 한국의 상황을 은폐하는 것에 가깝다. 게다가 녹색기후기금 공여액을 두 배 늘리겠다거나 '녹색성장과 지구적 목표를 위한 연대P4G' 정상회담을 한국에서 개최하겠다는 것은 기후위기를 외교적 과시 기회 이상으로 이해하지 않는 인식을 보여주었으며, '세계 푸른하늘의 날' 제안은 미세먼지와 온실가스의 성격조차 구별 못하는 청와대의 현주소를 드러내고 말았다.

4. 노동과 기후변화의 관계

노동과 기후변화의 관계는 우선 기후변화와 경제 사이의 일반적 관계의 한 부분으로 생각해볼 수 있다. 영국의 경제학자 니콜라스 스턴은 2006년에 《기후변화의 경제학》을 출간하여 세계적인 반향을 일으켰다. 스턴은 증가하고 있는 대기 중 온실가스 농도를 500~550피피엠 수준에서 안정화하는 비용이 2050년까지 지디피의 최대 5퍼센트에 이르리라 추산하고 대응이 늦어질수록 이 비용은 더욱 크게 늘어날 것이라고 전망했다. 스턴은 당장 조치를 취하지 않으면 대공황과 두 차례의 세계대전 이래 최악의 경기 침체를 겪게 되며, 그럴 경우 최대 지디피의 20퍼센트 이상이 기후변화 비용으로 쓰일 것이라고 경고했다. 결국 기후변화는 더는 단순한 환경 문제가 아니라 우리 삶에 커다란 영향을 미치는 경제 문제라는 것이다.

기후변화, 그리고 여기에 대응하는 완화와 적응의 기후 정책은 이렇게 사회 전반에 큰 변화를 불러올 것이다. 태풍과 집중 호우, 무더위와 강추위 같은 극단적인 기후 사건들은 산업의 입지를 약화시킬 것이며, 기후변화를 완화하기 위한 온실가스 감축 정책은 에너지 가격을 올려 경제를 위축시키고 에너지 다소비 산업 구조의 개편을 강제하게 될 가능성이 크다. 또한 기후변화에 따라 산업계는 국제 사회의 규제와 규범 같은 초국적인 요구, 국가 단위의 정책, 기후변화 자체에 따른 변화 등 다양한 이유로 변화를 요구받을 것이다. 이러한 변화는 물리적 영향, 제도적 영향, 평판적 영향, 신사업 영향, 경쟁력 영향 등으로 다가올 수 있다.

기후변화와 관련한 여러 정책은 노동시장에도 다양한 방식으로 영향을 끼친다. 먼저 기후변화 자체가 상품의 생산 조건을 변화시키거나 생산성을 변화시키는 경우가 있다. 연료 등 원자재 가격이 오르거나 날씨 변동으로 수확량이 줄 때처럼 농림 어업이 겪는 환경 변화가 대표적이다. 그러나 기후변화에 관한 대중의 인식이 달라지고 관련 마케팅이 성장하면서 '소비자 행동'이 변화하는 흐름도 길게 보면 상품 생산과 노동시장에 영향을 미친다. 녹색 상품과 친환경 상품, 또는 에너지 절약형 차량 생산과 소비가 유도되는 것이다. 이렇게 '녹색 제품' 시장이 만들어지고 성숙하면 기업들도 녹색 시장에 뛰어들게 된다.

더욱 중요한 것은 기후변화 협약에 관련하여 도입되는 규제들이다. 여기에는 전통적인 규제 정책(배출 기준 부과, 대중 교육 등)과 탄소 가격 부여(탄소세, 배출권 거래제), 이노베이션 정책(지식 경영, 적응 지원) 등이 포함된다. 또한 후진국을 대상으로 하는 기후변화 관련 기술 이전, 재생 가능 에너지의 보급을 지원하기 위한 발전차액지원제Feed-in-tariffs와 금융 제공 등 비제조업 영역의 노동시장에 미치는 영향도 점차 확대되고 있다. 최근에는 에너지 다소비 기업들이 재생 가능 에너지를 100퍼센트 이용하는 방식을 채택하겠다는 의미의 'RE100' 캠페인 참여도 늘어나고 있고, 유럽연합에서는 관내로 들어오는 수입품에 생산 과정의 온실가스 발생량에 따라 관세를 부과하겠다는 '탄소 국경세'를 검토하고 있다. 이러한 사례가 늘어나면 아무리 국내에서 값싼 비용으로 제품을 생산하더라도 온실가스 발생량이 많은 제품은 국제 경쟁력을 상실하게 될 것이다.

기후변화가 고용에 미치는 중장기적 영향은 기온 상승 때문에 단순하

그림 4 기후변화가 노동시장에 미치는 영향

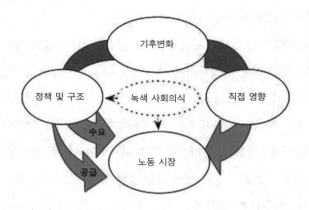

게 일어나지는 않을 것이다. 몇몇 지역에서 농림업의 수확에 직접 영향을 미치겠지만, 가뭄과 열대성 폭풍, 홍수, 해수면 상승 같은 극단적 기후 이벤트들이 고용에 직간접적인 부정적 영향을 미칠 가능성이 높다. 또한 도시 하부구조에 영향을 받아 공장과 일자리도 이전할 수 있다. 실제로 기후난민과 기후 이주민들이 국제적 문제로 대두하고 있다. 또한 기후변화는 질병이 전례없이 전파되게 해 노동자의 유병률과 사망률을 높이고, 건설노동자처럼 야외에서 일하는 노동자들의 노동 조건을 악화시킨다.

지역에 따라서도 고용 손실 가능성이 다르게 나타나게 되는데, 일부 지역이 가장 먼저 심한 타격을 받을 것이지만 궁극적으로는 지구 전체가 기후변화의 영향을 받을 것이다. 물리적 요인 측면에서는 열대와 아열대 지역의 국가와 지역, 그리고 남극과 북극 근처의 국가와 지역이 기온 상승의 영향을 가장 먼저 받을 것이다. 사회경제적 요인 측면에서는 기후에 민감한 경제 활동의 비중과 함께, 기후 이벤트를 소화할 수 있는 인간 거주지의 능력이 각 국가의 취약성을 좌우하게 된다. 이렇게 기후변화가 고용에 미치는 영향은 불가피한 것처럼 보이지만, 정치적 선택, 특히 기후변화 적응과 완화 정책을 통하여 그러한 영향에 대응할 수 있다는 점이 중요하다.

또한 기후변화와 기후변화 대응 정책은 산업별로 고용에 차별적인 영향을 미치게 된다. 일률적으로 예상하기는 어렵지만, 우선 온실가스 배출 완화 수단 때문에 에너지 효율화, 재생 가능 에너지, 건물 개보수, 대중교통 같은 산업 분야의 고용이 창출될 수 있다. 그렇지만 이러한 일자리의 사회적이고 환경적인 질은 불확실하다. 또한 화석 연료에 관련되거나 에너지 집약적인 산업과 서비스 분야에는 고용에 부정적인 영향을 미칠 것으로 전망할 수 있다.

한편 기후변화에 대응하는 과정과 결과로 녹색 경제로 전환할 때, 녹색 산업과 녹색 일자리는 생성과 소멸, 대체 등 여러 경로를 걷게 된다. 새로운 부문과 업종이 나타날 수도 있고, 기존의 비녹색 산업 일부가 '녹색화' 될 수도 있으며, 기존 직업 중 일부는 사라질 수도 있다. 따라서 녹색 경제가 창출되면 녹색일 자리가 만들어져 실업이 줄고 고용이 늘어날 수 있다는 주장이 가능하지만, 구조적으로 볼 때 그런 희망적인 전망만 나오는 것은 아니다. 직접적인 대체 없이 사라지거나 다른 산업으로 대체되는 일자리에서 일하는 노동자들에게는 실업이라는 사회적 고통이 다가올 가능성이 크고, 직무가 전환되는 경우에도 새로운 훈련 과정이나 지역 이동 같은 과정에서 적절한 보상이 주어지지 않는다면 노동자만 어려움을 감수해야 할 수도 있다.

이러한 측면들에 대한 정책적 고려와 사회적 지원이 충분하지 않으면 녹색 경제와 녹색 일자리 정책은 실패할 가능성이 높아지고, 지속 가능한 경제로 전환하는 과정에서 축소돼야 할 산업에서 일하는 노동자들이 환경 정책의 지지자가 아니라 반대자가 될 수도 있다. 2018년 프랑스 곳곳에서

그림 5 녹색 산업 전환으로 생겨나는 일자리와 사라지는 일자리

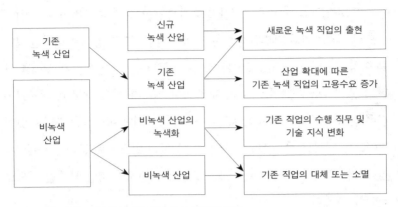

출처: 김승택, 《녹색성장을 통한 일자리 창출 연구》, 한국노동연구원, 2010.

유류세 인상에 반발하면서 벌어진 '노란 조끼' 시위도 그런 사례의 하나다.

한국의 경우 고용 비중이 큰 완성차 업체와 협력 업체는 전기차 전환이라는 도전을 맞이하고 있다. 전기차는 엔진과 트랜스미션 등이 없는 단순한 구조이기 때문에 내연 기관 차량에 견줘 사용되는 부품과 인력이 30퍼센트 정도 줄어들 수 있다. 메이저 완성차들은 정년퇴직에 따른 인력의 자연 감소에 결합되어 고용 충격이 작을 수 있지만, 모듈과 부품을 만드는 협력 업체는 상당한 타격을 입을 수 있다. 다른 한편, 몇 년마다 수주 위기를 겪는 조선업체는 독일과 영국 등 유럽의 조선업체에서 하듯이 해상풍력 터빈 제작과 조립으로 사업을 일부 전환할 수 있다. 그러나 예를 들어 남동해안의 조선업 노동자와 지역 경제가 서남해안이나 울산의 해상풍력 산업으로 모두 쉽게 옮겨갈 수 있는 것은 아니다. 따라서 기후변화 대응에서 산업 정책과 일자리 정책은 이러한 점들을 고려하여 종합적으로 강구되어야 한다.

5. 노동운동의 기후변화 대응, '정의로운 전환'

노동운동과 환경운동 사이의 관계는 '일자리 대 환경' 혹은 '일자리 그리고 환경' 중 하나로 이야기돼왔다. 즉 일자리와 환경 보호가 대립 관계에 있다고 볼 수도 있고, 일자리와 환경을 모두 지킬 수 있는 관계라고 볼 수도 있다. 경제가 어렵고 일자리가 없는데 한가하게 환경 타령이냐는 말은 낯설지 않다. 반면에 환경 파괴적이고 에너지 다소비적인 산업을 규제하거나 축소시키려는 환경운동과 정부의 규제들은 그 산업에 고용된 노동자들의 고용에 위협이 될 것이라는 생각도 있지만, 이러한 대립 구도는 자본에 의해서 과장되거나 조작되는 것이라는 비판과 함께 환경 파괴적인 일자리를 줄이는 대신에 환경 친화적인 녹색 일자리를 창출함으로써 극복할 수 있을 것이라는 주장도 존재한다.

1960~1970년대부터 노동운동과 환경운동 사이에는 연대도 종종 실현돼왔는데, 1970년대 초에 오스트레일리아 노동자들이 펼친 '녹색 금지Green Ban' 캠페인은 아직도 상징적인 사례로 남아 있다. 잭 먼데이Jack Munday가 주도한 건설노동조합BLF이 자연환경과 역사적 유적을 무분별한 개발에 맞서 보호하기 위해 개발업자를 굴복시키는 운동을 펼친 이 사건은, 그 뒤 여러 지역에서 큰 반향을 불러일으켰다. 1990년대 말에는 세계화에 반대하기 위한 시애틀 투쟁에서 노동운동과 환경운동의 사이의 연대가 다시 활성화되기도 했다.

그렇지만 국제 노동운동이 환경 보전에서 갖는 역할이 공식적으로 자리매김된 것은 그리 오래되지 않았다. 1992년에 리우 회의에서 리우 선언과 함께 채택된 '의제21'에서 지속 가능한 발전을 위한 '노동자와 노동조합의 역할 강화'를 규정한 것이 큰 전기가 되었다. 의제21은 각국 정부, 유엔 체계, 시민사회가 함께하는 더욱 의욕적인 정책 작성을 향한 실질적 진전으로 널리 인식된다. 노동조합을 국제적 개발 논의에서 주요 이해당사자로 인정하게 되면서, 리우 회의는 지속 가능한 발전이라는 의제에 대한 노조의 인식을 제고함으로써 국제 운동 안에서 환경 문제를 뿌리내리는 데 간접적으로 기여했다.

의제21은 노동조합들이 지속 가능한 발전을 함양하기 위해 취할 수 있는 행동들의 출발 목록을 제공했다. 이 목록은 주로 직업 보건과 안전, 그리고 환경 사이의 연계성에 관련된 것들이었고, 작업장 행동에 큰 강조점을 두었다. 그렇지만 의제21에서는 전체적으로 지구 환경 문제에 대해서 노동자나 노동조합에 관련된 고용, 노동의 질과 훈련 등에 대해서는 크게 강조되지 않았다. 따라서 2000년대 초부터 기후변화 문제를 포함하여 전 세계적인 환경 의제에 대한 접근이 지나치게 생태적 문제와 경제적 측면에만 초점이 맞춰지고 있다는 점이 비판받았고, 기후변화와 기후변화를 완화하기 위한 조치의 사회적 측면을 논의할 필요성이 제기되었다. 이때부터 국제적인 노동조합과 선진국 노동조합을 중심으로 국제적인 기후변화 협상을 적극적으로 모니터하고 발언하기 시작하면서 기후변화에 대한 노동조합의 정책 방향이 정식화되었는데, 구체적인 내용은 다음과 같다.

첫째, 기후변화 정책과 조치들이 고용에 미치는 영향에 대해서 분석하고 논의해야 한다. 둘째, 기후변화에 관련된 정책 결정에 노동조합의 참여가 보장되어야 한다. 노동자의 참여는 생산과 소비 영역에 모두 영향을 미치는 기후변화 정책의 지속 가능성에 필수적이다. 셋째, 에너지와 자원의 소비처이자 폐기물의 생산처로서 작업장에 기후변화 정책의 초점을 맞춰야 한다. 에너지 효율을 높이고 폐기물을 최소화하기 위해서 깨끗한 작업장을 만들려는 목표는 산업별 또는 전국적으로 탄소와 폐기물을 감소시키려는 전략에 연결되어 있다. 넷째, 지속 가능하고 노동 집약적인 에너지 해결책을 향한 에너지 정책의 장기적 전환을 지원하기 위한 공적 투자가 장려되어야 한다.

2006년 1월에는 케냐 나이로비에서 유엔환경계획UNEP과 국제노동기구ILO 등 유엔 기구들과 국제노총JTUC 같은 국제 노동조합들이 공동 주최한 '노동과 환경에 관한 세계노동조합 총회'가 열리기도 했다. 이 회의에는 150여 명의 전세계 노동자 대표들이 참여했고, 환경과 고용 안정은 대립적인 것이 아니라는 데 의견을 같이했다. 회의를 마치면서 채택한 결의문에서 참가자들은 빈곤 감소, 환경보호와 좋은 일자리 정책 사이의 연계를 강화시키며, 기후변화 정책에서 고용에 미치는 효과를 검토하고, 노동자의 참여를 보장해야 한다는 내용을 담았다.

마침 나이로비 총회는 국제노총이 창립하기 바로 몇 달 전에 조직되었고, 따라서 환경적 관심이 국제노총의 과제에 포괄되는 방식에 큰 영향을 미쳤다. 그전까지는, 예를 들어 국제자유노련ICFTU이 채택한 과제의 경우 환경 문제에 대해서는 별다른 언급이 없었다. 국제노총은 창립 총회에서 세계 공동체가 지속 가능한 발전을 위한 종합적 전략을 이행할 필요를 강조하고, 국제노총이 보건과 환경 사이의 연계를 자기 조직의 활동으로 완전히 통합할 것을 요청한다고 밝혔다.

노동운동에 환경과 일자리의 관계를 새롭게 보게 만들고, 나아가서 중요한 전략적 키워드로 자리매김된 것이 '정의로운 전환Just Transition'이다. 정의로운 전환은 어떤 지역이나 업종에서 급속한 산업 구조 전환이 일어나게 될 때 그 과정과 결과가 모두 정의로워야 한다는 개념이다. 최근에는 주로 기후변화와 화석 에너지 위기에 따른 산업의 녹색 전환 필요성에 관련하여 구체적인 논의와 사업으로 전개되고 있다.

이 개념은 미국에서 노동-환경 동맹의 선구자로 '작업장의 레이첼 카슨'이라고 불린 토니 마조치Tony Mazzocchi에게서 비롯했다. 마조치는 1953년에 26세의 나이로 석유석탄화학노동조합 지부장으로 선출되면서 노동조합 활동가로서 지닌 뛰어난 능력을 본격적으로 발휘하기 시작했는데, 조직을 확대할 뿐 아니라 여성 동일 임금과 동일 건강보험 적용을 단체교섭 사안으로 다루면서 노동조합 정책의 질적 수준도 높았다.

1960년대 들어 마조치는 노동운동과 환경운동 사이에 동맹이 형성되는 과정을 본격적으로 이끌기 시작한다. 레이첼 카슨이 쓴 《침묵의 봄》을 읽은 마조치는 독성 화학 물질이 토양에 해를 입힌다면 제조업 작업장에서 유독 물질에 노출되는 노동자들도 분명 의학적 위험에 놓인다고 보고 환경운동이 노동자의 건강과 안전을 위해 노동운동과 만나야 한다는 생각을 굳히게 되었다. 1965년에 석유화학원자력노동조합OCAW 시민입법부장으로 임명된 마조치는 자신의 지위를 활용해 노조가 진행하는 교섭에 건강과 안전 문제가 중요하게 포함되도록 했고, 주와 연방 정부를 상대로 법률 제정 운동도 벌인다.

내용적으로 보면 '정의로운 전환'은 유해하거나 지속 가능하지 않은 산업과 공정을 친환경적인 것으로 전환하도록 하면서, 이 과정에서 노동자들이 경제적이나 사회적으로 희생하거나 지역사회에 피해가 발생하지 않도록 교육 훈련과 재정적 지원을 보장한다는 원칙, 그리고 이 원칙을 뒷받침할 일련의 정책 프로그램을 말한다. 마조치 자신은 2차 대전 직후 미국에서 만들어진 1944년 제대군인원호법GI Bill에서 현실의 선례를 발견했다. 1540만 명에 이르는 재향 군인이 고향으로 돌아온 뒤 일자리도 충분하지 않고 직업 능력도 부족한 상황에서 연방 정부가 막대한 재정을 투입하여 적절한 교육 훈련을 받게 하면서 4년간의 생계비를 지급한 제도였다. 이 과정을 통해 220만 명에 이르는 재향 군인이 대학이나 대학원에 진학했고, 350만 명이 직업학교 등 교육 프로그램에 참여했다. 결과적으로 제대군인 원호법은 가족과 지역사회의 충격을 완화하면서 효과적으로 미국의 경제적 안정을 가져다준 것이다.

미국의 몇몇 노동조합 활동가들은 마조치가 그 의미를 스스로 충분히 간파하지 못하고 실행한 아이디어와 활동에 '정의로운 전환'이라는 이름을 붙이기로 했다. 1995년 유독 물질 제조 공장의 퇴출을 진지하게 논의하기 위해 열린 한 회합에서 노동운동가 레스 레오폴드는 마조치의 생각을 이어받아 정의로운 전환을 물질적으로 뒷받침할 새로운 '노동자를 위한 슈퍼 펀드'를 제안해 큰 공감을 얻었다. 레오폴드는 기업이 노동자들에게 환경 보호가 일자리 상실을 가져올 것이므로 다른 대안이 없다고 겁박할 때 이런 상황을 방치하는 노동조합의 방어적이고 소극적인 태도에서 벗어나야 한다고 주장했다.

이러한 인식을 같이하는 노동조합 활동가들과 시에라클럽 같은 환경단체, '걱정하는 과학자들의 모임Union of Concerned Scientists' 등이 머리를 맞대어 기업의 여론 지배를 극복하고 사회적 해결을 모색하는 대안을 강구하기 시작했다. 노동조합들도 하나둘 이러한 아이디어에 공감하기 시작했다. 마조치가 활동한 OCAW는 1997년에 정의로운 전환을 자기 조직의 정책으로 채택했고, 2001년에는 미국의 가장 큰 노동조합인 서비스연맹이 정의로운 전환 요구를 포함하는 공식 에너지 정책을 발표했다.

캐나다에서는 좀더 실천적인 정책들이 발전했는데, 이런 변화를 주도한 것은 통신에너지제지노동조합CEP에서 활동한 브라이언 콜러Brian Kohler다. 캐나다에서는 이미 1989년에 캐나다노총CLC 산하 직업보건안전위원회의 하부 단위로 환경위원회가 설치되었고, '노동자 환경권'이라는 이름 아래 10

표 1 CLC의 '정의로운 전환' 원칙과 프로그램

- 공정함(Fairness): 정의로운 전환이란 어떠한 이유에서든지 고용주가 공장 문을 닫을 때 노동자와 그 산업에 의존하고 있던 공동체를 정당하게 처우하는 것을 말한다. 이것은 도덕적으로, 정치적으로 필수적인 것이다.
- 재고용 또는 대체 고용(Re-employment or alternative employment): 정의로운 전환의 주요 목표는 임금, 혜택, 노동 기간의 손실 없이 고용이 지속되는 것을 의미한다. 일자리는 최소한 보전할 가치가 있는 일이어야 한다.
- 보상(Compensation): 고용의 지속성이 불가능한 상황에서는 정당한 보상이 있어야 한다.
- 지속 가능한 생산(Sustainable Production): 정의로운 전환의 핵심은 더 지속 가능한 생산 수단과 그것을 지지할 수 있는 서비스 부문으로 나아가는 전환이 전제되어야 한다.
- 프로그램(Program): 정의로운 전환은 다양한 방법으로 표현될 수 있다. 그러나 반드시 발생하는 환경 변화에 대처하기 위한 적절한 프로그램이 마련되어야 한다.

개 환경 프로그램이 만들어졌다. 1993년에 접어들어 환경위원회는 CLC 내부의 상설위원회가 되었고, 환경 단체들도 회의에 참관자 자격으로 들어오기 시작했다. 캐나다의 에너지화학노동조합ᴱᶜᵂᵁ이 정의로운 전환을 채택하고, ECWU가 CEP로 통합되면서 정의로운 전환은 곧 CLC의 정책으로 받아들여졌다.

교토 기후변화 협상 과정에서 캐나다의 에너지 노동조합과 CLC는 정부에 교토 의정서를 인준하고 이산화탄소 감축 목표를 이행하라고 촉구했다. 캐나다의 노동조합들은 위협받는 일자리에 관련된 정의로운 전환을 기후 협상을 지지하는 전제 조건으로 만든 것이다. 그 뒤 10여 년 동안 환경 이슈에 대한 노동운동의 접근이 발전했고, 정의로운 전환의 정의, 경계, 범위도 발전해갔다. 국제노총은 정의로운 전환이라는 개념을 이렇게 정의한다. "모든 사람을 위한 괜찮은 일자리와 생계를 유지하기 위해, 더 지속 가능한 사회를 향한 변화를 순탄하게 하고 '녹색 경제'의 역량을 제공하도

록 노조 운동이 세계의 공동체와 공유하는 수단이다."

그런데 정의로운 전환은 기존의 환경 정책을 대체한다기보다는 보완한다는 점이 중요하다. 명확한 목적의 하나는 환경 정책과 사회 정책이 모순적인 것이 아니라 오히려 서로 강화하는 것이라는 생각을 분명히 하는 데 있다. 이 점은 정의로운 전환이 국제적 노동조합이 제시한 핵심 주제 중 하나가 되었다는 사실을 고려할 때 특히 중요하다. 정의로운 전환 개념에 대한 이러한 접근은 2010년 국제노총 제2차 총회에서 만장일치로 채택되었고, 총회는 '정의로운 전환'이 기후변화에 맞서 싸우는 '특별한' 접근이라고 선언했다

이러한 움직임이 이어져서 결국 국제노총은 2015년 파리 협정 전문에 '각국의 발전 우선순위에 조응하여 노동력의 정의로운 전환과 괜찮은 양질의 일자리 창출이라는 원칙을 고려할 것'이라는 문구를 포함시키는 데 성공했다. 이 문구 자체만 보면 추상적인 수준이지만 앞으로 국제 사회와 각국의 기후변화 대응에서 노동자와 지역 공동체의 미래에 관련하여 중요한 논의와 투쟁의 지반이 될 것으로 보인다.

물론 노동-환경의 동맹이 언제나 순탄한 것은 아니었다. 예를 들어 1990년대에 캐나다 브리티시컬럼비아 주에서 전개된 고목림 벌목 규제 완화를 둘러싼 '나무 전쟁'에서는 특히 그린피스와 캐나다 임업노조 사이에 심각한 반목이 있었고, 다급한 노동 사안이 생기면 노동조합에서 환경 문제는 곧잘 부차적인 것으로 치부됐다. 진보적 노동조합들은 시간이 흐르면서 환경 보호를 '사회적 노동조합주의Social Unionism'의 일부로 인식하게 되었고 큰 환경 단체와 노조 사이의 교류가 늘어났지만, 노동조합을 환경 오염을 발생시키는 기업과 한편으로 의심하는 시각도 존재했다. 살충제 반대 운동, 암 예방 연대, 독성 물질 감시 그룹 등의 활동이 이러한 의심과 노

동조합에 대한 환경운동의 적대감을 완화하는 데 많은 도움이 되었다. 이제 노동 관련 환경 이슈는 녹색 일자리 창출과 산업 환경의 변화 과정에서 노동자를 위한 정의로운 전환 개념을 중심으로 전개되고 있다.

6. 기후변화와 녹색 일자리

기후변화를 새로운 도전과 기회로 받아들이면서 '녹색 일자리'가 유력한 대안으로 떠오르고 있다. 녹색 경제에서 중심이 되는 일자리인 녹색 일자리는 '녹색green'과 '일자리job'라는 두 용어가 결합된 조어다. 그런데 녹색 일자리에 대해서는 여러 정의가 존재한다. 대표적으로 유엔환경계획의 경우 녹색 일자리를 '환경의 질을 보전하거나 회복하는 데 실제로 기여하는 농업, 제조업, 연구개발, 행정, 서비스 활동에서 하는 일'로 정의하며, 특히 '생태계와 종 다양성 보호, 고효율 전략을 통한 에너지, 물질, 물의 소비 저감, 경제의 탈탄소화, 그리고 모든 형태의 폐기물과 오염의 발생을 최소화하거나 발생시키지 않는 데 도움을 주는 일자리들을 포함하는 것'으로 폭넓게 정의한다.

녹색 일자리에 대한 가장 일반적인 설명은 협의의 개념으로 특정 직업군을 유형화하는 정태적 접근이다. 이러한 측면에서 녹색 일자리는 '더 친환경적으로 업그레이드된' 일자리이며, 여기에 해당하는 다양한 특정(녹색의) 직업군으로 유형화할 수 있다. 한국을 포함하여 많은 나라의 정부가 활용하는 녹색 일자리 집계 방식도 대부분은 이렇게 특정한 기준으로 분야와 직종을 선별하는 것이다. 이런 상황은 정책 수립과 평가의 기준을 설정하는 데에서 어느 정도 불가피한 것이기도 하다. 그럼에도 불구하고 직업군만을 기준으로 유형화하는 이러한 접근은 여러 가지 문제가 있다고 지적되어왔는데, 무엇보다도 해당 분야나 직종이 녹색 경제로 나아가는 전환이라는 동태적 과정에 어떻게 기여하는지를 제대로 평가하기 어렵다는 점이다. 게다가 한 사람의 노동자를 놓고 보더라도 그 노동자가 수행하는 직무는 시간에 따라 다른 성격을 가질 수 있다. 예를 들어 한 트럭 운전사가 하루는 풍력 터빈을 운반하고 그 다음날은 석유 시추 장비를 운반하는 경우, 이 트럭 운전사가 하는 일을 단순하게 녹색 일자리로 분류하기 어렵기 때문이다.

이러한 맥락에서 산업의 녹색 지표를 예를 들어 부문의 특성/생산물, 생산 방법, 녹색 인지도, 가치 사슬, 직종, 숙련과 기술, 일자리의 질, 노동 부하 등으로 구분하여 각각의 지표가 모두 녹색 일자리의 견지에서 중요한 의미를 갖는다고 보는 것도 한 가지 방법이다. 지역의 정책가들은 녹색 일자리가 대표해야 할 것을 정의하면서 이러한 기준들을 적절히 조합한 뒤 '녹색 균형 상황판green equilibrium dashboard'을 만들어 참고할 수 있다. 여기에서 '녹색 균형'은 노동시장 안의 녹색 일자리가 이 기준들을 모두 충족하는 상태를 가리킨다. 노동시장이 단기간에 이 녹색 균형에 도달하는 것은 실제로 불가능하지만, 녹색 균형 시나리오는 녹색 노동시장을 발전시키는 데 일정한 참조점이 된다.

따라서 최근에는 녹색 일자리 직종의 숫자나 일자리의 개수만을 따지기보다는, 기존 일자리를 포함한 경제 전체와 일자리의 '녹색화greening' 또는 '더 녹색의greener 일자리' 같은 표현을 사용하는 접근이 더 많아지고 있다. 이러한 접근은 특히 중앙 정부와 지방 정부에 녹색 일자리 정책이 갖는 의미를 더 설득력 있게 만들며, 좀더 전향적인 접근을 위한 동기를 부여할 수 있다는 장점이 있다.

그림 6 녹색 균형 상황판의 지표들

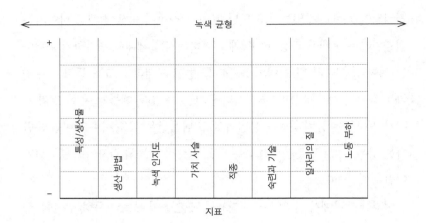

결국 녹색 일자리가 반드시 공정하거나 괜찮은 일자리인 것은 아니며, 새로운 녹색 일자리의 창출이 기존 부문에 존재하는 고임금 일자리의 소멸을 수반하는 것일 수도 있다. 이러한 사회경제적 차원이 인식돼야만 녹색 일자리의 정의는 물론 환경 정책과 일자리 정책의 수용성이 확보될 수 있고, 녹색 경제로 나아가는 전환도 촉진될 수 있다. 그렇기 때문에 괜찮은 녹색 일자리를 촉진하려면 환경적 기여와 일자리의 질을 평가하고 보장하는 기준이 녹색 일자리 창출과 육성 정책에 포함되어야 한다.

한편 녹색 경제와 녹색 일자리는 노동조합에 일련의 중요한 기회를 줄 수 있다. 우선 새로 창출되는 녹색 일자리의 대부분이 건설, 교통, 상업 등 이미 노동조합 조직이 존재하는 부문에 속하며, 녹색 일자리의 성장은 노동조합이 이러한 부문을 조직하고 역량을 건설함으로써 조합원을 확대할 수 있는 기회가 될 수 있다. 또한 노동조합은 녹색 일자리 훈련 프로그램을 지원하고 녹색 산업에 투자하는 지역과 전국 수준의 법제화를 위해 압력을 행사하며, 지역 공동체 동맹에 참여하는 등 정책 과정에서도 중요한 역할을 할 수 있다.

반면에 새로 창출되는 녹색 경제 부문의 처우가 대체로 좋지 못하고 고용이 불안정한 점, 그리고 그중 다수가 미조직 상태라는 점도 거꾸로 노조의 조직화 전략에서 이 부문을 의미 있게 만들기도 한다. 예를 들어 폐기물 수거와 처리, 위생 관리, 소규모 재생 에너지나 건물 에너지 효율화 부문에서 취약한 일자리 상태를 노동조합이 개입해서 개선할 필요가 있다.

요컨대 녹색 일자리는 기후변화에 대응하는 노동운동의 유력한 키워드가 될 수도 있지만, 일자리의 질과 노동시장에서 드러나는 동태적 속성, 그리고 조직화 측면에서 제기되는 염려를 고려하는 접근이 필요하다는 것에도 유의해야 한다.

7. 결론 — 자신만의 답을 가져야 할 시간

노동조합과 협동조합, 그리고 일자리 지키기와 환경 보전은 애초에 하나에서 출발했다. 산업자본주의가 공장과 지역사회에서 착취와 오염으로 공동체의 살림살이를 위협하는 상황에서 노동자들의 결사체는 자연스레 자기 자신을 지키기 위해 자조 조직을 만들고 대응 활동을 벌였다. 그러나 노동의 분업과 분절화, 그리고 관료화의 전개는 한편으로 산업 혁신의 컨베이어 벨트에 몸을 싣고 임금과 노동 조건에만 관심을 갖는 노동자 집단을, 다른 한편으로 자본의 무한하고 무질서한 팽창이 여기저기서 만들어내는 환경 파괴를 따라다니며 힘겹게 하나씩 문제를 풀어가는 환경운동을 낳았다. 그리고 둘 사이의 대화는 시나브로 드물어졌고, 종종 상대방을 환경을 도외시하는 계급 이기주의라고, 그리고 계급 관계를 간과하는 중산층 운동이라고 비난하는 사이가 되었다.

둘 사이의 이 끊어진 매듭은 다시 묶일 수 있을까? 앞서 살펴보았듯이 기후위기는 위기이기도 하지만 동시에 공장과 사무실의 노동과 지역 공동체의 살림살이를 함께 이야기할 수 있는 기회가 되며, 또한 그렇게 하지 않으면 해결할 수 없는 문제이기도 하다. 가장 적극적으로 해석하자면 기후위기는 작업장 안팎의 제도와 운동을 한데 모아 이윤만을 위한 대량 생산과 온실가스 배출을 가속화하는 산업자본주의에 대한 대안적 또는 대항적 기획의 설득력을 높이며, 그 과정에서 노동조합운동의 사회운동적이고 연대적인 성격을 강화하는 계기가 될 수도 있다.

그렇지만 노동조합에서 수십 년 이상 지속된 관성과 고정 관념을 바꾸기란 쉽지 않으며, 정의로운 전환을 받아들이고 해석하는 방식도 현실에서는 다양하다. 녹색 일자리와 정의로운 전환 프로그램이 사회 안전망이나 정리해고의 보완책 정도로 제시되는 경우도 있고, 충분한 준비와 보상 없이는 급격한 에너지 전환을 수용할 수 없다는 에너지산업 노동조합들의 핑곗거리가 되기도 한다. 그런데도 지금의 기후위기처럼 '정의로운 전환'이 설득력을 갖고 다가오면서 풍부한 논의를 가능하게 하는 상황도 흔치는 않을 것 같다.

1970년대 중반 영국의 루카스 항공사에서는 노동조합 활동가들이 추진한 '루카스 플랜Lucas Plan'이라는 의미심장한 실험이 있었다. 전투기 엔진과 잠수함 주요 부품 같은 군수 무기를 만들던 루카스 항공사에서 사측이 잉여 노동력을 대상으로 하는 구조조정을 예고했다. 사측의 위협에 노동자평의회 활동가들은 파업으로 맞서는 대신에 회사의 설비와 노동자들의 기술로 생산할 수 있는 대안들을 조사했다. 그 결과 태양광 패널, 풍력 터빈, 열펌프, 인공 신장, 궤도와 도로 겸용 차량 등 150가지에 이르는 제품을 충분히 만들 수 있다는 사실이 드러났고, 활동가들은 이 내용을 1000여 쪽에 이르는 보고서로 정리했다. 그리고 이 기획은 '사회적으로 유용한 생산socially useful production' 운동으로 명명되었다. 이렇게 해서 군수 무기를 만들지 않아도 지역사회와 환경을 지키고 일자리를 유지하는 프로그램이 가능하며, 따라서 정리해고도 필요 없다는 논리가 가능해졌다. 나아가서 많은 이윤을 거둘 수 없다는 이유로 자본이 외면하던 생산 품목들이 사회에서는 오히려 더 필요하다는 주장은 노동자들의 적극적인 생산 전환 기획이라는 측면에서 영국 바깥에서도 큰 관심을 불러일으켰다.

사측은 어떤 제품을 생산할지는 경영자의 고유 권한이라며 루카스 플랜과 노동자평의회의 교섭 요구를 외면했지만, 기후위기 시대에 그러한 대안적 계획은 더욱 절실하게 다가온다. 최근 도널드 트럼프 정부가 자동차 회사 지엠에 코로나19 대응을 위한 인공호흡기 생산을 주문한 것은 시사적이다. 양차 세계대전 당시에도 미국과 유럽의 민간 회사들이 생산 라인을 군수 물자와 장비 생산으로 급격히 전환한 일들이 있었다. 지엠이 인공호흡기를 만들 수 있다면, 다른 회사들도 기후위기에 대응하고 재생 가능 에너지를 확산하기 위한 여러 제품과 설비 생산으로 전환할 수 있을 것이다. 이러한 프로그램을 노동자와 회사, 지방 정부와 지역사회가 모두 함께 논의하고 실현하는 것이 기후위기 시대의 루카스 플랜이자 정의로운 전환의 실체가 될 수 있다.

그렇지만 아쉽게도 이 문제에 관한 한 한국 노동조합운동의 태도와 활동은 그다지 변한 것이 없어 보인다. 역대 정부가 기후변화 대응에 진지한 관심과 노력을 기울이지 않은 탓일 테고, 국제 기준보다도 한참 뒤떨어진 노동 기본권을 확보하고 정부의 탄압에 맞서는 것이 우선인 노동조합운동의 현실을 반영한 탓이기도 할 것이다. 한국에서는 산업과 고용의 문제를 가지고 노동조합이 먼저 구상과 주장을 내놓는 모습이 낯설기도 하고, 조합원들의 당장의 이해관계에서 먼 문제를 이야기하는 노동조합 지도자들이 다음 선거에서 당선하기 어려운 것도 현실이다. 그리고 큰 사회적 의제를 다루는 노사정 사이의 대화 기구는 한국 노동조합들에 효능감을 심어주지도 못했고, 지금도 인기가 없다.

그러나 세계 시장 상황의 변화, 기후변화의 심화와 국제 기후 체제의 진전, 국제적 노동운동의 정책 발전을 감안하면 한국 노동조합운동도 일종의 '업데이트' 또는 '동기화'가 더 늦어져서는 곤란할 것이다. 그저 당위가 아니라 현실 속에서 떠오르는 이슈들을 보아도 그렇다. 현 정부의 에너지 전환 정책 속에서 핵 발전과 석탄 발전 관련 업종 노동자들의 일자리 문제가 제기되었고, 재생 가능 에너지 보급 확대 정책은 군산, 울산, 거제, 통영 등 구체적인 지역에서 노동력과 숙련, 제조업 사이트를 적절히 연결할 필요성을 제기한다. 또한 몇 십 년이 아니라 몇 년 안에 현실화될 플랫폼 노동의 전면화와 화석 연료를 사용하는 내연 기관의 종말 같은 전망들은 노동조합이 미래를 내다보는 산업 기획과 개입 계획을 갖지 않으면 시대에 적응하지 못하는 공룡의 처지가 될 것이라고 예고하고 있다.

우리는 이론으로서 정의로운 전환, 개념으로서 '적록 동맹'에서 한 발 더 나아갈 수 있을까? 적극적인 온실가스 감축, 더 넓게 말하면 생산과 성장의 질서 있는 축소를 노동조합의 대안으로 소화할 수 있을까? 당장 내일 답을 내어놓으라고 하거나 노동자와 노동조합을 기후위기의 주범으로 몰아붙여서는 해법을 찾을 수 없을 것이다. 시간과 대화가 필요하다. 그러나 지금 이 순간에도 탄소 예산은 고갈되고 있고, 1.5도의 티핑 포인트는 얼마 남지 않았다. 멸종하는 공룡이 아니라 살아남는 존재가 되기 위해서 기후변화 시대에 '적응'하는 수준에서든, 아니면 지속 가능한 경제와 지역사회를 주도하면서 자기 자신을 갱신하고 자본의 족쇄를 허무는 종(種)의 일원이 되기 위한 야심적 구상을 갖는 차원에서든, 노동조합운동은 이제 자신의 답을 가져야 할 시점이다.

✓얘깃거리

1. 기후위기 시대에 노동운동이 환경운동, 지역사회운동, 진보적 정치 세력하고 함께 기획할 수 있는 산업 부문과 지역 프로그램, 그리고 전국 차원에서 요구할 수 있는 일자리 정책은 무엇일까요? 특히 2050년 온실가스 배출 제로를 위한 국가와 사회 차원의 계획이 수립되고 시행된다면, 노동운동은 무엇을 준비해야 할까요?
2. 작업장과 현장에서 기후변화 대응에 관련해 조합원이나 동료들하고 함께할 만한 인식 제고 프로그램과 실천 활동은 무엇이 있을까요?
3. '녹색 노동조합'은 어떻게 실현될 수 있을까요? 노동조합의 강령과 정책, 단체협약, 운동과 조직의 방식 등으로 구체화해 이야기해보죠.

✓읽을거리

김현우, 《정의로운 전환 — 21세기 노동해방과 녹색전환을 위한 적록동맹 프로젝트》, 나름북스, 2014.

노라 래첼·데이비드 우젤, 김현우 옮김, 《녹색 노동조합은 가능하다 — 기후변화의 시대, 정의로운 전환의 이론과 현장》, 이매진, 2019.

나오미 클라인, 이순희 옮김, 《이것이 모든 것을 바꾼다 — 자본주의 대 기후》, 열린책들, 2016.

조지 마셜, 이은경 옮김, 《기후변화의 심리학 — 우리는 왜 기후변화를 외면하는가》, 갈마바람, 2018.

조천호, 《파란 하늘 빨간 지구 — 기후변화와 인류세, 지구시스템에 관한 통합적 논의》, 동아시아, 2019.

한재각 외, 《1.5 그레타 툰베리와 함께 — 기후위기 비상행동을 위한 긴급 메시지》, 한티재, 2019.

3장

인구와 뉴 노멀
저성장 고령화 시대와
노동운동의 전환

한지원

1. 연료가 떨어진 비행기

저성장과 고령화 현상은 경제성장의 필연적 결과다. 경제성장이 일정 단계에 이르면, 마치 청소년기를 거친 후 키가 천천히 자라듯 기술 혁신에 걸리는 시간과 축적에 필요한 자본이 더 많이 필요해지면서 성장률이 하락한다. 가계소득이 증가하면, 영양 상태와 의료 서비스의 질이 좋아져 수명이 길어지고, 또한 가족 구성원이 재생산 이외의 활동을 많이 누리는 덕에 출산율이 하락한다. 특별한 상황이 아니다. 선진국 대부분이 저성장과 고령화라는 사회 상태를 거쳤다.

한국도 고소득 국가의 문턱에 도달하면서 이런 문제에 부딪히는 것이 이상한 일은 아니다. 다만 기존의 선진국과 다른 두 가지 특징에 유의해야 한다. 첫째, 속도가 너무 빠르다. 성장률 하락 속도, 고령화 속도 모두 선진국이 경험한 것보다 몇 배나 더 빠르다. 둘째, 사회가 변화에 준비하지 못하고 있다. 선진국을 추격해 성장한 한국은 모든 제도가 고도성장과 인구 증가에 맞춰져 있는데, 한국 사회는 큰 제도 개혁을 스스로 해본 경험이 없다. 연료가 떨어진 비행기가 비행장에 착륙해야 하는데 조종사가 하강하는 방법을 모르는 상태, 이것이 바로 지금 한국 사회의 상태다.

나는 저성장 고령화가 한국 사회에 미치는 영향을 분석하고 노동조합운동의 과제를 제시하려 한다. 노동조합운동은 이 두 문제의 중심에 위치한다. 저성장 고령화는 고용과 임금에 직접 영향을 미치는데, 1987년 이후 굳어진 노동조합의 전통적 단체협약은 고도성장 시기의 기업 성장을 당연한 전제로 삼는 경우가 많다. 연공급, 임금 피크제, 연금 등 정부나 기업이 이야기하는 저성장 고령화 시대의 대책 또한 노동조합의 단체협약과 여러 면에서 충돌한다. 저성장 고령화를 피할 수 없다면, 노동조합이 이런 문제들을 해결할 대책을 강구하지 않을 수 없는 조건이다.

2. 저성장 고령화로 노동조합이 직면한 문제들 — 몇 가지 사례

저성장 고령화가 노동조합에 어떤 영향을 미치는지 알아보기 위해 몇 가지 사례를 들겠다.

A 중소기업은 최근 퇴직금 문제로 파산 직전에 내몰렸다. 30년 전 만든 퇴직금 누진제 탓이었다. 이 기업은 저임금-고강도 노동 때문에 이직이 잦았다. 그래서 사업주는 이직을 막을 목적으로 10년 이상 근속자에게는 퇴직금을 두 배로 주겠다고 약속했다. 단체협약도 그렇게 맺었다. 최근까지는 문제가 없었다. 젊은 사원들이 고된 일을 견디지 못해 나가는 경우는 종종 있었지만, 퇴직금은 얼마 되지 않았다. 그렇지만 작년부터 이 퇴직금

이 회사의 발목을 잡았다. 매년 전체 직원의 5~10퍼센트가 정년퇴직을 할 때가 된 때문이었다. 회사가 앞으로 지불할 퇴직금이 당기순이익보다 컸다. 회사는 5년 전만 해도 매출이 지금보다 커질 줄로 예상했다. 그렇지만 몇 년 전부터 경기가 침체하면서 오히려 매출이 감소했다. 퇴직연금을 넣어둔 것도 아니어서 회사는 파산하거나, 아니면 남은 직원들이 퇴직하는 동료들을 위해 임금을 삭감해야 할 처지에 몰렸다.

노동조합은 난감했다. 10년 넘게 회사를 다녀야 할 조합원들은 퇴직금 누진제를 없애자고 주장했고, 수천만 원의 퇴직금을 까일 상황에 놓인 정년이 3년 안팎 남은 조합원들은 퇴직금 단협을 개정하면 당장 퇴사하겠다고 반박했다. 퇴직금 지불 여력이 낮은 회사는 집단 퇴사가 발생하면 즉시 파산이었다. 과연 이 상황에서 노동조합은 어떤 선택을 해야 하는가?

또 다른 예를 보자. 요즘 취업 시장을 두고 21세기 대한민국이 15세기 조선 시대로 퇴행한 것 같다고 탄식하는 사람이 많다. 조선 시대에 취업은 과거 시험을 치러 공무원이 되는 것뿐이었다. 최근 대학생들의 취업 선호도 1순위와 2순위는 모두 공공 부문이다. 대학 도서관은 공공 부문 취업 준비생으로 가득하다. 21세기 대한민국이 조선 시대와 다른 것이 뭔지 한숨이 나올 만하다. 대학생들이 공공 부문 취업에 목을 매는 이유는 간단하다. 청년들의 평생 기대를 충족시킬 수 있는 직장이 공공 부문뿐이기 때문이다. 2017년 기준 공공 부문 평균임금은 월 410만 원이다. 대졸 평균임금 360만 원보다 10퍼센트, 민간 법인 기업 평균임금 320만 원보다 30퍼센트, 전체 노동자 중위 임금 210만 원보다 95퍼센트, 개인 기업(자영업) 평균임금 160만 원보다 160퍼센트가 높다. 평균임금만 높은 것이 아니다. 고용안정도 차원이 다르다. 공무원의 평균 근속 연한은 16년으로 민간 부문 평균에 견줘 4배나 길다. 높은 공공 부문 평균임금은 평생 직장에다가 연공급이 결합된 결과이기도 하다. 공공 부문 임금은 20대에 견줘 50대가 3배 이상 높다.

이렇게 많은 사람이 공공 부문 취업으로 몰리다보니 노동조합도 난감한 상황을 자주 마주한다. 비정규직 직고용에 정규직 조합원들이 격렬하게 반대하는 경우가 단적인 사례다. 정규직 수가 급증하면 구조조정 위험이나 임금 하락 가능성이 높아진다는 것이 현실적인 이유다. 그런데 이런 불안이 아예 근거가 없지는 않다는 점이 또 문제다. 앞서 본 대로 한국의 공공 부문은 고용과 임금에서 모두 상당히 큰 이점을 누린다. 다른 선진국들에 비교해 봐도 그렇다. OECD의 공공 부문 고용 비중은 17퍼센트이고 지디피에서 인건비가 차지하는 비중은 9퍼센트다. 한국의 경우 고용 비중은 7퍼센트인데 지디피에서 인건비가 차지하는 비중은 7퍼센트다. 인건비 비중을 고용 비중으로 나누면 OECD 평균은 0.5인데 한국은 두 배인 1이다. 공공 부문 인건비의 지디피 비중을 OECD 평균으로 늘려도 공공 부문 노동자 숫자는 OECD 평균의 절반밖에 되지 않는다. 비정규직 정규직화에 거부감을 드러내는 노동자들은 임금과 고용 조건을 그대로 유지하면서 고용 숫자를 늘릴 수 없다는 것을 직관적으로 알고 있다. 참고로 경제성장률이 2퍼센트 이하인 상황에서 공공 부문의 고용을 기존 정규직 기준으로 1퍼센트 증가시키려면 새로운 생산된 부가가치의 10퍼센트 이상을 공공 부문 인건비로 사용해야 한다. 과연 이런 상황에서 공공 부문 노동조합은 어떤 선택을 해야 하는가?

마지막으로 한 가지 예만 더 보자. 2020년 6월에 63세인 홍길동 씨 부부의 월소득은 132만 원이었다. 일해서 번 돈은 77만 원이었고, 65만 원은 기초연금이나 저소득층 할인 혜택 같은 정부 지원금과 자녀들이 용돈으로 준 돈이었다. 그중 홍씨 부부가 실제로 쓸 수 있는 돈은 105만 원이었다.

27만 원은 월세와 이런저런 공과금을 내야 했다. 그런데 한국노총이 발표한 2019년 표준생계비는 2인 가구의 경우 400만 원이다. 이 표준생계비에 따르면 홍씨 부부의 가처분소득은 딱 식료품만 사 먹을 정도다. 저축은 고사하고 교통, 통신, 가구, 가전제품도 못 산다. 오늘날 시민의 표준적 삶에서 한참 거리가 멀다. 그런데 한국 사회에서 이런 가구가 다섯 가구 중 한 가구다. 통계청 가계동향조사에 따르면 하위 20퍼센트 가구의 월소득은 2019년 2분기 현재 132만 원이었고, 평균 연령은 63세다.

소득 주도 성장, 소득 격차 완화를 내건 문재인 정부에서도 이런 사람들의 사정은 나아지지 않았다. 2019년에 견줘 하위 20퍼센트 가구의 소득은 전혀 늘지 않았다. 정부 지원금은 늘었지만, 일해서 버는 소득이 줄었다. 심지어 가처분소득도 줄었다. 월세나 공과금이 늘어난 때문이었다. 최저임금이 크게 올랐지만, 심지어 근로소득도 그다지 오르지 않았다. 최저임금이 인상된 뒤 크게 줄어든 아파트 단지 경비원과 청소원이 이런 사람들의 일자리 중 하나였다. 내수 침체로 고령 가구가 운영하는 영세 소매업과 음식점의 소득도 줄었다. 이런 결과 가처분소득 기준으로 가계소득 상하위 20퍼센트의 격차는 2018년 2분기 6.7배에서 2019년 2분기 6.9배로 커졌다. 정부는 이런 결과에 대해 정책 효과보다는 경기 침체와 고령화 효과라고 항변한다. 그렇지만 저성장과 고령화는 2010년대에 일관되게 심화된 현상이고 충분히 예상된 상황이라는 점에서 보면 변명일 뿐이다.

노동조합은 이 문제에 어떤 답을 내릴 수 있을까? 홍씨 사례는 특별한 경우가 아니라 저소득 노동자나 비정규직 노동자의 이미 확정된 노후라는 점에서 노동운동과 별개의 문제일 수 없다. 한국노동연구원의 패널 조사에 따르면 자영업자의 소득은 이전 노동시장에서 받은 임금에 비례한다. 정규직 퇴직자는 초기 자본이 많아 그럭저럭 괜찮은 자영업을 창업하지만, 비정규직은 노동시장에서 밀려나면 자본이 없어 영세 자영업을 차릴 수밖에 없다. 노동시장에서 나타나는 격차가 노인 빈곤 수준을 더 키운다.

세 가지 사례는 오늘날 노동운동이 맞닥뜨린 심각한 문제들을 잘 보여준다. 먼저 퇴직금 때문에 파산 위기에 몰린 중소기업은 저성장에 따른 매출 감소와 수익성 하락, 그리고 고령화를 감안하지 않은 기존 임금 체계가 기업의 지속가능성과 고용 불안에 어떤 영향을 주는지를 보여주는 사례다. 다음으로 공공 부문 노동자가 상대적 특권 계층이 되는 상황은 저성장 때문에 민간 부문의 고용과 임금이 전반적으로 정체하거나 하락하는 조건에서 공공 부문 노동자가 기존 권리를 지키려고만 할 때 결과적으로 노동자계급이 분열하고 경제 전반에 문제가 생길 수 있다는 것을 보여준다. 마지막으로 빈곤의 악순환에 빠져 정부 정책을 통해서도 탈출구를 찾지 못하는 하위 소득 가구의 상황은 노동조합이 노동시장의 임금 격차와 고령화를 해결할 대책을 찾지 못할 때 대부분의 노동자 앞에는 암담한 미래가 도사리고 있을 뿐이라는 점을 증명해준다.

저성장 고령화는 막연한 미래가 아니다. 노동운동이 대책을 마련하지 않으면 안 되는 한국 사회 최대의 쟁점이다.

3. 저성장의 원인과 해법을 둘러싼 논쟁

1) 저성장의 문제점

저성장은 보통 지디피 또는 국민총소득GNI의 증가 속도가 둔화되는 현상을 말한다. 두 지표는 5000만 국민이 분업을 통해 얼마나 많은 상품을 생산하고 그 대가로 얼마나 많은 소득을 얻었는지를 화폐 액수로 표현한다. 지디피는 국민과 외국인이 한국 영토에서 생산한 상품 부가가치이고, 국민총소득은 외국인을 제외한 국민이 받은 소득이다. 경제 분석에서는 지디피, 즉 국내총생산을 많이 사용하지만, 노동운동 관점에서는 국민이 실제로 얻는 소득이 더 중요하기 때문에 국민총소득이 경제를 파악하는 데 조금 더 실용적이다. 2018년 국민총소득은 1900조 원이었다. 그중 860조 원이 노동자에게 임금으로, 850조 원은 기업 또는 자본 소유자에게 이윤(자영업 소득도 포함된다)과 고정자본 복구비(생산 과정에서 소모된 기계, 공구, 건물 등의 복구에 필요한 비용)로, 180조 원은 정부에 부가가치세와 관세(생산 및 수입세)로 분배됐다.

국민총소득 증가율이 감소한다는 말은 국민이 현재의 소비와 미래를 위한 투자에 사용할 소득이 이전만큼 증가하지 않는다는 의미다. 그러면 국민이 소비로 체감하는 풍요가 올해에는 작년만큼 늘지 않는다. 특히 문제는 소득이 감소하면 투자도 증가하기 어렵기 때문에 미래의 소득에도 부정적 영향을 미친다는 점이다. 국민총소득 성장률은 고도성장 시기로 불리는 1961~1997년은 연평균 9.3퍼센트, 외환 위기 이후 2001~2018년은 연평균 3.6퍼센트였다. 특히 최근 3년은 2.8퍼센트, 2018년은 1퍼센트였다. 일반적으로 성장률이 7퍼센트 이상일 때를 고도성장기라고 부르는데, 7퍼센트 성장할 때 경제가 두 배로 커지는 데 딱 10년이 걸리기 때문이다(10년이면 강산도 변한다는 말이 바로 이 7퍼센트 성장률을 말한다). 그리고 고도성장이 끝난 선진국(미국, 일본, 서유럽 등)에서는 균형 성장의 범위를 경험적으로 2~4퍼센트 사이로 본다. 한국은 지금 고소득 국가로 진입하지 못한 상황에서 균형 성장 수준에도 미달하는 성장률로 떨어진 상태다. 경제성장론에서는 이런 상태를 중진국 함정이라고 부르기도 한다.

물론 성장률이 하락해도 국민의 삶의 질이 곧바로 하락하지는 않을 수 있다. 몇 가지 상황을 생각해보자. 먼저 기업이나 정부의 소득이 감소해도 노동 소득이 증가하면 나라 경제 전체의 성장세는 줄지만 노동자 개인의 삶은 나아질 수 있다. 다음으로 인구 감소 속에 1인당 소득이 증가하면 나라 경제 전체는 성장률이 감소해도 국민 개개인의 삶은 나아질 수 있다. 경제 지표로 설명하면 전자는 성장률 하락 속에 노동 소득 분배율이 크게 증가하는 경우고, 후자는 성장률 하락 속에서 노동생산성이 크게 상승하는 경우다.

그런데 문제는 이런 상황이 숫자 계산으로는 가능하지만 실제 경제 시스템에서는 절대 쉽지 않다는 것이다. 역사적으로 봐도 찾아보기 어렵다. 왜 그럴까? 이유는 간단하다. 우리 경제가 자본이 주도하는 생산 시스템이자 분배 시스템이기 때문이다.

장기적으로 성장률이 하락하면서 자본에 불리한 분배율이 만들어지면 자본은 당연히 이윤이 더 크게 감소한다. 이렇게 이윤이 감소하면 자본가는 투자를 줄이거나 자본을 해외로 이동시킨다. 그러면 고용이 감소하고 실업이 증가하면서 임금이 하락한다. 바로 이렇게 자본의 이윤에 따라 고용과 임금이 결정적으로 영향을 받기 때문에 '자본'주의인 것이다.

장기적으로 성장률이 하락하면서 노동생산성이 증가하는 상황은 기계 같은 자본재 투자 없이도 노동자가 알아서 생산성을 향상시켜야 가능한데, 이런 일은 노동 강도를 높이거나 무급으로 노동시간을 늘려야만 가능하다. 그런데 장기간에 걸쳐 이런 일이 발생한다면 그런 상황은 진보보다는 퇴보가 될 것이며, 노동자가 수용할 수도 없을 것이다.

산업혁명처럼 획기적인 신기술들이 도입된다면 노동 조건의 퇴보 없이도 그런 일이 가능할 수는 있다. 4차 산업혁명 낙관론은 줄어든 노동자만큼 인공지능 로봇이 그 일을 하는 미래를 실제로 예측하기도 한다. 그렇지만 실현 가능성 여부에 상관없이 이런 경우도 문제는 생긴다. 노동자를 대신하는 로봇이 그 노동자의 소득을 가져갈 경우, 결국 로봇을 소유한 자본가의 소득만 증가하게 된다. 이런 상황 또한 지속 가능하지는 않은데, 로봇은 자신의 소득으로 자신의 생산품을 소비하지 않기 때문이다. 자본가의 소득만 계속 증가하면 로봇을 통한 생산 확대 자체가 무용지물이 되고 만다. 자본가의 이윤이 거꾸로 감소하게 되고, 결국 로봇 투자 감소로 이어져 다시 성장률은 하락하고 만다. 돌고 돌아 제자리가 되는 셈이다.

경제성장률 하락 속에 삶의 질을 높이는 것이 쉽지 않다면, 이런 역발상도 가능하다. 성장하지 않으면 어떠한가? 이대로 만족하면서 살면 되지 않는가? 그런데 이것도 어렵다는 것이 오늘날 경제의 비극이다.

첫째, 고도성장에 적합하게 만들어진 제도들이 문제가 된다. 노동조합에 직접 연관된 연공급이 대표적 사례다. 연공급은 입사 때는 낮은 임금을 받다가 퇴직 때는 높은 임금을 받는 방식인데, 미래에 기업 생산이 증가한다는 전제 아래 젊을 때 희생한 임금을 퇴직 시기에 복리로 할증해서 보상받는 구조다. 그런데 전제인 생산이 증가하지 않으면 연공급은 지속될 수 없다. 국민연금도 마찬가지다. 연금 수령자는 결과적으로 자기가 적립한 액수보다 더 많은 연금을 받게 된다. 이때의 전제 역시 경제성장이다. 미래 세대의 소득 증가율이 낮아질수록 적립금은 빨리 소진되고, 세금도 증가 속도가 둔화하기 때문에 정부가 연금 지급을 위해 감당해야 할 재정 적자도 커진다. 2000년대까지 만들어진 한국의 많은 제도들은 대부분 고도성장을 전제로 삼았다.

둘째, 한국의 경제 구조는 저성장을 견딜 수 없다. 전통적 경제성장론은 성장의 동력을 자본 투자, 노동 투입, 기술 혁신의 조합으로 설명한다.

여러 연구자들이 한 성장 회계 분석에 따르면, 한국의 경우 자본 투자가 1960년대 이래 지금까지 가장 주요했다. 큰 규모의 자본 투자가 필요한 중화학공업 주도로 성장했기 때문이다. 성장률이 감소해 투자에 필요한 소득을 증가시키지 못하면 반도체, 자동차, 조선, 철강, 석유화학 같은 설비 산업을 발전시키기 어렵다. 한국은 산업화 이후 국민총소득의 3분의 1을 고정자본 투자에 사용했다. 심지어 기업 이윤이 적을 때도 정부 세금과 가계 저축으로 투자만큼은 유지해온 것이 한국 경제성장의 역사다. 이런 이유 때문에 한국은 자본 투자 감소가 구조조정, 즉 수익성 있는 자본에만 투자를 집중하는 자본 축소로 이어진다. 2015년 이후 조선업 밀집 지역에서 본 제조업 공동화, 또는 한국식 러스트 벨트를 제조업 노동자 다수가 경험하게 될 것이다.

셋째, 금융 세계화 때문에 자본이 썰물처럼 빠져나갈 수 있다. 경제성장률 하락은 특별한 경우가 아니라면 자본 소득의 감소도 동반한다. 그러면 초국적 금융자본이나 해외로 맘껏 탈출할 수 있는 국내 금융자본이 한국에 남아 있을 이유가 줄어든다. 2009년처럼 경제가 조금만 이상한 조짐을 보여도 외환 위기가 거론될 정도로 자본 유출이 심한 나라가 한국이다. 한국 원화는 세계적으로 가장 변동성이 큰 통화로 평가된다. 자본주의 경제에서 '자본'은 사라지고 '노동'만 남는 비극이 발생할 가능성이 크다. 노동자 상당수가 외국인 투자 기업 노동자 같은 '먹튀' 피해자가 될 수 있다.

2) 저성장의 원인과 대책들

저성장의 원인은 대략 두 가지로 볼 수 있다.

첫째, 세계 자본주의의 위기다. 세계 자본주의가 위기인데 수출 주도형인 한국 경제가 홀로 성장할 수 없다는 주장이다. 세계 자본주의 위기의 원인을 설명하는 경제 이론은 두 가지 정도로 압축할 수 있다.

먼저 마르크스주의 경제 이론은 세계 자본주의 위기가 이윤율 저하라는 필연적 궁지에 빠졌다고 분석한다. 이윤율이 하락하면 투자가 감소하고, 결국 국민소득도 증가율이 둔화하게 된다.

개별 기업들은 시장에서 경쟁자보다 투자 수익률을 높이기 위해 노동생산성을 높이는 자본 투자를 지속적으로 한다. 그런데 이 과정에서 문제가 발생한다. 선도적 투자로 경쟁에서 우위를 차지한 기업은 한시적으로 시장의 평균보다 높은 수익률을 얻지만 곧 경쟁자들이 추격하면 상품가격 하락과 함께 기업 전체가 이전보다 낮은 수익률을 거둔다. 그리고 경쟁이 계속되면서 총자본의 투자 자본 수익률이 결과적으로 계속 하락한다. 개별 기업의 합리적 투자가 총자본의 입장에서는 결과적으로 비합리적 투자로 귀결되는 것이다. 물론 산업혁명 같은 혁명적 기술 진보가 있으면 이런 경향은 역전된다. 같은 노동생산성을 올리는데 이전보다 투자 자본이 감소하기 때문이다. 개별 공구로 작업하던 자동차를 컨베이어 벨트로 조립하고, 자동차 한 대당 필요한 자본재를 획기적으로 줄인 기술 진보가 그런 예다. 그렇지만 산업혁명은 매번 발생하는 것도 아니고 그 효과가 영원하지도 않다. 20세기 초중반 포드주의 혁명으로 경쟁 속에서도 이윤율이 상승하던 자동차 기업들은 1970년대 이후 자동화 로봇 같은 자본재를 늘리고 연구개발 비용도 이전보다 늘렸지만, 2010년대 자동차 기업들의 평균 투자 자본 수익률은 1960년대보다 훨씬 낮다.

마르크스주의 경제 이론가들은 장기간에 걸친 이윤율 변화를 추적해 분석하면서 1970년대 이후 장기간의 이윤율 하락이 계속 진행 중이라고 주장한다. 20세기 초중반의 산업혁명 이후 이윤율 하락을 반등시킬 만한 산업혁명은 없었다는 것이다. 가시적 산업혁명이 없다면 앞으로도 성장 하락과 위기는 계속 이어질 것이다.

다음으로 주류 경제학에서는 구조적 수요 부족으로 불황이 오랫동안 이어지고 있다고 분석한다. 수요가 부족하면 생산이 감소하고, 생산 감소로 실업이 증가해 경제가 침체 상태에 머무르면, 기업가나 노동자가 무기력 상태에 빠져 잠재성장률(인플레이션을 일으키지 않고 도달할 수 있는 최고 경제성장률)도 하락하는 악순환이 만들어진다. 보통의 경우 이런 악순환은 정부의 경기 부양 대책이나 경기 사이클이 활황으로 이어지면서 조기에 차단된다. 그런데 2008년 세계 금융 위기 이후 상황은 달랐다는 것이 장기 불황을 주장하는 학자들의 논리다.

침체와 활황이 반복되는 이전의 경기 침체와 달리 2008년 이후 수요 부족이 오랫동안 이어지는 이유는 복합적이다. 우선 중앙은행이 실질 이자율을 마이너스 상태로 유도해도 기업들은 현금을 보유하려 하지 투자를 늘릴 생각을 하지 않았고, 심지어 돈을 찍어서 풀어도 인플레이션이 발생하지 않았다. 정부가 직접 돈을 쓰는 재정 확장도 마찬가지였다. 적자 재정으로 경기 부양을 해도 효과가 미미했다. 한마디로 경기 침체에 대응하는 전통적 정책이 무력화된 것이다. 여기에 더해 신자유주의 이후 노동자의 임금 교섭력이 약화되어 노동 소득은 정체하거나 하락했고, 심지어 최근에는 자동화 기술이 빠르게 발전해 중간 임금의 일자리를 없애고 기계보다 싼 저임금 일자리만 늘리고 있는 상황이라 민간 소비가 증가하지 못하고 있다. 또한 시장을 주도하는 금융자본들은 여전히 단기 수익 중심의 사업 방식을 벗어나지 못하고 있으며, 투자와 투기의 모호한 경계에서 경제 전체의 발전이 아니라 좁은 의미의 이해만을 추구하는 중이다.

요컨대 세계 금융 위기 이후 정부 정책, 노동시장, 자본시장, 기업 제도,

기술 변화 등 시장의 모든 변수들이 수요를 늘리는 것보다 줄이는 데 적합하게 만들어지고 있다. 그래서 개혁 과제가 너무 많아 불황은 단기간에 해결되기 어렵다. 불황을 조금 완화할 수는 있겠지만 이전 같은 활황을 당분간은 기대할 수는 없다.

둘째, 한국 경제의 추격 성장 위기다. 한국 경제는 1960년대 산업화 시절부터 2000년대 초반까지 선진국, 특히 일본의 기술을 모방하며 성장해왔다. 포항제철은 일본제철, 현대자동차와 중공업은 미쓰비시 자동차와 조선, 삼성반도체는 도시바 반도체의 기술을 많이 모방했다. 기술을 모방해 추격 성장에 나서는 것은 연구개발비를 절감하고, 자본 투자 실패 비용을 줄일 수 있기 때문에 수익성을 높이는 데 유리하다. 그런데 이런 모방은 2000년대 초반에 대부분 끝났다. 삼성은 디램과 플래시 메모리의 선두 주자가, 조선은 LNG선을 비롯한 대형 상선 기술의 선두 주자가, 현대차 역시 내연 기관 자동차에서는 이제 수입할 기술이 없는 상태가 되었다. 모방이 끝난 뒤에는 기술 선도자로서 연구개발 비용과 투자 실패 비용을 스스로 감당해야 한다. 더구나 한국도 중국의 추격 대상이 돼서 앞서가지 못하면 따라잡히는 상황이다. 그런데 이 지점에서 2010년대 한국 경제는 선진국 문턱을 넘지 못하고 있다. 메모리 반도체 같은 극소수 제품을 제외하면, 한국 제조업은 선진국과 중국 사이에 끼인 샌드위치 신세를 벗어나지 못하고 있는 것이다.

추격 성장 위기가 장기적 문제인 이유는 선진국 수준의 기술 선도 국가로 나서는 것이 단기간에 되는 일이 아니기 때문이다. 기초과학 연구 문제부터 지대 추구적 경영에 익숙한 재벌 문제까지 개혁이 필요한 곳이 한두 군데가 아니다. 한국의 교육 제도와 기업 제도는 오랜 기간 추격 성장에 최적화되어 발전해왔다. 대학만 봐도 미국 유학을 다녀와 교수가 되는 것이 일반적인데, 선진국 중 어느 나라도 유학 기관이 된 대학 제도를 가지고 기초과학이 발전한 곳은 없다. 기업들의 연구개발 역시 장기간의 지식 축적보다는 단기간에 선진국 기술을 모방하는 데 필요한 양적 연구에 익숙해져 있는 실정이다.

그렇다면 이런 조건에서 저성장의 악순환을 끝낼 방법으로 어떤 것들이 제시되고 있을까?

마르크스주의 경제 이론은 자본주의적 발전을 변혁해야 한다고 주장한다. 세계 자본주의 위기에 더해진 한국의 추격 성장 위기는 비유하자면 한국 경제의 퍼펙트 스톰이다. 퍼펙트 스톰이라는 말은 원래 둘 이상의 태풍이 충돌하여 그 영향력이 폭발적으로 커지는 현상을 의미하는 기상 용어다. 태풍 피해를 막을 대책은 없고, 태풍 지역에서 탈출해야만 한다. 자본의 이윤을 위해 조직되는 경제에서 저성장은 피할 수 없는 경제 붕괴로 이어진다. 자본은 이윤이 줄면 자본을 놀리면 놀리지 사회의 필요를 위해 억지로 생산을 하지는 않는다. 따라서 이런 저성장 위기는 이윤의 경제를 필요의 경제로 바꿔야, 즉 자본이 아니라 사회가 생산과 분배를 조직하고 통제하는 경제로 바꿔야만 극복할 수 있다.

주류 경제학의 대책은 대부분 1940~1960년대 케인스주의 정책을 복권하는 데 초점이 맞춰져 있다. 금융 규제로 과잉 자본이 투기가 아니라 실물 투자로 이어질 수 있도록 만들고, 누진세와 불로소득세를 강화해 소득 재분배를 확대하며, 정부가 더 많은 사회보장 제도를 만들어 노동자와 서민이 안심하고 소비를 늘릴 수 있도록 하고, 노동조합의 교섭력을 높일 수 있는 노조법 개혁이나 최저임금 인상, 근로장려세 같은 저소득 노동자 보호책도 강화해야 한다는 것이다. 물론 이런 대책이 현재 상태를 획기적으로 개선하지는 못한다. 앞서 본 대로 자본 이동이 자유로운 금융 세계화

경제와 노동을 대체하는 기술 발전 속에서 시장은 정부의 이런 대책에 강하게 반작용한다. 그렇지만 이런 대책들이 꾸준하게 장기간 진행되다 보면 현재 상태를 완화하면서 현재보다는 나은 상태를 만들 수는 있다.

한국적 대책으로 제조업 하락을 보완하는 서비스업 선진화를 주장하는 학자들도 있다. 한국의 서비스업 생산성이 다른 선진국에 견줘 지나치게 낮다는 것이 그 근거다. 이런 학자들은 정치적 목적의 자영업자 보호책과 각종 규제 탓에 서비스업에 자본 부족, 규모의 경제 실패, 혁신 동기 부재 등이 만연해 있다고 진단한다. 그래서 서비스업 규제를 혁명적으로 철폐하고, 한국이 강점을 가진 의료 서비스의 경우 공격적으로 수출하는 방안을 찾아야 한다고 권고한다. 그런데 이런 대책은 자영업자의 실업에 따른 고통과 공공 서비스의 상업화에 따른 비용 증가를 지나치게 낙관적으로 평가한다는 단점이 있다. 한국의 자영업자는 상당수가 노동시장 재진입이 어려운 반실업자 상태다. 재래시장을 없애고 대형 마트를 짓는다고 해서 그곳에 고용이 되지 않는다. 또한 고비용 의료 서비스가 미국 경제 전체에 문제를 만들고 있는 것에서 알 수 있듯이 공공 서비스의 상업화는 서비스의 고부가가치보는 민간 소득의 이전 효과가 오히려 더 큰 경우가 많다.

4. 고령화의 원인과 해법을 둘러싼 논쟁

1) 고령화의 문제점

고령화란 인구 중 65세 이상의 비중이 증가하는 현상을 말한다. 출산율이 낮아지는 동시에 평균 수명이 증가할 때 고령화 현상이 나타난다. 그리고 평균 수명 증가율이 정체하면서 출산율이 계속 낮아질 경우 인구 감소가 나타나는데, 평균 수명의 상한이 어느 정도 정해져 있다고 가정하면, 고령화가 계속 심화되는 현상은 결국 인구 자체의 감소로 이어지게 된다.

OECD 기준으로 보면, 고령 인구 비중이 7~14퍼센트일 때 고령화 시작, 14~20퍼센트일 때 고령 사회 진입, 20퍼센트 이상일 때 초고령 사회다. 한국은 현재 고령 인구 비중이 15퍼센트인데, 유례없이 출산율이 낮은 상태라 5년 안에 초고령 사회로 진입할 것으로 예상된다. 선진국들이 고령화 사회에서 초고령 사회로 진입하는 데 평균 70년 이상이 걸린 반면, 한국은 이 기간이 25년 정도로 매우 짧다. 지금까지 가장 빠르게 인구가 변화한 일본의 35년보다도 더 짧은 것이다. 한국은 10년 안에 인구 자체도 감소하는 상황에 놓일 것으로 예상된다. 전쟁이나 전염병 같은 변수가 없는 상태에서 발생하는, 인류 역사상 가장 빠른 인구 전환 현상이다.

한국은 1960~1980년대까지 30년 가까이 인구 억제 정책을 써왔다. 인구 증가가 문제가 되는 상황은 경제성장률보다 인구증가률이 더 높을 때다. 생산량에 견줘 인구가 더 증가하면 1인당 소비할 수 있는 생산물은 감소한다. 나라 경제가 발전하더라도 국민의 삶의 질은 높아지지 않는다. 실업 증가 등으로 여러 사회적 문제도 발생한다. 이런 이유 때문에 20세기 중반까지 선진국이나 개발도상국에서는 인구 억제가 일반적 정책으로 채택되었다. 한국 역시 마찬가지였다. 국가 경제 차원에서 보면 경제성장은 인구 증가와 인구당 생산(1인당 지디피)의 증가를 곱한 결과다. 후자는 대체로 노동생산성에 비례한다. 보통 나라 경제가 고도성장할 때는 완만한 인구 증가 속에서 노동생산성이 폭발적으로 상승한다. 인구가 폭발적으로 증가해 나라 경제가 성장하는 경우는 현대 사회에는 없었다. 그래서 자본 투자와 기술 혁신으로 일어나는 노동생산성 상승을 가장 중시했다.

그렇지만 20세기 후반에 들어 인구 증가보다 고령화와 인구 감소가 훨씬 더 심각한 문제라는 점이 드러났다. 국가 경제나 국민 삶의 풍요에서 모두 그렇다. 고령화와 인구 감소가 나타날 경우 노동생산성에도 문제가 발생하기 때문이다. 다른 무엇보다도 고령화가 투자에 영향을 주기 때문이다. 그리고 투자는 노동 인구의 생산성에 직접적인 영향을 준다. 고령화는 사회의 자원 중 더 많은 부분을 미래의 성장을 위한 투자보다는 노년의 안정적 삶을 위한 소비에 사용하게 된다. 그래서 주요 선진국에서는 대부분 노년부양비(15~64세 노동 가능 인구 대비 65세 이상 인구의 비중)가 증가할 때 노동생산성이 하락하는 분명한 상관관계가 나타난다. 국민 삶의 풍요를 1인당 지디피로 본다면, 고령화는 현재 세대의 풍요 감소, 그리고 그 세대가 다시 노년이 된 때 후세대에게서 부양받을 수 있는 소득 이전의 감소를 의미한다. 고령화와 함께 노동생산성이 감소하면 결국 빈곤의 세대 이전이 반복된다.

또한 고령화는 당대 국가 경제만이 아니라 후대 국가 경제에도 영향을 주기 때문에 필연적으로 세대 간 불공정 문제를 야기한다. 국가 재정의 분배가 대표적 예다. 고령 인구 비중의 증가는 필연적으로 재정 중 사회보장비 비중을 높인다. 일본의 경우 고령화가 진행되면서 사회보장비 비중이 30년 간 4배 가까이 증가했다. 그런데 이 재정은 노동인구의 소득에서 나온다. 노동인구의 소득이 충분히 증가하면서 사회보장비 부담이 늘어나면 문제가 덜 되겠지만, 앞에서 본 대로 고령화는 노동인구의 소득 증가에도 악영향을 미친다. 파이가 늘어나며 배분 문제를 처리하는 것이 아니라 줄어드는 파이의 배분을 둘러싸고 다투게 된다. 이런 갈등이 극단화될 수 있는 사례를 상상해보면 청년기본소득과 노후연금이 동시에 재정을 논의하는 테이블에 오르는 상황이다. 재정이 제한된 상태라면 둘은 세대 간 충돌로 비화될 것이다. 실제 비슷한 사례가 이탈리아 정당동맹-오성운동 공동 정부에서 있었다. 노후연금 수령 연령을 낮추겠다는 극우 성향 동맹과 청년기본소득을 공약한 반기득권 성향(?) 오성운동이 이미 국가 부채가 한계에 다다른 이탈리아 재정 조건 속에서 갈등을 일으켰다.

고령에도 소득을 얻기 위해 노동시장에 재진입해야 하는 인구가 증가하면서 노동시장 전반에 임금 정체가 더욱 심해지고, 사회복지 부족과 저임금 속에 노인 빈곤 인구가 급증하며, 연공급의 한계로 연공급 지불 일자리가 감소하면서 청년들의 취업 경쟁이 소수 직업에 집중되는 현상, 인구 감소 때문에 지방 도시들이 규모의 경제를 상실하고 도시 전체가 빈곤화되는 현상 등도 심각한 문제다. 각각의 문제를 이 글에서 모두 다룰 수는 없지만, 이미 진행 중인 현상들인 만큼 어떻게 발전할지는 짐작해볼 수 있을 것이다. 인구가 감소하면 오히려 실업자가 감소하는 긍정적 효과가 있지 않느냐는 질문을 할 수도 있다. 일본의 청년 실업률이 매우 낮아진 사례를 들면서 말이다. 그렇지만 실제 경제에서는 인구 감소가 야기하는 경제성장률 하락과 뒤이은 실업 증가가 인구 감소 효과를 뛰어넘는다. 일본의 경우 아베 신조 정부의 공격적 재정 정책과 통화 정책이 청년 실업 감소에 영향을 준 경우로, 정책 효과가 사라진 다음에도 이런 현상이 이어질 수 있을지에 대해 많은 사람이 의심을 하는 실정이다.

세계사적으로 유례없는 빠른 고령화를 겪고 있는 한국 사회는 심지어 저성장 경제 구조까지 심화되고 있는 상태다. 앞서 말한 저성장 퍼펙트 스톰이 인구 구조의 변화라는 또 다른 태풍을 만나 '트리플 퍼펙트 스톰'으로 커진 꼴이다. 초저성장과 초고령화라는 이중 문제에 직면한 국민연금은 그야말로 나라 전체를 난파 상태로 만들 수 있는 시간폭탄이다. 기초연금과 건강보험 기금도 마찬가지다. 그런데 이런 두 조건을 동시에 가지고 있는 상태에서 공적 연금을 안정적으로 운영하거나 개혁한 사례를 찾기 어렵다. 그나마 한국과 비슷한 일본의 경우를 보면 1990년대부터 2000년대 초반까지 보험료를 높이고, 지급액은 낮추며, 심지어 이런 수치를 기대 수명과 출산율에 연동시키는 공적 연금 개혁을 단행했지만, 이 과정에서 고이즈미 준이치로 총리가 선거에 참패해 물러나는 등 혼란이 작지 않았다. 또한 일본 후생연금은 일본 국채를 엄청나게 보유해 정부의 적자 재정을 보전하는 수단으로 사용되고, 심지어 경기를 끌어올리기 위해 주식 시장 부양 자금으로 사용되기도 하는데, 이 과정에서 손실이 급증했다. 정부의 경제 정책과 연금의 지속가능성이 동조화되어 연기금 불안정성이 오히려 증가했다. 일본은 연금 문제를 해결했다기보다는 뒤로 미뤘다고 평가하는 것이 적당하다. 한국의 경우 일본보다 정치적 결단을 내릴 수 있는 집권 세력의 권력 기반은 약하고, 반면 연금에 위험을 가하는 요소들은 힘이 더욱 강하다.

2) 원인과 대책

고령화와 인구 증가 둔화는 국민소득이 증가해 노동자의 임금과 생활 수준이 향상되면 일반적으로 나타나는 현상이다. 어떤 법칙 때문이라기보다는 지금까지 이런 경향이 세계적으로 일관되게 나타났다. 경험칙이라 하겠다. 이런 상관관계가 나타나는 이유는 생활 수준이 향상돼 유아사망률이 감소하고 기대 수명이 증가하면서 많은 자녀를 낳아 가구원 수를 유지할 필요가 없어진 점, 가족의 양적 확대로 가족 내 부를 늘릴 필요가 준 점, 여성 인권이 신장되고 교육이 확대되고 노동시장 참여가 늘면서 여성의 결혼과 출산 시기가 늦춰진 점 등이 거론된다.

그런데 한국의 문제점은 이 속도가 특별하게 너무 빠르다는 점이다. 인구 연구자들이 일반적으로 지적하는 원인은 세 가지다. 첫째, 출산 억제 정책이 너무 이른 시기부터 오랫동안 실행됐다. 그래서 잠재 출산력이 너무 빨리, 그리고 너무 심하게 하락했다. 둘째, 부족한 사회보장에 따른 과도한 양육비, 열악한 노동시장에 따른 일-가정 양립의 어려움, 가부장적 문화에 따른 남녀 간의 불균등한 가사 분담 등으로 출산율이 빠르고 지속적으로 하락했다. 셋째, 인구적 특수성으로 베이비붐 세대가 고령화하면서 고령 인구 비중이 급격하게 증가했다.

이런 현상에 관련해서는 주택 시장 안정, 사교육비 경감 등 결혼 비용과 양육 비용 부담 완화, 일-가정의 양립과 남녀의 균등한 가사 분담이 가능하게 하는 근로 여건 등 가족복지 정책, 양성이 평등한 사회를 지향하는 사회적 공감대 형성, 급격한 고령화에 따른 고령층의 빈곤화와 은퇴 이후의 연금 제도나 복지 제도 등에 대한 전반적인 지원 대책 마련 등이 일반적 해법으로 제시되고 있다.

이런 일반적 대책에는 회의적인 시각도 많다. 십 몇 년간 이런 정책이 꾸준히 추진됐지만 별 효과가 없었고, 한국 상황은 일반적인 정책 개혁 수준에서 해결할 수준이 아니라는 반론이다. 그래서 한국 경제를 진지하게 연구한 국내외 경제학자들은 급진적 정책으로 인구 수입, 즉 이주 노동을 완전 자유화할 것을 제안하기도 한다. 인구 문제를 해결하려면 한국을 아예 다민족 국가로 변모시켜야 한다는 말이다. 그런데 이런 대책은 사회적이고 정치적인 혼란이 일어날 가능성을 너무 쉽게 여기는 한계가 있다. 세계적으로 인종 문제가 뜨거운 문제로 등장하고 있는 상황에서 한국 사회의 인종적 편견은 유럽 사회보다 결코 작지 않다.

5. 노동운동에 미치는 영향과 대응 방향

앞서 강조한 것처럼 저성장 고령화 문제는 노동운동이 결코 피해갈 수 없는 쟁점이다. 한국의 노동운동은 지속적인 임금 인상과 연공급을 '정상' 상태로 둔 채 비정상을 개선하는 것을 기본으로 삼아왔다. 그렇지만 저성장 고령화 사회에서는 이 정상 상태를 점점 더 소수만 누릴 수 있게 된다. 기존 운동의 '정상'은 이제 특권으로 바뀌는 중이다. 물론 저성장 고령화를 개선하는 투쟁으로 아예 조건 자체를 바꾸자고 주장할 수도 있겠다. 그렇지만 앞서 살펴본 대로 저성장도 고령화도 노동운동이 몇 가지 투쟁을 한다고, 심지어 정부나 기업이 노력을 한다고 해도 단기간에 변화할 수 없는 것들이다. 요컨대 노동운동은 이 상황에 적응하면서 스스로 할 수 있는 일들을 해나가야 한다.

그렇다면 저성장 고령화에 적응한다는 것은 무슨 의미일까? 별것 없다. '노조답게' 노조를 만드는 방법뿐이다. 노조는 이중적 성격을 가진다. 노조는 시장의 제도이면서, 동시에 시장을 비판하는 계급 조직이다. 이 둘을 잘 조화시키는 방법이 현실적 최선이다.

먼저 노조는 노동시장의 가격 제도로 기능한다. 경제학은 일반적으로 실업자(산업예비군)가 없다는 전제에서 임금이 노동생산성에 비례해 상승한다고 주장한다. 그렇지만 실업 없는 경제는 매우 예외적이며, 있더라도 일시적이다. 일반적으로 노동자는 항상 실업의 위험에 노출된다. 그래서 노동자는 기본적으로 교섭 열위 상태에서 임금을 결정하며, 임금은 노동생산성보다 상승률이 낮아진다. 여기서 노조가 역할을 한다. 노동자는 노조로 단결하여 임금 인상 투쟁을 하고, 자본에 대한 노동자의 교섭 열위 상태를 보정한다. 노조는 임금이 노동생산성 증가분만큼 인상되게 만드는 제도, 다시 말해 노동자가 자신의 노동력 상품을 제값 받고 기업에 팔 수 있도록 만드는 가격 제도인 셈이다.

다음으로 노조는 시장에 대한 계급적 비판자다. 경제가 잘나갈 때는 시장이 그럭저럭 작동한다. 그렇지만 경제가 불황 또는 침체에 빠지면 상황이 바뀐다. 기업은 노동자를 해고해 이윤 감소의 방파제로 삼는다. 노조가 고용과 임금을 방어하려 해도, 투자와 고용은 결국 기업이 결정한다. 노동자는 생존을 위해 일자리를 두고 경쟁하고 임금을 삭감한다. 여기서 노동시장의 제도란 기껏해야 불황의 피해를 노동자에게 떠넘기며 실업을 관리하는 것이다. 시장은 자본이 노동을 지배한다는 계급적 모습을 분명하게 드러낸다. 노조는 조합원의 생존권을 지키기 위해 시장의 법칙을 준수할 수 없다. 노조는 시장이 체계적으로 노동자에게 떠넘기는 희생을 비판해야 한다.

역사적으로 노조는 임금 격차를 축소하고 실업을 줄이는 것으로 이 두 역할을 결합해왔다. 이른바 연대 임금과 연대 고용 정책이다. 그리고 저성장 고령화 시대의 도전은 노조가 이런 것들을 전혀 할 수 없는 상황으로 내몰린다는 의미다.

임금 격차의 축소는 노동자들이 자신의 임금을 개별적 보상이 아니라 사회적 결과로 받아들여야만 가능하다. 현재의 생산력은 모든 노동자가 분업을 통해 함께 만들어낸 것이라는 생산의 사회적 성격과 계급적 윤리를 노동자들이 인식하고 있어야 한다. 그래서 임금 격차의 축소는 단순한 도덕적 평등주의가 아니다. 실업을 줄이는 것도 마찬가지다. 노동에 대한 자본의 지배는 실업에서 가장 노골적으로 드러난다. 해고 앞에 장사 없다. 실업이 늘면 일자리 경쟁이 격화되고, 경쟁이 격화되면 임금 격차도 증가한다. 그래서 취업자와 실업자가 연대하지 못하면 카를 마르크스가 말한 것처럼 노동자 계급은 총체적으로 실패하고 만다.

저성장 고령화의 다른 표현은 바로 경제적 불평등의 확대다. 자본에 견줘 노동의 소득이 감소하고, 또한 노동자 간의 소득 격차가 커진다는 말이다. 이런 상황을 그대로 방치한다는 것은 노조가 본연의 역할을 하지 못하고 있다는 방증이다. 사회적으로 경제적 불평등을 해결할 노조의 능력에 큰 기대를 하지 않는다는 것은 노조가 연대 임금과 연대 고용 정책을 추진할 수 없다는 불신을 표현한다. 그런데 연대 임금과 연대 고용은 단지 하나의 정책이 아니다. 노조의 생존 전략이다. 이 목표를 추구하지 못한다는 것은 노조가 시장 제도나 계급적 조직이 아니라 좁은 의미의 이해관계자 조직에 불과하다는 뜻이다. 저성장 고령화 시대에 이런 노조는 생존도 보장받지 못한다.

✓얘깃거리

1. 내가 일하는 사업장에서 경제성장률 하락과 인구 고령화 때문에 닥친 문제는 뭐가 있을까요? 세 가지 정도 직접 적어봅시다.

2. 저성장 고령화에 관한 경제학의 관점은 크게 극복가능론, 적응론, 체제위기론으로 나닙니다. 나는 어떤 관점을 갖고 있을까요? 각 이론의 장단점을 이야기해봅시다.

3. 자본마저 무능해지는 시점에서는 임금과 고용을 노동자 사이에서 연대하는 자구책이 중요한 이슈가 됩니다. 그렇지만 이런 연대 임금과 연대 고용은 양보론일 뿐이라는 비판도 항상 제시되는데요. 연대론과 양보론 사이에서 내 생각은 어떤지 이야기해봅시다.

✓읽을거리

로버트 J. 고든, 이경남 옮김, 《미국의 성장은 끝났는가》, 생각의힘, 2017.

요사카와 히로시, 최용우 옮김, 《인구가 줄어들면 경제가 망할까》, , 세종서적, 2017.

윤소영, 〈사회과학 비판〉, 《사회과학 비판》, 공감, 2011.

한지원, 〈연대고용·연대임금 정책의 현 시기 조건과 쟁점〉, 《계간 사회진보연대》 가을호, 사회진보연대, 2019.

하준경, 〈인구구조 변화와 세대 간 동반성장〉, 《제63회 동반성장포럼》, 동반성장연구소, 2019.

4장

장기 불황의 정치경제학
2000년대 이후
자본주의 대불황과 정책 대응

남종석

1. 불황의 시대

코로나19가 가져온 경제적 충격은 현재진행형이다. 중국과 한국을 중심으로 확산되던 감염병이 이탈리아와 스페인을 거쳐 유럽 전역의 경제적 봉쇄를 초래했으며, 이제는 미국과 라틴아메리카로 확산되고 있다. 유럽 국가들과 미국은 경제적 봉쇄를 풀고 일상을 재개하기 시작했다. 바이러스 확산세가 잦아들기도 했지만, 무엇보다도 1~2개월은 경제적 봉쇄가 가능해도 그 이상 버틸 수 있는 국가는 없기 때문이다. 심지어 미국에서는 바이러스에 감염되더라도 경제적 봉쇄를 풀어 일상생활로 복귀하자는 주장이 등장했다. 생계 위협이 바이러스 위협보다 더 크게 다가오기 때문이다. 그만큼 경제적 봉쇄 국면을 버틸 수 있는 사회 안전망이 부족하다는 의미다. 2차 대유행이 예견되더라도 경제적 봉쇄를 풀 수밖에 없다는 판단이다.

 각 국가는 코로나19 위기를 극복하기 위한 재정과 금융 구제 패키지를 발표했다. 미국은 지디피 대비 10퍼센트에 이르는 엄청난 규모의 재정 투자 조치를 내놓았다. 중국은 국채 발행과 지방 정부의 특별 채권 발행 규모만 5조 위안(183조 원)에 이른다. 정부 재정 투입과 금융 완화 조치를 통한 유동성 공급은 이 규모를 훨씬 넘어선다. 독일은 1300억 유로(176조 1000억 원)에 이르는 친환경 사업(탄소 저감 사업 부흥) 재정 투자를 발표했다. 한국은 재정 적자 규모만 50조 원에 이르는 구제 정책을 내놓았다. 일본은 국채를 발행해 162조 4000억 원을 동원하겠다고 밝혔다. 유동성 공급, 즉 금융 완화에 따른 경기 부양 조치를 제외한 값이다. 주요국 어느 나라도 경제 위기에 대응해 시장의 자율적인 회복을 기대하지 않는다. 현재의 위기를 국가가 방임할 경우 그나마 유지되던 경제적 토대마저 붕괴될 것이라고 염려하기 때문에 재정 적자를 통해서라도 일자리를 보존해야 한다는 절박함이 드러난다.

2008년 세계 금융 위기 이후 미국, 유럽, 일본 등 주요 경제 대국들은 경기를 부양하려고 지속적으로 개입했지만 실물 경제는 침체를 벗어나지 못했다. 오늘날 세계 경제는 저금리, 저물가, 저성장, 고부채, 불평등의 확대로 요약할 수 있다. 금리가 낮아도 투자는 일어나지 않고, 노동생산성 상승률은 지체되었으며, 자산 소득자들을 향한 부의 집중은 더 가속되고 있다. 주류 경제학자들은 이런 현상을 일컬어 '뉴 노멀New Normal'이라고 한다. 마르크스주의자 마이클 로버츠는 2008년 이후의 경제 위기를 '대불황'이라고 부른다. 현대 선진 자본주의 국가들의 경제 체력은 이미 바닥을 드러낸 상태였다. 이런 상황에서 코로나19가 세계 경제에 충격을 가했다.

세계 경제의 장기 침체는 한국을 비껴가지 않았다. 2014년 이후 한국의 경제성장률은 잠재성장률에 꾸준히 미달했으며, 물가상승률은 목표 인플레이션율(2퍼센트)보다 낮았다. 잠재성장률이란 한 국가가 보유한 경제적 자원을 최적으로 사용할 때 이를 수 있는 성장률이다. 한국 경제가 잠재성 장율에 미달한다는 것은 자본이든 노동이든 생산 자원을 제대로 쓰지 않고 있다는 의미다.

물가상승율이 목표 인플레이션에 미달하는 이유는 기업들이 경기 침체와 경쟁 압박 때문에 재화와 서비스의 가격을 올리지 못하기 때문이다. 기업이 가격 인상을 하지 못하면 이윤율은 하락하고 투자는 감소한다. 코로나19 이전에 기업의 설비 가동율은 70퍼센트 초반대로 유지되었다. 전형적인 불황이다. 코로나19 이후 2020년 5월 현재 설비 가동율은 60퍼센트로 하락했다. 한계 기업들은 도산 중이다. 코로나19의 충격이 지속된다면 한국 경제는 더 큰 불황의 늪에서 빠질 것이다. 한국만의 문제는 아니다. 현재의 위기는 세계 자본주의 일반의 문제이고, 그 속에서 상대적으로 튼튼하던 한국 경제조차 위기의 심연 속으로 빠져드는 양태다.

나는 2000년대 이후 자본주의가 맞이한 대불황과 정책적 대응의 한계를 분석하려 한다. 금융 위기 이후 각국은 비전통적 금융 수단과 재정 정책 등을 통해 위기에 대응했지만, 그런 대응이 거둔 효과는 일시적이었다. 위기는 크고 깊은 반면 경기 호황은 짧았다. 나는 이윤율의 경제학의 관점에서 이 문제를 설명한다. 더불어 구조적 불황에 맞선 정책적 대응의 한계를 살펴본다. 주요 선진 자본주의 국가들이 경기 부양을 위한 다양한 정책을 실행하지만 효과는 미미했으며, 불황 자체를 역전시키지 못했기 때문이다. 더불어 한국 경제의 위기를 세계 자본주의의 장기 침체의 맥락에서 살펴본다. 마지막으로 자본주의적 위기에 맞선 대응으로서 노동자운동의 역할을 간단히 언급한다.

2. 이윤율의 경제학

주류 경제학의 스타이든, 급진주의 경제학자들이든 2008년 금융 위기 이후 오늘날의 자본주의가 '문제적'이라는 점에는 이견이 없다. 장기에 있어 시장이 자기 완결적으로 작동한다는 주장은 이제 시야에서 사라졌다. 자기 완결적이라는 말은 경제 위기를 시장의 자율적 힘으로 극복할 수 있다는 신화를 뜻한다. 세계 금융 위기는 시장 자유의 확대와 이런 확대를 위한 제도적 변화 때문에 발생한 사태이며, 위기 이후 자본주의 경제는 더는 정상적으로 작동하지 않고 있다. 비전통적 금융 정책을 비롯하여 각국 정부는 경기 부양을 위해 다양한 노력을 했지만 실물 경제는 반응하지 않았다. 장기 침체가 지속되는 국면이다.

왜 그러한가? 마르크스주의자들의 설명을 우회해보자. 마르크스주의 경제학자들은 이윤율 저하라는 관점에서 현대 자본주의의 위기를 설명한다. 이윤율의 경제학에 관련해서는 여러 쟁점이 있지만, 간단히 요약하면 국민소득에서 자본이 차지하는 몫의 비중이 고정돼 있다고 가정할 때 자본생산성의 하락에 따라 이윤율이 하락한다는 가설이다. 자본생산성은 자본 1원당 부가가치 비율을 나타내는데, 자본 투입이 지속될 때 다른 부분에서 변화가 없다면 1원당 생산하는 부가가치의 양은 감소한다. 자본생산성의 하락은 1인당 자본장비율capital equipment ratio의 상승률보다 1인당 노동생산성의 상승률이 낮기 때문에 나타나는데, 마르크스는 이것을 '자본의 유기적 구성의 고도화에 따른 이윤율 하락'이라고 설명한다. 던컨 폴리 (2015)에 따르면 신고전파 경제학에서는 자본생산성 하락을 '자본의 한계생산성 체감'이라고 한다.

마르크스주의자들에 따르면 이윤율이 하락하면 기업은 투자를 줄인다.

자본주의적 생산의 목적은 이윤이다. 이윤이 나오지 않으면 기업은 투자하지 않는다. 이윤율 하락을 제어하기 위해서는 노동의 협상력을 줄이든가 기술 진보를 빠르게 하면 된다. 1980년대 이후 선진 자본주의 국가들 내부에서 노동자들의 협상력을 줄여 부가가치에서 노동이 차지하는 몫을 줄여왔다. 자본의 의한 계급투쟁의 결과다. 그러나 이것이 노동자계급의 실질 임금의 감소를 의미하지 않았다. 한번 오른 임금의 절대액의 평균은 심각한 위기가 아니라면 감소하지 않는다는 의미다. 경제학에서는 이것을 임금의 하방 경직성이라 표현한다. 임금이 아래로 떨어지지 않는 이유는 노동조합이 존재하기 때문이다. 노동자의 임금은 아래로 떨어지지도 않았지만 오르지도 않았다. 1980년대 이후 선진 자본주의 국가들에서 노동자들의 실질 임금은 정체하는 반면 기술 진보에 따라 새롭게 증가한 부가가치는 자본의 몫이 되었다. 그 결과 계급 간, 계층 간 격차는 확대되었다.

기술 진보가 이윤율을 회복하도록 만든 것도 아니다. 1980년대 이후 자본주의의 기술 진보에 따른 생산성 상승폭은 점점 더 축소된다. 정보통신혁명과 4차 산업혁명이라는 구호는 요란했지만 생산성은 정체했다. 구글, 애플, 인텔 등이 기술 지대를 통해 높은 수익을 실현했지만, 이런 경우는 세계적으로 잘나가는 몇몇 기업에 한정될 뿐 평균적인 기업들의 생산성은 정체되었다. 첨단 기술의 확산, 경제의 디지털화, 탈규제와 자본 이동의 자유 확대 등 다양한 혁신 노력이 있었지만 선진 자본주의 국가들 내부에서 생산성의 증가율은 개선되지 않았다. 로버트 고든(2017)에 따르면 이런 상황을 생산성의 역설이라고 한다.

투자에 따른 수익성이 하락하자 기업들은 저축 성향을 강화했다. 투자되지 않는 잉여 자본은 금융자본의 성장으로 이어졌다. 1976년 영국의 금융 빅뱅을 시작으로 영미 자본주의가 금융화된다. 1990년 이후 금융화는 영미 자본주의만이 아니라 일반적인 현상이 되었다. 경제의 금융화는 이 윤율을 회복시키는 경향이 있는데, 금융시장의 성장이 전체 기업의 수익 률을 높이기 때문이다.

금융 부문으로 자본이 유입되면 가공 자본^fictitious capital(주식과 채권 등 금 융자본)의 가격이 상승한다. 부동산 가격도 상승한다. 금융으로 유입된 자 금은 기업 대출이 아니라 가계 대출로 이어져 부동산 수요를 증가시키기 때문이다. 부동산이든 금융 자산이든 수요의 증가는 가격 상승을 부추긴 다. 부동산, 주식, 채권 수익률 등이 상승한다는 의미다. 자산 가격의 상승 은 가계의 소비를 증가시키고 건설 투자를 확대한다. 이런 흐름은 경제성 장으로 이어진다.

지오바니 아리기(2008)는 이것을 금융 주도적 축적 국면이라고 설명한 다. 아리기에 따르면, 경제의 금융화 때문에 자본의 이윤율은 회복되지만 금융 부문과 실물 경제의 이윤율은 괴리된다. 더불어 금융 부문의 과잉 성 장, 자산시장의 과잉 성장은 소득 불평등으로 이어진다. 재화와 서비스를 생산하는 생산적 부의 증가는 자본의 이윤을 증가시키지만, 동시에 노동 의 실질 임금도 상승시킨다. 그러나 자산 가격의 상승은 자산 소유자의 수 익만 증가시키기 때문에 부의 불평등이 급속히 확대된다. 노동자의 임금 은 정체하고 자산 소득자의 소득이 증가하면서 자본주의 체제의 정당성 은 약화된다. 한편에서는 가계 부채가 쌓이고, 다른 한편에서는 자산이 쌓 인다. 고임금 노동자, 금리 생활자, 건물주 아들이 부러움을 사는 시대다.

그러나 금리 생활자에게 더없는 행복을 주는 시대도 어느 시점에 이르 러 한계 상황에 도달한다. 금융화가 급속히 진행되면서 투자 은행들은 일 반 상업 은행들에서 돈을 빌려 위험이 큰 자산에 투자했다. 경제적 토대는 취약해져 있는데 금융 부문은 과잉 팽창하게 된 것이다. 그러나 실물 부문과 자산 부문의 괴리, 즉 거품이 지속될 수는 없었다. 2008년 세계 금융 위기는 모기지 담보부 대출의 붕괴와 함께 금융시장이 붕괴하면서 촉발되었다. 세계화를 통해 그물처럼 형성된 금융자본의 흐름은 미국의 위기가 곧바로 세계의 위기로 진화하도록 만들었다. 금융 부문은 폭력적인 조정을 거쳤으며, 그 결과 실물 경제도 큰 불황에 직면하게 된 것이다. 이것이 장기 불황이 발생한 배경이다.

3. 금융자본주의의 황혼

그림 1은 미국의 이윤율 추이인데, 전체 경제를 대상으로 한 일반이윤율과 생산적 부문만을 대상으로 한 실물 경제의 순이윤율 추이net rate of Profit를 비교한다(Paitraridis & Tsoulfidis 2017).* 0.32와 0.34 사이에서 시작하는 선이 순이윤율이고, 0.34와 0.36 사이에서 시작하는 선이 일반이윤율이다. 순이윤율은 재화와 용역을 생산하는 부분이고, 일반이윤율은 금융 등 가공 자본의 이윤이 포함되어 있다. 장기 추세를 보면 1982년까지 꾸준히 하락하던 이윤율은 그 뒤 2000년까지 점진적으로 상승한다. 이 시기를 경제학자들이나 언론은 신경제New Economy라고 불렀다. 신경제는 저실업, 저임금, 저인플레이션, 재정 흑자의 시대로 요약된다. 그러나 순이윤율은 1997년부터, 일반이윤율은 2000년부터 다시 급격히 하락하기 시작한다. 2001~2002년

---

* 두 저자는 이윤율 계산에서 고정자본을 감가상각을 하지 않은 현재 시가로 사용한다. 반면 앤드류 클라이먼이나 마이클 로버츠는 감가상각을 고려한 역사적 가격을 고려한다. 두 경우의 이윤율 추이는 각각 다르게 나타난다.

그림 1 순이윤율과 일반이윤율 추이

자료: Micheal Rboberts, *US rate of profit measure for 2018*, 2020.

닷컴 기업이 붕괴하면서 신경제가 끝나기 때문이다.

　2001년 닷컴 기업들이 붕괴하면서 주식시장은 크게 침체하고 수익성은 하락한다. 그러자 위험성은 훨씬 크지만 수익성은 높은 파생금융상품 투자가 확대된다. 파생금융상품이란 주택담보부증권(모기지 증권) 같은 대출 증권을 토대로 거래 가능한 자산, 즉 유동화 자산을 만들어 새롭게 판매하는 금융 상품을 일컫는다. 당신이 집을 사기 위해 10년 분할 상환 조건으로 은행에서 10억 원을 대출받으면 은행으로서는 그 돈이 당신에게 묶이게 된다. 이 돈을 거래 가능한 새로운 상품으로 바꾸면 은행은 유동성을 확보할 수 있다. 은행은 당신에게 빌려준 10억 원의 대출 증권을 다시 쪼개어 새로운 금융 상품을 만든다. 이것을 파생금융상품이라 한다. 파생금융상품 붐이 일면서 일시적으로 경기가 회복되지만, 오래가지는 못했다. 2006년 미국이 이자율을 대폭 올리자 모기지 담보 대출을 받은 이들이 대출 이자를 갚지 못한다. 대출 이자를 받지 못하면, 은행이나 투자 은행은 이 담보부 대출을 기반으로 발행된 파생금융상품의 소유자들에게 이자를 지불하지 못한다. 그 결과 파생금융상품 가격은 폭락하고 여기에 투자한 기업들도 동시에 파산했다.

일반이윤율과 순이윤율의 차이도 흥미롭다. 1960년대부터 1985년 이전까지 일반이윤율과 순이윤율은 서로 겹치지만 1985~2008년까지 일반이윤율이 순이윤율보다 높다. 일반이윤율이 순이윤율보다 더 높다는 것은 금융 부문이 실물 부문보다 더 높은 이윤율을 기록하고 있다는 의미다. 금융 주도적 축적 국면의 모습이다. 그러나 2008년 세계 금융 위기 이후 일반이윤율이 순이윤율보다 더 낮아진다. 실물 부문의 이윤율 회복이 지체되고 있지만 금융 부문 등 비생산적인 부문의 이윤율이 더 낮아지면서 나타난 결과다.

파생금융상품 같은 위험 자산의 리스크가 커지면서 안전 자산 선호가 나타났으며, 그 결과 국채 금리는 지속적으로 하락한다. 2014년 이후 세계의 인플레이션 연계 채권의 실질 이자율은 마이너스를 기록하고 있으며, 미국 10년 만기 국채 수익률도 0.5퍼센트 미만이다. 실질 이자율이 마이너스라는 것은 은행에 자금을 맡기면서 이자를 받는 것이 아니라 이자를 지불한다는 의미다. 돈을 얹어 예금하는 꼴이다. 은행에 예금하는 이는 많고 대출을 통해 투자하려는 기업은 적으니 이자율은 낮아질 수밖에 없다.

금융 부문의 수익성 하락은 '자본 과잉'의 결과다. 마르크스에 따르면 이윤율이 하락하면 투자가 지체된다. 미래가 불투명하기 때문이다. 경제의 금융화는 저축이 기업 투자로 흘러가지 않고 주식과 채권 등 자산시장으로 흘러간 결과다. 이런 현상은 자본 파업이라고 할 수 있다. 자본 파업이란 기업의 고유 업무인 투자를 회피하는 모습을 비판적으로 표현한 것이다. 존 메이너드 케인스도 유사한 주장을 했는데, 예상 수익률이 하락하면 기업가들은 본능적으로 투자를 회피한다. 하이만 민스키 식으로 이야기하면 투기 성향이 훨씬 커지는 셈이다.

그러나 세계 시장의 모든 자본가들이 그런 것은 아니다. 세계 시장 차원에서 볼 때 중심부 국가의 자본은 이윤율이 크게 낮아지면 투자를 줄인다. 불확실성이 높아지고 투자한 자본을 회수할 전망이 불투명하기 때문이다. 그러나 국가 간 차이가 존재한다. 세계 경제의 주변부에서는 저임금 경쟁자들이 꾸준히 시장에 진입한다. 중심부 국가에서는 자본생산성 하락으로 수익성이 크게 악화되었지만 신흥 공업국은 풍부한 노동력과 현저히 낮은 임금을 기반으로, 때로는 국가의 강력한 지원을 등에 업고 세계 시장의 후발 경쟁자로 등장한다.

제도 정비가 잘된 몇몇 신흥 공업국은 자본을 해외에서 수입하고 자동화된 생산 설비를 통해 선진국의 기술을 빠르게 흡수할 수 있다. 자동화된 기계 속에는 새로운 기술들이 체현되어 있기 때문에 자동화된 기계를 작동만 할 수 있다면 선진 기술을 쉽게 수용할 수 있다. 자동화된 공정 과정은 노동의 숙련 의존도를 낮추는 장점이 있다. 그러므로 중국에서도, 베트남에서도, 체코에서도 생산 설비는 구축할 수 있다. 신흥 공업국은 상대적으로 양질의 제품을 현저히 낮은 가격으로 세계 시장에 공급하면서 세계 시장 점유율을 빠르게 확대한다. 중국, 인도, 러시아, 브라질, 베트남, 인도네시아 등이 새로운 경쟁자로 진입한다.

마르크스에 따르면 이윤율이 떨어질 때는 투자를 하지 않아야 하는데, 이런 예언과 달리 신흥 공업국들은 그래도 투자한다. 신흥 공업국의 자본들은 기술적으로는 뒤떨어지더라도 현저하게 낮은 가격으로 세계 시장에 진입하기 때문에 중심부 국가의 기업들은 더 강력한 가격 하방 압력에 시달린다. 선진국 기업들이 세계 시장에서 '마크업', 즉 독점 지대를 향유할 수 있는 기회는 점점 더 사라지고 있다. 범용 기술의 확산 속도가 매우 빠르기 때문에 선진적인 기술 진보를 달성한 국가의 기업들도 수익성을 높이는 과정에서 어려움에 봉착한다.

신흥 공업국의 성장은 중심부 자본의 이윤율을 더 떨어뜨리게 된다. 한국은 이런 국가 간 경쟁의 모범 사례 중 하나였다. 선진국의 기술을 빠르게 습득하면서 시장 점유율을 확대함으로써 선진국으로 진입한 사례가 한국이다. 오늘날 중국과 베트남은 한국 모델을 자국 역량에 맞게 모방하고 있다. 이젠 한국도 이 국가들과 경쟁해야 하는 처지에 직면하고 있다. 선진국 자본은 수익성 개선을 위해 기술 진보를 통해 격차를 확대하고 노동에 대한 공격을 통해 비용을 절감하려 노력하는 등 나름대로 대안을 마련하지만, 가격 하방 압력을 쉽게 이겨내지 못한다. 이윤율이 정체하는 이유다. 세계 시장에서는 수익성이 떨어진 자본의 퇴출은 지연되는 반면 유사한 생산 능력을 갖춘 경쟁자들은 꾸준히 진입하고 있다. 이런 상황은 기존 이윤율을 더 떨어뜨린다. 그 결과가 세계 성장률의 지속적 하락과 선진 자본주의의 위기 심화다. 아담 스미스는 《국부론》에서 이런 현상을 시장의 한계로 설명한다. 현재 시기는 마르크스적 위기론과 아담 스미스적 위기론이 중첩되는 국면이다(브레너 2001).

4. 금융 정책의 한계

시대가 시대인만큼 경제학계 안에서 경제 정책에 대한 새로운 쟁점들이 제기된다. 경제 정책 중에서 금융 정책에 대한 불신이 커진 반면 재정 정책을 적극 활용해야 한다는 주장이 점차 확대되고 있다. 1970년대 후반부터 시작된 경제학계의 큰 변화 중 하나는 케인스주의의 쇠퇴와 통화주의의 영향력 확대다. 케인스주의는 재정 정책을 통해 경기 불황을 극복해야 한다고 주장한 반면, 통화주의는 화폐량을 조절해 경기 불황에 대응해야 한다고 강조한다. 또한 케인스주의는 국가 규제와 노동조합 교섭권을 강조하는 반면, 통화주의자들은 규제를 탈피하고 노동조합의 권력을 약화시켜야 한다고 주장한다. 통화주의의 영향력 확대란 통화주의자들이 경제학의 주류가 되었다기보다는 통화주의의 주장을 적극적으로 수용하여 케인스주의가 변모했다는 의미로 이해되어야 한다. 1980년대 이후 등장한 케인스주의를 '새New케인스주의'라 한다.

현대 경제학에서 말하는 재정 정책은 재정 적자를 의미하는데, 정부 수입보다 정부 지출을 더 늘리는 것을 일컫는다. 세출이 세입보다 더 큰 정책이다. 정부 지출을 확대한다고 해도 세입을 늘려 세출을 증가시키면 민간 소비와 투자를 위축시키기 때문에 경기 부양에는 한계가 따른다. 반면 재정 적자 정책은 민간 수요(가계와 기업)를 감소시키지 않으면서 정부 수요를 늘리기 때문에 경기 부양 수단으로 제격이다. 이것은 케인스 경제학의 핵심 중 하나다. 케인스의 주장에 따르면, 불황기에 채권 발행 등 적극적인 경기 부양 정책을 통해 경기를 상승 국면으로 전환시키면 기업의 이윤이 늘어나고 노동자의 실질 임금도 상승해 세수가 늘어나며, 따라서 불황기에 발생한 재정 적자도 메울 수 있다. 불황기에는 정부가 적극적인 개입을 통해 경기를 부양하고 호황기에는 이자율 등을 높여 경기를 조절해야 한다는 의미다. 이것을 경기 역진적 정책이라고 한다.

그러나 1970년대 중반 이후 재정 정책 중심의 경기 부양은 긍정적인 효과보다 부정적인 효과가 크다는 비판에 직면한다. 통화주의자들은 정부가 빚을 내어 인위적인 경기 부양을 하더라도 가계는 언젠가 이 빚을 갚아야 할 것으로 보기 때문에 추가 지출을 하지 않는다고 주장한다. 이것을 '리카도 등가성 원리'라고 한다. 이 가설이 성립하려면 인간은 매우 합리적인 존재여야 한다. 통화주의자들은 심지어 인간은 자기 생애 동안 총소득이 얼마인지를 계산할 수 있다고 가정한다. 또한 재정 적자 정책이 민간 수요를 줄인다고 주장한다. 정부가 국채를 발행해서 시중의 자금을 동원하면 민간 자금이 줄어들기 때문에 정부 수요는 늘지만 투자와 소비가 위축되어 민간 투자를 억제하게 된다는 것이다. 이것을 '구축 효과'라고 한다. 핵심은 정부가 경제에 너무 깊숙이 개입하면 긍정적인 효과보다는 부정적인 효과가 더 크다는 주장이다.

1970년대에 정부의 경제 정책이 인플레이션을 유발하는 반면 기업 투자를 확대시키지 못하자 이런 비판은 큰 설득력을 얻는다. 재정 정책, 즉 정부 부채를 통해 경기를 부양하는 방식은 재정 적자를 누적시키는 반면 경기 부양의 효과는 크지 않다는 말이다. 그 결과 채권 발행을 통한 경기 부양은 부차적 수단이 되고 이자율을 낮춰 경기를 부양하는 금융 정책이 주요한 정책 수단으로 자리잡는다. 경제학 교과서에는 경제가 잠재성장률 상태에 있을 때 재정 정책은 아무런 효과가 없다고 쓰여 있다. 이 경우 정부의 재정 지출은 단기적 성장을 이끌 수 있지만 물가 인상과 임금 인상을 유발함으로써 기업 투자를 위축시킨다. 그러니 정부는 시장에 되도록 개입하지 말아야 한다는 주장이다.

새케인스주의는 통화주의자들의 문제 제기를 적극적으로 수용하여 경제의 금융화와 인플레이션 통제를 중요한 정책 목표로 설정한다. 새케인스주의자들은 제조업의 탈산업에 대한 대안으로서 금융산업의 성장을 적극적으로 추진했다. 금융의 성장을 위해 금융 관련 규제를 완화하고 국제적으로 자본 이동의 자유를 보장하려 했다. 그 결과 경제의 세계화가 급속히 촉진된다. 정보통신 혁명을 통한 세계적인 금융 네트워크의 확산이 이런 흐름을 더 손쉽게 했다. 금융으로 유입되는 자본이 증가할수록 금융 부문의 수익이 증가한다. 이것을 '신자유주의적 금융 세계화'라고 한다.

더불어 국내 정책에서는 재정 적자 누적에 대한 염려로 재정 정책을 주변화하고 금융 정책을 경기 부양의 핵심 수단으로 활용한다. 경기가 위축되면 이자율을 내리고 유동성을 충분히 공급한다. 금융시장이든 실물 시장이든 충격을 받으면 연준은 유례없이 이자율을 낮춰 유동성을 공급했다. 그러면 주식시장은 곧바로 회복되고 덩달아 실물 경제도 개선되는 효과가 있었다. 자산 소득이 발생하면 지출이 늘고 총수요는 증가하기 때문이다. 앨런 그린스펀이 연방준비제도 이사회ᶠᴿᴮ 의장으로 있을 때 금융시장 투자자들은 이것을 '그린스펀 풋Greenspan put'이라고 했다. 주식시장이 교란되면 연준이 나서서 구제한다는 말을 이렇게 표현한다. 금융자본들은 기꺼이 주식과 채권 등 자산시장에 투자한다. 그러다가 자산시장이 붕괴할 조짐이 나타나면 연준은 금리를 낮추고 정부는 세금 인하 등 수요 진작을 통해 경기를 부양한다. 주가는 다시 상승한다. 금융자본은 이래도 이익이고 저래도 이익이다.

우파 정부들은 금융 정책과 함께 기업의 투자 확대를 위해 감세 카드를 많이 활용했다. 감세는 두 가지 형태로 제시된다. 특정한 기간에 법인세나 상속세를 크게 감면해준다. 상속세의 경우 면제 기간을 두기도 한다. 다른 하나는 페이롤 택스Payroll Tax 감면이다. 페이롤 택스는 급여에 대한 세금을 의미하는데, 간단하게 이해하면 사회보장세다. 국민연금, 의료보험, 고용보험료 등이다. 기업이 50퍼센트를 내고 노동자의 임금에서 50퍼센트를 뗀다. 페이롤 택스를 감면하면 기업은 세금 감면 효과가 있고 가계는 가처분소득이 증가한다. 경기 부양책으로 우파 정부가 자주 활용한 페이롤 택스 감면은 자본가 집단에게는 엄청난 혜택이었다.

유럽의 사회민주당들은 경기 침체, 자국 기업의 경쟁력 하락, 기업 이윤율 저하에 직면하여 비용 절감형 구조조정의 주체가 된다. 노동시장의 구조조정을 통해 비용을 절감하는 것이다. 대처 정부나 레이건 정부 같은 우파 정부들이 노동조합을 직접 공격했다면, 유럽의 노동당이나 사회당, 미국의 민주당은 노동시장 구조조정을 통해 불안정 고용을 늘리고 해고 조건을 완화함으로써 노동자들의 협상력을 낮추는 개혁을 주도했다. 영국 노동당 소속 토니 블레어의 제3의 길, 독일 사회민주당 소속 게르하르트 슈뢰더 총리의 하르츠 개혁, 프랑스 사회당 프랑수아 올랑드 정부의 노동시장 개혁이 바로 그것이다. 노동시장 구조 개혁은 노동자 계층 간의 임금 격차를 확대하고 불안정 고용 노동자들을 대량 생산했다. 또한 전세계적으로 상위 1퍼센트, 또는 상위 10퍼센트의 부를 극적으로 늘렸다.

경제의 금융화, 노동시장 개혁, 세금 감면 등은 신자유주의 정책의 핵심이다. 이런 정책이 미국과 유럽에서 진행된 것에는 선진국들이 장기적인 경기 침체에 시달리고 기업 경쟁력이 약화되었기 때문이다. 이윤율이 하락하면 기업들은 노동에 대한 공격을 통해, 또는 노동의 양보를 통해 이윤율 하락을 막으려 한다. 경제 위기 국면에서 위기를 노동에 전가함으로써 비용 경쟁력을 회복하려는 것이다. 이것이 오늘날 세계적 현상이 된 불평등의 원인이다. 불평등은 자본가들의 악함에 따른 결과이기도 하지만, 그것보다는 근본적으로 자본주의 경쟁 법칙에 따른 일반적 결과라는 사실을 간과해서는 안 된다. 어떤 세력이 권력을 잡아도 이런 자본주의 구조의 냉혹한 논리를 벗어나기는 쉽지 않다.

5. 재정 정책으로 회귀?

앞에서 말한 뉴 노멀 시대는 금융 정책의 효과 의문을 제기한다. 2008년 금융 위기 이후 각국은 제로 금리, 심지어 마이너스 금리까지 이자율을 낮추었다. 양적 완화를 통해 미국은 2010년부터 2015년까지 꾸준히 민간이 보유한 부실 자산을 매입했다. 3조 달러의 본원 통화가 증가했다. 유로존도 2015년 이후 양적 완화에 동참한다. 그러나 제로 금리와 양적 완화에도 불구하고 실물 경제는 크게 성장하지 않았고 경기 활성화의 효과도 크지 않았다. 불황기는 길고 호황기는 짧은 전형적인 장기 침체다. 비전통적 금융 정책을 통해 풀린 돈은 금융권에서 맴돌면서 주식, 주택, 파생금융상품만을 키워놓은 반면 실물 경제에 긍정적 자극을 주는 데 근본적인 한계를 보여준다. 금융 정책의 유효성에 큰 의문이 제기된 것이다.

　이렇게 되자 새케인스주의자들은 금융 정책의 한계를 지적하며 재정 정책의 필요성을 다시 강조하기 시작한다. 2017년 전미경제학회에서 버락 오바마 행정부의 경제자문위원회CEA 의장 제이슨 퍼먼은 재정 정책이 이자율을 높여 민간 투자를 저해한다는 낡은 생각을 공개적으로 비판했다. 이른바 구축 효과를 비판한 것이다. 여기서 낡은 생각이란 금융 정책이 효과나 정책 전달 경로 측면에서 우월한 반면 재정 정책은 재정 건전성에 부정적인 영향을 준다는 논리다. 퍼먼은 재정 정책과 통화 정책은 보완적 관계에 있으며 인플레이션율이 낮고 저금리가 지속되는 상황에서 재정 정책은 특히 효과적이라고 주장했다. 장기 불황 국면에서 화폐 공급을 확대하는 것만으로는 정책 효과가 제한적일 수밖에 없으며 재정 적자 정책으로 보완되어야 한다는 주장이다(Sims 1994). 정부가 재정 적자를 감수하더라도 총수요를 유발시켜야 한다는 취지다.

장기에 있어서 재정 정책은 아무런 효과가 없다는 이야기를 경제학 교과서에서 여전히 하고 있는 현실을 감안하면 경제학자들의 이런 태도 전환은 확실히 많은 생각을 하게 한다. 한때 경제학계는 재정 적자 누적과 정부 파산에 대한 두려움으로 재정 정책보다는 금융 정책을 더 선호했지만, 이제 비전통적 금융 정책조차 경기 부양에 큰 효력이 없다는 역사적 경험을 한 탓에 새로운 정책 수단을 강구해야 한다고 주장하는 것이다. 사실을 말하자면 새로운 정책 수단을 내놓는 것이 아니라 자기들 스스로 폐기한 것을 다시 테이블 위에 올려놓아야 한다는 절박함이 더 클 것이다. 케인스를 다시 불러들이고 있는 셈이다.

케인스의 복권은 어떤 점에서 보면 화려함보다는 불가피함을 드러낸다. 앞에서 말한 대로 경제의 금융화는 자본주의의 장기 성장을 유인하기보다 자산시장을 키워 불로 소득과 불평등을 낳았다. 실물 부문과 금융 부문의 괴리는 경제의 불안정성을 크게 높였다. 실물 경제와 자산시장의 괴리가 커지면서 거품이 크게 형성되어 있기 때문이다. 2000년대 이후 금융 부문의 이윤율은 실물에 뒤처지기도 한다. 더불어 수익성 하락과 불안정성의 증가는 안전 자산인 국채 시장으로 자본을 몰리게 만들어 국채 금리가 마이너스로 곤두박질치는 상황이다. 금리가 마이너스여도 투자는 확대되지 않는다. 경기 부양의 유일한 수단이 정부가 되었다는 의미다. 이런 상태에서 재정 적자 정책말고 다른 무엇이 있는가?

현대 경제에서 일정한 수준의 국채는 경제 운용에 필요하다. 정부가 통화량을 조정하기 위해 국채 시장이 활성화되어야 한다. 중앙은행은 시중의 통화량을 조절하기 위해 불황기에는 국채를 적극적으로 매입함으로써 시중 은행에 현금을 공급하고, 인플레이션 염려가 있을 때는 보유하고 있는 국채를 매각함으로써 시중의 자금을 흡수한다. 한국의 경우 시중에 유통되는 국채의 규모가 작기 때문에 중앙은행은 통화안정증권을 발행해 보완하고 있다. 정치권과 시민사회의 반대가 큰 탓에 재정 적자와 국채 발행을 회피하는 수단으로 중앙은행이 통화안정증권을 발행해 시장 화폐량을 조정하지만, 정상적인 것은 아니다.

재정 정책의 한계 역시 뚜렷하다. 지금처럼 저금리 상태에서 재정 적자는 개별 국가의 재정 운영에 심각한 위협을 주지는 않는다. 그러나 저금리 상태가 항구적으로 지속될 수 있는 것도 아니고, 정부 부채를 누적시킬 수도 없다. 코로나19 이후 유럽의 상황은 재정 적자 누적이 낳은 결과를 잘 보여준다. 영국은 데이비드 캐머런 정부가 들어선 뒤 국민보건서비스NHS 예산을 계속 줄였다. 또한 탈산업화된 북부 도시들에 주던 보조금을 대폭 삭감한다. 그 결과 코로나19가 영국으로 확산되면서 보건 시스템 자체가 붕괴되는 결과를 낳았다. 병상은 부족하고, 적절한 치료는 불가능하다.

영국만 그런 것은 아니다. 프랑스도 똑같다. 에마뉘엘 마크롱 정부는 공무원을 12만 명 감축한다는 발표를 했다가 노조를 필두로 전국적인 저항에 부딪혀 감축 인원을 8만 명대로 줄이기로 방침을 바꿨다. 코로나19 이후 이탈리아와 스페인은 국채 이자율 상승 때문에 재정 붕괴 상황에 직면했으며, 2020년 6월 초 유럽연합의 구제 패키지를 통해 가까스로 위기를 모면할 수 있었다. 이탈리아와 스페인이 재정적으로 파산한다면 유럽연합 탈퇴 가능성도 배제할 수 없었다. 유럽연합 제2의 경제 대국인 영국이 탈퇴한 상황에서 경제 규모 제4위인 이탈리아와 제5위인 스페인의 탈퇴는 사실상 유럽연합의 붕괴를 의미한다. 독일과 프랑스 중심의 유럽연합이 이탈리아와 스페인을 구제할 수밖에 없는 절박함이 있는 것이다. 이렇게 저성장과 재정 적자 누적은 유럽 복지국가를 허물고 있다.

코로나19는 이런 상황에서 세계 경제에 심대한 타격을 준 외생적 충격이다. 금융 정책의 효과가 시효 만료되고 재정 정책의 여지마저 크지 않은 상태에서 세계 경제는 갑작스럽게 록다운(봉쇄)되었다. 미국을 비롯한 주요 경제 대국들은 산업을 구제하기 위한 긴급 조치를 단행하고 있다. 긴급 유동성을 공급하고, 중앙은행이 지급 보증을 통해 경제의 맥박이 유지되도록 노력한다. 마치 전시처럼 정부가 직접 나서는 국면이 지속되었다. 그러나 이런 정부의 적극적 개입은, 그렇지 않아도 지난 20년간의 침체 과정에서 재정 적자를 누적시킨 주요국들의 국가 부채를 더 증폭시킬 것이다. 재정 적자 누적은 위기를 지속적으로 늦추는 효과가 있지만 근본적인 해결책이 될지는 미지수다.

6. 한국 자본주의의 위기

한국은 지난 40년간 저발전 국가에서 출발해 선진국들을 눈부시게 추격했다. 한국 자본주의는 신흥 공업국에서 선진국으로 진입함으로써 경제성장의 모범 사례로 제시된다. 그러나 1990년대 이후 한국 경제의 성장률은 꾸준히 하락했다. **그림 2**에서 보듯이 2000년대 5퍼센트대 안팎이던 성장률은 2011년 이후 3퍼센트 안팎으로 하락했으며, 2017년 이후 2퍼센트 초반에서 변동하고 있다. 이런 흐름은 경제성장에 따른 자연스러운 결과다. 어떤 국가라도 경제성장율은 체감한다. 시간이 지나면서 경제성장율이 점진적으로 하락한다는 의미다. 경제 규모가 커진 결과다. 선진국이 되면 경제성장율은 하락하지만 성장에 따른 지디피 절대액의 증가폭은 결코 작지 않다. 그럼에도 불구하고 경제성장율 하락은 경제의 역동성을 약화시키고 한계 기업을 꾸준히 증가하게 만든다.

그림 2 한국 지디피 성장률(단위: 퍼센트)

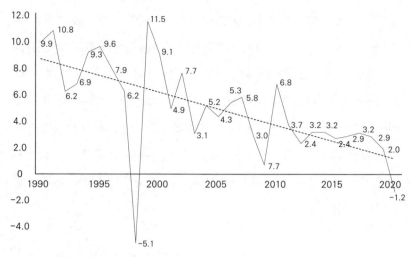

주) 2020년 GDP 성장률은 IMF(2020. 4)월 추정치임.
자료: 한국은행경제통계 시스템.

그림 3 한국 제조업 매출액 증가율(단위: 퍼센트)

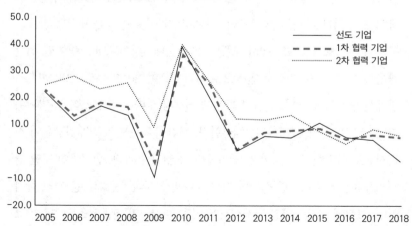

자료: ㈜한국기업데이터(2005~2018).

2008년 이후 세계 경제의 침체와 수입 수요의 감소는 한국 경제의 성장률을 급속히 낮추었다. 제조업 비중과 수출 의존도가 높은 현실에서 세계 수요의 감소는 한국 경제에 직접적인 영향을 주었다. **그림 3**은 기업 유형별 매출액 성장율을 보여준다. 선도 기업은 주요 14개 업종의 최종재를 생산하는 대기업과 중견 기업 340개사를 나타내며, 1차 협력 기업은 선도 기업에 납품하는 기업, 2차 협력 기업은 1차 협력 기업에 납품하는 기업을 의미한다. 2012년 이후 선도 기업의 매출액 성장율은 매우 낮은 수준을 유지했으며, 2012년과 2018년은 마이너스 성장률을 기록했다. 제조업만 분석하면 매출액 성장율의 하락폭은 더 크게 나타난다. 선도 기업의 매출액 정체는 1차 협력 기업에 가장 큰 영향을 주었으며, 2차 협력 기업도 그 영향을 벗어나지 못한다. 매출액 성장률의 하락은 가격의 하방 압력을 높이고 수익성을 악화시킨다. 그만큼 경쟁이 치열해지기 때문이다.

한국 제조업의 성장률 하락은 한국 자본주의의 한계와 모순에서 비롯되었다기보다는 '자본주의 일반의 모순'의 한국적 특성이라고 보는 것이 타당하다. 한국은 생산성 상승과 실질 임금 상승 면에서 지난 수십 년 간 가장 모범적인 사례의 하나였다. 물론 미국과 독일 등 전통적으로 생산성이 높은 국가들보다 생산성이 낮은 것은 사실이지만, 세계 1~2등 국가를 상대로 한 비교를 통해 한 국가의 성취를 평가할 수는 없다. 동시대에 같은 위치에 있던 국가들과 한국을 비교해야 정당한 평가가 될 수 있다. 한국은 공격적인 유형 자산 투자, 기술 진보를 통한 따라잡기 경쟁에서 눈부신 성과를 내었다. 물론 그 성과 뒤에는 장시간 노동과 저임금을 통한 노동자 착취가 있었다. 그러나 이것이 바로 자본주의적 성장의 특징이다.

더군다나 생산성이 상승하면서 실질 임금도 꾸준히 상승했다. 이 점은 임금 노동자의 노동 소득 분배율이 일정한 수준에서 유지된 데에서도 알 수 있다. 노동 소득 분배율이란 부가가치에서 노동이 가져가는 몫을 의미하는데, 노동 소득 분배율이 일정하다는 것은 생산성 상승률만큼 노동자들의 실질 임금도 올랐다는 의미다. 예컨대 한 경제의 부가가치 총액이 100일 때 노동의 총임금은 60이고 자본의 몫인 총이윤은 40이라고 하자. 인구가 고정된 상태를 가정할 때 노동생산성이 2배가 되면 이 경제의 부가가치 총액은 200이 된다. 노동과 자본이 똑같은 비율로 나누면 총임금은 120이고 총이윤은 80이 된다. 노동 소득 분배율은 60퍼센트로 일정하게 유지되지만 실질 임금은 2배로 상승한다.

부가가치에서 자본의 몫을 의미하는 총이윤이 노동에 대한 자본의 착취분이기 때문에, 노동 소득 분배율이 일정하다는 것은 착취율이 일정한 수준에서 유지된다는 의미다. 착취율이 일정하게 유지되면 생산성이 상승한 만큼 실질 임금도 상승한다. 이것이 자본주의의 일반적 법칙이다. 지난 20년간 한국은 부가가치에서 임금 노동자들의 몫은 일정한 비율로 유지되었다. 노동 소득 분배율이 일정했다는 의미다.[*]

앞에서 나는 한국 제조업의 성장률이 정체한 이유가 세계 수요의 감소 때문이라고 했다. 여기에 더하여 중국 특수의 감소와 함께 중국과 남아시아 국가들이 새로운 경쟁자로 세계 시장에 진입한 것도 한국 제조업의 성장률이 정체된 주된 이유다. 2000년대 이후 한국 제조업의 눈부신 성장은 중국 자본주의의 성장을 제외하고는 설명할 수 없다. 중국은 최종재를 생산해서 미국을 비롯한 세계로 수출하고, 한국은 중국에 기계와 부품 등 중간재를 공급함으로써 빠른 성장을 할 수 있었다. 그러나 2010년대 이후

---

[*] 자영업자를 포함시키면 그 값은 달라진다. 여기에서 자영업자는 제외했다.

중국의 성장률이 9퍼센트 수준에서 6퍼센트대로 낮아졌고, 중간재 수입량의 증가폭도 대폭 하락했다.

또한 2010년대 이후 중국은 한국을 눈부시게 추격했다. 주력 제조업이던 조선과 기계 분야의 범용 기술은 중국으로 많이 이전되었을 뿐만 아니라 2010년대에 한국의 성장을 촉진한 정보통신기술ICT산업도 중국에서 눈부시게 성장했다. 더불어 중국 기업들은 최종재를 생산할 뿐만 아니라 자국 내 기업을 통해 중간재 공급 사슬을 구축함으로써 대한국 중간재 수입 의존도를 꾸준히 낮추었다. 중국은 세계 시장 점유율을 확대하며 한국 시장을 잠식하는 한편으로 중간재 조달을 국내화해 대한국 수입량을 줄일 수 있었다. 한국이 유럽과 일본 기업들을 추격하면서 세계 시장 점유율을 높인 것처럼 중국도 같은 방식으로 한국을 대체하고 있다. 이것은 결합 불균등 발전이라는 레온 트로츠키의 표현으로 요약할 수 있다.

2008년 금융 위기 이후 미국, 유럽, 라틴아메리카 등 주요국 경제는 지속적으로 침체되었고, 이런 침체는 전세계 지디피에서 무역이 차지하는 비중을 감소시켰다. 호경기는 짧고 불경기는 길어지는 전형적인 대불황 상황이었다. 그런 와중에 중국의 경제성장율이 하락하자 중국 내 한국 중간재 수요도 감소했으며, 중국 안에 공급 사슬이 구축되면서 감소세는 더 확산되었다. 세계 시장의 성장 정체와 중국 등 새로운 경쟁자의 진입은 한국 기업들에 강력한 가격 하방 압력으로 작용했다. 가장 큰 타격을 받은 업종은 조선업이고, 2015년 이후에는 자동차산업과 기계산업도 성장률 정체로 고통받았다. 기업의 수익성은 하락했고, 실질 임금 상승률도 정체했다.

성장률 정체는 한계 기업의 누적을 통해서도 드러난다. 제조업 중에서 가장 큰 타격을 받은 조선업의 경우 많은 중견 기업이 파산했으며, 2018년 현재 1차 협력 기업의 20퍼센트가 적자 기업이다. 자동차산업도 좋지 않기는 마찬가지다. 2016년 이후 현대자동차의 신차 판매 대수는 하락 추세이며, 세계 시장 점유율도 소폭 감소했다. 현대자동차는 그나마 경쟁력을 유지하고 있지만 국내 외국계 완성차 업체인 한국지엠, 르노삼성차, 쌍용자동차는 모두 적자를 면하지 못하고 있다. 완성차 업체의 부침은 공급 기업들의 경영 위기로 나타난다. 2018년 현재 자동차산업 1차 협력 기업의 19.4퍼센트가 적자였다(남종석 외 2020). 적자는 아니어도 이자 지급 후 적자 기업의 비중은 더 높다. 기계, 철강, 석유화학 등 그동안 한국 경제의 주력이 되어주던 산업들에서 한계 기업이 누적적으로 증가하고 있다. 이런 상태에서 한국은 코로나19라는 충격에 직면하게 된 것이다.

7. 위기 이후, 사회주의냐 야만이냐?

영국은 탈산업화와 실업, 복지 삭감에 분노한 노동자계급 공동체의 압도적인 지지를 통해 유럽연합을 탈퇴했다. 프랑스에서는 올랑드 정부의 노동시장 개혁에 저항하던 대중들이 마크롱 정부의 공공 부문 일자리 축소에 대항하여 총파업을 진행했다. 미국은 대통령 선거 후보 버니 샌더스로 대표되는 '민주적 사회주의' 진영이 민주당의 정치 엘리트를 위협했다. 그러나 좌파의 진전보다 극우파는 더욱 약진했다. 도널드 트럼프와 보리스 존슨은 대서양 양안 백인 남성 노동자들의 절망감을 먹이 삼아 미국 대통령과 영국 총리가 되었다. 동유럽에서는 나치 추종자들이 연일 세력을 확대하고 있다. 우크라이나와 폴란드에서는 친나치 세력이 권력을 잡았다. 유럽 복지국가는 체계적으로 침식되고 있고, 대중들의 불만은 한껏 고조되는 중이다. 이 와중에 코로나19가 세계 경제를 잠시나마 록다운시켰다.

미국 미네소타 주 미니애폴리스에서 백인 경찰은 흑인 조지 플로이드의 목을 8분 동안 눌러 숨지게 했다. 미국에서 시작된 '흑인의 생명도 소중하다Black Lives Matters·BLM' 운동은 전세계로 퍼져 인종주의, 식민주의, 노예 무역, 백인우월주의에 대한 저항으로 성장했다. 흑인과 유색인 차별에 대한 분노는 시스템 전체에 대한 저항으로 바뀌었다. 저소득층과 흑인 사회에 관심이 전혀 없던 정치 엘리트들도 형식적이지만 BLM 운동을 지지하는 척하고 있다. 대중들의 봉기가 극적으로 확장되는 배경에는 사회적 불평등, 코로나19에 따른 경제적 고통, 인종주의와 사회적 차별에 대한 분노가 포함되어 있다. 자본주의적 모순과 코로나19에 따른 경제적이고 사회적인 위기가 중첩되면서 체계에 대한 대중적 저항이 폭발하고 있는 셈이다. 체제의 정당성은 약화되었고, 위기의 징후는 지속적으로 심화되고 있다.

한국 자본주의의 위기는 이런 세계 경제의 위기와 성장률 하락의 결과이자 그 과정에서 비롯된 흐름이다. 1980년 이후 미국과 유럽 국가들, 일본이 경험한 대로 2010년대 한국도 저성장 사회로 진입했다. 이것은 한국이 선진국이 되었다는 말의 다른 표현이다. 저성장 때문에 기업의 수익성이 악화되고, 한계 기업이 증가하며, 실업률이 꾸준히 상승하는 사회로 한국이 진입했다는 의미다. 그것은 또한 한국의 성장 모델을 따르는 저비용 경쟁국의 자본들이 한국 기업들이 점유하고 있는 시장을 빼앗는 시대가 되었다는 의미다. 한국 자본가들은 정규직 고용을 줄이고 자동화로 대체하거나 인간 노동을 사용해야 할 상황에서는 사내 하청을 늘려 비용을 절감하려 한다. 그렇지 않다면 해외로 생산 기지를 이전한다. 2010년대 들어 한국에서는 처음으로 청년 세대가 아버지 세대보다 더 불안정한 지위를 갖는 상황에 놓이게 되었다. 이것이 대불황의 시대에 한국이 선진국으로 진입한 대가다.

이런 상황에서 노동자계급은 무엇을 할 것인가를 고민해야 한다. 한국 자본주의의 위기는 동시에 '노동의 위기'이기도 하다. 자본가들은 자신들에게 닥친 위기를 노동에 전가할 것이기 때문이다. 문을 닫는 사업장이 늘어날수록 노동조합과 노동의 지위는 더 불안정해진다. 단위 노조가 사업장의 이해관계에 매몰되거나 임금 인상에만 집착하게 되면, 노동자계급의 분열은 더 심화되고 산별 노조의 힘은 더 약화된다. 이런 위기일수록 노동자계급 내부의 단결과 연대의 기풍을 확립할 수 있는 계급적 연대의 고리를 만들어내는 것이 중요하다. 개별 사업장의 임금 인상보다 노동자 전체의 이해관계를 앞세우고, 노동조합으로 조직되지 못한 현장에 노조가 들어설 수 있도록 해야 한다. 실업의 위기에 놓인 개별 사업장 노동자들을 구제할 수 있는 사회 안전망을 확대하기 위해 노동조합이 더 적극적으로 참여하고, 노동자 내부의 자조 능력을 키울 수 있는 제도적인 노력을 기울여야 한다.

사회주의란 자본주의의 위기와 붕괴에서 만들어지는 것은 아니다. 위기의 심화와 자본주의의 붕괴는 야만을 초래할 가능성이 훨씬 크다. 현대 세계는 파시즘, 인종주의, 지정학적 갈등, 불평등과 절망의 누적으로 고통받고 있다. 현재의 위기 속에서 제대로 된 대안을 만들지 못한다면 말이다. 사회주의란 모순이 축적되다가 어느 날 혁명을 통해 갑자기 도래하는 존재가 아니다. 사회주의란 자본주의 안에서 자본주의를 극복하는 운동으로 나타난다. 사회주의란 노동자계급 내부의 연대의 문화를 만들고, 자조를 형성하며, 대안적 공동체를 만드는 과정 그 자체를 의미한다. 노동자운동에서 이런 사회주의를 실현할 수 있는 가장 좋은 수단은 노동조합이다. 노동조합을 통해 작업장의 한계를 넘어서고, 업종의 한계를 넘어 연대의 문화를 만들고, 계급적 단결을 이끌어내며, 대안적 정책을 만드는 과정이 바로 사회주의를 실현하는 과정이다. 이런 과정을 통해 자본주의 위기에 대한 최선의 대안이 사회주의라는 사실을 보여주는 것이 오늘날 노동자계급과 노동조합의 역할이 되어야 한다.

✔얘깃거리

1. 한국 사회는 부동산에 기반한 자산 불평등이 매우 심각합니다. 앞에서는 이 문제를 금융자본주의에 연결해 설명했는데, 현대 경제의 위기, 금융화와 부동산 거품의 관계를 통해 불평등의 원인을 이야기해봅시다.

2. 저성장에 따른 실질 실업률 증가, 취업 포기자(실망 실업자), 특수 고용직 등 불안정 고용이 확대되고 있습니다. 이런 문제를 해결하려고 전국민 고용보험 적용 등 복지제도를 개선하려는 노력도 있고요. 이런 복지 재정의 확대가 중요한 이유, 그리고 이런 정책이 정부 재정에 미칠 장기적 영향과 한계에 대해 이야기해봅시다.

3. '한국이 선진국이 되었다'를 '저성장 사회, 상시적인 일자리 위기 사회로 진입했다'는 말과 같은 의미로 쓰고 있습니다. 일반적으로 생각하는 선진국의 의미와 다르죠. 경제적인 의미에서 선진국이란 무엇일까요?

✔읽을거리

남종석·송영조·김진근, 《경상남도 고용위기 제조업 산업생태계 연구》, 경남연구원, 2020.

던컨 K. 폴리, 강경덕 옮김, 《『자본』의 이해 — 마르크스의 경제학》, 유비온, 2015.

로버트 고든, 이경남 옮김, 《미국의 성장은 끝났는가 — 경제혁명 100년의 회고와 인공지능 시대의 전망》, 생각의 힘, 2017.

로버트 브레너, 전용복 외 옮김, 《혼돈의 기원 — 세계경제위기의 역사》, 이후, 2001.

지오바니 아리기, 백승욱 옮김, 《장기 20세기》, 그린비, 2008.

Christopher A. Sims, "A Simple Model for Study of the Determination of the Price Level and the Interaction of Monetary and Fiscal Policy," *Economic Theory* 4(3), 1994, pp. 381~399.

Lefteris Tsoulfidis and Dimitris Paitaridis, *Capital Intensity, Unproductive*, 2017.

Activities and the Great Recession of the US Economy, Munich Personal RePEc Archive(https://thenextrecession.files.wordpress.com/2018/11)(2020. 6. 15. 검색).

5장

격동하는 동아시아, 어디로 가는가
문재인 정부 외교 정책과
통일 정책 비판

김태훈

1. 들어가며

최근 동아시아 갈등은 예측 불가능해졌고, 경제적 보복으로 수위가 높아졌으며, 군비 증강 경쟁의 수준도 질적으로 달라졌다. 2016년 도널드 트럼프 미국 대통령 당선과 2017년 시진핑 2기 집권 이후 미-중 갈등은 고조되었고, 북한의 핵과 미사일 능력이 기정사실이 되면서 북-미 갈등도 심화되었다. 2018년 미국은 실질적인 대중 무역 제재 조치를 시행하는 동시에 중국과 북한을 상대로 협상을 진행한다. 이 과정에서 북한과 중국, 러시아의 관계가 다시 긴밀해진다. 미국은 '인도-태평양 전략'을 공식화하면서 이 전략의 '주춧돌'로 미-일 동맹을 재확인하고 있다. 정리하면, 중-러 대 미-일 사이의 대립이 고조되고 있는 것이다.

　이런 상황에서 촛불 정부를 자임하는 문재인 정부는 복합적이고 중층적인 세계 갈등과 지역 갈등에 대처해야 하는 과제를 안게 되었다. 2018년 남북 정상회담과 싱가포르 북-미 정상회담이 연이어 열리면서 상황이 급진전되는 듯하였지만, 2019년 '하노이 노딜' 이후 북-미 비핵화 협상은 교착되었다. 다른 한편 한-일 갈등이 격화되었다. 2020년 초 미국과 중국이 1단계 무역 합의에 이르지만, 민감한 쟁점은 전혀 해결되지 못했다. 이 상황에서 코로나19라는 미증유의 보건 위기이자 경제 위기가 발생하면서 세계는 더욱 분열되는 양상을 보이고 있다. 한반도도 예외는 아니다. 최근 북한이 남북공동연락사무소를 파괴한 행위는 한반도에서 군사적 갈등이 또다시 고조될 것을 예고하고 있다.

첨예한 갈등 속에서 북한의 핵무장에 대한 인식과 전망, 문재인 정부의 외교 정책과 통일 정책에 대한 평가가 극단적으로 엇갈리고 있다. 이 과정에서 민족자주^{NL} 통일운동뿐만 아니라 민중운동 전반이 문재인 정부의 대외 정책에 부화뇌동하고 있다. 혼란을 벗어나기 위해서는 대안 세계화, 평화와 국제주의라는 관점에서 동아시아 정세를 평가하고, 문재인 정부의 대외 정책이 지닌 위험성을 비판해야 한다.

동아시아라는 개념은 여러 의미로 사용되고, 동아시아의 정세 이슈도 다양하지만, 여기에서는 한국 사회에서 주요한 관심사인 미-중 갈등, 북-미 협상, 한-일 갈등의 경과와 쟁점을 중심으로 살펴본다.

2. 미-중 갈등의 배경과 전망

1) 세계 금융 위기와 중국의 부상

미-중 갈등은 세계 정세의 향방을 결정하는 문제라고 해도 과언이 아니다.

1970년대 이후 쇠퇴해온 미국 헤게모니를 유지한 동력은 압도적인 군사력을 바탕으로 지지되는 달러의 기축통화 지위와 여기에 협조한 동아시아의 수출 달러 환류라고 할 수 있다. 금융 위기 이후 미국 오바마 정부가 '아시아 선회'를 강조한 것은 경제와 안보 측면에서 동아시아의 전략적 중요성을 배경으로 한다.

한편 금융 위기 이후 세계 경제의 장기 침체가 지속되면서, 미국과 유럽에서는 양극화가 심화되고 대안 좌파의 부재 속에 인민주의populism가 부상했다. 2016년 영국의 브렉시트 국민투표와 미국의 트럼프 당선은 이러한 정치적 변화를 상징한다. 한편 2000년대부터 '세계의 공장'으로 고도성장을 지속해온 중국은 2010년부터 일본을 제치고 세계 2위 경제 대국이 되었고, 경제와 군사 분야에서 미국의 패권에 도전하기 시작한다.

현재 미국, 중국, 러시아의 지도자를 두고 '스트롱 맨'이라는 표현이 통용되고 있다. 보통 스트롱 맨은 강제력(무력)을 행사하면서 독재 정치와 권위주의 지배를 실행하는 경우를 뜻한다. 한반도를 둘러싼 강대국들에서 트럼프, 시진핑, 블라디미르 푸틴 등 카리스마적 지도자들의 권위주의적 지배가 심화되고 있는 것이다. 이런 상황은 한반도 주변에서 군사적 대결 구도를 강화하는 요인으로 작동하고 있다.

2012년에 시진핑은 이렇게 말했다. "중화민족의 위대한 부흥을 실현하는 것은 바로 중화민족이 근대 이래로 품은 가장 큰 꿈이다." 나아가 시진핑 1인 체제를 확립한 2017년 제19차 당대회에서는 '신시대 중국 특색의 사회주의'를 강조하면서 2050년에는 '종합 국력'이나 '국제적 영향력'을 '선도'하는 국가가 되겠다고 밝혔다. 이 말은 중국 주도의 세계 질서 재편 구상, 이른바 '중국몽'을 의미했다. 중국몽의 핵심은 강력한 군사력, 즉 '강군몽'이다. 개발도상국이나 '지역 대국'이라는 지위가 아니라, 자신들을

'글로벌 강대국'으로 인식하면서 강력한 군사력을 바탕으로 '중국 특색'의 강대국 외교('신형 대국 관계')를 강조한다. 국제 질서를 '학습하고 적응하는' 역할에서 벗어나 '개혁을 추진하는' 역할을 자임하겠다는 것이다. 시진핑 집권 이후 추진 중인 일대일로 전략, 아시아인프라투자은행AIIB 설립 등이 그런 구상의 일환이다.

시진핑 지도부나 중국 지식인들은 전후 미국 주도 국제 질서의 기초가 된 자유, 인권, 민주주의 같은 가치를 대체하려는 의지를 보였다. 실제로 2000년대 초반에는 중국이 대안적 헤게모니가 될 것이라고 기대하는 사람들이 중국 밖에서도 많이 나타났다. 그러나 2010년대 시진핑 집권 이후 현재까지 모습을 보면, 중국은 주변국들에 매력적인 경제 모델과 정치 모델을 제시하지 못하고 있다. 중국의 경제성장은 다른 국가의 대안이 되지 못한다. 농촌의 잉여 노동력과 화교 자본을 바탕으로 한 특수한 사례일 뿐 보편적인 자본 축적 체제를 제시하고 있지 않다. 또한 저임금과 위안화 평가절하 전략을 통한 노동 집약적 제조업 수출은 동남아와 라틴아메리카를 상대로 제로섬 게임을 벌이고 있다. 일대일로 등 해외 개발 사업은 중국 기업이 독점하면서 상대 국가가 성장하는 데 도움이 되지 않는다는 비판을 받고 있다. 중국의 고도성장이 한계에 도달했다는 전망이 우세해지고 있다.

정치적으로도 '중국식 민주주의'를 내세웠지만, 국제 사회에서는 권위주의를 강화한다는 비판을 받고 있다. 중국몽은 주변국들에게 수용 가능한 선진적인 민주적 문명 질서로 비치기보다는 군사력과 경제력에 기반한 강권적인 세계 질서 구상으로 비치고 있다는 비판을 받는다.

2) 미–중 무역 갈등의 쟁점과 전망

미–중 무역 갈등은 2020년 초에 1단계 합의에 이르렀지만, 핵심 쟁점은 전혀 해소되지 않았다. 심지어 코로나 위기 속에 1단계 합의의 이행도 제대로 진척되고 있지 않은 상황에서, 코로나 사태의 책임이라는 새로운 갈등 요소마저 나타났다.

신자유주의 워싱턴 컨센서스를 주창한 피터슨 국제경제연구소^{PIIE}의 프레드 버그스텐은 미국과 중국이 협력하여 문제를 풀지 않으면 두 가지 함정에 빠질 가능성이 높다고 경고한다. 첫째, 투키디데스 함정이다. 새로 떠오르는 국가와 기존 헤게모니 국가가 충돌하며 파국으로 치닫는 경우로, 1차 대전으로 귀결된 영국과 독일의 경쟁이 대표적이다. 둘째, 기존 헤게모니 국가가 몰락한 자리를 대체할 새로운 헤게모니가 등장하지 않는 킨들버거 함정이다. 1930년대 대불황의 원인을 이러한 헤게모니 부재로 설명한다. 따라서 미–중 자유무역협정^{FTA}을 체결하거나 환태평양경제동반자협정^{TPP}, 아시아태평양자유무역지대^{FTAPP} 등 다자간 협정을 통해 무역과 투자 체제를 구축하는 것을 해법의 사례로 제시한다.

그러나 버그스텐의 제안은 사실 오바마 정부에서 시도한 '아시아 회귀' 전략과 유사하다. 오바마 정부는 미–중 전략경제대화^{SED}를 통해 양자 차원에서 무역 불균형 해소라는 일차 목표를 추구하는 사이에, 기존 세계무역기구^{WTO}–도하개발어젠다^{DDA}에 지속적으로 관심을 표명하면서도 현실적인 차원에서 아태 지역을 배경으로 TPP를 추진했다. 동아시아 국가들의 대중국 의존도를 조절하는 수단이면서, 중국이 기존 국제 질서에 편입되도록 유도하려는 목표를 갖고 있었다.

트럼프 정부는 이러한 오바마 정부의 통상 정책을 비판하면서, TPP에서 탈퇴했다. 그러나 탈세계화로 궤도를 전환했다기보다, 미국에 좀더 유리한 협정을 맺으려는 의도로 해석할 수 있다. 북미자유무역협정NAFTA, 한-미 FTA 등 기존 무역 협정을 수정하면서 갱신한 것이 증거다. 일본을 상대로 무역 협정을 맺었고, 중국과 유럽하고는 분쟁 중이다. 미국은 2019년 국방부 〈인도-태평양 전략 보고서〉에서 중국이 약속을 지키지 않는 국가라고 비판한다. 국제 규범을 준수하지 않는 것도 문제지만 애초에 규범을 준수하겠다는 약속 자체를 하지 않는다는 것이다.

미-중 무역 갈등의 쟁점은 크게 세 가지로 볼 수 있다. 첫째, 중국의 대미 무역 흑자 감축이다. 중국이 환율을 조작하고 기업에 보조금을 준다는 것이다. 실제로 중국이 미국의 국채를 매입하는 방식 등으로 진행되는 동아시아 달러 환류는 무역 흑자에 따른 위안화의 평가절상 압력을 낮춘다. 그러나 2013년 이후 중국 정부는 노골적인 시장 개입을 거의 하지 않는다. 문제는 기업 보조금이다. 수익률이 낮은 국유 기업을 대량 파산시킬 수 없기 때문이다. 중국 국유 기업의 수익률은 금융 위기 이후 계속 떨어지고 있고, 부채 비율이 높다. 국유 기업이 파산하면 은행과 주식시장도 부실화될 것이고, 국유 기업이 담당하는 생필품 생산과 국가 안보 관련 재화에 타격을 받는다. 무엇보다 국유 기업이 많은 고용을 책임지고 있어서 사회적 불안이 발생할 것이다.

둘째, 불공정한 기술 이전 중단이다. 특정 분야에서 외국 자본이 독자 기업을 세우지 못하게 한다든지, 중국 당국이 투자를 허가하는 과정에서 기술 이전을 선행 조건으로 내세우든지, 정보통신 분야에 특별히 적용되는 보안 조치와 통제 기준 등이 문제다. 이를테면 2017년 사이버 보안법에 따라 데이터는 반드시 중국 국내에 저장해야 하고 외국으로 전송하는 정보는 모두 보안 평가를 받게 되어 있다. 미국이 여기에 예민한 것은 주요 수출 분야인데다가 군사력에 직접적으로 연관되기 때문이다.

셋째, 자본시장과 금융 시스템 개방이다. 중국은 이것도 받아들이기 어렵다. 그동안 중국은 화교 자본에 의존해 자본을 축적했기 때문이다. 또한 국유 기업을 보호할 수도 없다. 중국의 경제 전략은 내수와 소비 중심으로 전환하는 동시에 첨단 기술을 국유 기업으로 이전시켜 생산성 높은 자본 집약적 산업 구조로 구조 개혁을 하는 것이다. 국유 기업은 중국 경제에 미치는 영향도 중요할 뿐만 아니라 중국공산당의 지지 기반이기도 하다.

3) 미-중 군사 경쟁

시진핑의 중국은 중국몽과 함께 강군 건설, 즉 강군몽을 제시했다. '싸워서 이길 수 있는(능타승장能打勝仗)' 군대의 건설을 핵심으로 중국군의 현대화를 추진한다. 기계화, 정보화, 전략 능력 제고라는 단기적 목표를 바탕으로, 장기적으로 2035년까지 군사 이론, 조직 형태, 인력과 무기 장비의 현대화를 전면적으로 추진한다. 여기에는 자국산 항공모함 진수, 신형 구축함과 잠수함 전력 증강, J-20 스텔스기 전력화 등 해군력과 공군력 강화, DF-21D 대함 탄도미사일, DF-31AG 대륙간 탄도미사일 등 다양하고 고도화된 미사일 능력, 우주 능력과 사이버 능력의 강화가 포함된다.

남중국해는 중국 군사 전략의 공세적 성격을 잘 드러낸다. 중국은 타이완 해협과 남중국해 등을 핵심 이익으로 상정하고, 미군의 진입을 억제, 지연, 방지하기 위한 '반접근 지역 거부(A2/AD)' 전략을 발전시키고 있다. 인공섬 건설 등 '회색 지대' 전략, 위성 파괴 시험, 잠수함 전력 증강, 탄도미사일 대함 용도 개량 등의 조치를 취한다. 또한 해군과 공군을 통한 원양 훈련을 상시화하는데, 안보 측면에서 대만을 통제하고, 경제 측면에서 상하이와 홍콩 등 핵심 경제 중심지의 해상 교통로를 보호하며, 해저 천연가스와 석유 등 해저 자원을 확보하려는 목적도 있다. 일대일로의 하나인 해상 실크로드 프로젝트가 진행되는 지역은 중국의 최초 해외 기지인 지부티(홍해 입구)에 연결되며, 타이완 분쟁이 벌어질 때 미국 해군을 포함해 잠재적 위협에 맞서 에너지 공급과 무역 수송을 유지하기 위한 주요 항구들이다. 파키스탄의 과다르 항구처럼 유사시 중국군이 주둔할 수도 있다. 중국이 진출한 항구들을 연결한 모양을 빗대서 이러한 중국의 전략을 '진주 목걸이 전략'이라고 부른다.

한편 트럼프 미국 대통령은 2017년 아시아 순방에서 '자유롭고 개방된 인도-태평양 구상'을 밝힌다. 이 전략은 오바마 전 대통령의 아시아-태평양 재균형 전략을 근본적으로 대체하기보다는 인도와 일본의 중요성을 좀더 강조한다. 중국의 '진주 목걸이 전략'에 대응해 일본, 미국, 오스트레일리아, 인도를 잇는 다이아몬드 대열이다. 중국 인민해방군이 2030년까지 전함 500척을 보유하겠다는 계획에 맞춰 미 해군의 전함 수를 최소 350척까지 늘리는 것을 포함하여, 미국의 육해공 군사력 강화, 아시아에 전진 배치된 미군의 전력 강화와 다각화(괌과 한국에 전함 추가 배치), 남중국해에 항구적인 전함 배치, 일본과 인도와 한국 등 동맹국의 군사력과 협력 강화 등을 모색 중이다.

2019년 미국은 러시아의 중거리핵전력조약[INF] 위반을 지적하며 INF를 파기했다. 트럼프 미 대통령은 2020년 연두교서 연설을 통해 경고했다. "우리는 중국과 다른 나라를 포함해 다른 형태의 군사 조약을 협상할 수 있습니다. 협상이 제대로 되지 않으면 다른 모든 나라보다 군비에 더 많은 돈을 쓰고 더 많은 무기를 개발할 겁니다." 중국은 3자 INF를 체결하자는 미국의 제안을 거부했다. 중국은 중거리 미사일이 전력의 95퍼센트를 차지하며, 무엇보다 타이완 해협에서 미국의 태평양 전력인 제7함대를 억제할 수 있는 수단은 중거리 핵미사일이라고 판단하기 때문이다. 미국은 또한 2020년 5월 항공자유화조약Open Skies Treaty에서 탈퇴할 것이라고 밝혔고, 2021년에 시한이 만료되는 신전략무기감축협정new START도 연장을 거부할 가능성이 높다. 미국은 러시아뿐만 아니라 중국을 포함해 핵 군축 조약을 체결해야 한다는 입장을 밝히고 있다.

4) 미-중 갈등이 한국 경제와 한반도에 미칠 영향

미-중 갈등과 헤게모니의 부재는 코로나 이후 세계의 전망을 더욱 어둡게 만들고 있다. 미-중 무역 갈등은 한국 경제에도 큰 영향을 미치고 있다. 문제는 중국의 대미 수출 감소 혹은 중국의 대미 수입 증대 등 어떤 합의가 있더라도 여전히 한국 경제에 큰 타격이 된다는 점이다. 한국은 수출 의존도가 높은 경제 구조이며, 특히 대중 수출 의존도가 크다. 한국은 중국에 부품을 수출하고, 중국은 제품을 조립해 미국에 최종적으로 수출하는 중계무역 구조다. 2019년 IMF는 무역 갈등 시나리오를 네 가지로 가정해 각국 경제에 미칠 손실을 추정했다. 네 가지 시나리오는 미국의 자동차 관세 부과, 미-중 무역 갈등 심화(상호 관세 부과), 중국의 대미 수출 축소에 따른 협상 타결, 중국의 대미 수입 증대에 따른 협상 타결이었다. 이 중 자동차 관세 부과를 제외한 나머지 세 시나리오에서 모두 한국은 당사국을 제외하면 가장 큰 손실을 보는 것으로 나타났다. 코로나 사태 때문에 앞으로 이러한 국제적 분업 구조는 더욱 약화될지도 모른다.

　또한 미-중 무역 갈등이 본질적으로 해결되지 않을 것이라는 점에서, 이른바 '경제적 디커플링'은 미-중 군사 갈등을 더욱 고조시킬 것이다. 그 분쟁이 한반도에서 극대화될 수 있다. 따라서 대안적인 지역 질서가 없는 상황에서 미국의 세계적 헤게모니 약화를 긍정적으로만 볼 수 없다. 중국의 국가자본주의와 중국 공산당의 권위주의 체제, 중국몽 같은 민족주의의 확대는 신자유주의의 대안이 아니다. 중국의 패권 도전은 동아시아 지역에서 오히려 주변국들이 경제 민족주의와 군사 민족주의, 포퓰리즘적 대응을 강화하도록 촉발하고 있다. 국제 정세의 엄중함을 객관적으로 인식하면서 문재인 정부의 대외 정책이 지닌 문제점을 평가해야 한다.

3. 북-미 협상

1) 북한 핵 무장과 2018~2019년 정상회담 외교

2016~2017년 북한은 핵과 미사일 실험을 단행했고, 미국 본토 전역을 타격할 수 있는 능력을 갖춘다. 이 과정에서 유엔의 대북 제재는 점차 강화되었고, 트럼프와 김정은은 설전을 주고받았다.

북한에 핵 무력 완성은 두 가지 의미가 있다. 첫째는 상징적인 의미로, 새롭게 등장한 젊은 지도자가 핵 무력을 완성함으로써 북한을 강성대국으로 이끌 충분한 능력을 보여주는 것이다. 즉 권력 승계를 정당화하는 효과다. 둘째 좀더 실제적인 의미로, 권력 교체기에 등장할 수도 있는 내분 사태에 미국을 비롯한 외국의 개입을 억제하는 수단을 확보하는 것이다. 즉 북한은 권력 세습과 체제 유지를 위해 점점 거세지는 대북 제재에도 불구하고 핵 실험과 미사일 실험을 거듭하여 핵 무력 완성을 추진한 것이다. 이것은 수령론('신화화된' 개인숭배)을 핵심으로 하는 극단화된 스탈린주의(국가자본주의)라는 북한의 사회 성격에서 구조적으로 비롯한다. 전쟁 위기로 치닫던 국면은 2018년부터 반전되며, 4월 남북 정상회담에 이어 6월 북-미 정상회담이라는 역사적 이벤트로 이어진다. 이러한 전환은 핵과 경제 병진 노선의 연장선에 있는데, 북한은 핵 무력 완성을 바탕으로 유엔과 미국의 경제 제재라는 장애물을 해결하려 한다고 해석할 수 있다.

2018년 정상회담 외교가 성사되면서 한국에서는 문재인 정부가 높은 지지를 받고 비핵화 협상에 대한 낙관론이 확산되었다. 그러나 6월 싱가포르 공동성명에는 북-미 관계 개선, 비핵화와 평화 체제 구축에 대한 '포괄적인 합의'를 넘어서는 구체적 실행 계획은 부재했다. 9월 5일 특사 방북과 9·19 평양공동선언 등에도 불구하고 협상은 정체된다. 2019년 초 다시 협상 논의가 시작되어 2월 27~28일 2차 북-미 정상회담이 성사되었으나, 그 결과는 공동 합의문 없는 결렬이었다(이른바 '하노이 노딜').

미국은 북한이 영변 외 핵 시설의 폐기를 거부하면서도 '제재의 전면적 해제'를 요구했다고 주장했다. 미국은 북한의 핵 개발 프로그램에서 영변 핵 시설의 비중을 높게 보지 않았다. 게다가 이미 확보한 핵 물질과 비밀 우라늄 농축 시설을 고려하면 영변의 영구 폐기 효과가 크지 않다고 판단했다. 한편 북한은 2016년 후 채택된 5건의 제재 결의문 중에 '민수 경제와 인민 생활에 지장을 주는 항목들만 먼저 해제할 것'을 요구했다고 반박했다. 그러나 2016년 이전, 2006년부터 2013년까지 유엔의 제재는 대량 살상 무기 프로그램에 직접 관련된 개인과 단체에 대한 제재와 무기 수출 금지 정도를 담은 것이다. 미국은 2016년 이후에 단행된 경제 전반에 대한 제재들이 북한의 행동 변화를 이끌어냈다고 평가하고 있다. 결국 영변 핵 시설 폐기와 종전 선언의 교환이 예상됐지만, 북한과 미국 각각이 진정 원하는 것은 아니었다. 빈 깡통만 주고받는 '스몰딜'보다는 '노딜'을 택했다.

2) 북-미 협상의 쟁점

쟁점은 비핵화의 개념과 로드맵이다. 2018년 초 미국은 '최종적이고 완전하며 검증 가능한 비핵화FFVD'를 목표로, 일괄 타결 방식을 타진했다. 북한의 완전한 핵신고서 제출을 전제로, 비핵화 시간표 합의와 검증(사찰)을 동반하는 과정이 매우 빠른 속도로 진행된다는 의미였다. 그러나 실제로는 북한의 완전한 핵신고서 제출 약속이나 비핵화 시간표 합의도 없는 상태로, 사실상 비연속적인(단계적인) 협상이 진행되었다. 하노이 노딜은 일정한 로드맵 없이 단계적 합의를 만들기는 어렵다는 것을 보여주었다. 정상회담 외교를 통해 대화를 지속하고, 신뢰를 확인하며, 국내에서 일정한 성과라고 홍보할 수 있지만, 비핵화라는 문제는 그대로 남기 때문이다.

협상의 목표와 비핵화 개념의 쟁점을 거칠게 분류하면 2005년 9·19 공동성명에서 확인한 한반도 비핵화를 위한 협상이어야 하는가('한반도 비핵지대화'), 아니면 핵 동결과 핵 군축을 실질적 목적으로 하는 협상이어야 하는가('단계적 비핵화')라고 할 수 있다.

9·19 공동성명은 1항에서 '6자 회담의 목표가 한반도의 검증 가능한 비핵화를 평화적인 방법으로 달성하는 것임을 재확인'한다고 명시하면서 다음을 합의했다. "△북한은 모든 핵무기과 현존하는 핵계획을 포기하고 핵확산금지조약NPT과 국제원자력기구IAEA의 안전 조치에 복귀한다, △미국은 한반도에 핵무기를 배치하지 않으며, 핵무기 또는 재래식 무기로 북한을 공격 또는 침공할 의사가 없다는 것을 확인한다, △한국은 자국 영토 내에 핵무기가 존재하지 않는다는 것을 확인하면서, 1992년도 '한반도의 비핵화에 관한 남북공동선언'에 따라 핵무기를 접수 또는 배비하지 않겠다는 공약을 재확인한다." 1992년 한반도 비핵화 선언은 '남과 북은 핵무기의

시험, 제조, 생산, 접수, 보유, 저장, 배비, 사용을 하지 아니한다'는 내용을 담고 있다.

반면 이번 북-미 협상을 핵 보유국 간의 대화와 담판으로 규정하면서 김정은 위원장의 4불 원칙(핵무기 생산, 시험, 사용, 전파 중지)이 현단계 비핵화의 수준이라는 주장이 있다(《민플러스》의 '4·27시대연구원 칼럼'). 즉 북한의 의도는 명백히 핵 동결과 핵 군축이고, 미국도 합의했다는 것이다. 그러나 하노이 회담은 결렬되었다. 근거 없는 낙관이었다. 최근 존 볼턴의 회고록을 보면 볼턴 자신뿐 아니라 마이크 펜스 부통령, 마이크 폼페이오 국무부 장관도 섣부른 합의에 부정적이었다는 사실이 여러 번 확인된다.

하노이 노딜 이후 북한 최고인민회의 시정 연설에서 김정은은 이렇게 밝힌다. "미국이 올바른 자세를 갖고 우리와 공유할 수 있는 방법론을 찾은 조건에서 제3차 조-미 수뇌회담을 하자 한다면 한 번은 더 해볼 용의가 있다." 즉 미국에게 영변 핵 시설 폐기에 상응하는 새로운 해법을 제시하라고 요구하는 것이다. 동시에 해결이 안 되면 개선된 대중, 대러 관계를 바탕으로 '새로운 길'을 갈 수도 있다고 압박한다. 한국에는 이러한 북한의 의도를 진단하는 것을 넘어 이러한 요구가 정당하다, 즉 미국이 문제라는 견해가 상존한다. 2006년 북한의 1차 핵 실험 뒤 발생한 사회운동 내부의 견해 차이가 여전히 좁혀지지 않고 있다.

포괄적 합의와 단계적 이행이라는 문재인 정부의 비핵화 정책은 북한과 미국 양자의 동의를 받지 못했다. 문재인 정부는 '한반도 운전자'이자 '중재자'를 자임했지만, 북한은 오지랖 부리지 말라는 비난을 퍼부었다. 또한 남북 평화 경제로 일본을 따라잡겠다고 하면서도 국방비를 증액하고 미국 무기 수입을 늘리는 모순된 행보를 보인다. 문재인 정부의 국방중기계획에 따르면 국방비 증가율은 연평균 7.5퍼센트로, 이명박 정부 6.1퍼센트,

박근혜 정부 4.2퍼센트보다 높다. 특히 방위력 개선비의 비중이 계속 높아지고 있는데, 신규 무기 도입과 개발 비용을 포함하고 있다. 문재인 정부의 모순적이고 무능한 행보는 다시 북핵 협상을 둘러싸고 국론 분열을 심화시키고 있다.

3) 미국의 '핵 공유' 제안

미국은 북-미 사이의 협상이 실패할 경우 한-일 핵 공유의 가능성을 시사하고 있다. 미국 국방대 출판부가 발행한 《계간 합동군Joint Force Quarterly》 2019년 3호에 실린 논문 〈21세기 핵 억지 — 2018년 핵 태세 보고서의 작전 운용화〉가 한국에서도 크게 주목받았다. 야당과 보수 언론에서도 호응해 '한국식 핵 공유'가 필요하다고 주장했다(정부는 고려 대상이 아니라고 일축한다). 그 뒤 대북정책 특별대표 스티브 비건도 미시간 대학교에서 한 강연에서 협상에 실패할 경우 단거리 미사일의 위협을 받는 일본과 한국 같은 동맹에서 핵 능력을 제고하자는 목소리가 나올 것이라고 언급한다.

　이 논문은 대북 대응책으로 두 가지를 제안한다. 하나는 탄도미사일 방어 시스템을 충분한 수만큼 배치하여 북한의 핵 공격을 '중화'해야 한다는 것이다. 패트리어트나 사드 같은 미사일 요격 체계를 의미할 것이다. 또 하나는 위기 시에 비非전략 핵 능력(전술 핵무기)을 선택된 아태 지역의 동맹국, 특히 일본과 한국하고 공유하는 것이다. 이것을 '미국의 관리를 받는 공유custodial sharing'라고 부른다(이를테면 전술핵을 괌 미군 기지에 보관하고, 한국과 일본이 도입한 F-35A에 핵을 탑재할 수 있다.) 다만 정치적이고 군사적인 제약이 있으므로, 나토 모델을 그대로 적용하기는 어려울 것이라고 덧붙인다.

여기서 '정치적이고 군사적인 제약'이란 한국에서는 1992년 한반도 비핵화 선언일 것이고, 일본에서는 비핵 3원칙일 것이다. '핵무기는 보유하지도, 만들지도, 반입하지도 않는다'는 일본 정부의 기본 정책은 1967년 사토 에이사쿠 총리가 국회에서 처음 표명한 뒤 1971년 중의원에서 채택된다. 역대 일본 정권은 국회 답변을 통해 비핵 3원칙의 준수를 강조한다.

4) 북한 핵 무장에 대한 비판을 우회할 수 없다

북한의 핵 무장이 동아시아 정세에 어떤 영향을 미치는지 객관적 인식이 필요하다. 북-미 비핵화 협상이 북한의 실질적인 핵 보유를 인정하게 된다면 북한의(혹은 '우리 민족'의) 외교적 승리인가? 실현 가능성도 희박하지만, 핵 동결을 승인받고 체제도 보장받으려는 북한의 시도는 미국의 중거리 핵미사일 배치와 일본의 재무장을 정당화하는 근거가 될 것이다. 이러한 흐름이 지속된다면 장기적으로 미국과 일본 대 중국과 러시아 사이의 갈등은 심화될 수밖에 없고, 갈등이 더욱 고조될 경우 한국은 미국의 핵 공유 옵션을 받지 않으면 실질적으로 한-미 동맹에 균열을 발생시키는 상황으로 내몰리게 될 것이다.

북한 핵 무장을 비판하는 목소리에 대해 미국의 패권적 성격이나 북한과 미국의 비대칭성에 눈을 감는다는 비판이 있다. 물론 미국이 주도하는 NPT 체제의 한계는 분명하다. 1970년 3월, 유엔에서 발효된 NPT는 핵무기 보유국과 비보유국에 대해 각각 다른 조약 의무를 부과한다. 핵무기 비보유국은 모든 핵 활동에 관해 IAEA의 사찰과 제재를 받지만, 보유국의 핵무기 제조와 개량 과정은 사찰 대상이 될 수 없다. 따라서 핵무기 보유국이 단계적으로 핵 감축을 실현한다는 원칙이 강제될 수 없었다. 그러나

NPT가 근본적으로 불평등한 조약이라고 해서 비보유국이 탈퇴해 핵무기 개발에 나서는 방식이 불평등을 극복하는 방향이 될 수는 없다. 시진핑 주석과 북한이 네 번이나 만나 '한 참모부'를 약속하고, 푸틴 대통령도 북한에 '다자 안전 보장'을 지지한다고 했지만, 유엔 안보리 상임이사국인 중국과 러시아조차 대북 제재망에서 이탈하지 못하는 것이 국제 현실이다.

현재로서는 '반핵평화운동'의 관점에서 한반도 비핵화를 중심축으로 하여, 일본의 비핵 3원칙과 평화 헌법을 지지대로 삼아, 동아시아 비핵 지대 창설을 위한 대중적 여론을 형성하려는 장기적 노력이 악순환을 막는 길이다. 한국에서는 '한반도 비핵화와 평화 협정의 동시 실현' 요구를 중심으로, 상황이 다시 나빠지지 않도록 남-북-미의 군사적 행동 재개를 염려하거나 규탄하는 활동을 전개해야 할 것이다.

4. 한-일 갈등

1) 최근 한-일 갈등의 전개

2019년 7월 1일, 일본은 반도체와 디스플레이 분야 부품과 소재 3개 품목에 대한 수출 규제를 발표하고 8월 7일에 백색 국가(수출 절차 우대국)에서 한국을 제외하는 시행령을 선포한다. 8월 28일부터 시행에 들어갔지만 현재 실제 수출 규제를 하지는 않았다. 한국은 여기에 대응해 8월 12일에 일본을 똑같이 백색 국가에서 제외했고, 더 나아가 8월 24일 한-일 군사정보보호협정(지소미아GSOMIA) 연장을 중단한다고 발표한다. 그러나 이 결정은 미국의 강력한 압박을 받았고, 종료 시한을 몇 시간 앞두고 중단을 '조건부 연기'한다고 밝힌다. 그 뒤 한-일 외교 당국 간 국장급 협의를 진행했지만 특별한 진전은 없었다.

일본의 수출 규제는 기본적으로 2018년 신일철주금 소송에 대한 대법원 판결에 따른 외교적 대응으로 볼 수 있다. 이러한 대응이 미국의 묵인 아래 진행되는 것인지 명확히 검증될 수는 없지만, 최소한 미국이 인도-태평양 전략을 추진하는 핵심 동맹국 일본에 불리한 태도를 취하지는 않을 것이라고 충분히 예상할 수 있다. 또한 이왕에 수출 규제 조치를 취할 때 상대편의 가장 아픈 곳을 공격하는 것은 자연스러운 일이므로 한국의 핵심 수출 품목에 타격을 가한 것이다. 이것을 한국의 첨단산업 죽이기라든가, 한반도의 평화와 통일을 방해하고 일본의 군국주의적 야심을 달성하려는 속셈이라고 보는 해석은 일본의 의도를 과장하고 문재인 정부의 반일 드라이브를 추인하는 효과로 이어졌다.

문재인 정부는 지소미아 중단 결정을 내렸다가 보류하는 등 혼란스러운 대응을 보였다. 이런 사태를 미리 예측하고 대비한 것 같지 않다. 국론 분열에 가까운 갈등적인 국내 정치 지형이 적극적인 대일 외교 노력을 상대화하도록 만든 것이다. 이런 상황이 문제를 더 풀기 어렵게 만들고 있다. 2019년에 폭로된 민주연구원의 내부 보고서를 보면, 문재인 정부는 오히려 이런 한-일 갈등이 총선에 호재라고 인식했다. 실제로 2020년 총선 시기에 더불어시민당은 '총선은 한일전'이라는 마케팅을 노골적으로 했다.

21대 국회에서 단독 과반 의석을 차지한 여당과 집권 후반기로 접어든 문재인 정부는 이 갈등을 해결할 수 있을까? 20대 국회 때인 2019년 11월 5일 문희상 국회의장이 '1+1+a', 즉 '한국 기업+일본 기업+국민 성금'안을 제안했지만 청와대는 개인 아이디어라고 일축했다. 향후 전망은 세 가지로 나눌 수 있다. 첫째, 양국 관계가 계속 악화하며 한-일 조약 체제가 붕괴하는 것이다. 이 경우 어업 협정이나 재일 조선인 법적 지위 협정도 위태로울 수 있다. 둘째, 1965년 한-일 협정에 명기된 대로 중재위와 국제사법재판소의 법적 절차에 따라 해결하는 것이다. 국내 일부에서 평화로운 해법일 수 있다고 평가하지만, 한국 정부는 거절하고 있다. 셋째, 협정에 반하지 않는 방법으로 재단을 만드는 방법이다. 현재 한국 정부가 공식 제안한 해결책은 한국 기업과 일본 기업이 공동으로 자금을 마련하는 '1+1'안이다. 일본은 3국 중재위를 제안하고 있다. 서로 거부했다. 2020년 6월 법원이 강제 징용 배상에 관련해 배상 절차를 개시했다. 8월 4일이 지나면 일본 기업의 자산을 현금화할 수 있다. 일본은 현금화가 실행될 경우 관세 인상 등 보복 조치를 취하겠다고 예고하고 있다. 한-일 갈등이 다시 고조되는 상황이다.

2) 한-일 갈등의 쟁점

우선 강제 징용 대법원 판결의 쟁점을 살펴보자. 2018년 대법원 전원 합의체 판결은 다수 의견과 별개 의견 2, 반대 의견으로 나뉘었다. 다수 의견의 주요 논지는 청구권 협정은 식민 지배의 불법성을 인정하지 않은 민사상 채권 채무 관계를 협의한 것이고, 따라서 위자료 성격을 띠는 원고들의 손해배상 청구권은 포함되지 않았다는 입장이다. 그런데 별개 의견 2는 청구권 협정은 강제 징용 위자료가 포함되었다고 본다. 그러나 외교 보호권만 포기되었을 뿐 개인 청구권은 소멸되지 않았다는 입장이다. 마지막으로 반대 의견은 개인 청구권도 소멸되었다는 입장이다. 개인 청구권의 소멸 여부가 사회적으로 논란이 되었지만 이것은 별개 의견과 반대 의견 사이의 쟁점이다. 대법원 다수 의견의 핵심은 청구권 협정이 식민 지배의 불

표 1 강제 징용 대법원 판결의 쟁점

	다수 의견	별개 의견 2	반대 의견
강제 징용 손해배상 청구권 협정에 포함 여부	포함되지 않음	포함되었음	포함되었음
외교 보호권만 포기 소를 통한 권리 행사 가능	언급 없음	외교 보호권만 포기	소를 통한 권리 행사 불가능
강제 징용 손해배상 청구 소송	가능함	가능함	불가능함

법성을 전제로 하지 않았다는 판단이다. 이 판결은 청구권 협정을 근본적으로 흔들었다. 즉 한-일 국교 관계 자체를 비판한 것이다. 또한 국제적으로도 쟁점이 된다. 전후 보상 문제를 규정한 샌프란시스코 조약에서도 식민 지배를 불법으로 규정하지 않는다. 물론 샌프란시스코 조약이나 한-일 청구권 협정이 정당한 것은 아니다. 그러나 식민 지배라는 과거사를 가지고 일본에 사과와 배상을 요구한다고 해서 해결되는 문제도 아니다.

한-일 관계의 역사에 대한 평가도 쟁점이다. 1965년 한-일 청구권 협정은 친일파 박정희가 추구한 친일 노선의 귀결로 해석하는 것은 과장이다. 만주사변과 중일전쟁을 거치며 일본을 상대로 직접 전쟁을 치른 당사국인 중국은 1972년 국교 정상화 공동성명에서 전쟁 배상 청구 포기를 선언한다. 또한 '항일무장투쟁 전통'을 강조하는 북한도 대일 국교 정상화 교섭 과정에서 국가 청구권과 민간 청구권의 상호 포기와 경제 협력이라는, 한국과 같은 방식의 합의를 진행했다. 중국과 북한의 협상을 친일 노선이라고 비판할 수는 없다. 동아시아 각국의 전후 처리 과정은 국가 간 세력 관계라는 구조적 제약과 협상 당사국의 전략적 선택이 동시에 존재했다.

현재 시점에서 한-일 청구권 협정에 대해 역사적으로 비판적 평가를 제기하는 것과 이미 체결된 협정을 무효로 하는 것은 전혀 다른 차원의 문제라는 점을 인식해야 한다. 세계적으로 인민주의가 부상하면서, 정치적 쟁점을 '우리'와 '적'들의 갈등으로 환원하고, 외국인 혐오를 선동하며, 의회 민주주의를 부정하는 정치인들이 외교적 쟁점을 국내 정치에 활용하고 있다. 이러한 행태는 국제 관계를 더욱 악화시키고 있다. 그런 정치인들은 국가 간 과거사 문제를 해결하려고 진정으로 노력하는 것이 아니라 그 문제를 활용해 자신의 정치적 지위를 강화하려 한다. 결국 국제 관계는 사과와 용서, 협력으로 나아가기보다는 오히려 악화된다.

한-일 과거사 갈등을 해결하기 위해서는 일본을 비난만 할 것이 아니라, 한국 내부에서 문제를 풀 수 있는 외교적 해법을 진지하게 고민해야 한다. 사실 정부가 제시한 '1+1'안도 한국 기업이 기금에 참여해야 하는 명확한 근거가 제시된 적이 없다. 1965년 한-일 협정에서 전시 징용 문제는 해결되었다는 일본의 입장을 완전히 부정하기는 어렵기 때문일 것이다. 더 나아가면 한-일 협정을 통해 받은 일본의 경협 자금으로 한국의 자본이 성장한 만큼 한국 자본이 책임을 지는 것이 맞다고 볼 수도 있다. 이렇게 외교적 대안에 대한 국내의 동의 지반부터 만들어야 할 것이다.

3) 사회운동과 역사 인식

사회운동은 우선 현재 국면에서 맹목적 반일 감정을 염려하는 목소리를 내야 한다. 이런 시도를 전제로 현재의 상황과 역사적 사실을 냉정하고 객관적으로 이해하기 위해 노력해야 한다. 반일 민족주의 분위기에 분명히 반대하더라도, 역사적 사실을 객관적으로 이해하려는 노력이 없다면 결국 끌려갈 가능성이 높다. 마지막으로 이번 사태가 극단화될 때 나타날 수 있는 상황이 어떤 의미를 지니는지 숙고해야 한다. '생존을 위해 자존을 포기하지 말자'(《한겨레》)거나 '평화경제로 일본을 극복할 수 있다'(문재인 대통령)는 식의 주장을 더 밀고 나가면 경제 관계 측면에서 동아시아 자유무역 질서를 이탈하는 결론으로 이어진다. 이것은 영국의 브렉시트에 비교할 수 있다. 한-일 경제 관계의 단절이 기회가 된다는 주장은 주관적 희망일 뿐이다. '대안 세계화'는 노동자운동이 국제적 노동 표준을 수립하기 위한 국제 연대 등을 통해 동아시아 자유무역 질서에 대한 내적 비판을 시도하는 것이다. 자유무역 질서를 거부하고 이탈하자는, 오히려 그래야 경제가 발전할 수 있다는 주장은 '반세계화' 논리에 가깝다. 이런 주장은 특히 한국 같은 수출 주도 개방 경제에서는 현실성이 없고, 오히려 민족주의나 보수주의, 인종주의나 외국인 혐오를 동반할 수 있다.

현재의 정세와 역사에 대한 냉정하고 객관적인 인식을 해야 할 필요성은 당위적 의미를 넘어 사회운동의 정세적 과제다. 동아시아와 한반도의 현대사, 즉 자본주의가 형성되고 발전해온 역사를 인식하는 문제가 현재 동아시아의 정세를 규정하는 정치적 쟁점이 되고 있기 때문이다. 한반도 근현대사를 바라보는 분단 사관과 식민지 근대화론의 인식을 둘 다 비판할 필요가 있다.

분단 사관은 자본주의 이행과 통일을 통한 민족국가 형성을 '근대화'로 규정하고 한반도의 역사가 이 목표를 향해 간다는 목적론적 사고를 한다. 이 길을 가로막는 장애물로 식민 지배를 설정해 친일파 비판으로 귀결된다. 일제와 친일파가 연속성을 가지고 한국을 지배하는 것처럼 상상한다. 식민 지배의 역사에 대해 20세기 국제법의 기준에 따른 불법성과 비인도성에만 주목하며 반일 감정을 고조시키는 것보다는, 붕괴하는 봉건제에서 다른 사회구성체로 이행하지 못한 조선의 지배 계급의 문제와, 이 문제를 제대로 비판하지 못하고 민중을 위한 대안도 구성하지 못한 지식인의 한계를 분석하고 연구해야 똑같은 역사를 되풀이하지 않을 수 있을 것이다.

한편 일제 강점기 조선에는 식민지 자본주의가 이식되었다. 생산력이 발전하기도 하지만 식민지 자본주의의 특성상 더뎠고, 민족적 자본 축적은 제한되었다. 현대적 의미의 근대화라고 부를 수준의 경제성장은 나타나지 않았다. 식민지 근대화론은 생활 수준의 상승만을 강조한다. 그러나 생활 수준의 상승은 일본은커녕 타이완보다도 낮았다. 또한 마르크스주의 관점에서 자본주의가 생활 수준을 상승시키는 동시에 노동자를 착취한다는 것은 상식이다. 일본 자본가가 조선 노동자를 착취하는 것이 바로 수탈이다. 일제 강점기 조선의 자본주의적 발전은 자본주의 모순과 식민지의 모순이 함께 나타난 것이다. 식민지 근대화론은 미국식 시장경제를 상상하며 식민지 자본주의의 특수성을 무시한다. 반대로 분단 사관은 봉건적 수탈을 상상해 자본주의 착취의 일반성을 무시한다.

5. 나가며 — 문재인 정부의 비일관성과 비현실성

미-중 갈등, 북핵 문제, 한-일 갈등은 동떨어진 문제가 아니다. 동아시아 지역의 국제 질서는 20세기 미국 헤게모니의 자본 축적 체계가 형성되는 과정에서 역사적으로 자리잡았다. 불황기 헤게모니 관리 체제로 나타난 신자유주의 금융 세계화는 2008년 금융 위기 이후 세계 경제의 장기 침체 속에서 쇠퇴하고 있다. 이 과정에서 중국의 지역 내 패권 강화와 미국에 대한 도전, 북한의 핵과 미사일 실험이 트럼프 대통령의 즉흥적 성격과 맞물리면서 미국의 동아시아 정책을 더 불안정하게 만들고 있으며, 전통적인 동맹 관계도 변화시키고 있다.

문재인 정부는 한반도 핵전쟁 위기가 고조될 때 취임했지만, 2018년 평창 동계올림픽 이후 남북 정상회담을 성사시키며 국면이 전환된다. 그러나 6월 싱가포르 북-미 정상회담을 정점으로 상황은 교착되었다. 9월에 방북해 3차 남북 정상회담을 했지만, 실질적으로는 2005년 9·19 공동성명에서 나아간 것이 없었다. 결국 2019년 2월 하노이 북-미 정상회담은 합의 없이 끝났다. 한편 2018년 대법원 강제 징용 배상 판결, 레이더와 초계기 갈등으로 악화되던 한-일 관계는 갈등이 점차 악순환된다. 북한은 단거리 미사일 시험 발사를 하면서 한-미 연합훈련이 합의 위반이라며 한국의 '이중적 행태'를 지속적으로 규탄한다. 결국 2020년 남북공동연락사무소를 폭파하기에 이른다.

지금까지 경과를 보면, 문재인 정부는 '당당한 외교'와 '균형 외교'를 말하지만, 구체적이고 일관적인 전략이 없었다. 한-일 갈등에서 드러나는 것처럼 현안이 터지면 대응하는 방식이다. 지금까지 한국이 보인 행보는 미국과 일본에는 동맹에 긴장을 만들고, 더 나아가 친중과 친북으로 기운다고 평가할 여지를 주고 있다. 전략적 모호성이라고 평가하기도 하지만, 사실 전략 없는 모호성이다.

문재인 정부의 대외 정책에 혼란을 느끼는 것은 주변국뿐만이 아니다. 사회운동 진영에서도 많은 혼란과 쟁점이 야기되고 있다. NL 통일운동 진영은 과거 민주당 정권 때처럼 문재인 정부의 대북 정책을 지지하는 한편, '친일 잔재 청산' 등 일본에 더욱 강경한 대응을 하라고 요구하고 있다. 미래통합당을 '토착 왜구'라며 적대시한다. 미국 패권의 자본주의를 비판하고 평화운동의 관점에서 한-미 동맹을 비판해온 좌파 진영도 역시 '진의'를 의심할 뿐, 한-미-일 동맹의 폐기라는 관점에서 식민 지배 배상(대법원 판결 이행)과 지소미아의 '완전한 폐기'를 주장하고 있다. 둘 다 문재인 정부가 지금 하는 정책을 더 잘하면 된다는 결론으로 이어질 수밖에 없다. 다만 후자는 문재인 정부가 의지가 약하다는 분석을 추가한 것뿐이다.

NL 통일운동의 입장은 문재인과 같다고 보면 되지만, 좌파의 비판적 입장 또한 문재인 정부의 민족주의적이고 인민주의적인 성격을 간과한다는 점에서 문제다. 문재인 정부는 노무현 정부 이후 10년의 야당 세월을 거치며 인민주의 정치를 강화했다. 'Populism'의 번역어인 인민주의는 보수 언론의 용법처럼 단순히 인기영합주의로 볼 수 없다. 언론, 특히 인터넷 매체를 활용해 팬덤을 만드는 정치적 인민주의 현상만으로 설명할 수 없기 때문이다. 인민주의는 금융 위기 이후 신자유주의의 정당성이 약화되면서 일정한 일관성을 지니고 전세계적으로 나타나는 현상이 되었다. 인민주의의 특징은 현대 정치 이념인 자유주의도 사회주의도 부정하는 것이다. 현대 정치 이념에 미달하면서 오히려 전현대적 종교를 닮아간다.

문재인 정부는 특히 86세대가 권력의 핵심을 장악하면서 민족주의적이고 인민주의적인 성격이 더욱 강화되었다. 민주연구원의 연구 보고서 〈혁신적 포용국가론〉의 첫 문장은 이렇다. "혁신적 포용국가는 홍익인간과 인내천의 사랑, 나눔, 섬김을 구현한 사람 존중 국가입니다." 또한 혁신적 포용 정당으로서 민주당의 비전은 '좌파와 우파, 진보와 보수의 진영 정당 체제를 정의와 불의, 상식과 몰상식, 공정과 불공정의 중심 정당 체계'로 전환하는 것이다. 이렇게 문재인 정부와 민주당의 집권 친문 세력은 이념을 상대화하고, 그 이념의 공백을 도덕적 수사와 역사 인식, 민족적 정체성으로 채워 지지를 획득한다.

문재인 정부의 이러한 민족주의적이고 인민주의적인 성격에 따른 정책은 비일관적이고 정세에 적합하지 않게 된다. 소득 주도 성장 정책이 대표적이지만 대외 정책도 마찬가지다. 이런 문재인 정부의 성격을 고려하면, 미-중 갈등과 동아시아 갈등이 고조되면서 여론이 양분되고 극단화될 가능성이 높다.

사회운동은 이런 결과가 어떤 의미를 가질지 숙고해야 한다. 미-중 갈등이 고조되는 와중에 북-미 협상이 매우 불안정한 변수라는 것을 고려하면, 동아시아 지역 내 미국의 영향력 약화나 개입 축소가 곧바로 동아시아 지역의 평화로 이어지지는 않을 것이다. 오히려 북한과 중국 대 미국과 일본 사이의 군비 경쟁이라는 악순환이 더 현실적인 가능성이 있다. 문재인 정부가 민족 자주와 균형 외교를 지향하면서 북한과 중국 대 미국과 일본 간의 갈등을 중재할 수 있다고 생각하는 것은 주관적 환상이다. 나아가 남북 평화 경제로 일본을 따라잡겠다는 식의 선동은 매우 위험하다.

사회운동은 우선 현 정세에 대한 인식의 차이부터 줄여가야 한다. 가장 중요한 쟁점은 미-중 간 경쟁이 심화되는 국면에서 북핵을 앞에 두고 무비판적인 남북 경협이나, 반일 민족주의를 추구하는 것이 대안적인 사회 경제 구조와 평화를 향한 길이 될 수 없다는 점이다. 대안 세계화와 반세계화는 명확히 다르다는 사실을 인식해야 한다. 현시점에서 각국 정부의 권위주의, 민족주의, 인민주의, 보호무역주의가 만들고 있는 반세계화 흐름과 단절해야 한다.

세계 경제가 장기 침체 국면에 접어들고 미국의 헤게모니가 약화되는 와중에 보편적으로 합의할 수 있는 좌파적 대안도 없다. 섣불리 근거 없는 대안을 찾기보다는 경제 위기나 전쟁같이 노동자 민중의 삶에 극단적인 위험과 파괴를 만드는 상황을 제어하는 방향을 모색해야 한다. 코로나19로 촉발된 현재의 경제 위기는 장기 침체라는 자본주의의 기저 질환에 맞물리면서 우리를 전례없는 실업과 빈곤, 질병과 죽음에 직면하게 했다. 이제 세계는 코로나 사태 이전으로 돌아갈 수 없다. 재난과 경제 위기 속에서 각자도생만 추구하면 공멸을 앞당길 뿐이다. 보편적으로 동의할 수 있고 확장 가능한 대안적 이념을 건설하려고 노력해야 한다. 보수 세력이 선점하고 있는 문재인 정부 비판을 사회운동이 대안적 관점에서 주도할 수 있을 때, 의미 있는 변화가 가능할 것이다. 또한 국제주의와 평화주의의 관점에 바탕해 이러한 노력을 동아시아 차원에서 모색해야 할 것이다.

세 가지 실천적 제언으로 마무리를 한다. 첫째, 보호무역주의와 반세계화의 강화가 아니라 대안 세계화의 관점에서 동아시아 노동자 연대를 모색하자. 국제적 노동 표준, 초민족자본의 글로벌 공급 사슬에 대한 통제, 무역 협정에 개입하는 노동 기준 연계 전략 등이 여기에 속한다. 그러나 문제는 현실적인 제약이다. 현재 중국, 타이완, 한국, 일본 등 동아시아의 무역 질서는 미국이라는 시장을 두고 수출 경쟁을 하는 구조다. 또한 노동자 운동의 주체적 상태 역시 취약하다.

둘째, 현재 대안 세계화를 위한 동아시아 노동자 연대가 어려운 상황이더라도, 전쟁 위기가 상존하는 지역 내 상황에 긴급히 대응하는 차원에서 반핵평화운동 관점의 동아시아 연대를 모색해야 한다. 핵무기금지조약Treaty on the Prohibition of Nuclear Weapons·TPNW 비준을 전세계 정부에 요구하는 국제적 운동의 흐름에 주목하자. 물론 이것 또한 현실적인 제약은 명확하다. 한국에서 먼저 남-북-미의 군사적 행동 재개를 염려하거나 규탄하는 활동을 펼치면서 동아시아 비핵 지대 창설을 위한 여론을 만들어야 한다.

셋째, 한반도 비핵화와 함께 일본의 평화 헌법은 동아시아 평화의 가장 중요한 지지대다. 최근 한국과 일본의 노동자와 시민들의 교류와 공동 행동이 이어지고 있지만, 정세에 크게 영향을 주지 못하고 있다. 한국에서 먼저 문재인 정부의 반일 민족주의 드라이브를 경계하고, 문재인 정부의 인

민주의와 구별되는 대안 이념을 재건하며, 사회운동을 혁신하려는 노력이 필요하다. 한국에서 먼저 긴급한 정세적 과제로 국제주의적이고 평화주의적 사회운동을 건설해야 한다는 결의를 해야 할 것이다.

✓얘깃거리

1. 2007~2009년 금융 위기 이후 세계적으로 '스트롱 맨의 정치'라고 불리는 권위주의적 정치 행태가 심화되는 배경을 이야기해봅시다. 코로나 이후 미–중 관계가 더욱 악화되는 것처럼 보입니다. 앞으로 세계는 어떤 방향으로 나아가야 할까요?

2. 이른바 하노이 노딜 이후 북한 비핵화 협상은 난망한 상태입니다. 문재인 정부의 집권 초 구상이 지나치게 비현실적이고 낙관적이었다는 사실이 확인되고 있는 겁니다. 동시에 남한에서도 핵 무장과 핵 공유가 필요하다는 목소리가 고조되고 있습니다. 북핵이 정말 현실적으로 위험하다는 인식을 가져야 할 필요성, 동시에 핵무기금지조약 비준을 위한 국제 운동을 건설해야 할 필요성을 이야기해봅시다.

3. 역사 인식과 과거사 문제를 둘러싸고 한–일 갈등이 고조되고 있습니다. 한–일 청구권 협정에 대해 역사적으로 비판적 평가를 제기하는 것과 이미 체결된 협정을 무효로 하는 것은 왜 전혀 다른 차원의 문제일까요? 반일 민족주의가 아니라 동아시아의 노동자 국제 연대가 필요하다고 주장하는 이유는 무엇일까요?

✓읽을거리

김태훈, 〈'집권86세대'의 포퓰리즘〉, 《계간 사회진보연대》 봄, 2020.

윤소영, 《역사학 비판》, 공감, 2012.

윤소영, 《한국사회성격 논쟁 세미나 (I), (II)》, 공감, 2020.

임필수, 〈1990년대 한반도 정세와 통일운동 개괄〉, 《계간 사회진보연대》 봄, 2020.

장박진, 《한일회담에서의 식민지관계 청산연구 — 청산소멸의 정치논리를 중심으로》, 한국외국어대학교 국제지역대학원 국제관계학과 박사 학위 논문, 2007.

'반일 민족주의를 경계한다', 《계간 사회진보연대》 가을, 2019.

C. Fred Bergsten, "China and the United States: Trade Conflict and Systemic Competition", *PIIE policy brief*, Oct., 2018.

6장

다중 격차 사회와 연대의 공동체 사이에서
경제적 불평등의
전망과 과제

조효래

1. 머리말

1998년 외환 위기 이후 20여 년 동안 한국 사회의 불평등은 가파르게 증가했다. 자본과 노동 사이의 소득 분배는 악화되고 노동자 내부의 격차 역시 눈에 띄게 확대되었다. 저성장과 구조조정으로 정리해고가 일상화되었고, 노동시장이 이중화되면서 노동자들의 삶은 불안정해졌다. 대기업 위주의 약탈적 경제 생태계 속에서 많은 중소기업이 어려움을 겪고 있으며, 영세 자영업자의 폐업이 증가하고 있다. 취업하지 못한 청년들의 불만이 높아지고 있으며, 외주화로 불안정 노동자가 크게 늘었고, 노인층의 빈곤 역시 가파르게 상승하고 있다. 젊은 세대의 분노, 중년 세대의 불안, 노인 세대의 절망이 확산하고 있다.

촛불혁명 이후에도 체감할 만한 변화가 일어나지 않으면서 '바뀐 것은 대통령밖에 없다'는 불만이 커지고 있다. 앞으로 삶이 더 힘들어지지 않을까 하는 불안과 공포도 증가하고 있다. 불평등 확대로 우리 사회가 불공정하고 부정의하다는 인식이 확산하고 있지만, 불평등의 개선 가능성에 대해서는 회의적이고 체념하는 태도가 늘고 있다. 사회 제도나 소속 집단의 도움을 기대하기 힘들어지면서 사람들은 각자 알아서 자기 삶을 책임져야 하는 각자도생의 상황에 내몰리고 있다.

다른 한편으로 2019년 '조국 사태' 이후에는 보수와 진보, 소수 기득권층 대 중산층과 서민의 대립을 넘어, 386세대 엘리트들의 특권과 반칙에 기반한 부의 세습 체제가 형성되고 있다는 비판이 커지고 있다. 한국 사회의 불평등이 1 대 99의 사회가 아니라 20 대 80의 사회로 구조화되고 있으며, 좋은 일자리를 점령한 상위 20퍼센트 계층이 노동시장 지위를 세습하는 단계에 접어들었다는 진단도 쏟아지고 있다. 우리 사회가 노동과 자본 사이의 계급 불평등이 심화되고 소수 자본가가 부와 권력을 독점하는 1 대 99 사회가 아니라, 고학력 고소득의 중상층 엘리트가 교육 기회의 독점을 통해 자신의 지위를 자녀 세대에게 세습하는 20 대 80 사회라는 것이다. 이런 주장은 청년 세대의 불만을 대변하는 '세습 중산층 사회'론이나 '세대 불평등' 담론을 통해 널리 확산하고 있다.

한국 사회의 불평등을 어떤 모습으로 이해하는가는 불평등의 원인이 무엇인지, 불평등의 책임이 누구에게 있는지, 불평등을 극복하기 위해 어떤 대책이 필요한지에 관련하여 여러 가지 함의를 갖는다. 불평등이 지위 세습 체제로 구조화되고 세대와 계급, 노동시장 지위와 성에 따라 중층화되며 소득과 자산, 교육의 다중 격차로 나타나고 있는 상황에서, 불평등이 왜 이렇게 심화되고 있는지, 불평등 극복을 위한 정책의 초점은 어디에 맞추어져야 하는지, 노동조합은 어떻게 대응해야 하는지 등 여러 가지 질문과 과제가 제기된다.

나는 1998년 경제 위기 이후 경제적 불평등의 심화를 어떻게 이해해야 하는지, 그런 현상의 원인은 무엇인지, 불평등을 해소하기 위해 어떤 정책과 대안이 필요한지를 검토한다. 먼저 경제적 불평등의 양상을 확인하고, 20 대 80 사회나 1 대 99 사회의 시각에서 여기에 접근할 때 어떤 함의를 찾아낼 수 있는지 검토한다. 다음으로 2000년대 들어 경제적 불평등이 급격히 심화되는 원인은 무엇인지 여러 논의를 통해 정리한다. 마지막으로 불평등을 해소하기 위해 어떤 정책과 대안이 필요한지 살펴본다.

2. 1998년 경제 위기 이후 불평등의 추이와 양상

지난 20여 년간 불평등의 변화 추이를 보면(그림 1), 노동 소득 분배율은 1980년 50.6퍼센트에서 1996년 62.4퍼센트까지 꾸준히 개선되다가 IMF 경제위기 이후 크게 악화해 2000년 57.8퍼센트까지 하락했다. 2000년대 들어 완만히 회복되다가 2010년 금융 위기 직후 다시 59.4퍼센트로 하락했다. 그 뒤 2011년부터 계속 상승하다가 최근 정체 상태를 보이고 있다.

소득 분배 주요 지표들을 보면(그림 2), 모든 지표가 1999년에 최악을 기록한 뒤 2000년대 내내 꾸준히 악화되었고, 금융 위기 직후인 2011년에 정점에 이르고 있다. 2010년대 초반에 약간 완화되지만, 제조업 위기가 본격화된 2015~2016년 다시 정점에 이르는 모습을 보여준다. 1인 가구 시장 소득의 지니계수는 2009년 0.345로 가장 높다가 그 뒤 약간 개선되지만 2016년에 다시 0.353까지 치솟았고, 고소득층 표본을 재조정한 보정 지니계수 역시 2011년 0.401로 악화된 뒤 2016년 최악의 모습을 보였다. 상위 20퍼센트/하위 20퍼센트의 5분위 배율 역시 시장소득 기준으로 2011년

그림 1 노동 소득 분배율 추이

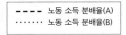

노동 소득 분배율(A)
노동 소득 분배율(B)

1995 1996 1997 1998 1999 2000 2001 2002 2003 2004 2005 2006 2007 2008 2009 2010 2011 2012 2013 2014 2015 2016 2017

주 1) 노동 소득 분배율(A) = (피용자 보수 + 대외 순수 피용자 보수)/요소비용 국민소득×100.
주 2) 노동 소득 분배율(B) = 피용자 보수/국내총생산×100.
자료: 한국은행, 〈국민계정〉과 〈기업경영분석〉, 각 년도.

그림 2 소득 지니계수, 5분위 배율, 상대 빈곤율 추이(1인 가구, 시장소득 기준, 퍼센트)

상대적 빈곤율
전국 1인 가구 지니계수
보정 지니계수(홍민기)
5분위 배율

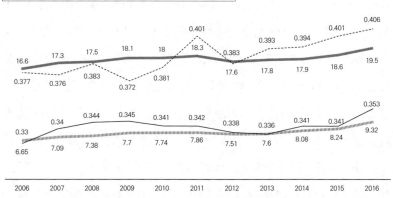

2006   2007   2008   2009   2010   2011   2012   2013   2014   2015   2016

주) 통계청 소득분배 지표는 '가계동향조사'에서 2017년 이후 '가계금융복지조사'로 변경. 〈가계동향조사〉, KOSIS.

7.86배까지 증가한 뒤, 2014년부터 급격히 악화되어 2016년에는 9.32배로 벌어졌다. 통계 기준이 바뀐 2017년과 2018년에는 10.6배, 12.6배로 더욱 악화되었다. 또한 1990년 이후 25년 동안 도시 2인 이상 가구의 상위 10퍼센트는 소득이 72만 원에서 431만 원으로 5.9배 증가했지만, 하위 10퍼센트는 22만 원에서 76만 원으로 3.5배 증가하는데 그쳐, 장기적인 성장의 효과가 고소득층에 집중되었다(전병유·정준호 2016). 중위소득 50퍼센트 미만의 비중인 상대적 빈곤율 역시 2011년 18.3퍼센트로 증가한 뒤 2016년에는 19.5퍼센트로 최대를 기록했다.

가구별 소득 계층의 특성을 보면(표 1), 2017년 기준 가구원 수는 평균 2.8명, 가구주 연령은 54.6세이고, 가구당 순자산액은 3억 4000만 원, 경상 소득은 5705만 원, 처분 가능 소득은 4668만 원이다. 전체 가구의 43퍼센트는 가구주가 상용 근로자이며, 임시 일용직 가구 12.1퍼센트, 자영업 가구 23.6퍼센트, 기타 무직 가구 21.3퍼센트다. 평균 연령은 상용 근로자 가구는 46.8세이지만, 임시 일용직 가구주는 56.3세, 자영업자 가구주 55.3세, 기타 무직 가구주는 68.5세로 큰 차이를 보인다.

2017년 현재 전체 가구의 중위 소득은 4457만 원으로, 3분위 평균 소득인 4464만 원, 상위 50퍼센트의 경계값 4456만 원과 거의 일치한다. 3분위 평균 소득인 4464만 원 이하 가구는 전체 중위 소득에 못 미치는 중하층으로 볼 수 있다. 실제로 3분위 이하 하위 60퍼센트가 차지하는 몫은 전체 자산의 17.7퍼센트, 전체 소득의 28.6퍼센트에 불과하다.

하위 20퍼센트인 1분위 가구는 가구주 평균 연령 65.7세의 노인 가구로 절반 이상이 무직이며, 대부분은 중위 소득의 50퍼센트에 못 미치는 빈곤층이다. 이 1분위 가구(가구원 1.6명)의 경상소득은 1057만 원으로, 이 계층의 몫은 전체 소득의 3.7퍼센트, 전체 자산의 0.6퍼센트에 불과하다. 상

표 1 소득 5분위별 가구주 종사상 지위별 자산, 부채, 소득 현황(단위: 만 원)

	전체	1분위	2분위	3분위	4분위	5분위
가구분포(%)	100.0	20.0	20.0	20.0	20.0	20.0
가구원 수(명)	2.8	1.6	2.3	2.9	3.4	3.7
가구주 연령(세)	54.6	65.7	55.1	51.4	50.0	50.7
경상소득(전년도)(만 원)	5,705	1,057	2,655	4,464	6,825	13,521
소득점유율(%)	100.0	3.7	9.3	15.6	23.9	47.4
순자산액(만 원)	34,042	11,753	19,644	27,961	37,135	73,701
자산점유율(%)	100.0	0.6	5.3	11.8	21.8	60.5
10분위 경계값(만 원)	P10-P90	– 1,048	1,823 2,644	3,550 4,456	5,424 6,755	8,524 11,521

통계청, 〈가계금융복지조사패널〉, 2018, KOSIS. 가계금융·복지조사로, 1년마다 전국 동, 읍, 면에 거주하는 1인 이상의 표본 2만 여 가구를 조사 대상으로 한다.

위 20퍼센트인 5분위 가구(가구원 3.7명)의 경상소득은 1억 3521만 원으로 1분위 가구의 13배에 이르며, 이 계층의 몫은 전체 소득의 47.4퍼센트, 전체 자산의 60.5퍼센트에 이른다. 소득 상위 10퍼센트의 경계값이 1억 1521만 원이고 상위 20퍼센트의 경계값이 8524만 원인데 5분위 평균 소득이 1억 3521만 원이라는 점에서, 5분위 안에서도 상위 20퍼센트와 상위 10퍼센트 가구의 소득 격차가 크다는 점을 알 수 있다. 이러한 소득 분위별 격차는 가구주 연령과 가구 내 취업자 수에 큰 영향을 받는다.

전체 불평등에서 근로소득 불평등의 비중이 가장 크다는 점에서, 근로소득의 격차에 따른 임금 노동자 내부의 불평등이 어떻게 변하는지가 중요하다. 김영미·한준(2007)에 따르면, 외환 위기 이후 2007년까지 전체 소득 불평등에서 계급 간 불평등이 차지하는 비중은 20퍼센트 수준에 불과하며, 자영업 내부의 이질성 증가와 숙련과 기업 규모에 따른 계급 내 불평등 증가가 전체 불평등을 주도하고 있다.

임금 노동자 내부의 근로소득 불평등은 기업 규모와 고용 형태, 성, 노조 유무, 산업·업종, 직업, 학력 등 여러 차원에서 나타나고 있다. 1987년 이전에 불평등의 주요인이 학력별, 성별 격차라면, 1997년 경제 위기 이후에는 고용 형태와 기업 규모가 주요인이 되고 있다. 기업 규모와 고용 형태에 따라 전체 노동자 집단이 1차 노동시장에 속하는 내부자와 2차 노동시장에 속하는 외부자로 나뉘고, 두 집단이 서로 다른 임금 결정 원리를 따른다는 점이 확인되고 있다(정이환 2018: 김유선 2019). 나아가 기업 규모와 고용 형태 외에 노조 유무나 성별에 따라 임금 노동자 내부의 균열을 더 세분화해 상층과 중층, 하층으로 구분하는 연구도 많이 나오고 있다(전병유 2018: 이철승 2019). 대기업과 계열사 정규직으로 구성된 노동자 상층, 대기업 비정규직과 유노조 중소기업 정규직으로 구성된 노동자 중층, 노조 없는 중소기업 비정규직이 대부분인 노동자 하층을 나누는 방식이 일반적이다.

〈경제활동인구조사〉에 따르면 2019년 상반기 전체 취업자는 2703만 명이고, 이 중 임금 근로자가 2100만 명, 비임금 근로자가 673만 명이다. 산업별로는 제조업이 442만 명으로 가장 많고, 도소매업 종사자가 365만 명이다. 〈전국사업체조사〉에 따르면 2017년 현재 사업체 종사자 2162만 명 중 5인 미만 업체 노동자가 27.0퍼센트, 5~10인 미만 업체 노동자가 13.8퍼센트로 10인 미만 업체 노동자가 40.8퍼센트를 차지하는 반면, 10~49인 24.3퍼센트, 50~99인 9.5퍼센트, 100~299인 업체 종사자가 10.7퍼센트이고, 300인 이상 대기업 종사자는 전체의 14.7퍼센트를 차지한다.

1차 노동시장에 속하는 노동자 상층의 규모를 보면, 〈경제활동인구조사〉에서 2018년 8월 현재 300인 이상 사업체 정규직 노동자는 218만 명으로 전체 취업자의 8.1퍼센트, 임금 노동자의 10.9퍼센트에 해당한다. 노동부 〈고용형태 공시제〉(2018. 3.)에서는 민간 부문 300인 이상 기업체 노동자 487만 명 중 정규직은 293만 명으로 전체 취업자의 10.9퍼센트, 임금 노동

표 2 사업체 규모와 고용 형태별 임금 격차(2018. 8)

| | 월 임금총액(만 원) | | | 임금격차1(%) | | 임금격차2(%) | |
| | | | | 300인 이상 정규직=100 | | 각 규모별 정규직=100 | |
	정규직	비정규직	노동자	정규직	비정규직	정규직	비정규직
1-4인	240	128	159	58.2	31.0	100.0	53.3
5-9인	265	156	206	64.2	37.8	100.0	58.8
10-29인	293	168	241	70.9	40.8	100.0	57.5
30-99인	323	191	287	78.4	46.3	100.0	59.0
100-299인	345	221	318	83.7	53.7	100.0	64.2
300인 이상	412	261	391	100.0	63.2	100.0	63.2
전 규모	321	163	256	77.7	39.4	100.0	50.7

자료: 통계청, 〈경제활동인구조사 근로형태별 부가조사〉(2018년 8월). 김유선(2019)에서 재인용.

자의 14.6퍼센트다. 통계청 〈일자리 행정통계〉에서는 정부 부문 노동자가 244만 명, 민간 부문 300인 이상 기업체 노동자는 501만 명이다. 김유선 (2019)은 두 부문의 비정규직 비율을 40퍼센트로 가정할 때, 정부 부문과 민간 부문 대기업 정규직 노동자는 447만 명으로 취업자의 19.3퍼센트, 임금 노동자의 23.4퍼센트에 해당하는 것으로 평가하며, 노동시장 상층이 취업자의 20퍼센트에 이를 것으로 추정한다.*

표 2에서 2018년 8월 현재, 사업체 규모와 고용 형태별 임금 격차를 보면, 300인 이상 사업체 정규직의 월평균 임금은 412만 원이고 비정규직은 261만 원이다.* 5인 미만 업체 정규직 노동자 임금은 240만 원이고, 비정규직은 128만 원이다. 300인 이상 사업체 정규직 노동자들의 임금을 100이라 할 때 비정규직 임금은 63.2퍼센트이고, 5인 미만 사업체 정규직 임금은 58.2퍼센트, 비정규직 임금은 31.0퍼센트다. 300인 이상 사업체 비정규직을 제외하면, 300인 이하 사업체 비정규직의 임금은 모두 5인 미만 업체

정규직 임금보다 낮다. 모든 규모에서 정규직 임금에 견줘 비정규직의 임금은 53.3~64.2퍼센트 수준에 불과하다(김유선 2019).

한편 전병유(2018)에 따르면, 대규모 사업체 정규직의 시간당 임금을 100으로 할 때 대기업 비정규직은 70퍼센트 수준, 중소기업 정규직은 60퍼센트 수준, 중소기업 비정규직은 45퍼센트 수준이다. 전병유는 사업체 규모, 고용 형태, 종사상 지위, 노조 유무, 저임금 여부(중위 임금의 3분의 2 이하), 성별을 지표로 하여 노동시장을 상층(대기업-정규직-남성-노조 부문) 12퍼센트, 중층(10~299인 업체-남성) 51퍼센트, 하층(10인 미만 업체 비정규직-임시 일용직-저임금 부문) 37퍼센트로 추정하고, 자영업자와 실업자, 비경제활동인구 일부를 포함하면 전체 노동시장의 분절 구조는 20 대 30 대 50의 계층 구조를 갖는다고 평가한다. 유사한 방식으로 이철승(2019)은 기업 규모, 고용 형태, 노조 유무 등 세 요소를 결합해 2015년 현재 노동시장 지위를 대략 상층 22퍼센트(대기업 정규직), 중층(대기업 비정규직과 중소기업 정규직) 33퍼센트, 하층(중소기업 비정규직) 45퍼센트가량으로 추정했다. 장지연·신진욱(2017)도 20세 이상 인구의 10퍼센트인 387만 명은 취업자 근로소득 상위 20퍼센트를 조금 넘기 때문에 2014년 개인소득 상위 10퍼센트는 가구소득 상위 20퍼센트, 취업자 근로소득 상위 20퍼센트와 비슷한 규모이며, 이 수치는 공공 부문과 대기업 정규직의 비율과도 유사하다는 점에서 한국 사회는 20 대 80의 사회에 가깝다고 결론지었다.

---

* 김유선, 〈한국 노동시장의 구조와 쟁점〉, 한국노동사회연구소, 2019. 한편 황수경(2003)은 공공 부문과 민간 부문 대기업 정규직을 임금 노동자의 21.9퍼센트로 추정했다.

** 홍민기(2015)에 따르면, 상위 10퍼센트가 차지하는 임금 비중은 1995년 23.9퍼센트에서 2013년 35.2퍼센트로 증가했고, 최상위 1퍼센트의 임금 몫은 2000년대 후반부터 7.8퍼센트 수준으로 크게 상승했다. 미국에서 최상위 1퍼센트가 상위 10퍼센트의 임금 증가를 주도했다면, 한국에서는 최상위 5퍼센트가 상위 10퍼센트의 임금 비중 증가를 주도했다는 것이다.

3. 20 대 80 사회? 1 대 99 사회?

이렇게 많은 학자들이 대기업 정규직 노동자로 구성된 노동시장 상층이 20퍼센트라는 점에 근거해 한국 사회의 불평등이 20 대 80 사회의 양상을 보인다는 점을 강조하고 있다. 이러한 논의는 미국에서 20 대 80 사회론, '능력주의 사회' 비판에 맞물리면서 '세습 중산층 사회'론, '세대 불평등' 담론으로 확장되고 있다.

리처드 리브스는 《20 vs. 80의 사회》에서 미국 사회의 진정한 계급 격차는 최상류층과 나머지의 격차(1 대 99의 격차)가 아니라 전문직과 경영자 직군으로 구성된 15~20퍼센트의 중상류층과 나머지 대중들 사이에 존재한다고 주장한다. 이 계급 분리는 중상류층이 불공정하게 기회를 사재기하기 때문에 발생하며, 그 기회가 세대를 거쳐 전승되고 있다는 것이다. 중상류층은 자신의 재능을 활용해 지위를 획득하지만, 소득 격차는 다음 세대의 기회 격차로 변화되어 영속적인 계급 격차로 고착된다는 것이다.

매트 슈튜어트 역시 《부당 세습》에서 상위 10퍼센트 집단을 능력자 계층meritocratic class으로 지칭하고, 엄청난 성공을 거둔 최상위 0.1퍼센트와 불평등의 희생자인 하위 90퍼센트 사이에 전문직 종사자로 구성된 9.9퍼센트의 귀족 계층이 존재한다고 강조한다. 전문직 종사자들은 스스로 중산층이라고 주장하지만, 좋은 환경과 좋은 학교, 좋은 이웃, 좋은 일자리를 가진 귀족 계층이며, 능력주의에 기초해 사회경제적 지위를 세습한다는 점에서 독자적인 귀족 계급으로 봐야 한다는 것이다. 이 계층은 전문직 프리미엄을 높이기 위해 독점적 지위를 통한 지대 추구 경향을 보이며, 선별적 짝짓기와 지역적 폐쇄성을 통해 자신들만의 분리된 세상을 구축해 자신의 지위를 자녀에게 세습한다는 것이다. 20 대 80 사회론에서 말하는 범위는 상위 10퍼센트에서 15퍼센트, 20퍼센트까지 다양하지만, 모두 대자본가 같은 자산가들이 아니라 전문직과 경영직이 고소득의 안정적인 지위를 독점하고 있으며, 교육 투자를 통한 지위 세습으로 나머지 계층의 이동 기회를 막고 있다는 점을 강조한다. 이런 논의가 주목하는 것은 '계층 이동 없는 능력주의'다.

20 대 80 사회 담론을 통해 한국의 불평등을 분석한 '세습 중산층 사회'론은 1990년대생 청년 세대의 불평등을 설명하기 위해 10 대 90의 격차를 부각한다(조귀동 2020). 세습 중산층은 소득 상위 10~15퍼센트 안팎의 대기업 고소득 화이트칼라와 전문직 종사자들로 구성된 상위 중간계급^{upper middle class}을 의미한다. 핵심 논지는 2000년대 중반 불평등의 확대가 최상위 1퍼센트보다 상위 10퍼센트의 소득 몫 증가, 수출 대기업의 급격한 성장, 도시 화이트칼라와 전문직의 소득 증가 때문이라는 것이다. 월 300만 원 이상의 1차 노동시장에 진입하는 20대는 매년 7만 명 정도로 동갑내기의 10퍼센트에 불과한데, 이러한 청년 내부의 격차는 부모 세대의 격차가 세습되어 발생한다는 것이다. 상위 20퍼센트에서는 '부모의 사회경제적 지위→자녀의 명문대 진학→전문직이나 괜찮은 일자리'로 이어지는 교육을 통한 계층 세습과 소득이 대물림되는 현상이 뚜렷하며, 이런 현상은 상위 10퍼센트와 90퍼센트의 심각한 격차와 기회 불평등에 기인한다는 것이다.

비슷한 논지는 세대를 통해 불평등 구조를 포착하는 이철승(2019)에게서도 확인된다. 이철승 역시 자본가와 노동자의 불평등 대신에 세대 간 불평등이 커지고 있고, 세대 간 불평등이 젊은 세대 내부의 불평등을 심화시킨다고 주장한다. 386세대가 '세대의 기회'를 통해 위계 구조의 상층을 과잉 점유했고, 금융 위기 이후 노동시장에서 신분적 위계화가 급속히 진행되었다는 것이다. 그 결과 현재의 노동시장은 50대 386세대가 점령한 상층이 두텁고 중하층은 얇은 역삼각형 구조로 변화되었다는 것이다. 결합 노동시장 지위에서 상위 20퍼센트가 평생 자신의 지위를 유지하는 '신분 계급화'와 부모 세대의 노동시장 지위가 자식 세대에게 계승되는 '세습화'가 진행되고 있다는 것이다.

김병권(2020) 역시 우리 사회가 세습 사회로 변했다고 진단한다. 한국이 '성안' 사람과 '성 밖' 사람으로 양분된 사회가 되었으며, 성안 사람은 최상위 1퍼센트가 아니라 상위 10퍼센트 혹은 20퍼센트라는 것이다. 한국 사회는 다수의 분절화된 '경쟁 공간' 층위를 중심으로 아래쪽에 '불평등 공간'이 존재하고 위쪽에 '절차적 민주주의 공간'이 존재하며, 불평등 공간의 심연에는 '세습 공간'이 숨어 있다는 것이다. 계급과 세대에 따라 나뉜 한국 사회는 상위 20퍼센트의 586[*]과 하위 80퍼센트의 586, 상위 20퍼센트의 2030과 하위 80퍼센트의 2030으로 분열되었다는 것이다.

이러한 논의에서 공통된 것은 '성안 사람'에 해당하는 소득 상위 10~20퍼센트가 사교육 투자를 통해 명문대 학벌을 독점함으로써 노동시장 지위를 대물림한다는 점이다. 그러나 김형준(2020)에 따르면, 사교육 경쟁은 계층화되고 있지만 대학 진학률 상승과 노동시장 악화 속에서 학력 가치가 하락함으로써 교육 불평등은 성공적인 계층 재생산으로 귀결되지 않았다. 386세대의 성공은 교육적 성취의 결과라기보다는 유례없는 장기 호황에 따른 '구조적 계층 이동'이었으며, 그 결과 대졸 임금이 상승하면서 학력 가치의 하락과 대졸자 내부의 편차가 가시화되지 않았을 뿐이라는 것이다. 노동시장에서 명문대 출신의 상대적 우위는 학벌의 절대적 가치가

---

[*] 상위 20퍼센트의 586은 대졸자로서 상위 20퍼센트 최저선인 순자산 4억 5000만 원 이상, 경상소득 연봉 7500만 원이지만, 상위 10퍼센트를 기준으로 하면 순자산 8억 원 이상, 연봉 1억 원 이상이다.

현저히 감소했다는 사실을 비가시화한다는 것이다. 사교육 경쟁의 확대는 사교육비를 전적으로 근로소득에 의존해야 하는 집단과 자산을 동원할 수 있는 집단으로 중산층의 내부 분화를 가져왔고, 명문대 진학에 이르는 장기간에 걸친 계급투쟁은 극소수의 성공과 다수의 실패로 귀결되었을 뿐이라는 것이다.

이러한 측면에서 20 대 80 사회론은 교육의 세습 효과를 과대평가하고, 계급 세습에 가장 중요한 요소인 자산 불평등과 자산 상속에 주목하지 않는 것으로 보인다. 이철승이 한 지적처럼 전체적으로 세대 내 불평등이 세대 간 불평등보다 월등히 높으며, 자산의 대물림이 교육의 대물림보다 훨씬 쉽다. 교육 격차는 계층 하강을 방지하기 위한 중산층의 내부 경쟁이라는 성격이 강하지만, 자산 불평등은 불로소득과 특권의 재생산, 지배 계급의 재생산이라는 측면에서 더욱 중요하다. 많은 경우 세습 중산층론에는 상위 20퍼센트 중산층에 대한 논의와 상위 1퍼센트 상류층에 대한 논의가 뒤섞여 있다. 전자는 근로소득에 기반한 계층이지만 후자는 자산을 소유한 계급이라는 점에서 큰 차이가 있다.

나아가 20 대 80 사회의 불평등 담론에서는 '누가 지배하는가'라는 문제가 주목받지 못해 국가-재벌의 융합에 따른 지배 체제, 재벌과 글로벌 자본이 결합된 시장 체제에 대한 문제 제기는 잘 보이지 않는다. 김병권이 한 지적처럼, 현재 한국 사회의 진정한 지배 집단은 누구인가가 중요하다. 세습은 교육만으로 일어나지 않으며, 교육을 통한 세습은 불확실할 뿐만 아니라 학력 자본이 진정한 지배 계급의 지위를 보장하는 것도 아니다. 이러한 점에서 불평등에서 '계급 관계'가 갖는 의미를 놓치지 않아야 한다.

20 대 80의 문제 설정이나 세습 중산층은 중산층과 서민층의 분리, 노동시장 분절을 표현한 것으로, 노동인구 내부의 엘리트와 대중의 분리를

강조한다. 20 대 80은 불평등의 가시적 특성, 불공정한 경쟁 조건에서 상대적으로 안정된 계층과 불안정한 계층 간의 구조적 분리를 강조하며, 계층 이동의 약화와 계층 간 격차, 기회의 불평등과 능력주의로 은폐된 특권을 드러낸다. 반면 1 대 99 사회의 문제의식은 1퍼센트 상류층의 특권적 성격을 강조하고, 이 상류층의 부가 어떻게 사회적 '착취'의 과정을 통해 형성되고 확대되는지에 주목한다. 1 대 99는 부와 소유의 문제, 타인 노동의 수취와 경제적 자산의 상속, 지배 체제의 세습을 강조하며, 불평등의 계급적 성격과 자본과 노동의 '착취' 관계에 주목한다.

한국 사회에서 1 대 99가 자본과 노동의 대립, 노동분배율의 악화, 재벌 체제의 폐해와 경제민주화라는 쟁점을 제기한다면, 20 대 80은 저성장 시대의 일자리 문제를 중심으로 노동시장 분절과 교육 기회의 불평등을 주목한다. 사실 노동시장 상위 20퍼센트는 고소득과 고학력의 안정적 지위를 유지하지만, 대부분 1주택 소유자라는 점에서 자산을 상속할 수 있는 집단은 아니다. 오히려 소유한 자본의 규모와 특유의 생활 방식에서 구분되고, 인맥과 문화 자본, 특권적 지위를 상속할 수 있는 집단은 소득과 자산을 합해 상위 1퍼센트, 많아야 5퍼센트에 해당하는 집단이라고 볼 수 있다. 이 집단은 경제적으로나 사회적으로 나머지 사람들에서 구분되는 상류층이며, 한국 사회의 지배층이기도 하다. '세습 중산층'이라는 표현은 상당한 자산을 소유하고 특권적 지위를 상속할 수 있는 상류층과 노동시장에서 안정적 지위를 점유한 중산층의 차이를 모호하게 만든다. 20퍼센트와 80퍼센트의 관계는 1퍼센트와 99퍼센트의 관계와 다르다.

중간계급 상층이 사교육 경쟁에서 우위를 점하고 지위 재생산에 성공한다고 해도, 이 집단을 지배 계급인 상위 0.1퍼센트나 1퍼센트의 상류층과 동일시할 수는 없다. 세습 중산층이 사회 구조적 차원의 불평등, 노동에 대한 착취와 불로소득의 지대 추구에서 비롯된 계급 대립을 대체하는 것은 아니다. 세습 중산층을 향한 교육 경쟁에서 상위 20퍼센트의 기회 독점이 불공정을 심화하는 심각한 문제이지만, 사교육 경쟁은 제한된 기회를 놓고 경쟁하는 중간계급 내부의 경쟁이며, 단순히 20 대 80으로 한정된 것도 아니다. 1퍼센트의 상류층이 경제적 자본을 동원해 투자 수익률이 높은 해외 유학으로 빠져나가거나 국내외를 넘나드는 구조적 기회를 활용하는 상황에서, 중간계급 대부분은 사교육 경쟁에 참여하고 있고 상당수 노동자 가구는 경쟁에서 비껴 서 있다.

20 대 80 사회론은 기회의 불평등과 문화 자본의 상속을 문제 삼지만, 경제적 자본의 상속과 막대한 불로소득, 심각한 노동 착취를 문제 삼지는 않는다. 즉 대기업 정규직 노동자의 특권을 문제 삼을 뿐 자본의 지배를 문제 삼지 않는다. 2차 노동시장의 불안정노동은 기본적으로 중산층과 중하층의 대립이 아니라 계급적 착취에 관련된 문제다. 노동시장에서 계층 이동의 폐쇄성보다 더 중요한 것은 다수 노동 계층의 불안정화와 빈곤화다. 성안과 성 밖의 분리도 문제이지만, 더 중요한 것은 성 밖 사람들에게 적절한 보상과 보호가 주어지지 않는다는 점이다. 노동계급의 다수가 그 이전 세대보다 훨씬 불안정하고 빈곤하기 때문에, 노동시장 상층과 하층의 격차가 더 가시화되고 있다.

4, 소득집중도와 자산 불평등

소득-학력-네트워크가 맞물린 다중 격차가 세습되고 있는 것은 지배 계급으로 진입한 새로운 주류, 노동시장에서 공급을 제한할 수 있는 전문직과 대기업 임원, 금융 소득자, 기업주 등에 한정된 것이고, 이 계층은 대기업 정규직으로 호명되는 세습 중산층이 아니라 지배 계급이다. 이러한 현상은 한국 사회 지배 계급의 내부 구성과 성격의 변화로 이해해야 할 문제이지, '세습 중산층'이나 20 대 80의 범주를 통해 노동시장 상층과 하층의 대립으로 해석할 수 있는 것은 아니다.

이러한 측면에서 더 주목해야 할 현상은 2000년대 이후 경제의 금융화에 따른 자산시장의 팽창, 자산 불평등의 심화와 자산 상속이다. 1970년대 강남 개발 이후 주기적인 부동산 가격 급등과 개발 이익의 사유화에 기반한 자산 계급의 형성, 재벌 중심의 경제 구조에서 기업 세습, 투기적 금융화에 따른 자산시장 팽창과 불로소득의 증가 등 '세습 자본주의'의 도래다. 소득 불평등보다 부의 격차가 훨씬 심각한 문제이며, 세습 중산층 사회가 아니라 세습 자본주의 사회가 더 문제다.

경제 위기 이후 소득집중도의 변화 추이에 관련해 국세청 자료를 분석한 김낙년의 연구를 주목할 만하다. 김낙년(2018)에 따르면, 상위 1퍼센트의 소득집중도에 관련해 2010년 이후 근로소득 집중도와 전체 소득 집중도의 격차가 커지고 방향이 달라졌다. 1990년대 중반 이후 2008년 금융 위기 전까지는 상위 1퍼센트와 상위 10퍼센트의 소득이 증가하고 나머지 계층의 소득이 정체함으로써 불평등이 확대되었고, 근로소득보다 전체 소득의 집중도가 더 빨리 상승했다.* 2010년 이후에는 근로소득 하위 90퍼센트의 소득이 상위 10퍼센트보다 더 빨리 상승해 근로소득 불평등은 개선됐다. 그러나 동시에 전체 소득에서 상위 1퍼센트와 상위 10퍼센트가 차지하는 몫이 증가한 것은 근로소득 불평등이 완화되면서도 자산소득 불평등이 증가한 현실을 보여준다. 이 연구는 그동안 한국 사회의 불평등은 대부분 근로소득 불평등에 기인했지만 2010년 이후는 자산 불평등이 전체 소득 분배 양상에 큰 영향을 미치기 시작했다는 점을 의미한다.

홍민기(2016)의 분석에 따르면, 2011~2014년 평균 소득 최상위 0.1퍼센트에는 관리자(28.7퍼센트), 의료 전문가(22.2퍼센트), 사업주(12.7퍼센트), 금융 소득자(12.5퍼센트), 금융 전문가(7.2퍼센트)의 비중이 높다. 그렇지만 상위 0.1~1퍼센트, 1~5퍼센트에는 사무직(26.1퍼센트, 29.8퍼센트), 의료 종사자(15.1퍼센트, 4.0퍼센트), 과학·공학 종사자(13.7퍼센트, 17.3퍼센트), 사업주(11퍼센트, 5.2퍼센트), 관리자(6.9퍼센트, 5.5퍼센트), 교수·학원(6.2퍼센트, 4.9퍼센트), 장치 조작·조립 종사자(5.5퍼센트, 12.7퍼센트)를 차지하고 있다. 금액상으로 최상위 0.1퍼센트의 소득 증가분 12조 원은 기업 경영자가 47.7퍼센트, 금융 소득자가 34.9퍼센트, 금융 전문가가 12.3퍼센트, 사업주가 6.4퍼센트를 가져갔다(홍민기 2016). 2019년 200대 기업 최고경영자와 임원의 평균 연봉은 각각 6억 8783만 원과 3억 5700만 원으로, 중산층에 해당하는 직원 연봉 7920만 원의 8.7배, 최저 연봉 2094만 원의 32.8배에 이른다.

국세청 소득 자료에서 통합 소득 상위 0.1퍼센트와 1퍼센트, 10퍼센트의 소득집중도를 보면, 통합 소득 상위 0.1퍼센트인 2만여 명이 차지하는 몫은 2016~2018년 사이 3.9~4.29퍼센트 수준으로, 2017년 하위 27퍼센트의 전체 소득에 맞먹는 수치이며, 평균 소득 14억 7400만 원은 중위 소득 2301만 원의 64.1배에 이른다(표 3).** 통합 소득 상위 1퍼센트 20여 만 명의 몫 역시 2016~2018년 사이 10.9~11.4퍼센트 수준인데, 2017년 하

---

* 2002~2007년 소득 증가분의 분배에 관해, 홍민기(2016)도 이 기간 소득 증가분 138조 6830억 원 중 상위 0.1퍼센트와 상위 1퍼센트가 8.7퍼센트와 21.1퍼센트를 가져가 최상층 소득이 더 빠르게 증가했다고 평가했다.

** 전체 소득 신고자 1인당 평균 통합소득은 2017년 3785만 원, 2018년 3892만 원이었다. 2017년 기준 면세자는 414만 1273만 명(소득 하위 22퍼센트)으로, 평균 근로소득은 628만 원이었다.

표 3 상위 0.1퍼센트, 1퍼센트, 10퍼센트로 향하는 소득집중도(2016~2018)

		전체 인원		상위 0.1%	상위 1%	상위 10%	비고
통합 소득	2016	2,176 만 명	비중	3.90%	10.9%	36.9%	상위 20%
			경계값 (평균값)	5억 6,671만 원 (12억9,119만 원)	1억 6,782만 원 –	7,086만 원 –	4,888만 원 –
	2017	2,248 만 명	비중	4.29%	11.4%	–	중위소득 2,301만 원
			경계값 (평균값)	14억7,402만 원 (64.1배)	3억 9,051만 원 (17배)		
	2018	2,324 만 명	비중	4.15%	11.2%	–	중위소득 2,411만 원
			경계값 (평균값)	14억 7,132만 원 (61배)	3억 9,060만 원 (16.4배)		
근로 소득	2016	1,774 만 명	비중	2.0%	7.3%	32.1%	상위 20%
			경계값 (평균값)	3억 6636만 원	1억 4,422만 원	7,181만 원	5,118만 원
	2017	1,800 만 명	비중	2.3%	7.5%	32.0%	중위소득 2,572만 원
			경계값 (평균값)	8억871만 원 (31배)	2억6,417만 원 (10.2배)	1억1,272만 원 (4.38배)	
	2018	1,857 만 명	비중	2.3%	8.0%	32.0%	–
			경계값 (평균값)	7억 6,494만 원	2억 6,655만 원	7,730만 원	

자료: 국세청, 〈2018 귀속년도 통합소득 천분위 자료〉. 김정우 의원실 보도자료 재구성.

위 43퍼센트가 얻은 전체 소득에 맞먹는 수치다. 2016년 기준 상위 1퍼센트의 경계값은 1억 6782만 원이고, 2017년 평균 소득 3억 9051만 원은 중위 소득 2301만 원의 17배에 이른다. 통합 소득 상위 10퍼센트의 몫은 2016년 36.9퍼센트로 경계값 7086만 원이고, 상위 20퍼센트의 경계값은 4888만 원이었다.

근로소득자로 한정하면, 상위 0.1퍼센트(1만 8000명)가 차지하는 몫은 2016~2018년 사이 2.0~2.3퍼센트 수준으로, 2016년 경계값은 3억 6636만 원이고, 2017년 평균값 8억871만 원은 중위 소득 2572만 원의 31배다. 상위 1퍼센트의 몫은 2016~2018년 사이 7.3~8.0퍼센트 수준으로, 2016년 경계값은 1억 4422만 원이며, 2017년 평균값 2억 6417만 원은 중위 소득의 10.2배다. 상위 10퍼센트의 몫은 매년 32퍼센트 수준으로, 2016년 경계값은 7181만 원이며, 2017년 평균값 1억 1272만 원은 중위 소득의 4.38배다. 상위 20퍼센트의 2016년 경계값은 5118만 원이다.

통합 소득과 근로소득의 격차를 보면, 상위 10퍼센트에서는 2016년 근로소득 경계값이 7181만 원으로 통합 소득 경계값 7086만 원보다 높아 상위 1퍼센트와 상위 0.1퍼센트에 견줘 상대적으로 통합 소득 상위 10퍼센트에서 근로소득이 차지하는 비중이 높았다. 2017년 기준 중위 소득에 대한 상위 0.1퍼센트와 상위 1퍼센트 소득의 상대적 크기는 근로소득에서는 각각 31배, 10.2배인데 견줘, 통합 소득에서는 각각 64.1배, 17배로 훨씬 크게 나타났다.

2013년 국세청 상속세 자료를 분석한 김낙년은 자산 상위 0.1퍼센트, 1퍼센트, 10퍼센트가 전체 자산에서 차지하는 비중을 각각 9.2퍼센트, 26퍼센트, 66.4퍼센트로 추정했다. 상위 10퍼센트만 놓고 보면, 미국 77퍼센트나 영국 70퍼센트보다 낮고 프랑스 62퍼센트보다는 높은 수치다(김낙년 2016). 2016년 기준 국세청 자료에서 자산소득 종류별로 상위 계층의 집중도를 보면, 주식 소유에 기초한 배당소득에서 상위 0.1퍼센트는 51.7퍼센트, 상위 1퍼센트는 75.2퍼센트, 상위 10퍼센트는 94.4퍼센트를 차지해, 배당소득은 대부분 상위 1퍼센트가 독식하고 있다. 현금 자산에 대한 이자소득에서는 상위 0.1퍼센트 몫은 17.8퍼센트, 상위 1퍼센트 몫은 45.4퍼센트, 상위 10퍼센트 몫은 90.8퍼센트로, 이자소득은 상위 1퍼센트가 거의 절반을 소유하며, 상위 10퍼센트가 90퍼센트가량을 독식하는 것으로 나타났다. 부동산 임대소득에 대해서는 상위 0.1퍼센트의 자료가 없는 대신에 상위 1퍼센트의 몫이 17.9퍼센트이며, 상위 10퍼센트의 몫이 50.7퍼센트로 임대소득의 절반가량을 차지하고 있다.*

또한 민간 자산(부)/소득 비율(피케티 비율) 추이를 보기 위해 가계와 비영리단체의 순자산을 국민 순소득으로 나눠보면, 2010년 5.48에서 2017년 5.76까지 높아졌는데, 주로 부동산 가격 상승에 따른 것이다. 2019년 만 20~64세 경제 생활자 1만 명을 대상으로 한 신한은행 조사에서 가구소득 구간별 소득과 자산 규모를 보면, 소득 하위 20퍼센트의 월평균 소득은 189만 원이고 상위 20퍼센트의 소득은 902만 원으로 5분위 배율은 4.77배이지만, 평균 자산은 하위 20퍼센트가 9592만 원, 상위 20퍼센트가 8억 8294만 원으로 9.2배에 이른다. 특히 부동산 자산은 하위 20퍼센트가 평균 5644만 원인데, 상위 20퍼센트가 6억 9433만 원으로 12.3배에 이르러 자산 격차가 훨씬 큰 것으로 나타났다.

2018년 3분기 기준 서울의 소득 대비 집값 비율PIR은 11.2로 런던의 8.5, 도쿄의 4.8보다 높은데, 가구 연간 소득을 11.2년 동안 모아야 집을 살 수 있다는 의미다. 상위 1퍼센트 다주택자 주택 소유 현황에 따르면, 2018년 주택을 보유한 1300만 가구 중 상위 1퍼센트가 소유한 주택 수는 91만 채로 1인당 평균 7채를 보유했고, 상위 10퍼센트는 1인당 평균 3.5채를 보유했다. 다주택자에 주택 보유가 집중되는 현상이 심화되면서 2008~2018

---

* 2017년 한 해의 불로소득은 부동산 양도 차익 84조 8000억 원, 주식 양도 차익 17조 4000억 원, 배당소득 19조 6000억 원, 이자소득 13조 8000억 원으로, 모두 135조 6000억 원에 이르렀다.

년 주택 보유 상위 1퍼센트가 가진 주택 가격은 1인당 25억 원에서 36억 원으로 상승했고, 상위 10퍼센트는 평균 주택 가격이 10억 원에서 15억 원으로 상승했다.

수저 계급론은 전형적으로 부모에게서 물려받은 사회경제적 조건이 자식에게 그대로 세습되고 있는 현실에 대한 자조적 표현이다. 이러한 계급 세습 체제를 만드는 메커니즘은 교육을 통한 대물림과 함께 부동산을 포함한 자산 불평등과 자산의 상속이다. 자산과 소득의 불평등은 산업화 세대인 65세 이상의 노인 세대 내부에서 가장 심각하다.

이철승·정준호(2018)에 따르면, 75~79세 연령대의 처분 가능 소득 기준 지니계수는 0.526으로 다른 연령 집단보다 가장 높고, 처분 가능 소득 상위 10퍼센트의 평균 순자산은 1970~1980년대 경제 개발 시기 부동산 투자로 부를 쌓은 65~69세와 75~79세에서 각각 16억 9124만 원, 16억 3877만 원으로 가장 많았다. 이철승은 거주할 집 한 채보다 더 투자할 여력이 있는 상층 자산 계급(자산 이전 계급), 평생 집 한 채 장만하는 데 성공한 다수의 중산층(자산 소비 계급), 자산이 전혀 없는 도시 빈민과 하층 노동자(자산 빈곤 계급)을 구분한다. 1970년대에 부동산 자산의 축적과 자산시장의 계층화가 진행된 이후, 자산 가격이 폭락한 1998~1999년 사이에 산업화 세대가 축적한 자산이 다음 세대에게 대규모로 이전되었다는 것이다. 자산 처분 소득 상위 10퍼센트의 경우를 보면, 증여를 하기 위해서 1920년대 후반 출생 세대는 2000년대 중후반에, 1930년대 초반 출생 세대는 2015~2016년에 대규모 자산을 처분했고, 그 결과 귀속 임대소득 최상위층이 1930년대 후반~1940년대 초반 출생 세대에서 2010년대 이후에는 1970~1980년대 출생 세대로 변화했다는 것이다. 1970~1980년대에 축적된 자산이 이전되어 청년 세대 내부의 자산 불평등을 만들어냈고, 이것이 현재 젊은 세대의 금수저와 흙수저 논란이 일어난 원인이라는 것이다(이철승 2019, 193~212).*

실제 20~24세의 순자산 지니계수는 0.691로 모든 연령 집단에서 가장 높은데, 이것은 상속과 증여의 결과다. 상속 증여 재산 가액은 2013년 57조 4641억 원, 2014년 66조 44억 원에 이어 2015년에 79조 6846억 원으로 가장 많았고, 2016년과 2017년에도 76조 942억 원, 67조 8890억 원에 이르렀다. 2017년 증여세 과세자 14만 6337명 중 상위 1퍼센트가 전체 증여 재산 가액의 16.3퍼센트를 차지하고, 상위 10퍼센트는 39.6퍼센트를 차지했다. 2017년 증여 재산 상위 1퍼센트인 1464명의 증여 재산 가액은 총 5조 8059억 원으로 1인당 평균 39억 7000만 원에 이른다.

5. 불평등 심화의 원인과 전망

사람들이 체감하는 불평등은 고용 불안과 임금 격차, 부동산 가격 폭등과 교육 불평등, 빈곤에서 두드러진다. 소득, 자산, 교육의 연관성이 깊어지면서 불평등은 심화되지만 불평등의 초점은 다양화, 다원화되고 있다. 문제는 한국 사회의 불평등 심화가 장기적으로 진행되는 구조적 현상이라는 점이다. 불평등 심화는 세계 모든 나라에서 공통적으로 발생하고 있는 현

---

* 국토교통부의 〈2018년 9월~2019년 7월 서울 아파트 고가 분양 10순위 현황〉에 따르면, 평당 4900만 원에 이르는 고분양가 10개 단지의 당첨자 1778명 중 30대가 725명(40.8퍼센트)으로 가장 많았고, 20대는 67명(3.8퍼센트)이었다. 마찬가지로 2018~2019년 2년간 무순위 청약과 당첨이 실시된 주요 아파트 단지 20곳의 무순위 당첨자 2142명 중 30대가 916명(42.8퍼센트), 20대가 207명(9.7퍼센트)으로 절반 이상을 차지했다(《서울경제》 2019년 10월 13일).

상일 뿐 아니라, 한국 경제의 저성장과 이중 구조화, 일자리 구조의 변화, 인구와 가족 구조의 변화, 경제의 금융화와 자산시장의 팽창, 신자유주의적 시장화와 노사 권력 관계의 변화 등 사회구조적 변화를 배경으로 전개되고 있다.*

먼저 한국 경제의 저성장과 이중 구조다. 한국 경제는 기본적으로 대기업 중심의 수출 주도 성장 체제이고, 1997년 이전까지 수출 주도 산업화는 고도성장을 통해 대규모 일자리 창출과 소득 증가를 달성해 불평등 심화를 상쇄해온 것으로 평가된다. 1997년 외환 위기 이후에도 중국의 고도성장에 의존하는 수출 주도 성장 체제를 지속해왔지만, 2008년 이후 세계 자본주의의 위기와 수출 주도 성장의 한계 때문에 점차 저성장 구조가 고착되고 있다. 더욱이 수출 주도 성장 체제는 대내적 산업 연관이 취약해, 수출과 내수, 대기업과 중소기업의 격차, 재벌의 약탈적 산업 생태계라는 구조적 불균형과 이중화의 문제를 내재하고 있다. 끊임없이 성장할 때는 대기업의 낙수 효과를 통해 경제의 불균형과 불평등을 감내할 수 있지만, 저성장이 고착되어 고용 창출에 한계를 보이면 양극화 문제가 격화될 수밖에 없는 구조다. 이러한 문제는 1997년 외환 위기와 2008년 금융 위기 이후 현실이 되었다. 더 큰 문제는 저성장이 장기화할 것이라는 점이다. 수출 의존도가 지나치게 높은 상황에서 수출의 성장 효과는 갈수록 저하되

---

* 1997년 이후 고도성장을 통해 표준적 삶에 접근할 가능성을 보장하던 발전국가의 불평등 관리 방식이 해체되었다. 저성장의 장기화, 성장과 분배를 잇는 선순환 고리의 파괴, 대기업에 집중되는 경제력, 교육을 통한 계급 지위의 대물림, 노동시장 양극화, 기업별 노사관계, 취약한 복지 제도가 주요한 요인으로 여겨진다(강병익·황규성 2017). 또한 소득 차원에서는 기술 변화와 글로벌화, 제도 변화 요인들이 상호 작용하면서 재벌 체제가 공고화되고, 노동의 이중화가 진행되면서 소득 불평등이 심화되었다. 자산 차원에서는 가계 저축의 감소와 기업 저축의 증가, 개발에 따른 토지 지배의 증가, 높은 자본수익률이 불평등을 심화시켰다(전병유·정준호·정세은 2017, 139).

고 있고, 내수가 그 효과를 대체할 수 없을 정도로 부문 간 불균등이 심각하기 때문이다. 이런 조건에서 노동시장은 수출과 내수, 대기업과 중소기업, 자본 집약적 고부가가치 부문과 노동 집약적 저부가가치 부문으로 양극화되고, 금융화에 따라 구조조정으로 단기 수익을 극대화하는 기업 경영이 일반화되었다. 성장이 정체되면서 분배 문제가 더 심각해진 것이다.

둘째, 숙련 수요와 일자리 구조의 변화다. ICT 활용과 글로벌 아웃소싱을 통한 '일자리 기회'의 감소, 외주화에 따른 일자리 구조의 변화는 일상적인 고용 불안을 낳고 있다. 한-중 수교 이후 숙련 편향적 기술 발전과 산업 구조 고도화로 '고용 없는 성장'이 나타나기 시작했고, ICT 확산으로 규칙적 업무를 수행하는 중간 숙련의 일자리가 빠르게 사라졌다. 1997년 이전에도 대졸 인력의 공급이 증가했지만, 이때는 3저 호황에 따른 급격한 수출 확대와 민간 소비 증가가 전문 기술직과 행정 관리직 일자리를 창출해 인력을 흡수할 수 있었다. 그러나 1997년 이후에는 대졸자가 대폭 늘어난 반면 경영·회계, 금융·보험, 사무 관련 '괜찮은' 일자리가 줄어들면서 취업 경쟁이 더욱 치열해졌다. 기업은 생산 기지의 해외 이전과 자동화로 소수 엔지니어 인력만 채용했으며, 제조업 고용 인원이 줄면서 관리 인력도 줄었다. 제조업의 대기업 일자리가 가파르게 감소한 반면, 임금과 고용 조건이 취약한 보건과 사회복지 서비스, 교육 서비스업 일자리만 증가했다(조귀동 2020). 2008년 이후 대졸 고학력자에 대한 상대 수요가 정체돼 학력에 따른 임금 격차가 감소한 대신, 대기업 재직에 따른 임금 프리미엄은 늘어났다(성재민 2018).[*] 일자리 구조의 변화는 외주화와 맞물리면서 고용 형태를 다양화했다. 기술 변화로 시공간 제약 없이 성과와 업무를 통제할 수 있게 되자 근로자에서 개인사업자로 신분이 바뀐 특수 고용직 노동자와 업무를 위탁받아 수행하는 전문직 프리랜서나 플랫폼 노동자 역시 빠르게 증가하고 있다. 그중 상당수는 업무 내용의 변화 없이 신분이 바뀐 개인사업자이거나 은폐된 형태의 노동자로, 노동법의 보호를 받지 못하고 있다.

셋째, 인구와 가족 구조에 관련한 가구 구성의 변화다. 고령화가 진행되면서 노인 가구가 늘어났고, 여성의 경제 활동 참가율이 높아지면서 맞벌이 가구의 비중이 증가하고 있다. 가구주의 경제 활동 연령과 배우자의 취업 여부가 가구소득 격차에 큰 영향을 미치고 있다(강신욱 2018). **표 1** 소득 분위별 가구 특성을 보면, 가구주의 연령과 취업 가구원 수가 가구소득에 큰 영향을 미치고 있다는 것을 알 수 있다. 5분위에서는 가구주 연령이 50.7세, 가구원 수 3.7명이지만, 1분위에서는 가구주 연령이 65.7세, 가구원 수 1.6명으로, 소득 분위가 높을수록 가구주 연령이 낮고 가구원 수가 많다. 2018년 〈가계동향조사〉에 따르면, 가구당 취업자 수는 1분위에서 0.64명으로 가장 적은 반면, 2분위 1.21명, 3분위 1.56명, 4분위 1.77명, 5분위 2.07명으로, 소득이 높을수록 가구당 취업자 수가 늘어 맞벌이 비중이 높다는 것을 알 수 있다. 맞벌이 가구는 2017년 전체 유배우 가구 1222만 4000가구 중 44.6퍼센트를 차지했고, 2018년에는 46.3퍼센트로 증가했다. 가구주가 생산 가능 인구인 유배우자 가구 중 맞벌이 가구의 비중은 50.2퍼센트이며, 40대의 맞벌이 가구 비중이 54.2퍼센트로 가장 높았다. 특히 부부

---

* 1980~1994년, 1995~2007년, 2008~2016년 등 세 시기의 근로소득 구간별 임금상승률을 분석한 고영선(2019)에 따르면, 1980~1994년에는 상위 10퍼센트의 연평균 임금인상률이 6.6퍼센트였지만 중위 임금 계층과 하위 10퍼센트는 각각 9.2퍼센트에 이르러 임금 불평등이 크게 개선되었다. 그러나 1995~2007년 사이 연평균 임금인상률은 상위 10퍼센트가 5.6퍼센트인 반면, 중위 임금 계층이 4.0퍼센트, 하위 10퍼센트가 3.1퍼센트로 임금 불평등이 증대했다. 2008~2016년 사이에는 하위 10퍼센트의 임금인상률이 3.0퍼센트인 반면 상층과 중층은 모두 1.1퍼센트로 임금인상률이 낮아져 격차가 완화되었다는 것이다. 이러한 차이의 원인은 학력 수요에서 1995~2007년에 고학력 노동력 수요가 증가한 반면, 2008~2016년에는 대졸자 공급이 수요를 초과한 때문이라는 것이다.

모두 전문직과 관련 종사자로 일하는 비중은 2017년 54.3퍼센트이고, 가구주가 대졸인 맞벌이 가구는 47.6퍼센트였다. 이렇게 가구의 소득 분위별 취업자 수와 동일 계층 사람들이 결혼하는 동류혼에 따른 배우자 효과가 가구별 소득 격차에 큰 영향을 미치고 있다.

나아가 고연령층이 비정규직이나 영세 자영업에 집중되고 있는 것도 불평등 증가에 큰 영향을 미치고 있다. 성재민(2018)에 따르면, 비정규직의 임금 격차는 차별보다는 비정규직의 인적 구성 변화 때문이다. 2008~2017년 사이에는 상용직이 증가하는 양상을 보였는데, 최상위와 하위 일자리가 감소하고 중간 임금 일자리가 빠르게 증가함에 따라 중심 연령대가 중간 임금 일자리로 이동하고 은퇴 연령대가 남은 저임금 일자리를 채웠기 때문이다. 즉 고용 형태별 임금 격차가 증가한 것은 비정규직에서 노동시장 진입 연령대와 은퇴 연령대의 비중이 증가했기 때문이다.[*] 자영업자 경우에도 57.1퍼센트가 50대(32.4퍼센트)와 60대(24.7퍼센트)이며, 1인당 소득은 임금 근로자의 60퍼센트 수준에 불과하다(김도균 외 2017).

넷째, 자산시장의 팽창과 가계의 금융화다. 한국 사회에서 불평등의 주요한 원천 중 하나는 산업화 과정에서 부동산 가격이 폭등해 발생한 엄청난 개발 이익이고, 이때 축적된 자산은 세대를 넘어 이전되고 있다. 자산 불평등은 산업화 세대의 자산 상속뿐만 아니라 1997년 이후 가계의 금융화 때문에 더욱 심해지고 있다. 1997년 이전까지 국민들은 안정적 소득과 고금리를 기반으로 임금 소득을 저축하고, 저축을 모아 집을 사는 방식

---

[*] 2019년 5월 기준 55~64세 인구는 770만 5000명으로, 이 중 64퍼센트인 493만 4000명이 오래 하던 일을 그만두고 다른 일을 하거나 쉬고 있으며, 가장 오래 가진 직업을 그만둔 나이는 평균 49.4세였다. 55~79세 고령층 인구의 장래 근로 희망자 비율은 64.9퍼센트로, 희망 근로 연령은 73세였다. 직장을 그만둔 이유는 사업 부진과 조업 중단, 휴폐업이 33.0퍼센트로 가장 많았다(2019년 고령층 부가조사, 2019년 7월).

으로 월세에서 전세를 거쳐 자가 소유로 옮아가는 주거 계층의 상승을 꿈꿀 수 있었다(강병익·황규성 2017). 그러나 1997년 외환 위기 이후 소득을 저축해 집을 사기가 어려워졌고, 그 대신에 빚을 내서 집을 사는 금융화의 길이 열렸다. 이자율 하락과 가계 금융 확대는 일자리와 소득이 불안정한 가계가 은행 대출에 의존하도록 만들었고, 주택 금융에 기반한 투기적 수요는 자산시장을 팽창시키면서 자산 불평등을 심화시켰다. 저금리와 소득 정체를 배경으로 주택이 자산을 증식하기 위한 투자처로 인식된 것이다. 이러한 변화는 '소득 기반 주택 취득' 모델에서 '주택 기반 자산 극대화' 모델로 나아가는 이동으로 요약된다(황규성·이재경 2014). '소득 기반 주택 취득 모델'이 저축을 통해 내 집 마련의 꿈을 이루는 것이라면, '주택 기반 자산 극대화' 모델은 은행 대출에 의지해 주택을 취득하고 소득으로 이자를 메꾸면서 주택 가격의 상승을 기대하는 것이다. 주택이 자산 증식 수단으로 인식되자 부동산 담보 대출은 미래의 수익을 위한 투자가 되었다.

부동산 가격이 상승하자 너도나도 가계 대출을 통해 부동산 투자에 뛰어들었고, 부동산 가격은 더욱 폭등했다. 그 결과 2010년대 이후 소득 분위별 자산 불평등은 더욱 확대되고 있다. 가계 금융의 활성화와 여기에 기반한 부동산 시장의 과열은 더 많은 자본을 동원해 시장 변화에 신속하게 대응할 수 있는 상위 계층에게 더 높은 수익률을 가져다주었다. 황규성·이재경(2014)은 과거의 소득으로 자산을 축적한 뒤 금융을 매개로 자산 가치의 상승과 투기적 자산소득을 추구하는 이들을 '금융화된 중간계급'이라고 불렀다. 대출을 이용한 부동산 가격의 상승은 고소득층에게 더 많은 자산 가치 상승을 선물한 반면, 대출 이자나 급등하는 전월세 가격을 감당할 수 없는 중하위 계층을 하우스 푸어로 만들거나 도시 외곽으로 밀어냈다(강병익·황규성 2017). 부동산 가격 폭등은 자산 불평등으로 이어지고, 자산 불평등은 이제 역전 불가능할 정도가 되어 세습 단계로 진입하고 있다.

마지막으로 신자유주의적 시장화와 노사 간 권력 관계의 변화다. 외환 위기 이후 가장 큰 쟁점은 노동시장의 유연화와 이중화 문제였다. 재벌 대기업의 구조조정, 자본시장과 금융시장의 자유화는 단기 이익 추구형 경영을 확산시켰고, 이 과정에서 인력 조정과 외주화, 비정규직 고용이 크게 증가했다. 기업 규모와 고용 형태에 따른 노동시장의 이중화와 고용 관계의 다양화는 급속히 확대되었고, 노동조합의 규제력을 약화시키면서 자본의 지배력을 확대했다. 대기업 중심의 노동조합 체제는 산별 노조 전환에도 불구하고 여전히 기업별 교섭의 틀을 벗어나지 못했다. 임금과 근로 조건이 기업별 교섭에 따라 정해지는 조건에서 노동조합의 보호를 받는 부문과 그렇지 못한 부문 사이의 격차 역시 확대되었다. 노동조합이 정규직 조합원들의 임금 상승과 고용 안정에 몰두하는 동안, 대기업들은 정규직 고용을 확대하는 대신에 사내 하도급 형태의 비정규직 활용, 생산 외주화, 자동화를 통한 인력 절감, 해외 공장 설립으로 대응했다. 전투적이고 민주적 노동조합들도 기업별 울타리를 넘어 비조합원의 이익을 대변하려 하지 않았고, 노동조합의 이중화에 적극적으로 대응하지 못했다. 대자본들은 산별 교섭에 끝까지 저항했고, 조합원 다수가 대기업 정규직인 노동조합도 임단협을 넘어 모든 노동자를 포괄하는 노동시장 제도 개혁에 소극적이었다. 기업별 노조의 유산과 기업별 교섭의 틀을 넘어서지 못한 노동조합은 산업, 업종별 연대 임금이나 근로 조건의 균등화에 기여하지 못한 채 대기업 정규직 노동자들만의 이익 집단으로 고립되어 사회적 영향력을 상실했다. 노조가 취약 노동자들의 이익을 대변하는 데 실패하면서 노동시장 이중화는 심화되었다. 법적으로 고용 관계에서 배제된 특수 고용직 노동자들이나 자율성을 상실하고 자본의 지휘와 감독을 받는 종속적 자영업자 역시 늘고 있다. 자본-임노동 관계에서 자본의 법적 책임은 모호해지는 반면, 자본의 지배 영역은 확장되고 있다. 노동자들은 개인화되고 자본을 상대로 한 직접적 고용 관계는 모호해지고 있다. 노동자의 경계가 유동화되면서 고용 관계에 기초한 계급투쟁의 조건이나 사회복지 시스템은 변화가 불가피해지고 있다. 노동조합이 노동시장 이중화를 극복하기 위한 규제를 강화하고, 동일 노동-동일 임금 원칙에 기반해 노동자 내부의 단결을 강화하며, 취약 노동자에 대한 제도적 보호에 나서지 못한다면, 노동시장 불평등은 해소되기 어렵다.

저성장과 경제의 이중 구조화, 일자리 구조의 변화, 인구와 가족 구조의 변화, 경제의 금융화와 자산시장의 팽창, 신자유주의적 시장화와 노사 권력 관계의 변화가 진행된 결과, 불평등은 구조화되고 세습화되고 있다. 계층 상승의 가능성은 약화되고 계층 하강의 위험이 높아지는 상황에서, 중산층 의식은 크게 약화되었다. 통계청 사회조사에서 '다음 세대의 계층이 상승할 가능성'에 대한 응답을 2009년과 2017년을 비교하면, '높다'는 48.3퍼센트에서 29.5퍼센트로 감소한 반면 '낮다'는 29.8퍼센트에서 55.0퍼센트로 거의 두 배나 증가했다. 8년 사이에 계층 상승 가능성에 대한 기대가 큰 폭으로 하락한 것이다. 계층 상승에 대한 비관적 전망은 고용에 대한 불안에 연관되는데, 실제 19세 이상 인구의 60.4퍼센트는 고용에 대한 불안을 느끼고 있다고 응답하고 있다.

고용에 대한 불안과 미래에 대한 절망은 무엇보다 장기적 생애 전망에 기초한 생활 양식을 어렵게 만든다. 중산층의 삶은 교육과 취업, 연애와 결혼, 출산과 교육, 주택 구입, 정년퇴직으로 이어지는 표준적 생활 양식을 전제한다. 그러나 박경순(2011)은 교육-근로-은퇴 국면으로 짜인 생애 과정의 시간 구조가 유연화되고 '탈정형화de-standardization'되고 있다고 지적한다.

'생애 과정의 탈정형화'는 고정된 연령 경계와 안정적 고용 관계가 파괴되고 남성 생계 부양자 모델을 축으로 교육-근로-은퇴로 이어지는 생애 과정이 침식되는 현상을 지칭한다. 생애 과정의 탈정형화에 따르면, 3단계 생애 과정에서 근로 생애 국면이 단축되고, 여성과 남성이 모두 3단계 생애 과정을 통과하는 방식으로 수렴하며, 노동시장으로 최초 이행하는 시기가 지연되고, 주요 직업의 은퇴 시기는 빨라지지만 실질적 은퇴 시기는 늦어지며, 한시적 고용 관계의 비중이 높아져 임금 노동자와 자영업자 사이의 고용 형태 이행이 잦아진다. 근로 국면에서 노년으로 나아가는 이행이 유동화되고, 노년기가 연장되면서 노년의 내부 분화가 진행된다.

고용과 직업의 불안정성과 소득 감소, 미래의 불확실성에 대한 경험은 장기적 생애 계획을 수립하기 어렵게 하고, 직업적 정체성과 장기적 사회 관계 형성, 생애 서사의 구성에 어려움을 초래한다(세넷 2002). 표준적 생애 과정이 해체된 결과 삶의 서사는 개별화되고, 개인은 인격적 '존엄'을 생각하기보다는 더더욱 개인적 생존과 가족의 안전에 몰두하게 된다. 모두 미래를 기대하기보다는 '현재 삶의 안전'을 최우선으로 하기 때문에 새로운 도전이 불가능한 사회가 된다. 이런 상황은 고용 지위와 사회복지를 연계하는 전통적 복지국가를 위협하며, 안정적 고용 관계에 기초한 사회적 동질성과 직업적 정체성이라는 노동조합의 물적 토대를 위협한다.

6. 불평등 극복을 위한 과제

시장에서 나타나는 격차와 불평등을 해소하려면 분배와 재분배를 위한 정책적 개입이 필요하다. 많은 학자들은 불평등을 개선하기 위한 재분배 정책으로 조세 정책과 복지 정책을 강조한다. 먼저 조세 정책으로 토마 피케티는 누진적 소득세와 글로벌 자본세를 제안하며, 누진적 재산세와 상속세 강화를 통해 세습화된 부를 억제할 것을 요구한다. 피케티에 따르면, 자본은 형성기에는 언제나 위험 추구적이지만 충분히 축적되면 늘 지대로 바뀌는 경향이 있다. 자본수익률이 경제성장률을 상회하는 저성장 체제에서는 세습화된 부의 시대가 도래한다는 것이다. 따라서 조세를 통해 자본의 세습을 막고 전세계적으로 이동하는 자본을 통제해야 한다는 것이다. 개인소득세는 더욱 누진적인 세율 구조로 바꿔야 하며, 상속받은 재산과 증여 재산에는 누진적인 평생 자본 취득세 체계에 따라 과세해야 한다.

둘째, 복지 정책은 사회복지를 강화해 최저 생활 기준을 보장하는 것이다. 척 콜린스는 이것을 '바닥 높이기'로 규정하며, 취약한 삶에 대한 안전망을 강화해 어느 수준 이하로는 사람들이 추락할 수 없도록 기준을 높이는 시도로 정의했다. 한국에서 경제적 불평등은 무엇보다도 노인 빈곤과 근로 빈곤을 포함하는 심각한 빈곤 문제로 표현되고 있다. 모든 사람을 위한 사회보장으로 아동 빈곤을 막기 위한 보편적 아동수당, 실업급여 인상과 적용 대상 확대, 서민의 저축과 자산 형성 지원, 기초연금의 확대와 인상, 전국민 의료 보장과 상병수당 도입 등 중하위 계층에 대한 지원이 강화되어야 한다. 나아가 출발선을 맞추고 '운동장을 평평하게 하기' 위한 조치로서 교육 기회의 확대와 대학 교육 무상화, 최소한의 기초 자본으로서 청년에 대한 기초자산제에 대한 고민, 공익 서비스 부문의 장기 투자자로서 국민연금의 역할이 필요하다.

셋째, 조세 정책과 복지 정책을 통한 적극적 재분배를 넘어 시장 영역에서 공정한 배분을 하기 위한 시장 권력의 통제와 경제민주화가 필요하다. 약탈적 산업 생태계를 해체하고 부의 집중을 완화하기 위한 반독점 정책을 펴고, 자산 규제를 통한 소유 제한을 해야 한다. 대기업과 중소기업의 이중 구조를 해소하기 위한 재벌 개혁과 중소기업의 협상력을 높이기 위한 제도 개혁이 동반되어야 한다. 국민경제의 균형 발전을 위한 건강한 산업 생태계를 조성함으로써 중소기업의 지불 능력을 강화해야 한다.

무엇보다도 노사 간의 세력 균형과 전체 노동자에 대한 포괄적 이익 대표에 기반한 노동시장과 노사관계의 개혁이 필요하다. 노동의 분배 몫을 증대시킬 수 있도록 자본에 대한 노동의 교섭력을 강화하는 조치가 필요하다. 동시에 노동시장의 이중 구조를 해소하기 위해 노동조합의 산별 교섭과 연대 임금 정책을 강화해야 한다. 노동조합은 전체 노동자의 이익을 대변하고 전체 공동체를 상대로 연대를 강화하는 전략적 노력이 필요하다. 그러나 이것이 가능하기 위해서는 국가의 정책적 개입이 불가피하다. 정부는 노동시장의 이중화와 노사관계의 파편화를 극복할 수 있도록 노사 간의 적절한 힘의 균형을 보장하고 노조가 전체 노동자의 이익을 대변하는 기능을 수행할 수 있도록 대표와 교섭 체계의 법적 개편을 뒷받침해야 한다. 완전 고용을 위한 거시 정책, 모범 사용자로서 국가의 역할을 강화해야 하며, 최저임금과 최고 임금에 대한 사회적 합의와 법적 규제를 강화해야 한다. 직접 고용 노동자와 간접 고용 노동자, 특수 고용직과 프리랜서를 포함하는 개인사업 노동자, 종속적 자영업자에 이르기까지 모든 노동자를 포괄하는 방향으로 노동법 체계를 재편해야 한다. 연금, 건강, 고용, 산재 등 고용 관계에 기초한 사회보험의 적용 대상을 전국민으로 확장하는 방향으로 복지 시스템을 개편해야 한다.

소득, 교육, 자산의 불평등은 모두 과도한 시장화와 불평등에 대한 공적 규제의 취약성에서 비롯된 것이다. 노동시장 불평등은 시장에 대한 탈규제와 노사 간 힘의 불균형, 국가의 친자본 정책에 따라 구조화되었고,

자산 불평등 역시 개발 이익이 사유화되고 불로소득과 자산 상속에 대한 공적 환수 체계와 조세 정의가 취약한 현실을 보여주는 것이다. 교육 불평등 역시 사교육을 통한 입시 경쟁을 방치하고 조장한 공교육의 취약성과 고등교육의 과도한 시장 의존에 상당한 책임이 있다.

결국 불평등은 사회 각 영역에서 일어나는 과도한 시장화에 맞서 공적 규제를 강화해 해결할 수밖에 없고, 그러려면 경제와 사회 시스템을 전면적으로 개조해야 한다. 중심축은 노동, 주택, 교육, 가족, 의료 등 각 영역에서 과도한 시장화를 되돌릴 수 있는 공적 규제의 강화와 공공성의 확장이다. 공정한 경기장을 만들기 위한 정책적 개입은 모든 수준에서 기회의 평등을 촉진하고 특권을 제거하는 것이다. 척 콜린스는 모든 사람을 위한 주택과 자산 형성, 부채 없는 고등교육, 양질의 일자리, 기본소득 등 네 가지 개혁을 제안한다. 이런 개혁은 중산층의 성찰과 중간계급의 지지를 필요로 한다. 왜냐하면 불평등의 심화와 함께 개별화와 경쟁이 심화되면서 여론에 영향을 미칠 수 있는 조직 부문은 소득이 높고 고령층이 많아 집합행동에 무관심하게 되며, 개혁이 절실한 저소득 미조직 부문은 집합행동을 위한 조직적 자원이 부족하게 되기 때문이다.

시장의 불평등은 국가의 재분배 정책을 통해서만 교정되며, 적극적인 재분배 정책은 정치적 압력과 합의를 통해서만 가능하다. 사회적 불평등을 교정하려면 국가의 사회 정책과 경제 정책, 계급 정치에 관심을 가져야 한다. 시민의 정치적 무관심은 사회적 불평등이 지속될 수 있는 조건이다. 사회가 개인 삶의 불안과 불안정을 해결하지 못한다면, 공동체에 대한 개인들의 책임감을 기대하기 어렵다. 불평등은 오직 민주적 정치와 사회운동을 통해서만 해소될 수 있다. 불평등 문제는 우리 사회가 연대적 공동체로 지속할 수 있을지 가늠하는 시금석이다.

✓얘깃거리

1. 사회적 불평등이 소득, 교육, 자산의 다중 격차라는 형태를 띤다는 점에서, 소득 불평등과 교육 불평등, 자산 불평등이 어떻게 서로 연관되는지, 한국 사회의 불평등이 심화되는 원인과 이 세 가지 불평등 사이의 관계는 어떠한지 생각해봅시다.

2. 계급 불평등과 성, 세대, 지역 불평등이 어떻게 연관돼 있는지에 관련해 계급 불평등과 다른 사회적 불평등 사이의 관계를 생각해보고, 노동-자본 계급 역관계의 변화가 우리 사회의 불평등 구조에서 어떠한 의미를 지니는지 이야기해봅시다.

3. 불평등이 구조화되고 세습화되고 있는 상황에서, 한국 사회의 불평등을 해소하기 위해 가장 빨리 추진해야 할 과제가 무엇인지, 불평등을 해소하기 위한 집합적 노력이 어떻게 펼쳐져야 할지, 노동조합운동은 어떤 노력을 해야 할지 이야기해봅시다.

✓읽을거리

강병익·황규성, 〈다중격차의 역사적 기원〉, 《다중격차 2》, 페이퍼로드, 2017.

강신욱, 〈최근 소득 불평등의 추이와 특징〉, 《노동리뷰》 8월, 한국노동연구원, 2018.

권혁용, 〈한국의 노동시장 이중구조화와 내부자-외부자 정치경제학〉, 《한국정당학회보》 18(1), 2019.

김낙년, 〈우리나라 소득 불평등의 추이와 국제비교〉, 《사회과학연구》 25(2), 동국대학교 사회과학연구소, 2018.

김낙년, 〈한국의 부의 불평등 2000~2013 — 상속세 자료에 의한 접근〉, 《경제사학》 62, 2016.

김도균 외, 《자신에게 고용된 사람들》, 후마니타스, 2017.

김병권, 《사회적 상속》, 이음, 2020.

김영미·한준, 〈금융위기 이후 한국 소득 불평등 구조의 변화〉, 《한국사회학》 41(5), 2007.

김형준, 〈교육 성공신화의 역설〉, 《경제와 사회》 제125호, 2020.

리처드 리브스, 김승진 옮김, 《20 vs. 80의 사회》, 민음사, 2019.

리차드 세넷, 조용 옮김, 《신자유주의와 인간성의 파괴》, 문예출판사, 2002.

매튜 스튜어트, 이승연 옮김, 《부당 세습》, 2019.

박경순, 〈생애과정 탈정형화의 사회정책적 함의〉, 《사회보장연구》 27(1), 2011.

성재민, 〈임금 불평등의 최근 추세와 원인〉, 《노동리뷰》 8월, 한국노동연구원, 2018.

신진욱, 〈한국에서 자산 및 소득의 이중적 불평등〉, 《민주사회정책연구》 23, 2013.

앤서니 앳킨슨, 장경덕 옮김, 《불평등을 넘어》, 글항아리, 2015.

이철승, 《불평등의 세대》, 문학과지성사, 2019.

이철승·정준호, 〈세대 간 자산이전과 세대 내 불평등의 증대〉, 《동향과 전망》 104, 2018.

장귀연, 〈자본의 노동 포섭 형태 변화와 자영 노동의 실질적 종속〉, 《경제와 사회》 가을호, 2015.

장지연·신진욱, 〈약자들의 연대는 왜 나타나지 않는가?〉, 《다중격차 2》, 페이퍼로드, 2017.

전병유, 〈우리나라 노동시장 분절화의 구조와 시사점〉 《노동리뷰》 10월호, 2018.

전병유·정준호, 〈한국경제 성장체제의 재구성을 위한 시론〉, 《동향과 전망》 95, 2015.

전병유·정준호, 〈한국경제에서의 불평등 증가와 성장패러다임의 전환〉, 《다중격차》, 페이퍼로드, 2016.

전병유·정준호·정세은, 〈한국의 불평등 추이와 구조적 특성〉, 《다중격차 2》, 페이퍼로드, 2017.

정이환, 〈한국 노동시장의 분절 구조와 대안 모색〉, 《노동리뷰》 10월호, 2018.

정준호·전병유, 〈한국경제의 이중화와 성장체제 전환의 가능성〉, 《노동리뷰》 12월, 2015.

정준호·전병유, 〈한국에서의 성장과 빈곤, 불평등〉, 《경제연구》 34(2), 2016.

조귀동, 《세습 중산층 사회》, 생각의 힘, 2020.

조지프 스티글리츠, 이순희 옮김, 《불평등의 대가》, 열린책들, 2013.

척 콜린스, 박형준 옮김, 《미국의 불평등은 돌이킬 수 없는가?》, 내 인생의 책, 2019.

토마 피케티, 장경덕 옮김, 《21세기 자본》, 글항아리, 2014.

홍민기, 〈2016년까지의 소득분배지표〉, 《노동리뷰》 2월호, 한국노동연구원, 2018.

홍민기, 〈최상위 임금 비중의 장기추세 — 1958~2013〉, 《산업노동연구》 21(1), 2015.

홍장표, 〈소득주도 성장 2년, 평가와 과제〉, 《시민과 세계》, 참여사회연구소, 2019.

황규성·이재경, 〈금융화와 소득 및 주택의 불평등 심화〉, 《동향과 전망》 91, 2014.

2부

노동운동의
전환

1장

21세기에도 노조는
사회 변화의 주역이 될 수 있을까
노동조합 무용론 비판

한지원

1. 노동조합을 둘러싼 논란

한국 사회에서 노동조합만큼 평가가 극에서 극을 달리는 경우는 흔치 않다. 노동조합은 20~30여 년 전에는 '빨갱이'로 낙인이 찍혔다. 민주 노조를 세우다 빨갱이로 찍혀 고초를 겪은 활동가들이 아직도 노동운동에 많이 남아 있다. 그런데 이런 노동조합운동이 21세기에는 '귀족'으로 낙인이 찍혔다. 노동조합이 고소득 노동자들의 기득권만 보호한다는 비아냥이다. 어쨌든, 세상에 빨갱이와 귀족이 한 대상을 지칭하는 경우가 노동조합 말고 있을까 싶다. 이렇게 노동조합은 한국 사회에서 좋은 의미든 나쁜 의미든 역사적으로 항상 논란의 대상이었다.

최근에는 노동조합 무용론도 등장한다. 4차 산업혁명론 탓이다. 인공지능 기계가 노동자를 대신하는 시대가 왔으니 노동조합이 교섭력을 발휘할 수도 없고, 굳이 할 필요도 없다는 주장이다. 좌파든 우파든 첨단 기술에 주목하는 사람들이 하나같이 이런 이야기를 하고 있다. 그런데 여기서 흥미로운 것은 최근 미국 경제학자들은 거꾸로 노동조합의 필요성을 더욱 강조하고 있다는 점이다. 이 학자들은 노동조합의 교섭력 약화가 경제적 불평등과 경제 침체를 심화하고 있다고 지적한다. 미국 민주당계 싱크탱크가 결집해 만든 '포용적 번영' 전략의 첫 번째 정책 항목은 다름 아닌 노동조합 단체협약 적용률 확대였다.

20세기의 세계에서 노동조합이 진보의 기관차 역할을 해온 점에는 의문의 여지가 없다. 서유럽의 복지 모델은 노동조합운동 없이는 설명할 수 없다. 평등의 정도와 노동조합 조직률 간에 양의 상관관계가 있다는 것은 학계에서 정형화된 사실로 인정받는다. 그러나 20세기 후반부터 노동조합 조직률은 하락했고, 복지는 후퇴했으며, 노동자 간 격차는 커졌다. 그리고 노동조합운동은 수십 년간 이런 상황을 변화시키는 데 반복해서 실패했다. 더불어 21세기에 세계를 들썩이게 한 사회운동들에도 노동조합은 주동적 역할을 하지 못했다. 노동조합운동에 관한 근본적 회의는 이런 노동조합의 침체와 관련이 깊다.

나는 21세기 세계에서 노동조합이 가지는 의미를 따져보고, 노동조합운동이 사회 변화에 어떻게 주동적 역할을 해야 할지 제안하려 한다.

2. 4차 산업혁명과 노동조합 무용론

SEIU에서 나의 목표는 21세기의 글로벌 경제하에서 노동자들에게 승리를 안겨줄 노동조합을 만드는 것이었다. …… 나는 일에 싫증이 나서 SEIU를 떠난 것이 아니었다. 그보다는 이곳에서 거의 15년 가까이 근무하는 동안 노동의 미래를 예측하는 능력을 상실했기 때문이다. …… 나는 21세기 경제에서 노동조합이 수행하는 역할은 매우 제한적이라는 사실을 일찌감치 깨달았다. 그 이유는 노동조합이 새로운 환경에 적응하는 속도가 느리기 때문만이 아니라 경제 자체가 변화하고 있기 때문이다. 새로운 기술들로 인해 더 많은 일들이 자동화되면서 기업들이 필요로 하는 정규직 노동자의 수는 갈수록 줄어들 것이다. 따라서 노조가 수행하는 단체교섭의 역할은 축소될 수밖에 없다. 그러다보면 회비를 납부하는 조합원의 수도 나날이 감소할 것이다. 프리랜서나 시간제 근로자들은 이미 노동현장의 모습을 바꾸어놓기 시작했다. …… 기술은 미국 경제의 전략적 변곡점을 가져온 '사건 및 상황 또는 그 복합적 상태' 중에서도 가장 중요한 요인이다. 현대 경제는 근본적인 변화 앞에 놓여 있다.

미국을 대표하는 노동운동가 앤디 스턴 전 전미서비스노조SEIU 위원장의 말이다. 스턴은 《노동의 미래와 기본소득》에서 노동조합을 대신해 '기본소득'이 불평등을 완화하는 미래의 사회 제도로 역할해야 한다고 주장했다. 이런 주장은 최근 한국에서도 유행하는 것이다. 특히 기본소득을 대안으로 제시하는 사람들에게서 자주 나온다.

그렇지만 '기술 변화에 따른 노조 한계론'은 기술 변화가 초래하는 변화를 잘못 예측한다는 점에서 오류가 있다. 자동화 기술의 발전으로 일자리가 대거 사라질 것이라는 예측이 대표적 사례다.

인공지능이 발전해 자동화가 확대되고 있는 것은 분명한 사실이다. 그러나 산업 사회에서 실업을 지속해서 유발하는 산업혁명은 존재할 수 없다. 자본주의적 기술 발전은 노동을 절약(노동생산성 상승)하면서 동시에 노동을 확대(생산량 증대)해야 지속 가능하기 때문이다. 간단한 예로 이해해보자. 기술 발전으로 자동차가 마차를 대체했다. 운전기사 1인당 운송

량(노동생산성)이 많이 증가했다. 이때 운송할 화물과 사람이 마차 때보다 폭발적으로 증가하지 않으면 어떻게 될까? 자동차 생산량은 마차 생산량보다 감소한다. 그런데 마차만큼도 판매되지 못하는 자동차는 생산에 필요한 자본을 감안하면 기업에 큰 손해다. 기업은 자동차를 생산하지 않고 기술 발전도 멈춘다.

이렇게 산업혁명은 생산성과 생산량을 동시에 증가시켜야 일어나는 것이다. 19세기 이래 산업혁명이라 부르는 모든 변화가 그랬다. 생산량 증가는 생산에 필요한 노동의 감소를 상쇄한다. 최근의 기술 변화가 4차 산업혁명이라면서 실업 증가를 이야기하는 것은 그래서 난센스다. 인공지능을 통한 노동 절약이 생산 증대로 상쇄되지 않는다면 기술 발전 이전에 이윤율 하락으로 경제 위기가 닥친다. 인공지능도 더 발전하지 못한다.

현재의 자동화 기술이 실제로 일자리를 없애고 있는지도 실증적으로 확인되지 않는다. 미세한 변화는 있지만, 대량 실업이라 부를 만한 조짐은 없다. 2010년대 실업은 기술 탓이 아니라 고장난 금융 세계화 탓이었다. 더불어 2010년대 기술 혁신이 노동생산성을 높이고 있는지도 의문이다. 세계 경제학계에서 많이 논의하는 주제는 노동생산성 폭등이 아니라 노동생산성 상승의 둔화 원인이었다.

이런 점에서 '기술 변화에 따른 노조 한계론'은 오늘날 노동조합의 한계를 엉뚱한 곳에서 찾는 셈이다. 노동조합이 어려움에 부딪힌 이유는 일자리를 없애는 기술 변화 탓이 아니다. 실제로 일자리가 그렇게 사라지지도 않았고, 사라질 수도 없다.

20세기 노동조합운동은 기계제 대공업과 포드주의라는, 19세기에서 20세기 초반에 일어난 극적인 기술 변화에 대응하면서 출현했다. 19세기 중반까지 소수 장인들의 협회에 불과하던 초기 노동조합은 영국에서 산업혁

그림 1 미국의 총노동시간(단위: 십 억 시간)

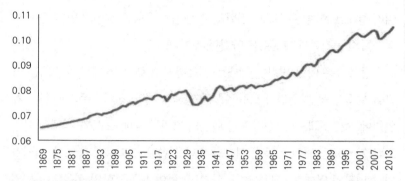

1868년부터 2016년까지 미국의 총노동시간 그래프다. 1930년대 대공황기, 2008년 금융 위기를 제외하면 노동시간은 감소하지 않았다. 정보통신 혁명이라 불리는 1980년대 이후에는 오히려 이전보다 더 증가 속도가 빨랐다고 볼 수도 있다. 만약 일자리 대량 상실이 있을 것이라는 4차 산업혁명론이 옳다면, 이 그래프는 2000년대 이후 정체하거나 하락해야 했다. 그렇지만 경제 침체라는 변수를 제외하면 그런 조짐은 전혀 나타나지 않는다.

명과 함께 대규모 미숙련 노동자가 쏟아져 나오면서 오늘날과 비슷한 대중적 산업 노조로 진화했다. 20세기 초 컨베이어 벨트로 대표되는 대량 생산 기술의 확산과 함께 기계의 부품처럼 일하던 노동자들이 미국에서 대규모 파업으로 노동조합을 만든 것도 잘 알려진 사실이다. 케인스주의나 복지국가 같은 계급 타협에 기초한 경제성장 체제가 주류화된 것도 노동조합운동이 기술 변화에 대응하면서 성장할 수 있는 중요한 조건이었다.

20세기 후반부터 선진국 노동조합운동이 어려움에 부닥친 것은 기술 자체의 속성 변화보다는 자본의 전략에 노동조합이 제대로 대응하지 못한 탓이었다. 우선 계급 타협에 기반한 성장 체제가 1970년대에 위기를 겪은 후 신자유주의로 불리는 개혁 프로그램으로 바뀌었다. 개혁은 금융 규제를 철폐하고 자유무역을 확대하는 금융 세계화와 고용과 임금의 유연성을 높이면서 실업을 관리하는 유연 안정성이 핵심이었다. 그리고 노동조합이 이전까지 누리던 금융 억압과 완전 고용의 효과가 이때부터 약화하기 시작했다. 자본의 세계화, 노동 규제의 약화, 직무를 외주화하거나 여러 형태로 쪼개는 신축화, 전반적 경제 침체에 따른 실업의 만연 등이 노동조합의 조직력과 교섭력을 약화한 것이다.

노동조합은 이런 변화에 제대로 대응하지 못했다. 세계로 움직이는 자본을 뒤쫓지 못한 선진국 노동조합의 일국적 제약, 신자유주의 노동 규제 완화에 속수무책으로 당한 수십 년간의 정치적 패배, 노동자 전체의 단결보다 기존 조합원의 기득권 지키기에 힘을 쏟은 실리주의적 노선, 실업자와 취업자의 연대를 도모하지 못한 한계 등이 노동조합의 힘을 갉아먹었다. 요컨대 '기술변화에 따른 노조 한계론은' 20세기 후반부터 누적된 노동조합운동의 여러 패배를 노동조합운동의 근본적 한계로 너무 간단하게 환원하는 것이다. 노동조합은 기술 탓에 필요 없어진 것이 아니라, 기술변화를 동반하는 체제 변화에 대응하지 못하면서 약화한 것이다.

3. 임금 격차와 귀족노조론

한국에서 2000년대 이후 노동조합에 대해 쏟아진 비난은 대부분 귀족노조론이었다. 보수 언론은 민주노총이 투쟁만 하면 대기업, 공공 부문 정규직 노동자의 집단 이기주의라며 비난을 퍼부었다. 보수 언론이 노동조합 투쟁에 악의를 갖는 것은 계급적으로 이상한 일은 아닐 터이다. 노동조합이라는 존재 자체를 싫어하는 것이 생리이기 때문이다. 그렇지만 문제는 이런 악선동이 대중적 호소력을 갖는다는 점이다.

2000년대 노동조합운동이 상위 소득 노동자에게 편중되어 있다는 점은 부정할 수 없는 사실이다. **그림 2**는 이런 한국 사회의 현실을 잘 보여준다.

그림 2 주요 집단별 임금

2017년의 주요 집단별 임금(소득) 격차 수준을 보여준다. 중앙 공공 기관과 대기업 노동자의 임금은 중위 임금의 3배 가까이 된다. 공공 부문 임금은 도소매업 평균은 물론이거니와 제조업 평균보다도 훨씬 높다. 공공, 대기업, 제조업 등은 다른 부문에 견줘 노조 조직률도 월등히 높다. 노조 조직률 격차와 임금 격차가 양의 상관관계(인과관계는 아니다)를 가지다 보니 '귀족노조론'이 힘을 받을 수밖에 없다.

상위 소득 계층은 노동조합 조직률이 매우 높고, 하위 소득으로 내려갈수록 노동조합 조직률은 극히 낮다. 자동차산업 대기업이 조합원 상당수를 차지하는 금속노조는 월평균 임금이 600만 원(2018년)이다. 금속노조 조합원 대부분이 임금 소득 상위 10퍼센트에 속해 있다. 민간보다 평균 임금이 30퍼센트 이상 높은 공공 부문은 노동조합 조직률이 민간보다 압도적으로 높다. 민간은 조직률이 10퍼센트가 안 되지만, 공무원과 공공 기관은 50~60퍼센트에 이른다. 중소기업이 대기업보다, 여성이 남성보다 노동조합 조직률이 훨씬 낮은 것도 잘 알려진 사실이다. 노동조합이 임금 격차의 원인이라고 할 수는 없지만, 고소득 노동자가 노동조합에 많이 가입해 있어서 귀족노조라는 말이 직관적인 호소력을 가질 수 있는 것이다.

그렇다면 오늘날 노동조합운동은 상위 임금 소득자 위주의 조직에서 벗어날 수 있을까? 귀족 노조를 이야기하는 사람들은 이런 질문에 매우 회의적인 답을 내놓는다. 보수 언론만이 아니라 진보 진영에서도 노동조합운동이 노동자 다수를 포괄하는 조직으로 변화할 수 있을지에 대해 회의적으로 생각하는 사람이 적지 않다.

우선 노동조합이 임금 격차 문제를 이 정도까지 무기력하게 내버려둔 이유를 분석해보자. 역사적으로 보면 임금 격차가 확 커진 계기는 1987년 노동자 대투쟁과 1998년 IMF 구조조정이었다. 노동자 대투쟁이 임금 격차 확대로 이어진 이유는 민주 노조 건설과 노동조합 투쟁이 수출 제조업에 집중된 때문이었다. 부정적 의미의 임금 격차 확대는 아니었다. 민주 노조가 먼저 투쟁한 곳에서 수십 년간 정체된 임금을 먼저 치고 나간 것이었으니 말이다. 문제는 민주 노조 투쟁의 낙수 효과가 너무 빨리 사라진 것이었다. 한국의 노동조합운동은 시기만 놓고 보면, 참 운이 없었다. 1989년 말부터 한국 경제는 3저 호황을 끝내고 침체로 돌아섰다. 1990년을 지나면서 대기업의 이윤이 감소했고, 부도난 중소기업이 증가했다. 공장 가동에 사활을 걸던 자본은 이때부터 유휴 시설의 위장 폐업도 불사했다.

특히 부침을 겪던 전국노동조합협의회(전노협)와 대기업 노조의 결합이 경제 침체 때문에 더 어렵게 된 것이 문제였다. 전노협은 중소기업 노조들이 주축이었다. 일부 대기업 노조가 들어와 있었지만, 현대그룹과 대우그룹으로 대표되던 재벌 대기업 노조 대부분은 전노협에 가입하지 못했다. 노태우 정권과 재벌들이 대기업 노조가 전노협에 가입하지 못하게 기를 쓰고 막은 탓이었다. 1987년에 당한 패배를 전노협 탄압으로 보상받자는 심보였다. 정권은 전노협과 대기업 노조의 결합에 헌신하던 박창수 한진중공업노조 위원장을 살해하기도 했다. 정권의 폭력적 탄압과 함께 경제 침체가 깊어지자 전노협에 가입하려던 대기업 노조의 부담은 이전보다 더 커졌다. 그리고 이렇게 한국 경제의 심장이던 수출 대기업 노조들과 결합하지 못한 전노협은 1992년으로 넘어가면서 정권의 탄압과 중소기업 폐업으로 조합원이 급감한 끝에 힘이 크게 약화했다.

지금 와서 보면, 전노협과 대기업 노조가 결합하지 못한 것이 한국 사회 가장 큰 불행 중 하나였다. 둘의 결합이 실패한 효과가 단순히 더 큰 조직을 만들지 못한 것에 그치지 않았기 때문이다. 《노동의 힘》을 쓴 비버리 실버는 노조의 발전 경로를 '연합적 힘'과 '구조적 힘'의 결합으로 설명한다. 전자는 지역 연대와 사회적 대의로 교섭력을 얻는 것이고, 후자는 파업으로 생산을 멈춰 교섭력을 얻는 것이다. 전노협이 전자를 상징하고 대기업 노조가 후자를 상징했다고 볼 수 있다. 노조의 발전 방향은 두 힘을 어떻게 결합하느냐에 따라 결정된다. 연합적 힘이 우위에 있으면 노조의 정치 사회적 운동이, 구조적 힘이 우위에 있으면 노조의 실리주의적 운동이 좀 더 발전한다. 한국 노동운동은 1990~1991년 전노협과 대기업 노조의 결합이 실패한 뒤 후자의 방향으로 발전해갔다.

1987년 민주화 이후 한국 정치에서 군부를 대신해 재벌의 금권이 권력을 좌지우지했다. 3당 합당으로 집권 세력에 편입한 김영삼 세력과 차기 대권에 혈안이 된 김대중 세력은 금권 정치의 포로였다. 재벌의 정치 자금이 당시의 정치를 상징한다. 재벌은 금권 정치를 이용해 해외 차입을 해 과잉 투자와 문어발식 확장을 가속했다. 노조를 피하기 위해 전노협이 사라진 중소기업에서 대규모로 아웃소싱을 진행했다. 그리고 이것이 1997년 국가 부도와 노동시장의 극단적 양극화를 불러온 씨앗이 되었다.

이렇게 노동조합운동이 대기업과 공공 부문의 기업별 노동조합에 봉쇄된 상태에서 IMF와 한국 정부의 노동시장 유연화가 진행됐다. 조직된 노동자는 해고와 구조조정에 격렬히 맞섰지만, 반대로 노동조합이 없는 나머지 90퍼센트의 노동자는 말 그대로 허허벌판에서 맨몸으로 유연화의 된 서리를 맞았다. 오늘날의 이중 노동시장이 이렇게 고착화됐다.

한편 2000년대 노동조합운동의 특징은 격렬함에 견줘 사회적 변화에 미치는 영향은 크지 않았다. 투쟁 과정에서 점거 파업, 장기간의 단식과 고공 농성, 사망 사건, 공권력 투입과 대규모 구속 등이 발생했다. 2000년대 노동조합 간부 구속자 수도 군부 독재 시절보다 적지 않았다. 그렇지만 이런 격렬한 갈등이 제도 변화로 이어진 사례는 찾아보기 힘들다. 비정규직 노동조합 투쟁은 기업 내 노사 합의로 비정규직을 정규직으로 신규 채용하는 식으로 대부분 마무리됐고, 정리해고 문제도 정부의 중재로 해고자들이 단계적으로 복직하는 정도로 끝나는 경우가 많았다. 비정규직이나 정리해고 관련 제도는 개선되지 못했다.

물론 민주노총이 법제도 개선을 요구하지 않은 것은 아니었다. 그러나 1997년 이후 민주노총 총파업은 '뻥파업'이라는 비아냥을 들을 정도로 위력에서나 조합원 참여에서나 미약했다. 정부와 기업에 위협이 되지 못했다. 대기업과 공공 부문 노동조합들의 총파업 참여가 정부와 재벌에 경제적 타격을 가할 만큼 실질적으로 진행되지 못한데다가, 노동조합 조직률이 낮아서 총파업이 정치적 압력이 되지 못한 탓이었다.

요컨대 임금 격차 문제에 무기력해진 노동조합운동은 역사적으로 누적된 패배의 결과였다. 노동조합운동의 근본적 결함이 아니다. 노조가 본질적으로 귀족인 것은 아니다. 역사적 결과를 교훈 삼아 앞으로 얼마든지 현 상태를 개선할 수도 있다. 1990년대 이후 역사에서 본 대로 수직적인 한국 경제의 구조에서 기업별 노조 형태는 불평등 개선에 적합한 조합이 아니다. 지긋지긋한 귀족노조론과 결별하려면, 기업별 노조를 개혁해야 한다.

4. 대안 세계와 노동조합

노동조합운동에 관한 비판은 오른쪽에서만 나오는 것이 아니다. 왼쪽에서도 나온다. 급진적 사회 변화를 원하는 세력에게 노동조합은 종종 경제적 이익 추구에 제한된 조직으로 폄하되기도 한다. 한국 노동조합운동에 실리주의적 경향이 강해지면서 이런 비판이 현실적 설득력을 갖는 것도 부정할 수 없는 사실이기는 하다. 그렇지만 자본주의 변혁의 이론을 정초한 카를 마르크스에 따르면 대안 세계(마르크스가 공산주의라고 부른 것)는 어떤 청사진이 아니라 노동자운동 발전 그 자체일 뿐이다.

마르크스가 이야기한 대안 세계는 노동하는 시민 자신이 생산 주체가 되는 공동체였다. 자본주의에서 생산은 가상의 시민으로서 법인격인 기업에 의해 조직되며(마르크스는 자본가로 표현됐다), 소수의 자산 소유자와 경영자만이 생산 영역에서 스스로 판단하고 행동하는 주체가 된다. 다수 시민은 자신의 노동능력이 구매되기만을 기다리는 수동적 존재다. 헌법 제1조는 '대한민국은 민주공화국이다. 모든 권력은 국민으로부터 나온다'고 규정하고 있지만, 사실 우리가 하루의 대부분을 보내는 직장에서 보자면 '대한민국은 기업이 생산의 주체이며, 기업 내 모든 권력은 소유자와 경영자에게서 나온다'고 써야 맞을 것이다. 그래서 마르크스는 시민 주권이 제대로 실현되려면 노동하는 모든 시민이 집단적 경영자이자 소유자가 되는 세상이어야 한다고 주장했다. 삶의 많은 부분을 차지하는 생산 영역에서 주체가 되지 못한다면, 시민의 온전한 민주주의는 불가능하다.

마르크스의 이런 대안 세계관에서 보면 생산자협동조합이나 노동조합 같은 노동하는 시민의 자주적 조직들은 시민 자신을 사회적 경영자로 성장시키는 교육 기관이다. 수만 개의 기업, 수천만 명의 시민이 분업을 통해 생산해내는 수십만 가지의 생산물은 의지만으로 만들어질 수 없다. 대단한 지적 능력과 세밀한 사회적 협력이 필요하다. 자신의 노동 능력을 판매하는 것에만 익숙해서는 결코 이런 생산을 조직해낼 수 없다. 시민이 생산 주체가 되려면 그만한 능력을 갖춰야 한다. 생산자협동조합과 노동조합은 경영과 협력의 능력을 키우는 학교이며, 그런 시민의 집단적 능력만큼 대안 세계가 만들어진다. 그래서 마르크스는 대안 세계란 곧 노동자운동의 성장, 즉 시민의 집단적 경영 능력만큼 실현되는 것이라고 이야기했다(이런 점에서 국유화나 계획경제 같은 청사진들은 사실 마르크스의 대안 세계에는 미달하는 것들이다). 마르크스의 노동자운동 이론은 지금 한국의 노동운동에도 중요한 시사점을 준다. 바로 1987년 노동운동의 유산인 '성장을 전제로 한 쟁취' 전략에 변화가 필요하다는 점이다.

마르크스의 축적 법칙에 따르면 자본주의는 무한 성장 체제가 아니다. 최근 세계 경제와 한국의 장기 불황 전망은 마르크스가 말한 자본주의적 한계를 잘 보여준다. 마르크스는 경제 공동체가 위기를 벗어나려면 산업혁명 같은 기술과 제도의 대대적 혁신이 발생하거나, 아니면 자본주의적 생산관계 자체를 변혁해 대안 세계로 나아가야 한다고 주장했다. 최근 4차 산업혁명론이 등장해 전자의 가능성을 말하지만, 여전히 현실 경제는 산업혁명과 거리가 멀다. 오히려 전반적인 생산성 저하가 심각한 문제로 제기되고 있다. 한국도 중화학공업 전반의 위기가 심각하다. 막연하게 산업혁명을 기다리기보다는 대안 세계로 나아가려는 준비가 필요한 때다.

이런 조건에서 마르크스가 제안하는 노동자운동은 '대안을 위한 단결' 전략이다. 노동자운동이 스스로 대안을 제시하고, 그 대안을 추진하기 위해 더 많은 노동자가 단결할 수 있도록 최선을 다하는 전략 말이다. '성장을 전제로 한 쟁취' 전략은 성장을 기대하기 힘든 조건에서 실현될 수 없다. 분배를 둘러싼 '노노 갈등'만 부추긴다. '대안을 위한 단결' 전략에서는 임금의 인상이나 인하가 급진성의 기준이 될 수 없다. 기업과 정부에 대안을 내놓으라며 분노를 터트리며 규탄하는 것이 운동의 목표가 되면 안 된다. 노동자운동은 노동자 내부의 이해관계를 조정할 수 있는 능력, 집단적 노력으로 어떻게든 현실 가능한 대안을 찾아내는 능력을 키워야 한다.

5. 나아가며 ─ 노동조합의 역할

노조는 노동시장에서 단결과 파업을 통해 피고용자의 이익을 방어한다. 그런데 노조의 단결과 파업은 일반 시장에서는 독점 행위로 규제될 행동들이다. 이 행위들이 노동'시장'에서 허용되는 건 사회(민족 공동체)가 시민의 헌법적 권리로 특별히 규정한 때문이다. 그래서 노조는 공동체에서 인정받는 사회적 조직이 아닐 때는 존재 자체가 위협받을 수밖에 없다. 또한 노조는 역사적으로 계급적 지향을 통해 정당성을 확보했다. 많은 노조가 국가와 자본의 엄청난 폭력을 견뎌내며 조직됐는데, '계급적' 폭력 속에서 조합원들은 반자본주의적 지향을 노조의 대의로 자연스레 받아들였다.

노조는 이렇게 시장의 행위자이자 사회 통합의 매개자이자 자본주의 체제에 도전하는 정치 세력으로 활동한다. 리처드 하이만에 따르면, 안정성을 확보하기 위해 노조는 이 셋 중 적어도 두 가지를 갖춰야 한다. 사회적 운동이나 계급적 지향 없이 시장에서만 활동하는 노조는 불안정하다. 실리만 추구하는 미국 노조들이 대표적이다. 그 반대도 마찬가지다. 시장에서 활동하지 않고 계급투쟁이나 사회운동만 하는 노조는 특수한 정세가아니고서는 지속 가능하지 않다. 높은 조직률을 갖춘 노조들은 대체로 시장의 행위자이자 사회적 통합의 매개자(독일)로, 또는 시장의 행위자이면서 동시에 분명한 계급적 정치 세력(이탈리아)으로 활동했다. 노조가 정세의 중요한 변수가 되려면 시장, 사회, 계급 중 하나만 갖춰서는 안 된다.

한국은 어떨까. 1987년 이후 노동운동은 시장에서 시작해 부단히 사회와 계급으로 나가려 노력했다. 그렇지만 정권과 자본은 반대로 시장 밖으로 분출하는 노동운동을 시장 안으로 욱여넣기 위해 모든 수단과 방법을 동원했다. 저임금 장시간 노동 체제를 기반으로 한 수출 재벌 주도의 경제 성장 전략과 반공주의를 사상으로 삼은 지배 계급의 통치 전략이 배경이었다. 그리고 우리 노동운동은 결국 이 힘을 이겨내지 못했다.

노동자 대투쟁 이후 단행된 노동법 개정에서 전두환 정권은 노조 설립 절차를 조금 완화했지만 3자 개입 금지와 노조의 정치 활동 금지만큼은 양보하지 않았다. 동시에 정권은 노조 안의 '빨갱이'를 색출한다면서 노조의 정치화와 사회화를 철저히 억압했다. 재벌과 정권은 현대그룹 노조들의 전투성과 연대성을 뿌리 뽑으려 갖은 공작을 벌였고, 끝까지 거부한 현대엔진과 현대중공업 노동자들에게는 말 그대로 '계급 전쟁'을 선포했다.

재벌 하청이나 지불 능력이 크지 않은 중소 제조업 노동자들은 민주 노조의 시작과 함께 사회 변화에 상당한 힘을 쏟았다. 이 노동자들은 조건상 시장 교섭력과 함께 사회 변화와 산업 변화에도 관심이 많았다. 오랫동안 지역과 현장에서 활동해온 반자본주의 지향의 정치 조직들은 민주 노조가 계급적 지향을 강화할 수 있도록 개입했다. 그렇지만 이 노동자들이 중심이 된 전노협은 1990년 출범과 함께 무자비한 탄압을 받고 깃발을 내려야 했다. 전노협 탄압은 노조를 시장에 가둬두려는 자본의 일관된 전략이었다. 1990년 이후에도 민주노조운동은 끊임없이 사회와 계급으로 진출하려 했지만, 실패를 거듭했다. 김영삼 정권은 군부 정권처럼 노동운동이 '사회'로 진출하는 것을 막았다. 정권과 여당은 1995년까지 노동법을 그대로 유지하다가 노동시장 유연화를 목적으로 노동법 개정을 시도했다. 문민정부에서도 지배 계급은 민주 노조를 배제 대상으로만 여긴 것이다.

한편 민주 노조의 계급적 지향은 역사적으로 붕괴했다. 소련 등 현실 사회주의가 몰락하고 신자유주의와 시장근본주의 사상이 세계를 휩쓸면서 반자본주의적 세계관은 노동자계급에게도 설득력을 잃었다. 자본주의 비판의 과학인 마르크스주의는 '포스트'로 시작하는 서구 담론에 자리를 내주더니 노동운동과 융합할 계기를 더는 찾지 못했다. 계급적 지향은 오직 전투주의라는 투쟁 문화로 남았다.

1995년 건설된 민주노총은 1996~1997년 총파업을 조직하며 사회로 나갈 절호의 기회를 잡았다. 그러나 1990년대 성장의 거품이 외환 위기로 꺼지자 민주노조운동은 사회로 진출하기는커녕 시장에서 교섭력마저 대부분 잃고 말았다. 민주노총의 야심 찬 프로젝트인 노동자 정치세력화와 산별 노조도 우여곡절을 겪으며 사회로 나가는 다리를 놓는 데 실패했다. 결국 시장, 그것도 노조를 감당할 만한 시장(대기업과 공공 부문)에서만 노조가 생존한 결과가 지금의 민주노조운동이다. 시장, 사회, 계급 중 한 요소에만 의존하는 노조는 불안정하다. 노조 할 권리가 확대되지 못하고 노동운동이 자꾸 위축되는 것은 결국 이런 불안정성 때문이다.

1987년 노동자 대투쟁의 교훈은 바로 이것이다. 민주 노조가 지속 가능한 사회 조직이자 세상을 변화시키는 변수가 되려면, 시장에서 사회와 계급으로 다시 분출할 수 있는 프로젝트를 만들어야 한다. 지금껏 지배 계급이 민주노조운동의 분출을 가로막은 배경, 즉 재벌 체제와 냉전 체제(오늘날에는 미국 주도의 금융 세계화와 군사 세계화)를 바꾸는 운동을 조직해야 하며, 간단히 말해 자본주의 체제에 도전하는 운동을 만들어야 한다.

✓ 얘깃거리

1. 선진국에서 노동조합 무용론이 나오는 이유는 노동조합이라는 제도가 필요 없기 때문이 아니라, 자본의 변화를 노동조합이 분석하고 대응책을 마련하지 못한 탓입니다. 한국에서 노동조합이 자본의 변화에 대응하지 못하고 있는 대표적 사안은 무엇일까요?

2. 귀족노조론의 배경에는 한국 사회의 엄청난 임금 격차, 그리고 이 문제를 전혀 해결하지 못하는 노동조합의 현상태가 있습니다. 임금 격차와 노조 조직률 격차가 포개져 있어서 노동조합이 기업 안에서 힘이 강할수록 이 격차가 더 벌어지는 역설적 상황도 발생합니다. 그렇다면 이런 조건에서도 기업별 노동조합의 투쟁은 그 효과에 무관하게 정당하다고 말할 수 있을까요? 사회 변혁의 관점에서 기업별 노동조합 투쟁은 어떻게 봐야 할까요?

3. 성장을 전제로 한 노동조합의 경제적 투쟁은 경제성장이 멈추면 딜레마에 빠집니다. 자본주의적 소유와 임금 노동을 지양하지 않고서는 해결할 수 없는 문제들만 쌓이는데요. 이때 노동조합은 힘있는 조직 위주로 각자도생 전략을 선택하기도 합니다. 민주노조운동이 이런 딜레마에 빠지지 않기 위해 가장 빨리 해결해야 할 과제는 무엇일까요?

✓ 읽을거리

윤소영, 《역사적 마르크스주의: 이념과 운동》, 공감, 2004.

한국노동연구원, 《1987년 이후 한국의 노동운동》, 한국노동연구원, 2001.

박준형, 〈세계금융위기 이후 한국 노동자운동 평가〉, 《계간 사회진보연대》 여름호, 사회진보연대, 2019.

2장

귀족 노조 이데올로기
경제 위기 시기
민주노조운동의 현황과 과제

노중기

1. 문제 제기 — 사회적 고립과 '민주 노조 포비아'

촛불 후 2017년 대선에서 수구 후보가 주장한 '강성 귀족노조론'은 모든 사회경제적 모순과 정치적 문제의 책임을 민주 노조에 전가하는 논리를 갖고 있었다. 당시에는 많은 이들이 대체로 황당해하며 무시할 수 있다고 판단했다. 또한 수구 언론과 자본의 오랜 레퍼토리가 되풀이된 것에 지나지 않는다고 보았다. 민주노총 조직이 확대되고 조직 안의 비정규직 비율이 증가하는 현실에는 배치되므로 단순히 외면할 수도 있었다.

그러나 문제는 현실에서 대중이 반응하고 있다는 점이었다. 촛불 이후 역설적으로 반노동 이데올로기가 현저히 확산하였다. 기아차지부의 비정규 조합원 배제, 인천공항과 서울지하철의 비정규직 정규직 전환 논란, 최저임금과 노동시간 단축 논란, 민주노총의 광주형 일자리와 경제사회노동위원회 불참 등이 주요 계기였다. 지금 대중적 수준에서 증가하는 것으로 보이는 '민주 노조 포비아' 현상은 그것 자체가 중요한 해결 과제다. 민주 노조운동의 사회적 고립을 심화할 것이기 때문이다.

한편 코로나19 사태가 불러온 경제 위기 상황에서 다시금 이 문제가 현안으로 떠오르고 있다. 심각한 고용 불안과 빈곤 속에서 조직 노동에 대한 자본의 공세가 예견되기 때문이었다. 민주노총은 원 포인트 사회적 대화를 요구했고, 비정규 미조직 노동자를 보호하기 위한 사회적 합의를 추진했다. 또한 일부 활동가의 임금 동결과 사회연대기금 발의도 있었다. 이런 문제 제기는 귀족노조론에 대한 민주노조운동 나름의 대응으로 보인다.

나는 세 가지 과제를 해명하면서 귀족노조론을 비판적으로 검토할 것이다. 먼저 귀족노조론을 정리하고, 귀족 노조를 논리와 경험의 두 측면에서 비판할 것이다. 그리고 반反노동 이데올로기가 확산하는 사회 구조적 원인을 노동 체제 이론의 맥락에서 설명한 뒤 그런 논의에 담긴 함의를 평가한다. 셋째, 귀족노조론에 시급히 대응해야 하며, 그런 대응이 민주노조운동의 혁신 과제에 깊이 연관되어 있다는 주장을 제시한다.

2. 귀족노조론 ─ 기원과 유형

1) 기원과 확산

귀족 노조는 19세기 후반 서구의 노동 귀족labour aristocracy과 다른 개념이다. 노동 귀족이 독점자본주의의 물질적 기초 위에서 체제에 포섭된 노동자 계층을 지적한다면, 귀족 노조는 노동 통제를 위해 국가와 자본이 만들어 낸 용어에 불과하기 때문이다. 이 개념의 직접적 기원은 2003년 노무현 대통령이 고임금 노동조합의 파업을 문제 삼고 통제되지 않는 민주노총을 비난한 데 있었다.

2000년대 초반 귀족노조론이 형성된 배경으로는 크게 네 가지를 생각해 볼 수 있다. 먼저 민주화의 전전과 1987년 노동 체제의 해체라는 정치적 지형의 변화가 작용하였다. 군부 독재 시기부터 1997년에 이르기까지 민주노조운동을 통제한 핵심 이데올로기는 좌경 용공 논리였다. 그러나 민주화의 이행과 체제 변동에 따라 기존 이데올로기의 효력이 크게 약화된 것이 귀족노조론이 도입된 주요한 배경이었다.

둘째, 1998년 외환 위기 이후 한국의 축적 체제가 빠르게 신자유주의 체제로 전환한 점이다. 대사업장의 조직된 정규직 노동자들은 구조조정과 정리해고를 막고 노동 조건을 방어하기 위해 투쟁에 나서지 않을 수 없었다. 점차 확산하던 조직 노동의 방어적 경제 투쟁을 제어하기 위한 통제 수단이 귀족노조론이었다.

셋째, 1998년 김대중 정부 이래 20년간 모든 정부가 노동 유연화와 비정규 노동 확대 정책을 강하게 추진한 것도 주요한 배경이었다. 이미 2000년대 초반에 이르면 세대, 성, 고용 형태별로 사회경제적 양극화가 크게 확대되는 노동시장 구조가 형성되었다. 그 결과 비정규 투쟁이 빈발하자 국가와 자본은 정규직 노동자들에게 책임을 돌리는 분할 지배의 수단으로 귀족노조론을 도입하였다.

넷째, 구조조정과 고용 불안의 국면에서 민주노조운동이 적절하게 대응하지 못한 전략적 실패도 귀족노조론이 형성된 배경이 되었다. 공공 부문과 대사업장 중심의 민주노조운동은 수세적 방어 투쟁과 양보 교섭에 치중하였다. 또한 산별 노조 건설과 정치세력화를 매개로 진행된 연대 전략이 대체로 성공적이지 못하였고, 합의 기구 참가를 둘러싸고 내부 갈등이 늘어났다. 이 과정에서 결국 노동 내부의 양극화를 노동운동이 제어하는 데 실패했는데, 그 반대급부가 귀족노조론의 확산인 셈이다.

노무현 정부에서 시작된 귀족노조론은 당연히 이명박 정부와 박근혜 정부가 차용하였고, 일차 확산하였다. 그러나 수구 정부 10년간 귀족노조론의 확산은 제한적이었다. 두 정부의 반노동, 친재벌 성격이 뚜렷한데다가, 민주노조운동을 강하게 억압한 탓에 귀족 노조 선동에 한계가 있었다. 또한 자유주의 야당 세력이 정부에 강하게 대립한 민주노총에 유화적 태도를 보인 것도 한 요인이었다. 그렇지만 촛불혁명과 자유주의 세력의 집권 이후 상황은 크게 바뀌었다.

2) 네 가지 유형과 논리

귀족노조론은 다양한 경험적 원천을 바탕으로 재구성된 이데올로기다. 기본적으로 대사업장이나 공공 부문 조직 노동의 고용 안정성(철 밥그릇)과 고임금(귀족)을 지적하는 용어다. 다만 비정규직 배제와 억압, 세대 간 착취나 탈법적 쟁의 행태, 합의와 양보를 거부하는 집단이기주의, 경쟁력 훼손 등 다른 이데올로기와 접합하여 의미가 크게 확장됐다.

넓은 의미의 귀족노조론은 정치적 함의나 논리에서 상당한 차이가 있으며, 다음같이 네 가지 유형으로 구분될 수 있다.

첫째, 수구 세력의 '강성 귀족노조론'이다. 모든 정치적이고 사회경제적인 쟁점과 갈등, 모순을 강성 귀족 노조, 곧 민주노총의 책임으로 환원하는 논리 아닌 논리를 편다. 주요 발언자는 냉전 수구 정치 세력과 수구 언론, 재벌 독점자본과 그 이데올로그들이다. 이념 가치적 비난이라는 특징을 가지며, 과거의 불법 좌경 용공 이데올로기를 대체한다고 볼 수 있다.

둘째, 이른바 민주(촛불) 정부를 구성하는 핵심 권력자 집단이 민주노총에 가한 비난에서 기원한 귀족노조론이 있다. 이런 집단에게 민주 노조는 국가 경쟁력 제고를 위한 사회적 합의를 거부하고 민주적 권력에 협력하지 않는 이기주의 세력이자 특권 집단이었다. 주요한 발의자는 집권 자유주의 정치 세력과 개혁적 시민운동이다. 이 유형의 특징은 귀족 노조 담론이 정치적 경쟁자에 대한 통제용 이데올로기이거나 합의주의의 보조 이데올로기라는 점이었다.

셋째, 개혁적 자유주의 노동 연구자 집단이 연구 작업을 통해 구성한 민주노조(운동) 비판도 넓은 의미의 귀족노조론에 포함할 수 있다. 이런 관점에서 정규직 대사업장 노조들은 노동시장의 구조적 분절이나 세대 차별과 착취의 주요한 원인 혹은 책임자로 규정된다. 이 논리는 양보를 압박하는 사회적 합의주의 이데올로기의 근거이자 결론으로 접합되어 있다. 대체로 한국노동연구원 등 관변 연구자와 그 밖의 노동시장 연구자 다수, 또한 최근 일부 세대론 연구자들이 포함된다. 이 유형은 자신을 개혁이나 진보 진영으로 호명하면서 이른바 '개혁 진보 정치 세력' 또는 '민주 정부'의 노동 정책에 이론적 근거를 제공한다.

넷째, 의도한 것은 아닐 수 있지만 민주노조운동 내부의 일부 정파와 세력도 귀족노조론의 발원지였다. 이 유형은 민주노총에 속한 일부 대사업장 조직 노동자의 이기주의를 비판하는데, '전투적 조합주의'를 비판하고 사회적 합의주의의 채택을 강조하는 '국민과 함께 하는 노동운동' 노선이 대표적이다. 민주노조운동 내 국민(자주)파 등 온건파와 다수 개인 활동가들이 발의자인 셈이다. 또한 최근 들어 '사회연대 전략' 또는 '비정규 미조직 연대'를 과도하게 강조하는 일부 세력도 포함될 수 있다. 사회적 합의주의에 대해 훨씬 신중하다는 점에서 국민파-자주파 연합과 구분된다.

한편 중요한 것은 각각의 차이를 넘어서는 이 네 가지 유형의 공통점이다. 바로 비정규 미조직 노동자, 노동계급(중간계급) 하층의 빈곤과 차별적 지위는 물론 그 밖의 사회 양극화와 모순이 발생한 것은 민주노총 소속 '정규직 대사업장 조직 노동'의 의도적 전략과 무책임 때문이라는 인식이다. 정규직들의 특권적 지위나 양호한 임금 또는 노동 조건을 시장 원리나 경쟁 원칙에 배치되는 갑질이나 정치적 권력 행사의 결과라고 본다. 그러므로 귀족노조론은 본질상 신자유주의 이데올로기라는 점을 지적할 필요가 있다.

또 하나 중요한 쟁점은 이념적 뿌리와 정치적 기원이 다른 네 가지 담론이 서로 결합해서 배가된 정치적 효과를 발산한다는 점이다. 예컨대 노무현 정부 시기에 수구 세력의 담론과 정부의 귀족노조론 담론은 서로 결합해 민주노조운동을 통제하고 비정규 노동을 확산하는 데 상당한 역할을 하였다. 또한 최근에는 개혁적 노동 연구자들이 하는 노동시장 분절 논의와 민주 노조 내부의 자기 성찰이 거꾸로 수구의 귀족 노조 담론을 강화하는 의도하지 않은 결과를 낳고 있다. 게다가 운동 내부에서 제기된 비판도 정규직의 양보와 사회적 대화를 강조하는 촛불 정부의 정치적 입장과 연대하고 결합하는 방향에서 발전해왔다.

전체적으로 대사업장 조직 노동과 민주노조운동 일반을 비난하는 폭넓은 연대 전선이 지난 20년 동안에 형성되었고, 최근에 그 효과가 두드러지게 드러나고 있다. 이런 상황은 민주노조운동의 담론적 방어가 매우 어려운 구조적 조건을 형성하였다.

3. 이른바 '귀족노조론' 비판 — 논리와 경험

1) 분절노동시장론의 정치사회학

네 가지 유형의 귀족노조론에 모두 논거를 제공하는 이론적 핵심은 개혁적 자유주의 연구자들의 분절노동시장론이라고 할 수 있다. 분절노동시장론은 외환 위기 전후 사회적 합의주의를 옹호하고 민주노총의 전투적 조합주의를 비판하는 과정에서 시작되었다. 그 뒤 종속 신자유주의 노동체제의 내적 모순, 곧 노동시장 분절이 확대되었는데, 그런 상황을 만든 책임이 민주 노조에 많다는 비판으로 발전하였다. 2000년대 중반에 자유주의 정부와 일부 시민사회단체들이 이 논리를 받아들였고, 두 세력은 이념적 연대를 형성했다.

분절노동시장론의 주요 비판 대상은 대기업, 공공 부문 조직 노동이었다. 이런 노조들이 자신의 교섭력을 바탕으로 협소한 경제적 이익을 추구하는 이기적 행태를 되풀이해서 분절을 불러왔다는 것이었다. 비정규 노동과 노동시장 분절 확대, 정규직 고용 축소, 사회적 양극화, 기업과 국가의 경쟁력 하락 등에 대한 정치적 책임의 많은 부분을 특정 노조에 떠넘기는 논리였다. 이 논리는 세 가지 지점에서 비판받을 수 있다.

먼저 인과 논리가 매우 잘못 설정되어 있다. 1997년 이후 노동시장이 양극화된 원인은 노동운동의 전략과 실천에 있지 않았다. 자본과 국가의 경제 정책과 전략, 그리고 그런 영향을 받은 노동시장의 객관적 구조 변동때문에 야기된 것이다. 노동운동은 기껏해야 종속 변수였으며 자본의 분절 전략에 맞선 노동의 저항은 큰 효과가 없었다. 이런 현실을 노동운동의 책임으로 돌리는 논리는 사태를 심대하게 왜곡한다. 전략적 수준에서 일차 책임은 명백히 자본과 국가에 있다. 구조와 전략의 상호 작용을 인정하더라도 한국 노동 체제의 특성, 취약한 노동운동 역량을 고려하면 무리한 책임 전가라고 할 수밖에 없다.

둘째, 외환 위기 이후 민주 노조들의 전투적 조합주의가 경제주의로 전락하여 양극화를 불러왔다는 단순한 행위론 자체도 오류였다. 민주 노조들이 전투적 조합주의를 선택한 이유는 한편에서는 다른 선택지들을 국가와 자본이 봉쇄한 상황의 결과이며, 다른 한편에서는 경로 의존적 행동이자 구조조정 압력에 맞선 비자발적 대응에 불과한 것이기 때문이다. 예컨대 초기에 사회적 합의주의를 선택하여 상당한 내적 갈등을 겪은 민주 노조들이 합의주의로 노선을 전환하려는 시도를 최종적으로 무산시킨 것은 국가와 자본의 통제 전략이었다.

또한 민주 노조들은 산별 노조 조직 전환, 정치세력화 등으로 경제주의의 질곡이나 양보 교섭의 딜레마를 벗어나 분절 현상을 완화하기 위해 노력했다. 그렇지만 이런 노력은 주체 역량의 한계에 부딪히거나 지배 세력의 반발로 커다란 한계에 봉착하였다. 극심한 고용 불안이 닥친 경제 위기 상황, 기업별 체제의 노동조합운동, 노동자 정당이 부재하거나 매우 취약한 정치 등 객관적 조건의 한계도 뚜렷했다. 요컨대 민주노조운동의 전투적 경제주의는 많은 부분 강요된 것이거나, 한국 노동 체제의 조건에서 노동조합이 합리적으로 선택한 수동적 대응일 뿐이었다.

셋째, 공공 부문, 대기업 정규직 노동자들은 귀족이 아니고 그 노동자들이 가입한 노조도 결코 귀족 노조가 아니라는 반론이다. 잘 알려져 있듯이 민간 부문 대기업의 고임금은 장시간 초과 노동의 결과일 뿐인데, 이런 현실을 두고 귀족이라고 지칭하는 것은 이데올로기다. 더 나아가 그런 현실은 정리해고 위협이 존재하고 사회보장 체계가 빈약한 한국 사회의 조건에서 나름대로 합리적인 대응으로 봐야 한다. 비난받을 일이 아니라는 뜻이다. 이런 비난은 신자유주의 논리인 '바닥을 향한 경쟁race to bottom'에 동의하는 것일 수도 있다. 공공 부문 정규직 노동의 안정된 고용 지위나 임금, 노동 조건 역시 마찬가지다. 이런 요소를 특권이나 귀족으로 규정하는 것도 '바닥을 향한 경쟁'이나 '분할 지배 통제 전략'에 동조하는 일이 된다.

2) 민주노조운동과 사회연대 투쟁

다음으로 검토해야 할 문제는 민주노조운동이 실제로 비정규 노동자를 배제하거나 계급 이기적으로 행동했는지를 경험 수준에서 평가해보는 일이다. 또한 그러한 행위나 사태가 설사 발생했더라도 일반화할 수 있느냐 하는 문제를 살펴봐야 한다.

민주노조운동의 한구석에서 비정규직을 배제하거나 억압하는 등 이기적인 행태를 드러내는 경우가 종종 있었다. 그러나 귀족노조론의 주장은 일부 경험적 사실을 과장한 것이었고, 심지어 왜곡이기도 했다. 전체적으로 볼 때 지난 20년 이상 민주노조운동은 계급 이기적이라기보다 대체로 사회운동 조합주의 운동에 가까웠고 연대주의 원칙에도 비교적 충실하였다. 경험적 증거는 충분하다.

첫째, 지난 20년 비정규 노조 운동이 전체 노동운동을 주도했는데, 이런 흐름을 조직적이고 장기적으로 뒷받침한 것은 대체로 민주노총 또는 민주 노조였다. 대개 자연 발생적으로 시작한 비정규 투쟁은 민주노조운동의 조직적 지원 속에서 진행되는 것이 일반적이었다. 또한 1996~1998년, 2005~2006년, 2009년과 2015~2016년 비정규 노동 관련 노동법 투쟁을 주도한 것도 조직 노동 중심의 민주노총이라는 사실은 잘 알려진 일이다.

그 결과 어려운 환경 속에서도 비정규직을 중심으로 조직화가 진척됐고, 민주노총은 제1노총의 지위에 오를 수 있었다.

둘째, 민주노조운동이 계급 이기주의라는 비난도 사실에 부합하지 않는다. 전통적으로 민주노조운동은 노동 쟁의에서도 사회 공공성이나 사회 안전과 평화 등의 가치를 추구해왔다. 또한 직접적으로 노동 의제가 아닌 탈물질 가치를 둘러싼 사회적 갈등이 발생한 때 민주 노조들은 늘 주체적 관점에서 참여하기 위해 노력했다. 전노협 시기에는 국가보안법 반대 투쟁이나 여러 민주화 투쟁에 참여한 전통이 있고, 이런 흐름은 외환 위기 이후 더 발전하였다. 심화하는 양극화나 시장만능주의에 맞서 노동계급 이외의 계급이나 계층과 연대했고, 여러 투쟁에 적극 개입하는 모습을 보였다.

셋째, 민주노조운동은 2000년대 이래 일관되게 비정규 미조직 노동자와 연대하는 전략을 추진하였다. 우선 민주노총의 산별 노조 전환이나 정치세력화에는 모두 비정규 미조직 노동과의 연대가 가장 핵심적인 전략 과제로 설정되어 있었다. 쉽지 않던 대사업장의 산별 노조 전환은 민주노총이 총력 지원해 2007년을 전환점으로 크게 진전했다. 또한 민주노총이 건설한 진보 정당들은 2000년대 중반 기간제법 반대 투쟁에서 드러나듯이 비정규 미조직 문제를 핵심 의제로 삼았다. 여러 한계 때문에 큰 성과를 얻을 수는 없었지만, 두 가지 전략적 시도는 민주 노조를 귀족 노조로 규정할 수 없는 근거가 된다.

또한 두 전략적 전환과 함께 민주노총은 2000년대 초반부터 미조직 비정규 노동에 관한 직접적인 전략 조직화 사업을 꾸준히 진행하였다. 조직 역량이 매우 취약한 상황에서도 민주노총은 20년 가까이 부족한 재원과 인력을 전략 조직화에 투입하였고, 상당한 성과를 거두었다. 민주노총 지도부와 산별 노조가 대사업장 조직 부문을 중심으로 구성된 것을 고려하면, 민주 노조의 강한 연대성을 보여주는 사례라고 할 수 있다.

요컨대 객관적으로 주어진 정규 노동자와 비정규 노동자 사이의 물질적 이해관계의 대립에도 불구하고 민주노조운동은 계급 이기주의나 귀족 노조가 아니라 연대주의를 지향했다는 사실을 알 수 있다. 그 연대가 충분하거나 결함이 없지는 않았다. 다만 균형 잡힌 평가를 하면 귀족이라는 비난은 타당하지 않다는 것이다. 결과적으로 지난 20년간 민주노조운동의 우산 아래 많은 비정규 노동자 투쟁이 벌어졌고, 그런 투쟁이 다시 민주 노조의 조직화로 이어지는 큰 흐름을 확인할 수 있었다. 이런 조직화 상황은 현재 헤게모니를 가진 귀족 노조 담론이 경험적 실제에 맞지 않는 이데올로기라는 사실을 잘 보여주는 결정적 근거다.

4. 종속 신자유주의 노동 체제와 '귀족 노조' 이데올로기

귀족 노조 이데올로기를 좀더 깊이 이해하려면 노동 체제 이론의 관점에서 그 이데올로기의 위상과 모순을 더 정확히 분석해야 한다. 신자유주의 체제는 노동시장 유연화와 법치주의의 자본 전략이 신보수주의 국가 권력을 매개로 관철된 시장 자유주의 노동 체제를 말한다. 또한 종속성 규정은 후후발 자본주의 국가의 취약한 계급 역학 관계가 구조화한 여러 특수성을 표현한다. 서구의 신자유주의에서 찾기 힘든 '귀족 노조 이데올로기'도 한국 노동 체제의 특수성에 연관된 것으로 보인다. 크게 세 가지를 검토할 필요가 있다.

첫째, 귀족노조론은 법치주의 이데올로기의 효력이 매우 제한적이라는 한국 사회의 현실에 관련되어 있다. 한국 사회는 사회민주주의 복지국가를 경험하지 못한 채 군부 독재의 가혹한 반민주적 노동 억압이 구조화된 상태로 신자유주의 전환을 맞았다. 그 결과 법적 제재를 강화해서 노동을 규율하는 서구식 법치주의 노동 통제는 여러 모로 상당한 한계에 부딪히게 되었다. 한국 사회에서 노동법은 많은 경우 제재의 수단이기에 앞서 노동운동이 민주화를 요구한 갈등의 대상이었기 때문이다. 그 점이 김대중과 노무현 두 '민주' 정부의 노동 정치에서 신자유주의를 도입하기 위한 선진화 국가 프로젝트가 민주화 프로젝트와 결합하지 않을 수 없는 배경이었다(노중기 2008).

그리고 이명박 정부 이후 노동 민주화가 봉합되거나 종료된 뒤에도 법치주의는 지배 블록에 계륵 같은 통제 수단이었다. 다양한 불법 파견 판결, 통상임금 판결, 주 52시간 법정 노동시간 판결, 대법원 사법 농단 사태 등은 법치가 때때로 노동에 매우 유리한 정치적 환경을 형성한 때문이었다(노중기 2020). 또한 박근혜 정부의 무리한 '노동 개혁' 시도와 촛불 집회처럼 법치주의는 의도하지 않은 통제와 지배의 위기를 불러오기도 했다. 그러므로 귀족노조론은 통치 이데올로기인 법치주의의 취약성을 적극적으로 보완하는 의미가 있었다.

더 구체적으로 보면 귀족 노조는 '사회적 합의주의' 이데올로기와 동전의 양면처럼 결합된 이데올로기이기도 하다. 여기에는 두 가지 논리가 작동한다. 먼저 세계화와 신자유주의 시대의 무한 경쟁에서 국가와 기업의 경쟁력을 확보하기 위한 사회적 합의가 필요하다는 논리다. 그런데 민주노총은 자신의 특권적 이익을 위해 대타협에 참여하지 않고 경쟁력을 잠식하는 이기주의 집단이므로 귀족으로 규정할 수 있다.

다음으로 신자유주의 축적의 결과인 사회적 양극화와 노동 양극화를 극복하기 위해서도 노조의 희생과 양보, 곧 사회적 합의가 필요하다는 논리도 가능하다. 사회적 합의를 외면하고 임금 고용에서 자신의 이익만을 극대화하므로 귀족이라고 비난할 수 있다는 논리다. 민주노총이 사회적 합의주의에서 실질적으로 멀어지기 시작한 2000년대 중반에 노무현 정부가 귀족노조론을 개발하고 광범하게 확산시킨 것은 결코 우연한 일이 아닌 셈이었다. 요컨대 귀족노조론은 한국 사회에서 사회적 합의주의 이데올로기와 함께 종속 신자유주의 노동 체제를 지지한 핵심적 지배 장치라고 할 수 있다.

둘째, 귀족노조론은 사회적 합의주의와 마찬가지로 민주노조운동 내부에서 갈등과 균열을 만드는 이데올로기 국가장치였다. 1996년 이래 현재까지 민주노조운동은 사회적 합의 기구에 참여하는 문제를 둘러싸고 깊은 내적 갈등을 경험했다. 귀족노조론도 정파 갈등을 불러온 점에서 다르지 않았다. 과연 자신이 비난해야 할 귀족 집단인지, 즉 사회 양극화 나아가 청년 고용 불안에 주요한 책임이 있는 주체인지를 두고 민주노조운동은 지난 20년 가까이 내적으로 갈등하였다. 예를 들어 민주노조운동이 선도하는 이른바 사회연대 전략, 곧 연대기금 마련 등 선제적 양보안을 제안할 필요가 있는지를 둘러싸고 균열해왔다. 이런 사정은 코로나19에 대응하는 원 포인트 노사정 대화에서도 되풀이되고 있다.

또한 귀족노조론은 실천 측면에서 선제적 양보를 전제로 한 사회적 합의 기구 참가에 긴밀히 연관되어 있다. 이 둘이 반드시 연결되어야 할 논리적 근거는 없을 것이다. 다만 선제적 사회연대 전략을 위해서 사회적 합의 기구에 참여해 자본과 국가에 공세적 제안을 던질 필요가 있다고 주장할 때 귀족노조론이 슬며시 도입된 것으로 볼 수 있다.

어쨌든 귀족노조 담론은 양극화와 비정규직 차별 확대에 대한 민주노조운동 책임론을 드러내는 결과를 낳았고, 논쟁을 불러왔다. 다만 사회적 합의주의 논쟁처럼 뚜렷한 논리적이고 경험적인 결론이 나지 않을 개연성이 컸고, 실제로도 그러했다. 양극화의 원인과 민주노조운동이 져야 할 책임의 정도, 조직 내부의 현실과 연대 전략의 현실성, 국가와 자본의 전략적 대응 등 변수가 많아서 애초부터 논쟁이 명료하게 진행되거나 해소되기를 기대할 수도 없었다. 결국에는 소모적 논쟁을 유발하고 확산하여 장기적으로 정파 간 노선 갈등을 심화하거나 지배 블록의 분할 지배 전략을 관철하는 강력한 수단이 될 것으로 보인다.

나아가 귀족노조론은 신자유주의를 주도하는 지배 블록 내 자유주의 분파의 헤게모니를 강화하는 데에도 일조하고 있다. 2017년 대선과 그 뒤이어진 정치 과정에서 보았듯이 자유주의 자본 분파와 수구적 자본 분파는 많은 정치적 대립과 갈등 속에서도 귀족노조론을 상당히 많이 공유해왔다. 더 중요한 점은 자유주의 지배 세력의 헤게모니가 귀족 노조 이데올로기를 중심으로 민주노조운동 내부로 확산되고 있다는 점이다. 민주노조운동의 일부 정파가 귀족노조론과 사회적 합의주의를 매개로 자유주의 집권 세력과 광범한 연대 관계를 형성하고 있다는 사실은 잘 알려져 있다. 이런 관계는 활동가, 연구자, 노동조합 조직의 모든 측면에서 자본의 민주노조운동에 대한 지배력을 확대해온 것으로 보인다. 요컨대 자유주의 지배 분파가 민주노조운동을 체계적으로 포섭하고 견인할 때 귀족노조론은 상당한 역할을 수행하였다.

셋째, 귀족노조론이 계속 되살아나고 이데올로기적 쟁점이 되는 현실에 국가와 자본의 전략적 의도만 연관돼 있는 것은 아니었다. 더 중요하게 그런 현상에는 종속 신자유주의 노동 체제의 모순과 약점이 집약되어 있기 때문이었다. 또한 한국 노동 정치의 저열함, 그리고 노동운동의 빈약한 물적 토대에 연결되어 있다는 점을 지적할 필요가 있다.

우선 귀족노조론이 문제로 삼는 이른바 '귀족 노조'와 비정규 미조직 노동자들 간의 차별과 격차의 확대, 노동 양극화는 신자유주의 축적 체제의 필연적 결과이자 핵심 모순일 수 있다. 종속 신자유주의 노동 체제에서 민주노조운동은 하위 행위자 중의 하나이므로 이런 양극화와 무관할 수가 없다. 그러므로 지난 20년 동안 기업별 노조 중심의 민주노조운동이 비정규 노동 양산과 빈곤 심화에 일정한 책임이 있는 것은 어느 정도 이해할 수 있다. 다만 문제는 귀족 노조 이데올로기가 국가와 자본에 더 큰 책임과 원인이 있다는 사실을 은폐하고 일차적 책임을 민주노조운동에 전가하는 방식에 있다. 요컨대 귀족노조론에는 이중적 함의가 있다. 한편에서는 논리와 경험의 근거가 매우 취약한 이데올로기일 뿐이다. 그러나 다른 한편에서는 신자유주의 축적 체제의 사회경제적 모순을 집약하고 은폐하며 관리하는 대표적 이데올로기, 곧 실재하는 물질적 국가장치다.

　다음으로 귀족 노조 이데올로기는 민주노조운동의 한계와 취약성을 적확하게 공격하는 공세적 이데올로기라는 점도 중요하다. 종속 신자유주의 노동 체제가 이어진 20년 동안 민주노조운동은 조직과 이념 면에서 상당히 성장했지만, 여전히 중요한 한계들에서 벗어나지 못한 것이 사실이다. 특히 신자유주의의 수세적 환경 속에서 능동적이고 주도적인 실천이 쉽지 않았고 내적 혼란과 모순이 심대하게 확산해 있다. 크게 보아 민주노조운동의 운동적 한계는 전투적 조합주의와 사회적 합의주의의 노선 혼란, 정치적 경제주의와 진보정당운동 실패, 그리고 산별노조운동의 중단과 기업별 노조 관행의 고착화 등 세 가지를 들 수 있다(노중기 2018).

　민주 노조의 한계는 사실 구조적 조건과 역사적 조건의 한계에 의해 형성되었으며 국가와 자본이 강요한 것이라는 점에서 귀족노조론은 이데올로기다. 그렇지만 결과적으로, 그리고 실천적으로 민주노조운동의 현재

247

모습을 일부 반영하는 또 다른 측면이 있다는 점을 무시할 수 없다. 대중들이 귀족노조론에 반응하도록 만드는 상당한 물질적 기초가 있다는 뜻이다. 한편에서 그것은 신자유주의 사회 양극화와 빈곤의 심화일 것이다. 그러나 비정규직과 연대하지 못하고, 기업별로 행동하며, 취약한 정치의식으로 경제주의에 매몰되고, 보수 정당에 표를 던지는 민주노조운동의 한계도 동시에 비추고 있다. 때때로 '귀족노조론'이 활동가 일부와 개혁적 연구자가 고민하는 진지한 자기 성찰, 반성으로 나타나는 현실은 바로 이런 점 때문이다.

5. 민주노조운동의 한계와 혁신 과제

크게 보면 귀족 노조 이데올로기는 군부 독재 시기나 1987년 노동 체제의 물리적 폭력이나 반공 이데올로기를 대체한 통제 수단이라 할 수 있다. 구체적으로 보면 앞에서 논의한 대로 현재의 노동 체제를 구성하고 있는 핵심 요소가 된다. 귀족 노조 이데올로기는 사회적 합의주의 이데올로기와 결부되면서도 구별되는 독특한 이데올로기 통제 장치였다. 신자유주의 20년을 지나면서 이 이데올로기의 노동 통제 효과는 이제 더는 무시할 수 없는 상황에 이르렀다.

먼저 시민사회에서 민주노조운동의 고립이 크게 심화했다. 특히 최근 촛불혁명 이후 자유주의 집권 세력이 형성한 여론 공세가 상당한 영향을 미쳤다. 대표적으로 민주노총의 경제사회노동위원회 불참, 최저임금 인상과 노동시간 단축, 그리고 청년 일자리 문제에 대한 여론 공작이 진행되었고 주효했다. 그 결과 과거 민주노조운동에 우호적이던 중간계급 지식인과 일부 청년 계층이 적대 세력으로 돌아섰고, 개혁적 시민단체와 민주노조운동의 연대가 더 약화하였다. 또한 노동계급 내부에서도 미조직 부문의 불만이 커진 것으로 보인다.

그렇지만 더 큰 문제는 조직 노동 내부에서 이념적 대립과 실천적 균열이 확대되고 있는 점이다. 그동안 상대적으로 약해지던 정파 대립 문제가 '귀족 노조 이데올로기' 논란을 매개로 더 강해지고 있다. 최근 제기된 임금 동결과 사회연대기금 제안은 기존 정파의 대립 선을 넘어 심각한 내부 갈등을 불러올 개연성이 크다. 앞서 본 대로 이 문제는 민주노조운동 내부의 연구자와 활동가 일부가 연관되어 있을 뿐만 아니라 궁극적으로는 지배 블록의 노동 포섭 전략에 맞닿아 있다는 점에서 더 염려할 만하다.

지금까지 한 논의를 전제로 '귀족 노조 이데올로기'에 맞선 실천적 대응을 검토해보자. 먼저 균형감 있는 인식이 중요하다는 점을 지적해야 한다. 이 문제를 의도적으로 무시하거나 반대로 지나치게 과장하는 것은 피해야 한다. 지난 10여 년 이상 노동운동의 주된 경향은 이 문제를 무시하고 외면하는 것이었다. 한편에서는 사실이 아니기 때문에 부정하였고, 다른 한편에서는 상대의 전략을 무산시키려는 의도에서 외면하였다. 그렇지만 과거 경험에서 보듯이 이런 대응은 충분하지 않았고 적절하지도 못하였다. 이데올로기 공세에는 이데올로기 수준의 적극적 대응이 필요하지, 무시나 방관으로는 문제가 해소되지 않기 때문이다. 또한 개별 노조가 일상에서 해결할 수 있는 일이 아니라는 점도 중요하다.

반대로 과도하게 강조하여 이 문제를 해결하지 못하면 민주노조운동이 곧 망할 것이라고 과장하는 것도 위험하다. 이데올로기 선전과 반대로 지난 20년의 민주노조운동은 여러 한계 속에서도 상당히 성장했다. 근본에서 민주노조가 귀족 노조가 아니라 사회연대 노조였기 때문이다. 현재의 민주노조운동은 어떤 수준에서 보더라도 비관보다는 낙관의 요소가 많은 것으로 판단된다. 그리고 이 문제는 노동운동만의 문제이기보다 신자유주의 노동 체제와 자본의 약점을 드러내는 문제라는 점도 지적해야 한다. 총연합 단체나 진보 정당 차원의 일관된 정책과 실천이 이어진다면 귀족노조 문제는 곧 사회 양극화 문제를 지적하는 공세적 의제로 전환될 수도 있다는 것이다.

그러므로 둘째로 생각해야 할 것은 일상적이고 직접적인 대응 문제다. 귀족노조론에 대한 직접적인 운동적 대응, 곧 단기적이고 직접적인 이데올로기 투쟁이 그동안 없던 것은 오류였다. 문제의 복잡성과 미묘한 성격을 고려하면 조직 노동 내부의 대응과 외부의 이데올로기 투쟁을 분리하되 양자를 잘 결합해 진행할 필요가 있다. 내부에서는 각종 홍보 선전과 교육을 실행하는 한편, 실제로 발생하는 내부 갈등을 드러내고 구체적으로 치유해야 한다. 특히 비정규, 중소 영세 노동자에 대한 조직 내부의 각종 차별과 갑질에 적극적으로 대응해야 한다.

민주 노조 조직 외부를 향한 각종 이데올로기 투쟁은 그것 자체로 총연합 단체가 수행해야 할 기본적 과제다. 그러려면 이데올로기 공세의 내용을 일상적으로 검토하고 정리하고 분석하여 빠르게 대응 논리를 개발하는 정책 연구 기능이 필요하다. 또한 진보 정당이나 가맹 산별 노조를 상대로 하는 협업을 통해 각종 대응 방안을 체계적으로 실행하는 것도 중요하다. 예컨대 시민사회와 정당을 상대로 소통 채널을 제도화하거나 매체를 운영하는 등 시간과 재원을 투입해야 한다. 외부 비판에 대해서는 겸허히 수용한다는 기조 위에서 일상적으로 대응하되 때로는 단호한 비판과 투쟁을 조직하는 것이 중요하다.

셋째, 단기적 대응과 함께 중장기적 대응 전략을 마련하고 실천 계획을 수립해야 한다. 단기적 대응은 장기적 전략의 방향이 없다면 효과적이기 어렵기 때문이다. 귀족노조론은 노동시장과 노동운동 내부에 물적 토대를 가진 이데올로기이므로 해체해야만 한다. 또한 법치주의와 사회적 합의주의에 연계된 신자유주의 조절 양식의 핵심 기제로 볼 수 있다. 이런 면에서 중장기 전략은 '반신자유주의 대항 헤게모니 전략'의 한 수단으로 실행되어야 한다.

신자유주의와 시장 만능주의의 모순적 결과는 노동계급 내외, 그리고 계급 간의 무한 경쟁과 구조적 분절로 나타난다. 따라서 귀족 노조라는 올가미를 벗어나는 일은 동시에 민주노조운동의 구조적 한계를 극복하는 전략적 과제에 깊이 연관된다. 거기에는 전투적 경제주의militant economism와 사회적 합의주의의 지양, 정치 경제주의political economism 극복, 기업별 노조의 관행과 질곡의 해체 등이 포함될 것이다. 곧 대사업장(공공 부문) 조직 노동 중심의 협소한 경제주의를 극복하는 과정이 필요하고, 이 과정은 필연적으로 연대의 재복원을 요구한다. 연대의 복원은 크게 보아 반신자유주의 사회 연대 전략과 정치 전략을 매개로 진행될 수 있을 것이다.

먼저 사회 연대 전략은 계급 내 연대 전략과 계급 간 연대 전략으로 나눌 수 있다. 계급 내 연대는 잘 알려져 있듯이 비정규 하청 노동자, 미조직 노동자, 플랫폼 노동자를 산별 노조 조직을 매개로 정규직 조직 노동과 결합하는 과제다. 근본적 과제이므로, 쉽지 않을 것이다. 그렇지만 촛불 투쟁 이후 확대된 비정규 노동 조직화의 흐름이 큰 힘이 될 수도 있다. 과거 산별 노조 건설 과정에서 실패한 기업별 지부 해체, 1사 1조직 건설 문제 등에 대해 진전된 논의와 실천을 만들어내야 한다.

다음으로 계급 간 연대 전략은 전통적인 사회운동 노조주의의 실천과 관행을 더 확장하고 의식적으로 추진하는 일이다. 앞에서 본 대로 민주노조운동은 귀족 노조이기보다 사회 연대 노조운동이었다. 촛불 전후에 시작한 미투 운동은 물론, 최저임금 인상과 노동시간 단축을 둘러싼 사회적 갈등, 그리고 코로나19 사태에서 나타난 것처럼 중소 영세 상인, 서비스직 하층 노동자 등 중간계급 하층과 노동자의 계급 간 연대는 더는 미룰 수 없는 과제가 되었다. 의제 측면에서도 고용, 임금, 복지 등 노동 의제뿐만 아니라 안전, 평화와 반핵, 성차별과 인종 차별, 기후 환경 문제 등 탈물질적 가치를 둘러싸고 새롭게 제기되는 많은 사회적 의제들을 적극적이고 더 목적의식적으로 포괄해야 한다.

마지막으로, 쉽지 않겠지만 반신자유주의 정치 전략도 새롭게 출발해야 한다. 지난 20년 정치세력화 운동은 상당한 성과와 의의에도 불구하고 현재 질곡에 빠져 있다. 신자유주의 대응 전략, 특히 노동시장 분절이나 귀족노조론 문제는 대부분 정치적이고 제도적인 수단을 통해 실행되므로 중요성이 점점 더 커지고 있다. 그런데 이념적 정파 대립이 여전히 존속하고 제도 정당이 난립해 경쟁하는 조건에서 제대로 된 대응은 매우 어렵다. 그렇지만 쉽지 않더라도 노조와 진보 정당 양쪽에서 모두 새로운 시도를 장기적으로 해가야 한다. 출발은 현안에 대한 일상적 소통이며, 정책 연구를 매개로 한 자유로운 상호 비판일 것이다. '귀족노조론'에 맞선 이데올로기 투쟁은 거꾸로 민주노조운동 내부에서 소통과 협력, 건설적 비판의 새로운 장을 열 수 있는 계기로 설계되어야 한다.

6. 결론 ― 소통, 성찰, 실천

'귀족노조론'을 극복하려면 민주노조운동의 한계만큼이나 그 역사적이고 현실적인 성취를 우리 스스로 인정하는 일이 긴요하다. 민주 노조들은 여러 한계 속에서 촛불혁명, 전략 조직화, 이념적 자주성의 확보, 산별 노조와 진보 정당 결성을 해내었다. 귀족노조론이 제기하는 문제는 무겁고 해결하기 힘든 과제다. 그러나 귀족노조론을 비판하고 지양하는 출발점은 우리 자신이 현재 민주노조운동의 객관적 위상을 정확히 파악하는 것이 되어야 한다.

'귀족노조론'의 힘은 민주노조운동 내부에서 스스로 분열과 균열, 갈등을 일으키도록 유도할 수 있는 능력에 있다. 이것은 거꾸로 노동운동 내부의 토론과 자기 성찰이 무엇보다 중요하다는 사실을 보여준다. 그 과정에서 노동운동은 소통과 연대의 틀을 만들고, 국가와 자본의 이데올로기를 걷어내기 위한 내적 동력을 얻을 것이다.

이데올로기 공세는 국가와 자본이 정치적 개입과 분할 지배를 매개로 노동운동의 자주성을 위협하는 일이다. 어용 노조를 뚫고 형성된 민주노조운동에는 숙명 같은 과제일 것이다. 이 '귀족노조론'도 사회적 합의주의만큼이나 민주노조운동의 자주성을 위협하는 자본의 공세라는 점을 분명히 인식해야 한다.

정파의 영향이 강한 3년 주기의 민주노총 지도부에 이 모든 것을 맡겨놓을 수 없다. 총연합 단체의 변화도 아래에서 시작하는 소통과 성찰, 그리고 활동가들의 장기적 실천이 보장되어야 가능할 것이다. 당연한 말이지만, 이것은 진보 정당에 대해서도 마찬가지다.

✓얘깃거리

1. 우리 노조(산별 노조, 지부, 지회)는 귀족 노조입니까? 귀족 노조로 의심할 수 있다면 어떤 점에서 그러합니까? 총연합 단체인 민주노총에 대해서도 토론해봅시다.

2. 인천국제공항공사 비정규직의 정규직 전환에 대해서는 인천공항 정규직 노동조합과 많은 청년 취업 준비생이 반대했습니다. 관련 내용을 조사하고 찬반 토론을 해봅시다. 또한 그 사태가 귀족노조론에 관련이 있는지 없는지를 토론해봅시다.

3. '조중동'과 종편 등 수구 언론은 오랫동안 민주노조운동을 비난했습니다. 촛불 이후에는 자유주의 정부와 《한겨레》와 《경향신문》 등 개혁 언론들까지 이런 흐름에 뛰어들고 있습니다. 이런 비난의 내용을 서로 자세하게 정리해보고, 경험적으로 타당한 주장인지 토론해봅시다.

4. 2020년 민주노총은 '코로나19 경제위기 원포인트 사회적 합의'를 폐기했습니다. 이 결정에 관련해서 민주노총은 엄청난 비난 여론에 시달렸는데, 사회적 합의 불참과 민주노총 귀족노조론이 어떻게 연관되는지 토론해봅시다.

✓읽을거리

김태현, 〈민주노총 비정규직 전략조직화 운동사〉, 전국민주노동조합총연맹 엮음, 《비정규직 노동운동사 — 주제사, 전국민주노동조합총연맹, 2017.

노중기, 《한국의 노동체제와 사회적 합의》, 후마니타스, 2008.

노중기, 〈1987년 민주항쟁 30년, 민주노조운동의 평가와 전망〉, 한국산업노동학회 엮음, 《산업노동연구》 21(1), 2018.

노중기, 《노동체제 변동과 한국 국가의 노동정책(2003~18)》, 후마니타스, 2020.

장홍근·이정희·정흥준·설동훈, 《2017년 노사관계 국민의식조사 연구》, 한국노동연구원, 2017.

전국민주노동조합총연맹 엮음, 《비정규직 노동운동사 — 주제사》, 전국민주노동조합총연맹, 2017.

정이환, 〈한국 노동시장의 분절구조와 대안 모색〉, 한국노동연구원 개원 30주년 기념 세미나 자료집, 《포용과 활력의 고용시스템을 향하여》, 2018.

3장

혁신의 모델들
위기의 노동운동, 무엇을 바꾸고 어떻게 새로워질 것인가

나상윤

1. 조직률 변화에 담긴 함의

2019년 말 고용노동부 발표에 따르면 2018년 말 기준으로 민주노총은 제1노총이 되었다. 조합원 비율은 민주노총 41.5퍼센트(96만 8000명), 한국노총 40.0퍼센트(93만 3000명), 공공노총 1.5퍼센트(3만 5000명), 전국노총 0.9퍼센트(2만 2000명) 순이며, 상급 단체에 소속되지 않은 노동조합(미가맹)은 16.1퍼센트(37만 4000명)를 차지했다.

대부분의 제도 언론은 적잖은 염려를 쏟아냈다. 마치 큰일이라도 벌어질 듯 난리법석에 훈수까지 두는 헤드라인을 뽑아냈다.

친노조 정책 등에 업고, 민노총 '제1노총' 됐다(《한국경제》)

제1노총 된 민노총, 억지와 '떼거리 이기주의'로는 미래없다(《동아일보》)

'제1노총' 등극한 민주노총…노사정 관계 파장 예상(《SBS》)

그림 1 상급 단체별 조합원 수 추이(단위: 천 명)

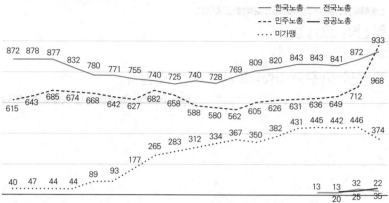

자료: 2019년 12월 26일 고용노동부가 발표한 〈2018년 전국 노동조합 조직 현황〉

그림 2 노동조합 조직률·조합원 수 추이

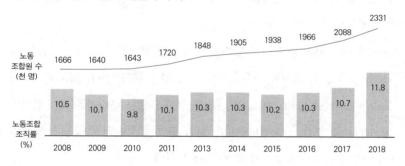

  그렇지만 민주노총이 제1노총 지위를 차지한 것은 이미 몇 년 전이다. 민주노총은 1995년 창립한 뒤 지난 25년 동안 조합원이 꾸준하게 증가했다. 다만 전교조나 전국공무원노조가 합법 노조의 지위를 박탈당하면서 공식 통계에서 배제된 탓에 제1노총의 지위를 인정받지 못했을 뿐이다.

  창립 대의원대회 자료에 따르면 1995년 민주노총 조합원은 41만 8154

명이었는데, 고용노동부가 발간한 자료에 따르면 2018년 기준으로 민주노총은 96만 8035명이고 한국노총은 93만 2991명으로 조합원 수가 역전되었다. 2020년도 민주노총 정기대의원대회 자료에 따르면 2019년 말 기준 민주노총 조합원은 98만 7777명으로, 100만 명에 근접했다.

민주노총 조합원이 100만 명이 되고, 제1노총 지위에 올라선 것은 분명히 의미 있는 일이 아닐 수 없다. 오랫동안 전개해온 미조직 비정규 노동자 전략 조직화가 거둔 성과라고 할 수 있으며, 양적 측면에서 우위에 선 것도 의미 있는 일이 분명하다. 그런데 민주노총이 제1노총이 된 것에 자족하고 있을 일은 결코 아니다. 한국은 여전히 낮은, 그것도 매우 낮은 노동조합 조직률을 보이고 있기 때문이다. 고용노동부 통계에 따르면 1989년 19.8퍼센트까지 올라간 한국의 노동조합 조직률은 노동자가 증가하는 속도를 전혀 따라잡지 못하면서 2010년에는 9.8퍼센트까지 하락했다. 그 뒤 적극적인 조직화 사업을 통해 노조 조직률이 반등하기 시작하였고, 특히 사회적 상황과 정치 환경이 변화된 2017년부터 조직률 상승폭이 상대적으로 높아졌다. 2018년 기준으로 11.8퍼센트까지 상승했다. 그렇지만 아직까지 한국의 노동조합 조직률은 매우 낮은 편이며, 19.8퍼센트이던 1989년에 비교해도 한참 아래다. 게다가 조직된 노동자들 중에서 민주노총 조합원만 따지면 조직률은 여전히 4~5퍼센트 수준에 불과하다.

• 전체 노동조합 조합원 수는 노조 조직 대상 노동자 1973만 2000명(2017년 1956만 5000명) 중 2018년 233만 1000명으로 지난해(208만 8000명)에 견줘 24만 3000명(11.6퍼센트) 증가한 것으로 나타났다.

낮은 조직률과 더불어 한국의 노동조합운동은 또 다른 문제를 안고 있다. 노동조합 조직률을 세부적으로 분석해보면 한국 노동조합운동의 문제점이 고스란히 드러난다. 우선 공공 부문 조직률에 견줘 민간 부문 조직률이 현저하게 낮으며, 대공장에 견줘 중소 영세 사업장의 조직률이 대단히 낮다. 대체로 공공 부문의 조직률이 높게 나타나는 것은 일반적인 현상이지만, 그 격차가 너무 크다는 것은 심각한 문제다.

- 부문별로는 민간 부문 9.7퍼센트, 공공 부문 68.4퍼센트(공공기관 경영정보 공개시스템, 361개).
- 기업 규모별로는 300명 이상 50.6퍼센트, 100~299명 10.8퍼센트, 30~99명 2.2퍼센트, 30명 미만 0.1퍼센트.

게다가 조직된 노동자들 중에서 양대 노총을 상급 단체로 하지 않은 노동자의 숫자가 2006년 이후 조금 빠르게 증가하고 있는 모습을 확인할 수 있다. 한국노총은 물론 민주노총조차 계급적 대표성을 제대로 인정받지 못하고 있다는 것을 보여주는 지표의 하나로 해석할 수 있는 현상이다. 나아가 노동쟁의 일수가 대폭 감소한 사실에서 확인할 수 있듯이 한국 노동운동의 특징 중 하나인 전투성도 매우 약화되고 있다.

이런 상황에서 노동운동 위기론이 등장하지 않는 것은 오히려 이상하다. 1997년 외환 위기 이후 본격적으로 등장한 노동운동 위기론과 혁신 논의는 오랫동안 이어졌지만, 뚜렷한 성과를 보여주지 못하고 있다. 최근에는 위기론과 혁신에 대한 논의조차 시들해진 양상이며, 그런 현실이 오히려 더 큰 위기가 아닐까 하는 염려를 낳고 있다.

2. 노동운동 혁신 논의

'혁신 담론'은 주로 해당 조직이 위기 상황에 직면했다고 판단될 때 제기된다. 따라서 노동조합 위기론이 득세하면 노동조합의 혁신 또는 재활성화에 대한 논의가 뒤따라오기 마련이다. 조직이 직면한 위기에 대한 진단과 해결 방안을 모색하는 과정 자체가 혁신 과정이지만, 궁극적으로 혁신은 그 조직이 지향할 새로운 비전과 전략이 제시되고 거기에 걸맞은 리더십이 등장해야 완성된다. 새로운 비전과 전략은 리더십을 통해 비로소 실현되기 때문이다. 그렇지만 한국의 노동운동은 변화된 환경에 적합한 새로운 비전과 전략은 물론 새로운 리더십을 찾아보기 힘들다. 그런 점에서 한국의 노동운동 혁신 논의는 혁신 과정과 거리가 멀다.

돌아보면 제대로 된 혁신 논의가 전혀 없지는 않았다. 두세 번의 계기가 있었지만, 한국 노동운동은 그 계기를 제대로 살리지 못했다.

2000년 1월에 구성된 '민주노총 발전전략위원회'는 약 10개월간의 논의를 거쳐 〈노동운동발전전략〉 보고서라는 결과물을 제출했다. 상당히 '기념비적인 문건'이라고 할 수 있지만, 유감스럽게도 이 보고서는 민주노총에서 채택되지 못했다. 그 뒤 백가쟁명식 혁신 논의가 지금까지 간간이 이어지고 있지만, 결과적으로 보면 혁신은 미조직 비정규 노동자 조직화의 필요성을 강조하는 '전략 조직화'라는 담론의 형성과 '민주노총 직선제'라는 선거 제도 개편으로 끝나버리고 더는 이어지지 못했다. '혁신'이라는 단어를 혁신해야 하는 상황이 되어버린 셈이다. 2014년과 2017년에 두 차례 치른 직선제 선거를 평가하기에는 아직 이르다고 할지 모르겠지만, 직선제를 통해 민주노총이 혁신된 징후를 발견하거나 직선제와 혁신의 인과관계를 찾기는 어렵다.

〈노동운동발전전략〉 보고서는 민주노조운동의 주체적 역량이 지닌 한계를 다섯 가지로 정리하고 있다. 이러한 문제의식은 20년이 지난 현재 시점에서 보더라도 여전히 유효하며, 해결되지 않은 과제로 남아 있다.

- 기업별 노조하에 경제 투쟁에 집중된 한계
- 낮은 조직율과 비정규·여성 노동자 등 주변부 노동자에 대한 배려가 취약
- 이념적 목표와 장기적 전략의 결여
- 민주노총의 내적 통합 약화
- 노동계급 구성과 노동자 문화의 변화

한편 2009년 3월에 민주노총은 또다시 '노동운동혁신위원회'를 설치하기로 결의하고, 지역 순회 토론회 등을 통해 혁신 과제를 도출했다. 혁신위원회가 제출한 〈민주노총 지속혁신 방향과 과제〉는 '산별 중심성이 강조되어온 과정 속에서 지역 본부의 현장에 대한 권한과 개입력은 급속히 제한되는 결과를 초래하였다'고 진단하면서, '지역사회에서 지역 본부의 정치적 위상과 역할을 빠르게 높이는 방향으로 지역 본부 강화 방안이 마련되어야 한다'며 지역 본부 강화 방안을 제시해 주목을 받았다. 조직 혁신 과제로 지역을 강조하면서 노동의 지역 개입력을 강화하기 위한 의제로 미조직 비정규 노동자 조직화와 대지자체 교섭 투쟁 강화, 지역의 생활 연대운동 강화가 제시되었다. 상층 중심의 선언적 차원에 머물던 한계를 극복하기 위해 주체 단위별 실천 과제를 제시하는 등 과거와 다른 모습을 보이려 노력했지만, 이 혁신 사업도 지속되지 못하고 말았다. 시쳇말로 '혹시나'가 '역시나'로 끝나버린 것이다.

그 뒤에는 노동운동 진영에서 눈에 띄는 혁신 논의를 조직적으로 진행

한 사례를 찾기가 어렵다. 몇몇 의견 그룹이 혁신 논의를 진행한 사례가 없지는 않지만, 대부분 선거 논의로 귀결되고 끝나버린 점에서 뚜렷한 한계를 보이고 있다.

3. 아래에서 만들어진 다양한 혁신 모델

이른바 '관료 기구'를 중심으로 한 혁신 논의가 지지부진한 반면 아래에서, 이른바 '현장'에서 혁신을 시도한 사례는 꽤 있다. 다양한 '혁신 모델'을 찾아보는 것이 그리 어렵지는 않다. 기업별 노조 체계 내부에서 혁신을 시도한 사례부터 노조 바깥에서 시도한 것까지 생각보다 다양한 모델이 나타나고 있다. 그렇지만 이러한 혁신 모델이 아직 주류로 등장하기에는 한계가 있다. 뿌리 깊은 기업별 노조 체계가 버티고 있고 관성적인 조직 문화가 온존하는 노동조합이 이러한 모델을 수용하기란 쉽지 않아 보이기 때문이다. 또한 이러한 몇 개의 모델이 혁신의 전체를 대표하는 것은 결코 아니다. 그런데도 혁신 모델을 모색한 시도는 노동운동의 생존에 직결된 사안이라는 점에서 결코 과소평가해서는 안 된다.

1) 기존 노조의 변화 시도

최근 일부 대기업 노조 혹은 산업 노조, 그리고 양대 노총 공공 부문 등에서 연대기금 조성을 제안하거나 기금을 기반으로 재단을 설립한 사례가 나타나고 있다. 자신들의 임금 일부를 출연하되 사측에 거기에 상응하는 역할을 요구해 연대기금을 조성하고, 이 기금을 청년 일자리 만들기나 비정규 노동자와 하청 노동자의 노동 조건 개선과 조직화를 위해 사용하자는 제안이다. 사실 이러한 제안은 새삼스러운 것은 아니다. 과거에도 유사한 제안이 여러 차례 나왔지만 번번이 안팎의 저항에 부딪혀 제대로 실현되지 않은 경우가 다반사였다. 그러나 양대 노총 공공 부문이 2016년 성과연봉제 저지 투쟁의 성과를 바탕으로 만든 '(재)공공상생연대기금'이나, 노사 간 교섭을 통해 사회연대기금을 조성해 만든 사무금융연맹의 '사무금융 우분투재단'과 전국금융산업노조의 '금융산업공익재단'은 주목할 만하다. 아울러 산업 노조의 지역 지부나 지구협의회, 단위 노조에서도 실험적인 시도가 진행되고 있다.

이러한 시도는 대체로 노동조합의 사회적 역할을 고민하고 조직률을 제고하기 위한 사회연대 전략을 실현한다는 목표 아래 추진되고 있다. 그런 점에서는 좋게 평가할 만하지만 아쉬운 점도 적지 않다. 무엇보다 이러한 시도가 노동조합의 내부 혁신과 주체 역량의 강화에 결합하지 못하고 있다는 점이다. 거칠게 말하면 기존 노조의 사업을 확장하는 수준에 머무는 경우가 대부분이다. 조합원들이 사업의 주체로 성장하거나 노동조합 활동이 활성화되는 단계로 연결되지 못하고 있다는 것이다. 그럼에도 불구하고 다양한 시도를 하는 것 자체가 무의미하지는 않다는 점에서 몇 가지 사례를 소개하려 한다.

금속노조 단위 사업장

금속노조 소속 단위 지부와 지역 지부에서도 변화를 위한 다양한 시도가 벌어지고 있다. 2004년 완성차 4개 노조는 기자 회견을 열어 사회공헌기금을 조성하자고 제안했다. 그 뒤 현대자동차지부는 단체협상을 통해 사회공헌기금을 조성하기로 합의하고 2005년 10억 원의 기금을 처음으로 만들었다. 이러한 결과는 노조가 투쟁으로 얻은 성과라고 할 수 있지만, 아쉽게도 기금 사용 계획을 수립하고 집행하는 일을 모두 사측에 맡겨두는 형태였다. 이런 한계를 반성하면서 2017년 현대자동차지부는 노조에 '사회연대실'을 설치하고 조합비에서 사업비를 배정해 사회공헌 사업의 전환을 시도한다. 아울러 사회공헌기금 노사공동운영위원회를 만들어 사업의 노조 주도성을 실현하려 노력하고 있다.

금속노조 경남지부

사회연대 사업의 필요성을 인식한 금속노조 경남지부는 '사회연대위원회'를 설치한 뒤 2015년부터 '사회연대기금'을 조성했다. 조합원 1인당 매달 1000~2000원씩 적립해서 2016년 2억 2500만 원, 2017년 3억 500만 원, 2018년 3억 3000만 원의 예산을 확보했다. 경남지부는 사회연대 사업의 사업 목적을 아래처럼 정해서 지역 차원의 사업을 3년간 진행했다. 노조가 지역사회에 참여하는 방안을 찾은 점에서 획기적인 시도가 아닐 수 없다.

경남지부 사회연대 사업의 목적
1. 노동자와 민중이 연대
2. 기업 단위에서 행하는 노동자의 권익 향상 사업의 극복
3. 노동자 계층의 차별 철폐
4. 억압받고 소외된 민중들의 삶을 질을 개선하여 인간다운 삶
5. 비정규 노동자, 이주 노동자, 도시 빈민, 취약 계층 등에 대해 다양한 사업

그런데 금속노조 경남지부의 사회연대 사업을 세부적으로 살펴보면 역시 몇 가지 한계가 드러난다. 예를 들어 2018년에는 약 2억 5000만 원을

투입해서 장학금 지급 사업, 비정규직 연대 사업(지부 기획 사업), 취약 계층 복지 지원 사업, 민중연대 사업, 문화연대 사업(지부 기획 사업), 청소년 현대사 기행(지부 기획 사업)을 실행했다. 당초 예산은 3억 6400여 만 원이었지만, 실제 집행액은 2억 5000만 원으로 68퍼센트 집행에 그쳤다. 특히 1억 5500여 만 원이 장학금 지급과 취약 계층 복지 지원 사업에 사용되었는데, 이 사업은 대부분 위탁 사업 형식이라는 점에서 한계를 지닐 수밖에 없다. 사업 주체인 사회연대위원회는 말 그대로 위원회 조직이고 사실상 전담 인력이 없어 사업을 외주화하는 방식으로 진행했다. 금속노조 경남지부는 이러한 문제점을 인식하고 2018년 2월에 공청회를 열어 사회연대 사업을 평가하고 관련 논의를 진행했다. 사업 주체의 전략이 보이지 않는다는 질타가 쏟아졌으며, 주체가 준비한 사업이 없고 호혜적으로 베푸는 방식으로 진행한다는 문제가 제기됐다. 특히 공모를 통해 재정을 지원하는 방식의 사회연대 사업은 노조가 할 일이 아니라는 결론이 나왔다. 그 결과 노조(지부)의 사회연대 사업이 지녀야 할 방향과 내용을 좀더 깊이 고민해보자는 취지에서 경남지부는 2018년을 끝으로 사회연대 사업을 일시 중단했다. 1년간의 휴지기를 거쳐 2020년부터 사업을 재개했지만, 중장기 전망을 세우고 전입자를 배치하는 방안에 대한 논의는 여전히 정리되지 않았다.

민주노총 경기본부 안산지부

안산지부는 2015년 정기대의원대회에서 지역 사업으로 '안산노동안전센터' 설립을 결의하고 2016년부터 조합원 1인당 3000원씩 기금을 조성하기 시작했다. 다른 지역이나 사업장과 달리 기금을 조성해 노조가 직접 사업을 집행하는 것이 아니라 독립적인 비영리 법인 형태의 센터를 만들어서 운영하는 방식을 선택했다(2016년 11월 21일 사단법인 설립). 상근자가 아직 1명뿐이라 여러 가지로 어렵지만, 매년 출연되는 민주노총 경기본부 안산지부 사회연대기금을 기반으로 안정적인 사업 체계를 꾸리고 있다. 산재 상담과 산재 예방 캠페인 등 주로 노동 안전을 매개로 지역 사업을 펼치고 있는데, 공단 지역이라는 특성에 더해 세월호 참사의 고통을 겪은 지역이라는 점에서 의미 있는 시도다.

2) 유니온운동 확산

고용노동부 자료에 따르면 2018년을 기준으로 상급 단체에 소속되지 않은 노동조합(미가맹)은 16.1퍼센트(37만 4000명)였다. 이러한 현상은 여러 가지로 해석할 수 있지만, 여기에는 기존 노동운동에 대한 불신도 한몫을 하고 있다. 따라서 양대 노총은 계급적 대표성의 위기에 직면해 있다는 지적에서 자유롭지 못한 상황이다.

이러한 흐름에 연동하여 노동조합이 아닌 '유니온'이라는 이름을 달고 청년유니온을 시발로 노후희망유니온, 라이더유니온, 알바유니온 등 새로운 형태의 노동자 조직이 등장하고 있다. 최근에는 송파유니온처럼 지역 이름을 붙이는 사례도 나오고 있다. 그런데 유니온운동은 대체로 전통적인 노사 단체 간의 단체교섭보다는 사회적 교섭의 형태를 띠고 있다는 점이 특징이다. 현실적으로 개별 사용자를 대상으로 하는 것도 아니고 사용자 단체가 구성되어 있는 것도 아니기 때문에 불가피한 측면이 있다. 다수의 사용자를 대상으로 여론을 통한 사회적 압박을 가하는 방식이다. 이러한 방식은 한편으로 캠페인을 위주로 하는 소비자운동 방식과 겹친다.

청년유니온

이른바 '유니온운동'에 불을 붙인 청년유니온은 2010년 3월에 창립했다. '일하고, 꿈꾸고, 저항하다'를 슬로건으로 삼아 청년들의 노동권 향상을 위해 청년들이 자발적으로 만든 세대별 노동조합이다. 청년(만 15~39세)이라면 고용 형태(구직자, 실업자, 비정규직, 정규직)에 관계없이 누구나 가입할 수 있는 초기업적인 '사회적 노동조합'을 표방한다. 청년유니온은 주로 청년의 고용 안정과 노동권 보장, 생활 안정을 위한 기획 사업과 (넓은 의미의) 입법 활동, 제도 개선, 그 밖에 관련 캠페인을 진행하고 있다.

청년유니온은 2011년부터 청년들의 노동권 문제를 사회적 이슈로 만들어냈다. 현실적으로 많은 청년들이 비정규직 노동을 하고 있지만, 이 문제를 다른 프레임, 즉 세대 문제로 접근하면서 큰 반향을 불러일으킨 셈이다. 구성원이 청년들이라서 대체로 톡톡 튀는 사업 방식을 보여주었고, 그럼 점이 미디어 주목도를 높이면서 적잖은 성과를 만들어내기도 했다. 특히 2015년부터는 청년을 대표해 최저임금위원회 노동자위원으로 참여하면서 점차 사회적 발언권이 높아지고 있다.

- 2011년: 편의점 실태 조사, 피자 배달 30분제 폐지, 카페 주휴수당 지급
- 2012년: 미용실 스텝 실태 조사
- 2013년 : 서울시와 사회적 교섭, 학원 강사 근로 조건 실태 조사
- 2014년: 아르바이트 감정노동 실태 조사, 청소년 호텔 알바 실태 조사, 산학 협력 현장 실습생 실태 조사
- 2015년: 블랙 기업 실태 조사, 롯데호텔 교섭
- 2016년: 청년 구직자 실태 조사
- 2017년: 최저임금 가계부 조사, 드라마 제작환경 노동실태 제보센터 운영

- 2018년: 드라마 현장제보센터 운영, 영화제 노동실태 제보센터 운영
- 2019년: 아르바이트 산업재해, 신입 사원 직장 내 괴롭힘/성희롱 실태 조사, 5명 미만 사업장 근로기준법 차등 적용 대응

청년유니온은 8개 지역 지부와 1개 청소년 지부가 있으며, 부설 기관으로 상담교육센터인 사단법인 청년유니온센터가 2019년에 설치됐다. 연간 재정은 2020년 예산 기준으로 2억 7000만 원 수준인데, 여기에는 용역비 등의 명목으로 지원받는 금액이 포함되어 있다.

2017년 청년유니온은 평등, 존중, 환대를 핵심 가치로 표방하면서 공동체성을 강화하기 위해 취지문과 10개 항목으로 구성된 약속문을 만들었다. 창립 10주년을 맞아 세대 교체와 더불어 새로운 도약을 준비하고 있지만, 조직률은 그리 높지 않아서 노조 역할을 하는 데에는 한계를 드러낸다. 2019년 말 기준 조합원 1400여 명에 후원회원 600여 명으로, 10년이라는 역사와 미디어의 주목도를 고려하면 아쉬운 상황이다.

노후희망유니온

퇴직한 노조 간부들이 주도해 만든 노후희망유니온은 2014년 9월에 설립된 또 하나의 세대별 유니온이다. 조합원 2500여 명이 9개 지역 본부를 중심으로 활동하고 있다고 한다. 50세 이상 장노년층의 일자리 창출과 알선, 인권과 노동권 확보, 복지 증진을 위한 제도나 법률 제정과 개정 활동, 장노년층의 사회 참여 확대와 건강한 노년 문화 창출, 민주 사회단체 연대 등을 활동 목적으로 삼아, 노동 기본권과 사회적 교섭권을 가지고 정정당당하게 장노년 세대의 권리를 주장하기 위하여 노동조합을 설립했다고 밝히고 있다.

노후희망유니온은 기업 단위나 산업 단위가 아니라, 50세 이상 세대의 이해관계를 반영한 3대 요구 사항, 즉 노인 기본소득제, 노인 의료비 국가 책임제, 노인 주거 복지 강화를 실현하기 위해 초기업적으로 활동하고 있다. 주로 지자체를 상대로 제도 투쟁을 기획하고 있지만 청년 유니온에 비교하면 상대적으로 이렇다 할 성과를 아직 보여주지 못하고 있는 듯하다. 의료 기술이 발전하고 보건 위생이 향상하면서 물리적 수명이 늘어나는데 견줘 노인 빈곤율이 높은 상황에서 고령 노동이 증가할 수밖에 없는 조건을 고려하면, 이런 조직화 시도는 매우 의미 있다.

3) 지역사회운동 노조를 지향하는 희망연대노조

2009년 12월에 창립해 이미 10년이 흐른 희망연대노조는 주로 방송과 통신 콜센터 노동자와 방송 스태프 노동자로 구성되어 있으며, 2020년 1월 기준으로 조합원은 약 6000명이다. 2010년 케이블방송 C&M지부 결성을 시작으로 2012년 다산콜센터지부, 2013년 케이블방송비정규직지부, 케이블방송 티브로드비정규직 지부, 2014년 SKB 비정규직지부, LGU⁺비정규직지부 등을 조직했다. 대체로 다단계 하도급 구조로 되어 있어서 조직화가 쉽지 않았지만, 조직화에 성공하고 투쟁을 통해 노동 조건을 개선하였다. '중규직'이라는 한계를 가지고 있기는 하지만, 자회사 설립을 통해 고용 안정을 확보하고 노사관계를 정립하는 성과를 만들어냈다.

노동운동 내부에는 산업 노조 건설 흐름과 달리 일반 노조를 주장하는 흐름이 있었지만, 대체로 성과를 내지는 못했다. 또한 산업 노조(연맹) 수준에서 조직화 사업을 수행하였지만, 사회적이고 정치적인 영향을 받은 공공 부문 등 일부를 제외하고는 큰 성과를 내지 못했다. 반면 희망연대노조는 창립 때부터 '지역사회운동 노조'를 선언하며 케이블 방송과 통신산업 비정규직 노동자를 주요 조직 대상으로 설정해서 조직화에 집중했다. 희망연대노조는 조직화가 어려운 협력 업체 비정규직을 조직하고 정규직과 비정규직의 연대를 끌어내면서 새로운 전형을 창출했다. 특히 기업별 노사 간 단체협약을 통한 노동 조건의 개선이 지닌 한계를 인식하고 사회적 생존권을 쟁취하기 위한 활동을 주요 과제로 설정했다. 이 과정에서 '지역연대, 나눔연대, 생활문화연대'를 병행하면서 기존 노동조합과 다른 활동 방식을 보여주었다.

이러한 사업의 지속성과 독립성을 보장하기 위해 (사)희망씨를 설립한 것도 기존의 노조 활동과 다른 방식이었다. 도구적 관점이 아니라 연대적 관점에서 장기적인 사업 체계를 구축한 것이다. 케이블 방송과 통신산업 비정규직 지부가 연이어 설립되면서 3~4년 동안 파업 투쟁이 이어지는 와중에도 지역연대 사업을 유지하였다. (사)희망씨가 그러한 역할을 맡아 한 덕분에 가능한 일이었다. (사)희망씨는 희망연대노조 각 지부가 체결한 단체협약상의 사회공헌기금을 기반으로 지역연대 사업을 진행하고 있다. 2019년의 경우 딜라이브 노사가 제공한 사회공헌기금 2억 3500만 원을 11개 사업 단위에 투입해 다양한 사업을 벌여 풀뿌리 네트워크를 확장하고 강화하는 데 기여했다.

권혜원(2015)은 희망연대노조가 이렇게 기존 노동조합과 구별되는 집단행동의 새로운 레퍼토리를 개발하고 발전시킨 사실을 주목하였다. 지역사회운동 노동조합주의를 지향하면서 지역사회의 다양한 비노동 단체들을 상대로 지속적인 연대의 틀을 구축한 점, 초기업 단위 노조의 틀 속에서 작업장을 넘어서는 광범위한 사회적 의제를 제기하고 이러한 목표를 위한 사회운동을 전개하려 한 점, 정규직과 비정규직의 연대를 통해 비정규

그림 3 희망연대노조가 2019년에 펼친 지역연대 사업

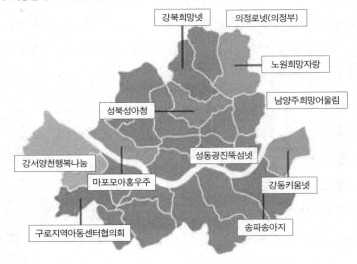

직 노동조합을 만들고 연대 파업 조직하려 한 점, 정당을 비롯해 시민사회 단체와 지역사회 단체들을 상대로 연대를 맺어 사회적이고 정치적인 자원을 동원한 점 등을 사례로 들어 이러한 사실을 설명하고 있다. 기존 노조와 다른 방식의 활동은 노동운동 연구자들의 주목을 받았고, 희망연대노조는 이제 노동운동 내부에서 하나의 모델로 성장하고 있다.

4) 지방자치단체를 활용한 조직화 모델

민주노총과 한국노총은 조직 확대 사업의 하나로 노동상담소(혹은 법률센터) 등을 운영하고 있다. 한국노총의 경우 19개의 노동교육상담소를 운영하고 있으며, 최근에는 서울시에서 권역별 노동자종합지원센터 2개소를 수탁하여 운영을 시작했다. 박원순 시장이 당선한 뒤 선도적으로 노동

사업 모델을 만들고 있는 서울시를 여러 지방자치단체가 벤치마킹하면서 노동 관련 중간 지원 조직의 설립이 확산되고 있다. 서울시만 하더라도 광역 허브 기능을 하는 서울노동권익센터를 비롯해 자치구별 노동복지센터(노동자종합지원센터)가 설치되고 있으며, 직장맘지원센터, 어르신돌봄종사자지원센터 등이 잇달아 설립되었다. 서울시가 본격적으로 추진하기 전에도 진보 정당이나 개혁적 자치단체장이 당선한 일부 지자체에서 이러한 시도를 했다. 대표적인 곳이 울산의 북구비정규직노동자지원센터다.

2002년 민주노총 울산지역본부는 지방 선거를 앞두고 민주노동당 구청장 후보의 공약으로 '비정규직노동자지원센터 설립'을 제안했다. 당선한 현대자동차노조 위원장 출신 이상범 민주노동당 구청장은 이 제안을 수용해서 〈북구비정규직노동자지원센터 설립 및 운영에 관한 조례〉를 2003년 3월에 제정하였다. 북구청*은 조례에 따라 센터를 설립하고 민주노총 울산지역본부에 운영을 위탁하였다. 울산지역본부는 북구에 자리한 현대자동차노동조합에 운영을 맡아달라고 제안하였고, 현대자동차노동조합(2003년 제10대)은 이 제안을 수락했다. 현대자동차노동조합은 소장을 임명하고 지원 예산**을 편성하였으며, 그 뒤에는 수석부위원장이 당연직으로 소장 역할을 수행하고 있다.

북구비정규직노동자지원센터은 여러 가지 사업을 하고 있으며, 노동조합과 함께하는 공동 사업은 노조 신문을 통해 홍보하고 보고한다.

---

* 울산 북구청은 2020년 운영비 9300만 원과 사업비 1500만 원을 지원했다.
** 현대자동차지부는 초기에는 600만 원을 지원하다가 2020년에는 1500만 원을 지원했으며, 울산지역본부는 300만 원에서 400만 원으로 지원액을 늘렸다.

- 아파트 청소 노동자 휴게실 개선 사업 지원
- 예산 및 조합원 참여
- 취약 노동자 건강 지원을 위한 건강버스 기부
- 노동을 주제로 하는 우리 동네 도전 골든벨 행사에 예산 및 인력 지원
- 소규모 사업장 밀집 공단에 찾아가는 노동자 건강 지원 사업 시 노동조합 교육 활동으로 조합원 참여
- 사회연대위원회 수련회 시, 노동조합의 사회연대 활동 및 센터 사업에 대한 소개 등

한편 서울시를 비롯해 몇몇 지자체는 부분적으로 노동시장에 직접 개입하는 시도를 하고 있다. 생활임금제를 도입하는 것은 물론 사회서비스원을 설립해 사회 서비스의 과도한 시장화를 견제하고 모범 사용자 역할을 강화하려는 것으로 보인다. 노동운동 진영의 요구에서 시작된 이러한 시도는 조직화 모델에도 연결된다는 점에서 주목해야 한다.

5) 노동조합을 기반으로 하는 지역 거점 모델

지역 거점 방식의 노동자 조직화와 사회연대 사업을 펼치는 흐름도 있다. 지역별로 정체성에 조금 차이가 있지만 민중의집의 경우는 강서양천 민중의집과 인천서구 민중의집이 노동조합을 기반으로 노동자 조직화 사업을 중심에 두고 지역 차원의 사회연대를 구축한다. 자치구 수준에서 노조 연대 체계를 구축하는 역할은 물론 노조와 지역사회를 연계하는 역할을 하고 있다. 공간을 매개로 노동자와 노동조합의 지역 활동을 설계하고, 동시에 마을 주민과 마을 공동체의 노동 인권 감수성을 높이는 방식으로 사업

을 전개하고 있다. 영등포에 있는 '카페봄봄'도 노동운동 활동가 단체인 서울광장이 만든 노동자 마을 카페로, 마을의 복합 문화 공간 역할을 동시에 하고 있다. 인천의 남동희망공간 등을 비롯해 유사한 지역 거점이 많이 만들어지고 있다. 노동 중심의 지역 거점은 마을 공동체와 노동조합을 연결시키고, 지역 차원에서 연대를 구축함으로써 노동조합의 헤게모니를 강화하는 것은 물론 지역사회의 진보적 재편을 추동하는 역할을 한다.

6) 공제회를 통한 조직화와 생활문화연대

최근 공제회가 노동자 조직화의 새로운 수단으로 재등장하고 있다. 일제 강점기인 1920년 4월 11일 창립한 '조선노동공제회'가 기원인 노동자 공제회는 노동자들의 생활 공동체를 지향한다는 점에서 노동조합과 다른 조직 모델이다. 일제 강점기 최대의 총파업인 원산 총파업은 1929년 1월 13일부터 4월 6일까지 이어졌는데, 원산노련이 설립한 구제부와 소비조합이 병참 기지 역할을 했다. 이렇게 노동자 공제회는 장기 파업을 이어갈 수 있는 물적 토대였다. 노동자가 조직 대상이라는 점에서 공제회와 노동조합 활동은 연계될 수밖에 없다. 실제로 유럽을 비롯해 여러 나라에 노동자 공제회가 발달해 있다. 1954년 일본 오사카에서 시작된 화재공제는 그 뒤 전국노동자공제생활협동조합연합회(전노제)로 성장했으며, 지금도 매우 성공적인 공제회 모델로 알려져 있다.

경기도 안산에서 활동하는 '일하는 사람들의 생활 공제회 (사)좋은이웃'은 특히 비정규 노동자들의 생활 공동체 역할을 담당하면서 착실하게 성장하고 있다. (사)좋은이웃은 일하는 사람들의 공동체를 활성화해 안산과 시흥 지역 노동자들의 '생활 안정'과 '사회적 권익 향상'을 꾀하기 위해

2015년 3월 22일 설립돼 다양한 공동체 활동을 펼치고 있다. 여러 동아리를 묶어 준비위를 구성하고 체험 활동을 거쳐 462가구(총자산 8280만 원)가 참여해 사단법인을 창립했다(지금은 700여 가구가 넘는다). (사)좋은이웃은 특별히 '공동체임금'을 통해 생활 안정 사업을 펼치고 있는데, 시장임금과 사회임금으로 구성된 노동자들의 소득 구조를 지역 공동체를 통해 보완하려는 기획이라는 점에서 눈길을 끈다.

'봉제공제회'와 '라이더공제회' 등도 주목할 만하다. 서울 도심의 제조업 노동자를 조직할 방안으로 공제회를 품은 노동조합 모델이 제시된 뒤, 서울 도심 제조업 중 가장 큰 비중을 차지하는 봉제인들을 공제회를 통해 조직하기 위한 사업이 시작됐다(서울노동권익센터 2019). 민주노총 화학섬유연맹이 주도해 공정 단가와 공정 임금 문제를 해결하기 위한 주체를 형성하고, 불안정한 노동 환경과 조건 속에서 일하는 봉제 노동자들의 생활상의 요구를 실현할 수 있는 방안을 모색하는 중이다. 취지에 공감한 한국사회가치연대기금이 최근 초기 사업 자금을 융자 지원하기로 결정했다. 라이더공제회는 사무금융연맹이 조성한 우분투재단의 재원을 기반으로 출범했다. 라이더유니온 자차수리공제사업단이 주관하는 자차수리 공제사업을 수행하고 있는데, 가입신청서를 제출하고 최소 회비 2만 5000원을 매달 내야 회원 자격을 얻을 수 있다. 초기 단계라 아직 회원이 많지 않지만, 노조 조합원에게만 공제회 가입 자격을 주는 방식을 택해 노조 조직화 수단으로 활용되고 있다.

공제회는 조직화 모델이기도 하지만 노동조합이 발전하던 초기에 등장한 핵심 사업이라는 점에서 기업 복지를 기대하기 어려운 계층에게는 의미 있는 사업이 될 수 있다. 노동운동 진영 일부에서도 공제회를 복원해 노동자들의 삶을 향상시키는 수단으로 삼는 방안을 고민하는 중이다. 대기업 노동자들은 기업 복지를 통해 조합원들의 복리후생을 해결할 수 있지만, 중소 영세 비정규 노동자들은 기업 복지를 기대할 수 없다는 점에서 사회 복지와 더불어 자조와 상호부조를 조직할 필요가 있다. 이런 시도는 향후 실업보험과 산재보험 등을 노동조합이 직접 운영할 토대가 될 수 있다는 점에서 전략적 의미를 지닌다.

산업 노조를 만들고, 산업 협약을 체결해 단체협약의 구속력을 확장하고, 연대 임금 정책을 통해 계급적 단결을 강화하는 것은 기존 노동조합의 전략이다. 그러나 미조직 노동자, 특히 최근 급증하는 플랫폼 노동 같은 독립 노동자들은 노동법의 사각지대에 있다는 점에서 노동법 개정과 동시에 다른 전략도 고민해야 한다. 상호부조 기능을 담당하지 못한 채 단체교섭을 주된 기능으로 하는 노동조합은 변화하는 고용 형태나 노동과정을 고려할 때 적합하지 못하다. 오히려 노동조합이 상호부조 기능을 맡던 우애조합에서 발전한 것처럼 초기의 노동조합 모델을 다시 검토해야 한다. 노동조합이 노동력 판매자인 노동자를 보호하는 데 초점을 두어왔지만, 생활인인 노동자를 보호할 장치가 필요해지고 있기 때문이다(노진귀 2012).

4. 노동운동 혁신과 사회연대

앞에서 살펴본 혁신 사례들을 하나의 기준으로 정리하기는 어렵다. 전통적 기준 혹은 주류적 관점*에서 노조 혹은 노조 조직화로 볼 수 있느냐는

---

* 한국 노동조합운동의 주류적 관점은 기업별 노조를 기반으로 해서 종업원 중심으로 운동이 전개되고 있다는 것을 의미한다.

논란도 충분히 가능하다. 그래도 밑바탕에 깔린 공통점을 추출해보면 노조 조직화 방식은 물론 운동 방식의 변화가 필요하고, 생활문화운동이나 사회연대 사업이 중요한 조직화의 매개로 작동되고 있으며, 대체로 지역을 기반으로 하고 있다는 점이다. 사회연대, 생활문화운동, 지역 등 몇 가지 열쇠말을 도출할 수 있다.[*]

1) 혁신의 방향

노동운동이 직면한 위기의 핵심 지표는 무엇인가? 우선 양적 측면에서 조직률이 10퍼센트 수준을 크게 벗어나지 못하고 있다는 점이다. 민주노총이 제1노총이 되었다고 하지만, 민주노총이 포괄하는 조직 노동자 100만 명은 전체 노동자의 4~5퍼센트 수준에 불과하다. 그나마 정규직이 다수이며 비정규직 조직률은 비교하기 어려운 수준이다. 따라서 양적 측면에서 계급 대표성을 주장하기에는 역부족이다. 질적 측면에서는 노동운동이, 민주노총이 노동계급의 이익을 제대로 대변하고 있으며 대표성을 인정받고 있는가 하는 문제다. 노동시장의 분단은 노동계급의 분단을 초래하였고, 따라서 노동계급의 단일한 목소리를 내는 것은 현실적으로 불가능한 상황에 와 있다. 다수 조합원의 이익을 넘어서는 주장과 정책을 제시하기도 하고, 때로는 가장 전투적으로 투쟁을 펼치기도 하지만, 민주노총을 비롯해 노동운동 진영은 근본적으로 노동계급의 이익을 대변하는 정책을 실현하지 못하고 있는 것이 현실이다. 또한 다수 민중의 이익을 대변하

---

[*] 부산지하철노조처럼 통상임금 소송을 통해 확보한 재원으로 고용을 확대한 사례도 평가받을 만하지만, 위의 기준에서는 거리가 있다고 봐서 제외했다.

고 조력하는 정책과 대안을 실현하지도 못하고 있다. 한국의 노동운동은 노동계급을 제대로 형성하지도 못할 뿐 아니라 사회운동을 주도하지 못하고 있다는 평가를 겸허하게 돌아볼 필요가 있다.

노동운동의 위기 극복과 혁신 방안은 한두 가지로 제시될 수 없다. 그렇지만 비약적인 조직화, 근본적 사회 변화를 추동할 새로운 비전과 전략의 정립, 새로운 주체 형성과 리더십의 구축, 의제 설정 기능의 강화 등이 핵심적인 대안이 될 수 있다. 코로나19를 통해 드러난 한국 사회의 민낯과 기후위기의 심각성, 디지털 기술의 급격한 발전과 정보자본주의의 도래, 고령화를 비롯한 세대 문제 등 과거에 직면하지 못한 새로운 환경이 노동운동을 둘러싸고 있다. 그렇지만 급진적 사회 변화에 맞서는 새로운 사회 변혁의 비전과 전략은 보이지 않는다. 조직화를 위한 다양한 시도에도 불구하고 사회 환경과 정치 환경의 변화에 연동된 공공 부문을 제외하면 이렇다 할 성과를 찾기가 쉽지 않다. 전통적 담론은 노동자들이 계급적 동질성을 지닌 단일한 집단이라고 하지만, 노동시장 분단에 따라 노동계급이 내부적으로 위계화된 상황에서 이런 인식은 한계를 지닐 수밖에 없다. 지금 같은 기업별 노조 체계를 기반으로 비약적인 조직화를 기대한다는 것은 더더욱 어려운 일이다.

현단계에서 노동조합이 자체 역량을 바탕으로 노동자를 대규모로 조직한다는 것은 어쩌면 '미션 임파서블'일지도 모른다. 특히 노동조합을 배제하는 사회적 경향이 강해진 조건을 고려한다면 말이다. 이럴 경우에는 사회적 자원을 동원하는 것이 주요한 전략이 될 수 있다. 사회적 자원을 동원하자면 계급 간 연대가 구축되어 있어야 한다. 그렇지만 노동운동과 시민사회의 연대는 과거에 견주면 매우 취약한 편이다. 따라서 사회연대를 강화해야 할 필요가 있으며, 이런 시도는 노동운동의 헤게모니를 강화하는 동시에 조직화, 나아가 노동자계급 형성에도 주요한 기반이 될 것이다.

　노동이 자본과 더불어 자본주의 사회를 구성하는 핵심 주체이며 자본주의 사회의 다수를 차지한다는 점에서, 노동자계급은 새로운 사회를 건설할 주체로 호명되어왔다. 노동운동은 자본주의 사회의 다수를 차지하는 노동자계급이 주도하는 자주적 운동이며, 사회 변혁을 추구한다. 그러나 수적인 다수를 확보하는 수준을 넘어서서 지적, 도덕적, 문화적 영향력에서 우위를 점하는 헤게모니를 확보하지 않으면 노동운동은 사회의 근본적 변화를 주도하기 어렵다. 근본적 사회 변화를 주도하려면 계급 형성은 물론 헤게모니 확보를 목표로 생산 영역을 넘어 재생산 영역까지 조직 사업의 현장으로 삼아야 한다. 계급 간 헤게모니 각축이 일상적으로 일어나는 장은 작업장뿐만 아니라 재생산 영역인 지역사회도 포괄하는 만큼 계급 간 연대를 통해 수적 우위와 이데올로기적인 우위, 즉 헤게모니를 장악하는 전략이 필요하다. 그러나 지금까지 노동운동이 생산 영역에서 벌이는 헤게모니 투쟁에만 집중하고 재생산 영역에서 펼쳐야 할 사업은 등한시한 점을 부정하기는 어렵다. 또한 사회연대는 소극적으로 보자면 노동조합의 힘이 약화된 상황, 즉 사회적 영향력과 신뢰도가 추락한 상황을 돌파하기 위한 생존 전략이다. 그렇지만 적극적인 관점에서 보자면 극단적인 사회 양극화를 초래한 신자유주의 경제 체제를 대체할 새로운 경제적 관계와 사회적 관계, 사회 역량을 만들고 확장하는 것이 되어야 한다.

2) 사회연대의 구분

노동운동이 직면한 위기를 해결할 방안으로 등장한 것이 연대이며, 연대의 가치를 확장하려는 노력이 사회연대로 정식화되고 있다. 사실 연대성은 노동운동에서 핵심적 원칙이고 가치다. 그렇지만 노동시장의 분단과 노동계급의 분할 때문에 계급 내 연대는 점점 더 어려운 일이 되어가고 있으며, 동시에 계급 간 연대도 힘든 일이 되고 있다. 그러나 노동자의 대규모 조직화와 노동계급의 헤게모니 확보를 위해 사회연대가 절대적인 과제라면, 이 목표를 실현할 전략을 마련해야 한다. 혁신 담론으로 노동운동의 의제 설정 기능이 강화되어야 할 이유가 여기에 있다.

다양한 계급과 계층이 공동의 목표를 가지고 공동의 실천을 만들어가는 사회연대에도 다양한 방식이 있다. 상층 수준의 연대와 하층 수준의 연대는 물론 활동 방식에 따라 유형을 구분할 수 있다. 과거의 경험에 비추어 보면 의제를 중심으로 하는 연대 활동, 특히 복지연대가 주요 유형이었고, 상층 연대 형식으로 진행되는 경우가 일반적이었다. 그러나 조직화를 염두에 둔다면 지역사회local community*를 기반으로 하는 하층 연대가 더욱 절실하며, 생활연대나 지역연대 방식으로 풀어가는 방식이 의미가 있다.

노동조합이 주도적인 역할을 해 사회연대를 실현한 대표적 사례는 복지 영역에서 찾을 수 있다. 코로나19 때문에 건강보험의 중요성이 부각되고 있지만, 이러한 결과가 만들어지는 과정에서 노동운동이 한 역할이 결정적이었다. 직장의료보험과 지역의료보험을 통합해 하나의 건강보험 제도를 완성하는 과정에서 전국사회보험노조(현 국민건강보험공단노조)를 중심으로 한 민주노총과 진보 정당의 역할이 매우 컸다. 노조가 주도적인 역할을 하면서 다양한 계급과 계층을 묶어 사회연대를 구축함으로써 변화된 제도를 완성할 수 있었다. 기초연금제의 도입도 노동조합과 진보 정

---

* 지역사회는 지리적이고 행정적인 분할에 따라 나뉜 일정 지역에서 일어나는 사회적 관계의 장이다.

표 1 연대의 영역과 내용 구분

연대 영역	연대 개념	연대 내용
계급 내 연대 (생산 영역)	고용연대	미조직 노동자의 조직화 비정규 이주 노동자 조직 지원
계급 간 연대 (재생산 영역)	복지연대	보편적 복지의 확대 복지 정책에 대한 개입
	생활연대	소비와 문화생활 영역에서 벌이는 활동 (협동조합, 주민자치, 학부모회 등)
	지역연대	지역 현안에 대한 개입과 연대

출처: 이재훈 외(2017).

당의 역할이 매우 컸다. 이렇게 노동운동은 사회복지 체계가 제도화되는 과정에서 주도적인 역할을 하였고, 사회복지가 확충되는 데 상당히 기여하였다. 그렇지만 기존 노동자가 내는 고용보험료를 일부 인상해 고용보험 사각지대를 해소하자는 민주노동당의 제안과 건강보험료를 올려 민간의료보험을 축소하고 건강보험을 전면적으로 적용하자는 '건강보험 하나로' 운동이 여러 논란에 직면한 뒤에는 복지연대 전략을 기획하고 시도하는 모습을 찾아보기가 어렵다.

한편 노동계급 내 연대는 더욱 악화되고 있다. 정규직 중심의 기업별 노조는 임금 극대화 전략에 집중하면서 노동운동의 연대 전략을 사실상 해체시켰다. 하후상박 방식으로, 그리고 비정규직 임금 인상을 더 높게 하는 방식으로 임금 연대를 하려는 시도가 없지는 않았지만, 1997년 외환 위기 이후 대부분의 노동조합은 고용 불안에 맞서는 대응 전략으로 임금 극대화를 선택하였다. 기업별 노조 수준에서는 비정규직이 고용 안정의 방패막으로 쓰이는 경우까지 있어서 계급의 해체와 연대의 해체로 나타나고 있다. 물론 상급 단체 수준에서는 여전히 고용 연대를 시도하고 있지만,

최근 공공 기관 비정규직의 정규직화 과정에서 발생하는 여러 논란과 사건은 그러한 연대가 얼마나 어려운지를 확인해주고 있다. 노동계급의 분할과 위계화가 상당히 진전된 상황에 더해, 이른바 4차 산업혁명으로 일컬어지는 디지털 기술의 발전이 일자리를 축소하고 불평등을 심화시킬 가능성이 높기 때문에, 고용을 둘러싼 노동계급 내 경쟁이 더욱 격화되리라고 전망된다는 점까지 고려하면 그저 암울하기만 하다.

3) 지역 차원의 사회연대

노동운동이든 사회운동이든 지역의 중요성을 강화시키는 환경적 요인이 있다. 무엇보다도, 지방 분권화를 향한 요구가 강화되고 있다. 사회가 더욱 민주화되면서 지방자치제가 도입되고, 중앙 정부 사무가 지방으로 이양되며, 공공 기관의 지방 이전을 비롯한 지방 균형발전론이 실행되고 있다. 특히 노동 정책에서도 지방 정부의 역할이 강화되고 있는 모습을 확인할 수 있다. 제도적인 한계가 있지만, 박원순 서울시장이 등장한 뒤 노동 관련 조례 제정, 담당 부서와 각종 위원회 설치, 비정규직의 정규직화, 생활임금제 도입, 노동복지센터 설치 등 서울시의 노동 정책이 비약적으로 발전한 사실을 부정하기는 어렵다. 다음으로, 디지털 기술이 발전하고 유연 생산 체제가 확산하면서 단순 업무가 증가하고 산업 경계가 무너진 탓에 지역 차원에서 취약 계층 노동자를 조직화하는 문제가 중요 과제로 등장한다. 또한 신자유주의 세계화 공세로 노조의 힘이 약해지는 상황에서 대안으로서 사회연대 전략의 필요성이 증대하고 있으며, 이런 흐름은 지역 차원의 정치적 연대로 나아가는 경향을 추동한다(노진귀 2012).

한 사회에는 다양한 공동체가 있다. 역사적으로 보면 노동조합은 직업별 공동체로 시작했다. 그런데 수년 전부터 '마을 만들기'가 유행하고 있다. 마을이 산업화 이후 도시에서 다시 등장하고 있는 셈이다. 귀향이나 대안적 공동체를 선택할 수 없는 조건에서 마을의 귀환은 어쩌면 매우 반가운 일이다. 그렇지만 마을 공동체는 공간 중심 공동체라는 특징을 가지고 있고, 심각한 부동산 문제를 고려할 때 정주가 가능한 사람만 대상으로 하는 결과를 초래한다. 게다가 마을의 관계망을 들여다보면 우파적 헤게모니가 작동되고 있는 모습을 쉽게 발견할 수 있다. 각종 관변 단체와 행정 기관, 공공 기관이 지배 구조를 형성하고, 지역을 기반으로 생활하는 자영업자들의 네트워크가 강력하게 작동한다. 더군다나 마을 공동체가 대안적 사회를 지향하지는 않는다는 점에서 마을공동체운동을 과도하게 주목할 필요는 없어 보인다. 그렇지만 마을 또는 마을 공동체를 외면할 필요는 없다. 사회 변화가 일터와 삶터에서 동시에 진행되어야 하고 삶터가 점점 더 시장으로 변화하고 있다는 점을 고려할 때, 저항의 진지는 곳곳에 만들어져야 한다. 또한 진보 정치를 염두에 둘 경우 지역 사업은 매우 중요한 과제일 수밖에 없다. 다만 걸어서 10~15분 이내의 물리적 거리를 전제로 하는 생활권, 즉 마을보다는 지리적 구획 또는 행정 구역으로 이해되지만 운동적 의미에서는 주민들의 동일한 생활권을 의미하는 '지역'이라는 확장된 개념을 사용할 필요가 있다. 그리고 대항 공동체와 연계망을 구축해서 사회 변화의 진지로서 주요한 역할을 수행할 수 있도록 기획해야 한다(강상구 2014).

계급간 연대는 전통적으로 복지 제도를 매개로 국가 수준에서 진행되었으며, 보통의 경우에는 이러한 형태를 사회연대라고 불렀다. 그러나 신자유주의를 통해 재생산 영역이 자본의 새로운 시장으로 등장하면서 생활연대와 지역연대의 필요성이 증대하고 있으며, 토대를 강화한다는 측면에서 생활연대와 지역연대가 사회연대의 핵심 영역으로 등장하고 있다. 일상생활 속에서 자본의 영향력이 확대되는 상황을 방치하게 되면, 사업장이 포위되는 상황이 닥쳐 궁극적으로 사업장 내 헤게모니를 유지하는 것도 어려워질 가능성이 높다. 재생산 영역에서 벌어지는 연대는 일반적으로 지역에서 복지 의제나 생활 의제를 중심으로 하기 마련이다. 사회 성원이 생존하는 데 필수적인 공동의 요구인 사회적 필요를 그전에는 가정에서 해결했지만, 신자유주의 시스템에서는 그러한 필요를 시장에서 해결하도록 강요당한다. 사회복지와 사회 공공성 담론을 형성하는 것도 중요하지만, 아래에서 출발하는 대항 전선을 구축하는 일도 중요하며, 이런 측면에서 지역의 중요성이 커진다. 지역이 신자유주의에 대항하는 최전선으로 등장하는 셈이다.

5. 지역 중심의 초기업 노조운동을 기대하며

민주노조운동은 자주성, 민주성, 계급성, 연대성을 핵심 가치로 한다. 위기는 핵심 가치가 붕괴되고 있다는 의미다. 따라서 위기 극복은 핵심 가치를 복원하는 데 있다. 노동운동이 직면한 여러 상황을 고려할 때 위기 극복의 단초는 '연대성'에서 찾으려 한다. 특히 사회연대를 통해 새로운 계급 주체를 형성하고 노동운동의 혁신을 이끌어내려 한다.

　현상황에서 노동시장 양극화와 노조 조직률 하락의 악순환을 멈추기는 쉽지 않으며, 결과적으로 노동운동의 위기는 증폭될 가능성이 높다. 앞서 말한 대로 노동운동이 직면한 새로운 환경을 고려하면 더욱 그렇다. 위기를 돌파하기 위해서는 조직화에 더 많은 자원과 역량을 투입하고 사회적 자원을 동원하는 전략이 절실하게 필요하다. 그런데 급격히 증가한 비정규직 노동자들은 여러 하청업체에 분산되어 있는데다가, 초단기 계약 형태가 급증하고 플랫폼 노동이 확산되는 중이기 때문에 작업장 단위로 조직하는 방식은 한계가 명백하다. 따라서 조직을 담을 그릇으로 초기업 노조, 그리고 초기업 노조운동의 필요성이 도출된다.

'현재와 같은 조건'에서 기업별 단위 노조가 지역 차원의 사회연대운동에 참여하거나 사업에 직접 나서는 것은 현실적으로 거의 불가능에 가까운 임무다. 산업 노조 건설 이후 지역 수준에서 노동조합 간의 교류와 연대 활동마저 약화된 '역설적' 상황에서 사회연대 활동은 더욱 쉽지 않은 것이 현실이다. 초기업성이 오히려 업종 혹은 산업 경계로 제약되면서 새로운 담벼락이 생긴 셈이다. 그래서 상급 단체, 즉 산업 노조와 지역 본부의 역할을 재검토해야 한다. 총연맹을 비롯한 산업 노조와 지역 본부는 지역연대 사업을 담당할 별도 부서를 설치하는 방안을 모색할 필요가 있다. 비정규 노동자의 조직화나 정치세력화같이 어떤 사업의 필요성이 확인되면 관련 부서가 설치되는 것과 똑같다. 다만 인력과 재정이 취약한 지역 본부의 경우 이런 문제를 독자적으로 해결하기란 쉽지 않다. 그렇지만 희망연대노조가 생활문화국이나 지역연대사업국을 배치해 운영하는 모습을 보면 결코 불가능한 일은 아니다. 지역 본부의 인력과 재정의 많은 부분을 산업 노조(와 소속 단위 노조)가 나누어 책임지는 방식도 고민할 필요가 있다. 아울러 중단된 논의, 즉 사업장 중심에서 지역 중심으로 산업 노조의 조직 체계를 전환하는 문제, 사업장에서 지역으로 활동의 무게 중심을 이동하는 문제에 관한 논의가 복원되어야 한다. 조직 구조와 사업 체계가 받쳐주지 않으면 의지만으로 문제를 해결할 수는 없다.

노동 유연화가 진행되고 기업 간 경쟁이 격화하면서 산업노조운동의 기반이 약화되고 있다. 반면 산업별 경계가 흐릿해지고 비정규직이 늘어나는 현실은 지역노조운동의 기반을 강화하는 핵심적 기제가 되고 있다. 그렇지만 산업 노조와 지역 본부가 대립적 관계가 아니듯 산업노조운동과 지역노조운동도 대립적 관계가 아니다. 지역노조운동의 강조와 강화가 초기업 노조 전환을 통해 계급적 단결을 시도한 산업노조운동의 폐기로 귀결되지는 않는다. 초기업 노조운동을 의미하는 산업노조운동을 현실적으로 구현하는 것은 물론 지역 차원의 사회연대 전략을 실행하기 위해서도 산업노조운동과 지역노조운동의 강화는 동시 병행되어야 한다. '무늬만 산별'이라는 비판에도 불구하고 그동안 산업노조운동이 노동조합운동에서 중심적인 역할을 해온 점은 인정되어야 한다. 다만 지역 중심성 혹은 지역노조운동을 강조하는 것은 어느 정도 불가피하다. 구부러진 막대를 펴는 것과 같다. 노동운동의 핵심 과제인 비정규직 노동자의 조직화, 재생산 영역에 대한 적극적 개입, 생활문화운동 참여는 지역 차원에서 진행되는 것이 훨씬 더 의미 있다는 점에서 지역 중심 노조운동의 중요성은 날로 커질 것이다.

✓얘깃거리

1. 기술 발전과 노동과정, 노동시장 분단과 고용 형태, 산업 구조 등의 변화가 노동조합에 끼치는 영향, 특히 단체교섭과 투쟁 방식이 어떻게 변화될지 토론해봅시다.
2. 한국 노동운동의 혁신은 가능할까요? 무엇이 혁신을 가로막는지 토론해봅시다.
3. 계급 연대와 사회 연대를 강화하기 위해 노동조합은 무엇을 할지 이야기해봅시다. 단위 노조, 지역 본부, 산업 노조 등 각 수준에서 할 수 있는 사업과 구체적인 방안에 관해 이야기해봅시다.

✓읽을거리

강상구, 〈기존의 지역운동전략과 서울시의 지역전략〉, 《노동조합 활동가 기초과정 하루교육 교안》, 2014.

고용노동부, 〈전국 노동조합 조직현황〉, 고용노동부.

권혜원, 〈희망을 위한 연대의 힘: 희망연대 노동조합 사례를 통해 본 전략적 역량과 조직성과간의 관계〉, 《한국사회》 16(1) , 고려대학교 한국사회연구소, 2015.

노진귀, 《지역노동조직의 지역사회활동 사례연구》, 한국노총중앙연구원, 2012.

민주노총, 《노동운동발전전략 보고서》, 민주노총, 2000.

민주노총, 《노동운동혁신위원회 활동 보고서》, 민주노총, 2010.

서울노동권익센터, 《노동공제, 오래된 미래》, 서울노동권익센터, 2019.

이재훈·손우정·이영수, 《기금을 활용한 노동조합의 사회연대 실천방안 연구》, 사회공공연구원·민주노총·금속노조·공공운수노조, 2017.

청년유니온, 《청년유니온 2020년 정기총회 자료집》, 청년유니온, 2020.

한국노동사회연구소, 《울산지역 노동조합 사회연대전략연구》, 한국노동사회연구소, 2019.

4장

젠더적 전환
노동운동은 젠더를
어떻게 바라봐야 할까

신경아

1. 노동조합운동에서 여성은 어디에 있나

"노동조합은 '여성'을 위해 싸울 수 있는가?"

누군가 이런 질문을 한다면 당신은 어떻게 답할까? 어쩌면 많은 노조 활동가들은 질문을 수정하려 할지 모른다. "노동조합은 '여성 노동자'를 위해 싸울 수 있는가?" 이렇게 물어야 한다고. 그리고 '여성 노동자' 역시 '노동자'이므로 '노동'과 '계급'의 관점에서 '먼저' 문제를 풀어가야 한다고. '성性 모순'도 중요하기는 하지만 계급이라는 보편적 의제에 견줘 부문적 인 의제에 지나지 않는다고. 계급 문제를 해소해가면서 성차별도 점차 관 심을 가질 수 있는 것이라고. '선先 계급 후後 젠더', '해일이 밀려오는데 조 개나 줍고 있을 수는 없지 않은가', 계급이 해일이라면 젠더는 조개에 불 과하다는 논리. 1980년대부터 줄곧 들어온 이야기다.

그런데 2020년 여름 우리는 '젠더' 문제가 조개 줍기에 불과하지 않는다는 것을, 오히려 한국 사회를 송두리째 뒤흔드는 해일이 될 수 있다는 것을, 해일을 넘어 쓰나미를 일으킬 수 있다는 것을 목격하고 있다. 2018년을 전후로 전세계에 몰아닥친 '미투' 태풍은 한국 사회에서도 정치와 사회전 영역에서 성폭력 행위자들을 드러내고 무너트리며 지각 변동을 일으키고 있다.

그러나 따져보면 한국 사회에서 미투가 먼저 시작된 것은 2000년대 초'영 페미니스트' 운동이었다. 당시 한국 사회 각 영역에서 지도자 지위에있던 인물들의 성폭력 사건을 폭로하면서 시작된 젊은 여성 페미니스트들의 문제 제기다. 노동운동에서도 노조 최고위급 간부가 저지른 성폭력 행위가 드러나면서 사회적 이슈가 되기도 했다.

20여 년이 흐른 지금 노동운동과 노동조합의 일상 활동에서 성차별과성폭력은 사라졌을까? 임금과 노동 조건에서 여성과 남성 사이의 격차는줄었을까? 노동조합에서 여성의 위치는 달라졌을까?

2. 노동조합 내 여성의 지위

민주노총은 1997년 여성위원회를 설치했고, 2003년 여성 할당제를 도입했으며, 2009년 성평등위원회와 2015년 성평등 교육 강사단 양성 교육 과정 설치 등 노동조합 내 성평등 수준을 높이기 위한 제도를 구축해왔다. 그러나 제도 도입이 실제 노동조합 안에서 어떻게 구현되고 젠더 관계에어떤 변화를 가져왔는지 파악할 수 있는 자료는 거의 없다. 참고할 만한유일한 자료는 2019년에 '민주노총 25년, 여성대표성의 현황과 과제'라는주제를 내걸고 민주노총 가맹 조직을 대상으로 실시한 설문 조사다. 16개

가맹 조직 중 10개 조직에 속한 총 252개 사업장 노조가 참여한 이 조사 결과를 통해 현재 민주노총 산하 노동조합에서 여성들이 자리한 위치를 살펴볼 수 있다.[*]

1) 여성 대표성과 할당제

조사 당시 노조 대표의 성별은 남성이 88퍼센트(221개 조직)로 압도적인 다수이며, 여성은 12퍼센트(30개)에 불과했다. 54퍼센트의 조직에 여성 임원이 없고, 33퍼센트의 조직에 대의원이 없었으며, 교섭위원 중 여성이 없는 곳은 38퍼센트였다. 보고서는 무응답 19퍼센트까지 포함하면 민주노총 사업장의 60퍼센트는 여성이 교섭위원으로 활동하지 않는다고 해석하고 있다(김수경 2019).

여성의 대표성을 증진하기 위한 제도 중 할당제가 있다. 그러나 여성 할당제를 도입한 곳은 19퍼센트(48개)에 불과했다. 좀더 세분해서 보면, 대의원 여성 할당제는 18퍼센트(46개), 임원 여성 할당제는 14퍼센트(35개), 교섭위원 여성 할당제는 6퍼센트(15개)에 그쳤다. 민주노총에서 성별 불균형을 개선하기 위한 할당제는 2003년에 도입되었지만, 실제 대다수 노동조합에서는 도입조차 되지 않고 있다는 것을 알 수 있다.

---

[*] 조사에 참여한 사업장은 금속노조 91개 사업장, 사무금융 47개 사업장, 공공운수노조 27개 사업장, 보건의료노조 20개 사업장, 공무원노조 18개 지부, 대학노조 17개 지부, 언론노조 12개 사업장, 건설연맹 기업지부 7개 사업장, 정보경제 7개 사업장, 민주일반연맹 6개 지부다. 대체로 민주노총 가맹 노조 구성 비율을 따르고 있지만, 남성 집중 사업장인 금속노조 사업장이 많고, 전교조나 여성연맹, 서비스연맹 등 여성이 많은 가맹 조직이 포함되어 있지 않아 일정한 한계를 지닌다(김수경 2019, 5). 지면 때문에 표를 일일이 넣지 못한 만큼 상세한 내용은 〈민주노총 25년, 여성대표성의 현황과 과제〉를 참조하기 바란다.

2) 여성과 성평등 사업 기구의 존재와 실효성

노조 내 여성 사업과 성평등 활동을 전담하는 기구는 여성위원회와 성평등위원회다. 이 두 기구를 설치하는 규정이 있는 곳은 29퍼센트(73개)이며, 실제로 설치된 곳은 23퍼센트(57개)였다.* 응답한 노조 중 여성위원회든 성평등위원회든 젠더 관련 기구가 활동하는 곳은 전체 노조의 4분의 1에 불과한 것을 알 수 있다. 여성 사업이나 성평등 사업을 노동조합의 사업으로 진행할 수 있도록 관련 규약이나 규칙이 있는 곳은 24퍼센트(60개)였으며, 여성 조합원 대상 교육이나 회의를 운영하는 곳은 27퍼센트(60개), 정기적으로 성평등 교육을 실시하고 있는 곳은 32퍼센트(79개)였다. 여성이나 성평등 관련 기구는 없더라도 노조에서 관련 사업을 시행하고 있다는 것은 여성 조합원들이 그런 요구를 하기 때문일 것이다. 성평등 교육이나 행사에 남성이 참여하는 정도는 교육 참여 18퍼센트(46개), '3·8 여성의 날 행사' 참여 28퍼센트(79개)로 낮은 수준에 머물고 있다.

3) 성폭력 대응

성희롱과 성차별 전담 기구 설치 규정이 있는 곳은 19퍼센트(49개)에 불과했다. 대신 단체협약에서 성희롱 예방과 성평등 교육 의무를 명시한 곳은 72퍼센트(182개), 실제 교육이 실시되고 있는 곳은 67퍼센트(169개)로 나타났다. 별도 기구를 설치하기보다는 사업으로 수행하는 곳이 대부분이

---

* 여성위원회는 설치 규정이 있는 곳이 18퍼센트(46개), 실제 설치된 곳이 15퍼센트(37개), 성평등위원회는 규약(규칙)이 있는 곳이 11퍼센트(27개), 실제 설치된 곳이 8퍼센트(20개)였다.

다. 미투 운동이 상당히 진행돼왔는데도 성폭력 예방을 노조의 일상적 과제로 제도화하고 있는 곳은 아주 일부라는 사실을 보여준다. 미투 운동은 본래 일터에서 여성의 성적 자기결정권이 침해되어 이것이 노동의 지속성을 위협하는 상황을 고발하는 행동이다. 이런 의미에서 본다면 성평등과 성폭력에 대한 노동조합의 대응은 소극적 수준에 머물러 있다.

4) 성차별 전반에 대한 대응

채용, 임금, 승진, 전환 등 근로 조건에서 성차별 금지 협약을 체결한 곳과 실제로 이 협약을 준수하는 곳은 차이는 있지만, 대체로 시행되는 것으로 나타났다. 채용 시 성차별 금지 협약은 60퍼센트(150개), 동일 노동 동일 임금 협약은 60퍼센트(152개), 승진 시 성차별 금지 협약은 49퍼센트(122개), 전환 시 성차별 금지 협약은 39퍼센트(97개)의 노조에서 체결되었다. 여기에 견줘 동일 노동 동일 임금을 실제로 적용하는 곳은 58퍼센트(147개), 채용 시 성차별 금지 규정을 준수하는 곳은 45퍼센트(114개), 승진 시 성차별 금지 규정을 준수하는 곳은 44퍼센트(111개), 전환 시 성차별 금지 규정을 준수하는 곳은 36퍼센트(91개)였다. 반대로 40퍼센트 이상의 사업장에서 임금과 채용 등 근로 조건 전반의 성차별이 규제되지 않고 있었다.

제도적인 조건은 아니지만, 일상적인 작업 환경 중 여성 노동자들에게 문제가 되는 사안이 화장실과 휴게실이다. 조사에 응한 조직 중 여성 화장실을 별도로 갖춘 사업장은 40퍼센트(100개)에 불과했고, 55퍼센트(139개)의 사업장에 여성 화장실이 없었다(그 밖에 무응답 4퍼센트(11개), 해당 없음 0.8퍼센트(2개)로 나타났다). 남녀 공용으로 화장실을 사용하는 곳이 훨씬 더 많은 것이다. 여성 휴게실 역시 44퍼센트(112개) 사업장에만 설치되어 있었다. 화장실을 남녀가 같이 써야 하고 여성 휴게실이 없는 곳에서 여성 노동자들이 겪어야 할 불편함과 불안감은 심각한 문제로 고려되어야 한다. 불법 촬영은 물론 직접적인 성희롱과 성폭력의 위험이 산재해 있는 일터에서 여성들이 하루하루를 보내야 하기 때문이다. 더욱이 이런 환경에서 일하는 여성 노동자들이 훨씬 더 많다는 사실도 매우 걱정스럽다. 성폭력의 예방과 안전 문제는 임금 등 제도적 조건만큼 중요한 사안이다.

5) 소결

위 자료는 민주노총 가맹 조직 전체를 조사 대상으로 하지 않아 한계를 지닌다. 그러나 많은 사업장에서 여성들은 과소 대표되고 노사 교섭 과정에 들어가지 못한다는 것을 알 수 있다. 이런 상황에서 노동조합이 성평등 목표를 적극적으로 대변하고 여성 의제를 실현하기 위해 싸우기를 기대하는 것은 무리다. 미투 운동이 시작된 뒤 성폭력 대응에 대한 관심이 늘었지만, 노조 내 별도 기구를 둔 곳은 10분의 1에 불과하고 3분의 1의 노조에서는 성희롱 예방 교육조차 실시하지 않고 있다. 회사에서 주관하는 성희롱 예방 교육이 있겠지만, 노동조합이 이 문제에 좀더 적극적이어야 한다. 이런 상황은 노동조합 안에서 여성이 여전히 주변적 존재이고, 노동조합은 여성의 목소리를 적극적으로 대변하지 못한다는 것을 보여준다.

3. 성별 임금 격차의 의미

성별 임금 격차는 노동자들이 직면한 성별 불평등을 보여주는 최종 지표

그림 1 OECD 국가의 성별 임금 격차(2019)

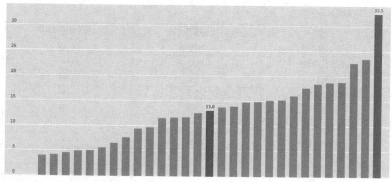

자료: https://data.oecd.org/earnwage/gender-wage-gap.htm.

라고 할 수 있다. **그림 1**은 OECD 국가의 성별 임금 격차 지수로, 한국은 이 지표가 생산된 이래 줄곧 가장 큰 격차를 지속해왔다. OECD에서 산출하는 성별 임금 격차는 남성 전체의 중위 임금에 대한 여성 전체의 중위 임금 비율인데, 2019년 현재 한국의 성별 임금 격차는 32.5퍼센트로 이전에 견줘 다소 줄었지만 OECD 평균 13.0퍼센트에 견주면 두 배 이상 높은 수치다. 성별 임금 격차는 노동자의 경력과 근속 연수, 학력 등 개인적 요인뿐 아니라 고용 형태, 기업 규모, 산업, 직업, 직무, 직급 등 구조적 요인과 어떤 요인으로도 설명될 수 없는 차별이 개입되어 형성된 지표다.

따라서 성별 임금 격차가 크다는 것은 두 가지 의미를 지닌다. 첫째, 성별 임금 격차는 그것 자체로 노동시장 내 여성과 남성이 지닌 경제적 조건의 격차를 보여준다. 따라서 성별 임금 격차가 크다는 것은 여성과 남성이 노동자로서 자신의 생계를 유지하고 가족을 부양할 수 있는 경제적 가능성이 성별에 따라 크게 달라진다는 것을 뜻한다. 여성의 임금이 남성의 임금에 견줘 현저히 낮은 사회에서 여성은 경제적 독립과 사회적 인정을 얻

표 1 서울연구원 직급별 · 직렬별 · 재직 기간별 성별 임금 격차

1) 직급별 성별임금격차

직급	여성 노동자 비중	성별 임금 격차
전체	45.5	46.42
선임연구위원	18.2	*****
연구위원	21.4	0.94
부연구위원	22.2	*****
연구원	62.3	2.79
일반직1급	0	.
일반직2급	25.0	*****
일반직3급	25.0	*****
일반직4급	78.6	*****
전문직1급	66.7	*****
전문직2급	20.0	*****
전문직3급	50.0	*****
전문직4급	76.9	*****
공무직(경비)	0	*****
공무직(미화)	77.8	*****
공무직(시설)	0	*****
공무직(안내)	100	*****

2) 직종별 성별 임금 격차

직급	여성 노동자 비중	성별 임금 격차
전체	45.5	46.42
연구직	41.7	49.33
일반직	46.4	50.42
전문직	60.9	33.24
공무직	50.0	8.18

3) 재직 기간별 성별 임금 격차

직급	여성 노동자 비중	성별 임금 격차
전체	45.5	46.42
2년 미만	29.4	1.65
2~5년 미만	56.7	8.91
5~10년 미만	54.2	21.64
10~20년 미만	36.8	12.84
20년 이상	25.0	4.67

***** 표시는 사례 수가 5이하로 개인 정보를 보호하기 위해 통계를 작성하지 않음.
자료: 서울특별시 성별임금격차개선위원회(2019), 40쪽.

고 삶의 안정성을 누릴 가능성이 제약된다. 결국 '개인'의 역량이나 상황에 무관하게, '여성'이라는 성별을 지닌 사람들은 노동시장에서 좋은 일자리를 얻을 기회를 상대적으로 박탈당하기 쉽다. 이런 사회에서 여성 노동자는 행복하지 않을 것이다.

둘째, 성별 임금 격차는 다층적인 구조적 차별이 중첩된 결과일 수 있다. 2018년 서울시 투자 기관과 출연 기관의 성별 임금 자료를 토대로 계산한 성평등 임금 공시 결과를 살펴보면, 22개 기관 중 가장 큰 격차가 발생한 곳은 서울연구원으로, 46.42퍼센트나 됐다. 전체 직원 중 여성의 비중은 45.5퍼센트였지만, 하위 직급에 여성이 많고 상위 직급에는 소수였다(표 1). 연구직 중 가장 높은 직급인 선임연구위원의 여성 비중은 18.2퍼센트에 불과한 반면 가장 낮은 직급인 연구원에서는 62.3퍼센트나 됐다. 일반직을 보면 1급에는 여성이 아예 없고 최하위인 4급에는 78.6퍼센트였다. 근속 기간에서도 20년 이상 장기 근속자 중 여성은 25.0퍼센트에 불과한 반면 단기 근속자로 올수록 여성 비중이 높아졌다. 여성은 장기 근속이 어렵고 직급이 낮아 낮은 임금을 받는다는 것을 알 수 있다.

성별 격차가 둘째로 큰 곳은 서울에너지공사였다. 40.99퍼센트의 성별 임금 격차가 나타난 이 기관은 여성 노동자 비중이 16.0퍼센트로 매우 낮았고, 직급과 직렬, 근속 기간에서 일자리의 조건과 여성 비중은 반비례했다(표 2). 일반직 1급부터 8급까지 하위직으로 갈수록 여성 노동자 비중이 높아지고, 재직 기간이 길어질수록 여성 비중이 낮았다.

두 기관의 자료가 보여주듯 여성은 상대적으로 근속 기간이 짧고 직급이 낮으며, 결국 이런 조건은 낮은 임금으로 귀결된다. 또한 에너지공사의 경우처럼 여성 비중 자체가 매우 작은 곳도 있다. 이유를 살펴보면, 직렬별 여성 노동자 비중에서 여성은 행정과 건축 직렬에만 몰려 있다. 성별 직업

표 2 서울에너지공사 직급별 · 직렬별 · 재직 기간별 성별 임금 격차

1) 직급별 성별 임금 격차

직급	여성 노동자 비중	성별 임금 격차
전체	16.0	40.99
일반직1급	0	.
일반직2급	0	.
일반직3급	0	.
일반직4급	13.6	14.84
일반직5급	19.0	*****
일반직6급	5.3	*****
일반직7급	43.2	6.35
일반직8급	50.0	*****
비해당	25.0	*****

2) 직종별 성별 임금 격차

직급	여성 노동자 비중	성별 임금 격차
전체	16.0	40.99
행정	41.7	28.93
전산	0	*****
기계	4.1	*****
전기	3.7	*****
환경	16.7	*****
토목	0	*****
건축	100	*****
비해당	25.0	*****

3) 재직 기간별 성별 임금 격차

직급	여성 노동자 비중	성별 임금 격차
전체	16.0	40.99
2년 미만	38.1	9.32
2~5년 미만	16.1	−13.73
5~10년 미만	17.6	*****
10~20년 미만	0	*****
20년 이상	8.8	15.80

***** 표시는 사례 수가 5이하로 개인 정보를 보호하기 위해 통계를 작성하지 않음.
자료: 서울특별시 성별임금격차개선위원회(2019), 37쪽.

분리와 직무 분리 때문에 특정 직무에서 여성을 채용하지 않는 관행이 계속되어온 탓이다. 여성이 이른바 '여성적 일자리'에만 충원되고, 근속 연수가 짧고, 낮은 직급에 머무르면서 성별 임금 격차가 계속되어왔다. 통념상 공정할 것이라고 기대되는 정부 투자 기관과 출연 기관의 상황이 이러한데, 성평등 정책의 효과를 적극적으로 기대하기 어려운 민간 기업의 현실을 두말할 나위가 없을 것이다. 이런 현실은 정당한 것일까? 노동조합은 이런 현실이 문제적이라고 인식하고 있을까?

4. 여성의 관점에서 본 노동조합

1) 페미니즘과 노동조합

페미니즘, 근대 시민혁명 이후 여성의 인권과 자유, 평등을 주장하며 사회 변혁을 요구하는 운동은 이론적으로는 노동운동과 같은 입장에 서 있다. 사회의 안정보다는 변화를, 보수주의보다는 진보 정치를 지향한다는 점에서 그렇다. 그러나 역사적으로 페미니스트 운동은 노동조합운동과 갈등을 겪었고 불화했다. 페미니스트 입장에서 보면, 근대 서구 사회의 노동조합은 블루칼라(생산직) 남성의 권익을 대변하는 기구였다. 영국 노동조합 연구자인 수 레드위드와 피오나 콜갠은 산업혁명 시기 석탄산업과 조선산업, 초기 제조업에서 숙련공 중심의 폐쇄적 작업장, 도제와 직인 체제, 노동의 공급과 가격 통제, 형제애brotherhood를 토대로 한 조합원의 자부심과 남성들의 연대라는 특징이 '남성 노동조합주의'를 만들어냈다고 밝혔다 (Ledwith & Colgan 2003). 이러한 노동조합 모델은 조합원인 남성들에게 열려 있지만, 여성과 미숙련 노동자에게는 닫혀 있는 체계다. 그러므로 여성은 노동조합 활동에서 구조적으로 배제되거나 주변화되어왔다.

여성학자 하이디 하트만은 19세기 영국과 미국에서 남성 숙련 노동자가 주도한 노동조합이 여성을 경쟁자로 보고 노동시장에서 몰아내는 데 일조한 사실을 밝혔다(하트만 1985). '동일 노동 동일 임금 원칙'이나 '모성 보호', '위험 노동과 유해 노동에 대한 보호' 등 얼핏 보아 여성과 남성의 평등을 증진하고 여성 노동자를 보호하는 조치들이 국가와 자본, 노조의 이해가 맞물리면서 여성의 일자리를 빼앗고 주변으로 내모는 데 이용되었다.

한국에서도 해방 이후 대한노총을 중심으로 한 노동조합운동은 남성 중심 운동이었다. 대한노총이 한국노총으로 변신하고 민주노총이 설립된 뒤에도 노동조합이 여성의 편에 섰다는 기록은 드물다. 1960~1970년대 한국노총의 활동을 분석한 박현미는 당시 여성 노동자의 조직률이 높고 한국노총 내 여성 비율도 높았지만, 노동조합의 성차별적 임금 교섭과 정책 때문에 여성 노동자의 저임금과 성별 임금 격차가 유지되고 재생산되었다고 평가했다(박현미 2019). 또한 노동조합에서 여성은 임시적·미숙련·분업적 동지로 인식되었고, 전통적인 성별 규범에 따라 주부이자 어머니라는 성역할이 강조되었다. 이러한 활동의 역사는 한국의 노동조합을 성별화된 조직으로 만들었고, 여성의 수에 관계없이 여성의 주변화를 통해 여성을 의사 결정 과정에서 밀어내는 결과를 초래했다.

따라서 페미니스트들은 노동조합에서 여성의 위치는 종속적이라고 주장한다. 또한 노동조합의 조직 문화와 규범은 성중립적gender-neutral이지 않다고 본다. 전통적으로 노동조합은 동성 사회적homosocial 공간이었다고 해석한다(Colgan and Ledwith, 2002). 동성사회성homosociality이란 여성을 배제하는 남성들의 배타적인 연대를 가리킨다. 노동조합은 남성들이 수적 우위를 점하고, 일상 활동에서 남성들의 문화가 지배적인 규범이 되며, 의사 결정권 등 대표성을 남성이 독점하는 구조를 가져왔다는 비판이다. 페미니스트들은 바로 이런 노동조합의 남성 중심성이 오늘날 서구 사회에서 노조 조직률이 떨어지는 원인의 하나라고 본다. 노동조합의 핵심 동력은 계급 이데올로기이지만, 계급은 현실에서 하나의 동질적 집단이 아니며 숙련과 성별을 비롯한 여러 요인에 따른 노동의 위계를 포함한다. 노동자계급 내부의 차이를 인지하고 이 차이에 대응하지 못한 노동조합운동은 차이를 지닌 노동자들을 조직 구성원으로 끌어들이지 못한 채 되레 외면당할 수 있다. 그러므로 노동조합이 더 많은 노동자들을 대변하려면 여성들의 목소리에 귀를 기울여야 한다는 것이 페미니스트들이 하는 주장이다.

2) 성별화된 조직과 감춰진 젠더

페미니스트 조직 연구자 조안 애커는 조직에서 성별화 과정이 일어난다는 사실을 밝혔다(Acker 1992). 성별화란 각각의 조직이 젠더, 즉 사회적 성별에 관한 규범을 수용하고 조직 문화와 제도에 이런 젠더 규범이 반영되는 상태를 가리킨다. 젠더 규범은 한 사회에서 여성과 남성이 가져야 할 성향과 태도, 역할과 책임을 규정하는 일련의 관습과 도덕 체계로, 여아를 '여자답게' 남아를 '남자답게' 키워가는 인식 체계다. 애커는 조직에는 젠더와 관련된 규범과 행동 양식이 있으며, 조직 구성원은 이 규범에 맞게 행동하려고 노력함으로써 결과적으로 더욱더 '여자답게' 또는 '남자답게' 변화해간다고 보았다.

많은 조직은 업무 자체가 성별로 구분되어 있고, 조직에서 사용되는 호칭이나 이미지, 각종 상징 역시 성별로 나뉘어 있다. 일상적 상호 작용에도 성차별이나 성희롱적 언어와 행동이 포함되어 있으며, 이런 조직 속에서 구성원은 여자 또는 남자로 자기 자신을 정체화한다. 따라서 애커는 젠더란 조직의 과정과 여러 가지 결정 안에 깊이 스며들어 있지만 쉽게 드러나지 않는다고 보았다. '깊이 감춰진 젠더deeply hidden gender'라는 말에서 알 수 있듯이, 조직 속에는 젠더 규범이 작동하고 있으며 실질적인 영향을 끼치고 있지만 겉으로는 잘 드러나지 않는다. 이런 젠더 규범에 따라 조직 구성원들은 여성적 존재나 남성적 존재로 자신을 형성해간다.

노동자계급 문화를 연구한 폴 윌리스는 육체노동과 남성성이 결합된 작업장 문화에서 성차별적 태도와 행동은 자연스런 형식으로 수용되며, 이런 작업장의 노동조합에서는 남성성 자체가 권력이 된다고 보았다(윌리스 2004). 노동조합의 남성 중심성은 여성 간부들에게 이중적 압력을 행사하는데, 간부의 대부분이 남성이므로 남성적 모델이 표준적 행동 양식이 되지만, 동시에 남성이 선호하는 전통적인 여성적 역할을 기대하기도 한다. 따라서 노조의 여성 간부들은 거칠고 단호한 동시에 민감하고 포용적인 태도를 보여줄 것을 요구받는다(Ledwith 2012). 이런 논의들을 통해 수 레드위드는 오늘날 노동조합이 여성을 구성원에서 배제하지는 않지만, 노조 안의 젠더 규범 때문에 여성들은 토큰에 머물거나, 리더가 되기 위해서는 남성들의 인정을 받아야 하는 상황에 처해 있다고 보았다.

한국의 노동조합은 어떤 여성과 남성을 만들어왔는가? 어떤 여성과 남성을 만들어내고 있는가? 어떤 여성과 남성을 만들어갈 것인가? 단순히 여성의 이익을 대변하는 기구가 아니라 일상적 실천과 교섭 활동 속에서 여성이 리더십을 갖고 의사 결정에 참여하며 성평등을 위해 효과적으로 싸워갈 수 있도록 노동조합이 어떤 노력을 해야 하는지 고민을 시작해야 한다. 노동조합이 할 일이 얼마나 많은데 여성 리더십을 고민해야 하느냐고 묻는다면, 희망이 없다. 여성이 리더십을 갖지 못하는 노동조합운동이, 여성을 전통적인 젠더 규범에 가두는 노동조합운동이, 사회적으로 더 큰 확장성을 갖고 더 깊은 공감을 얻을 수는 없기 때문이다. 성공하는 노동조합이 되려면 관점을 바꾸어야 한다.

5. 민주노총 조합원의 젠더 의식 ― 미투 운동과 남성들의 인식

1) 설문 조사 결과

민주노총 조합원들의 젠더 의식을 살펴보기 위한 적절한 자료는 아직 없다. 따라서 2019년 1월 미투 운동 1년을 맞아 민주노총 여성위원회에서 실시한 조합원 의식 조사 결과 중 성폭력 관련 문항을 중심으로 현재 민주노총 가맹 조직의 남녀 조합원들이 지닌 젠더 의식의 단면을 살펴본다.*

먼저 조합원 의식 조사에서 나타난 특징의 하나는 20대 남녀 노동자 사이의 인식 격차였다. 일터 성폭력의 인지에서 20대 여성은 23퍼센트(20명)가 자신이 일하는 일터에서 미투가 있었다고 응답한 반면, 20대 남성은 8.3퍼센트(3명)만이 같은 응답을 했다. 사업장별 차이가 있겠지만, 성별 경향과 연령별 경향을 볼 때 20대 남성은 같은 연령대 여성들보다 3분의 1의

---

* 조사는 설문 조사와 면접 조사로 구성되었다. 조사에 참여한 민주노총 간부의 가맹 조직은 13개(380개 사업장)였다. 금속이 20.5퍼센트(78개)로 가장 많고, 공공 15.0퍼센트(57개), 사무 13.4퍼센트(51개), 보건의료 11.3퍼센트(43개), 전교조 10.5퍼센트(40개), 건설 8.9퍼센트(34개), 민주일반 7.6퍼센트(29개), 정보경제 4.7퍼센트(18개), 서비스 3.9퍼센트(15개), 대학노조 2.6퍼센트(10개) 등이다. 설문 조사에 참여한 조합원 중 분석에 사용된 유의미한 응답자는 여성 737명, 남성 1048명이었고, 면접 조사에는 각 조직의 여성 간부들이 참여했다(신경아 2019).

표 3 지난 1년간 회사의 부정적 변화(중복 응답)

	구분	비율	빈도(명)
여성	성폭력 사안에 대해 경영진(관리자)들이 더 불편해한다.	13.4	11
	성폭력 사안에 대해 남성 노동자들이 더 불편해한다.	35.4	29
	업무에서 여성과 함께 일하지 않으려는 경우가 늘었다.	19.5	16
	회식에서 여성을 배제하는 경우가 늘었다.	14.6	12
	채용에서 여성을 기피하는 경우가 늘었다.	15.9	13
	교육, 승진에서 여성에게 불리한 대우가 늘었다.	9.8	8
	성적인 농담이나 여성 비하적 언행이 더 늘었다.	3.7	3
	여성에 대한 보이지 않는 차별이 더 늘었다.	20.7	17
	기타	14.6	12
남성	성폭력 사안에 대해 경영진(관리자)들이 더 불편해한다.	9.7	12
	성폭력 사안에 대해 남성 노동자들이 더 불편해한다.	9.7	12
	업무에서 여성과 함께 일하지 않으려는 경우가 늘었다.	44.4	55
	회식에서 여성을 배제하는 경우가 늘었다.	25.8	32
	채용에서 여성을 기피하는 경우가 늘었다.	10.5	13
	교육, 승진에서 여성에게 불리한 대우가 늘었다.	1.6	2
	성적인 농담이나 여성 비하적 언행이 더 늘었다.	0	0
	여성에 대한 보이지 않는 차별이 더 늘었다.	19.4	24
	기타	21.8	27

자료: 신경아(2019).

수준에 그쳤으며, 다른 연령대 남성에 견줘서도 현저히 낮은 수준의 인지도를 나타냈다.[*]

특히 미투 이후 1년간 회사에 나타난 부정적 변화와 그런 변화가 일어난 이유를 묻는 조사에서 여성들은 '성폭력 사안에 대해 남성 노동자들이 더 불편해한다'(35.4퍼센트), '여성에 대한 보이지 않는 차별이 더 늘

---

[*] 자세한 내용은 신경아(2019)에 수록되어 있다.

었다'(20.7퍼센트), '업무에서 여성과 함께 일하지 않으려는 경우가 늘었다'(19.5퍼센트), '채용에서 여성을 기피하는 경우가 늘었다'(15.9퍼센트), '회식에서 여성을 배제하는 경우가 늘었다'(14.6퍼센트)로 답했다(표 3).

여성 조합원들이 가장 부정적으로 경험하는 것이 바로 남성 노동자들의 태도라는 점은 매우 중요한 문제를 제기한다. 간부층에 견줘 일반 여성 노동자들은 미투 이후 1년간 일터에서 성폭력 사안에 대해 남성들이 불편해하는 태도를 가장 '불편하게' 느끼고 있다고 할 수 있다.

반면 남성들은 '업무에서 여성과 함께 일하지 않으려는 경우가 늘었다'(44.4퍼센트), '회식에서 여성을 배제하는 경우가 늘었다'(25.8퍼센트), '여성에 대한 보이지 않는 차별이 더 늘었다'(19.4퍼센트), '채용에서 여성을 기피하는 경우가 늘었다'(10.5퍼센트) 등으로 응답했다. 남성은 업무와 회식에서 여성을 배제하는 변화를 가장 중요한 문제로 지적한 것으로 볼 수 있다. 배제되는 당사자는 알기 어려운 상황일 수 있기 때문에 남성들이 업무와 회식에서 여성을 배제하는 경우를 지적한 점에 대해서는 깊이 생각해봐야 한다. 남성들이 한 응답을 요약하면 '업무와 회식에서 일어나는 여성 배제와 채용 등 조직 전반에서 나타나는 성차별'로 압축할 수 있는데, 여성에 대한 구조적 차별이 심화되고 있는 현실을 보여주는 징후로 해석할 수 있다.

남성 조합원만 대상으로 미투 운동에 대한 견해를 조사한 결과 84.3퍼센트는 '관리자(경영진)가 더 관심을 가져야 한다'고 응답했으며, 79.9퍼센트는 '노동조합이 더 관심을 가져야 한다'고 응답했다(표 4). 또한 78.1퍼센트는 '꼭 필요한 운동'이라고 응답하였으며, 76.9퍼센트는 '정부가 더 적극적으로 대응해야 한다'고 응답했고, 71.9퍼센트는 '일터의 제도나 문화를 바꿀 것'이라고 응답했다. 반대로 '남성의 입장에서는 불편하다'는 응답도

표 4 미투운동에 대한 남성 노동자의 견해(단위: %, 명)

| 구분 | 그렇다 | | 그저 그렇다 | | 그렇지 않다 | | 전체 | |
	매우 그렇다	대체로 그렇다			대체로 그렇지 않다	전혀 그렇지 않다	비율	빈도
꼭 필요한 운동이다.	38.2	39.9	78.1	16.4	5.5	2.7	2.8	100	1040
남성의 입장에서는 불편하다.	18.7	30.9	49.6	23.5	26.9	15.7	11.2	100	1026
일터의 제도나 문화를 바꿀 것이다.	24.1	47.8	71.9	22.7	5.4	3.1	2.3	100	1021
관리자(경영진)가 더 관심을 가져야 한다.	45.5	38.8	84.3	12.7	3.1	1.7	1.4	100	1011
노동조합이 더 관심을 가져야 한다.	37.7	42.3	79.9	15.0	5.1	2.0	3.1	100	996
정부가 더 적극적으로 대응해야 한다.	40.5	36.4	76.9	17.3	5.7	2.3	3.4	100	992

주1: 무응답은 제외함.
주2: 반올림 때문에 셀의 합이 100을 넘거나 적을 수 있음.
자료: 표 3과 동일.

49.6퍼센트로 나타났다. 남성 조합원들의 응답 결과를 종합하면, 미투 운동의 필요성에 대해서 대다수가 동의하지만 절반 정도는 불편함도 느끼는 것을 알 수 있다.

이러한 결과는 남성 노동자들도 대부분 미투 운동의 필요성과 취지를 인정하고 있으며, 기업과 노동조합이 여기에 적극적으로 대응해야 한다고 보고 있다는 것을 시사한다. 그러나 남성의 입장에서 불편하다고 느끼는 사람들이 절반에 이르는 만큼 남성 노동자들이 이 문제를 이해하고 인식을 바꾸어갈 수 있게 하기 위한 노력이 시급하다는 사실을 알 수 있다.

2) 면접 조사 결과

면접 조사는 미투 운동 이후 조직 문화와 구성원들의 의식 변화를 중심으로 진행되었다. 회식이 줄고 일상적 성희롱이 감소했다는 긍정적 변화와 함께 부정적 변화 역시 적지 않게 발견되었다. 여기에서는 노동조합운동의 성찰을 위해 미투에 대한 반작용 중 남성들의 인식을 살펴본다.[*]

① 여성 혐오 댓글

미투 이후 두드러진 현상이 여성에 대한 혐오 발언이 늘어난 것이다. '성희롱에 대해서는 무관용의 원칙'을 부르짖는 공기업에서도 남성들의 인식은 여전히 보수적이다. 성희롱 사건이 발생하고 행위자 징계가 진행될 때 분위기상 드러나게 저항하지는 못하지만 여성 혐오성 언행을 표현하는 남성들이 늘었다는 것이다. 이런 혐오 발언은 주로 온라인 공간에서 댓글로 표출된다. 온라인상에서 일어나는 여성이나 페미니즘에 대한 비난, 조롱, 욕설, 협박 등은 한국 사회의 평범한 일상이 되었지만, 일터 내 게시판에서도 이런 혐오 행위는 반복되고 있다.

저희 사업장도 40대 중후반~50대 초반 남성들이 압도적으로 많은 사업장이고, 대단히 보수적인 성인식들을 가지고 있고, 예전에는 아무런 문제가 안 되던 성희롱, 성추행 건수에 대해서 엄격하게 징계를 하면서 거기에 대한 반작용들이 나타나고 있는 것 같아요. 징계를 내리면 거기에 대해서 직접적으로 사측에 저항을 하거나 할 수는 없는데, 그 역으로 여성들에게 노골적으로 펜스 룰을 한

---

[*] 자세한 내용은 신경아(2019)를 참고.

다라든가 아니면 혐오성 발언들. 특히 저희 사내 게시판이 있는데, 사내 게시판에 노골적으로 댓글들을 다는데, 처음에는 이게 뭐지 하는데, 알고보니까 일베 사이트에서 사용되는 말들, 그니까 혐오성 인식들, 그 댓글에 혐오 표현을 주로 하는 댓글들은, 나이든 남성들은 이게 무슨 뜻인지 못 알아듣고 주로 젊은 남성들, 여성들은 꿀 빨고 사는, 여기서 굉장히 쇼킹했거든요. 그런 표현을 보고. 근데 보니까 페미니즘을 비하해서, 꿀빠니즘, 일베들이 이런 식으로 한다고 하더라구요. 여성 혐오에 대해서 연령 차이 없이 동일하게 이루어지고 있구나. ……그래서 외형적인 징계와 외형적인 성희롱, 성추행을 방지하기 위한 절차들이 엄격해지는 반면에, 의식적으로 향상되기보다는 의식적으로 왜곡되고, 오히려 더 혐오성 의식들이 강화된 것이 아닌가……. (A공기업 노조 여성 간부)

② 성폭력의 범죄성에 대한 불인정

성폭력 피해 사건이 제기될 때 많은 남성들이 보이는 반응은 성폭력 피해자의 동기와 진정성을 의심하는 것이다. 뭔가 다른 이해관계가 얽혀 있으리라는 추측, 개인의 연애사인데 잘못 개입해서는 안 된다는 생각, 여성이 원하는 것을 들어주지 않아 남성이 운 나쁘게 걸린 것이라는 생각 등 남성들이 '신기할 정도로 공통된' 인식을 보여준다는 것이다. 이런 현상에는 성희롱이나 성폭력을 폭력이나 범죄라고 생각하지 않는 남성들의 인식이 원인으로 작용하고 있다. 따라서 피해 여성에게서 원인을 찾고 책임을 돌리려는 생각은 많은 남성들에게서 나타나는 공통된 특징이다. 이런 생각은 성희롱 피해자에게 2차 피해를 가하는 결과를 초래할 수 있다.

미투 이후에 여성들이 '아, 말할 수 있어, 말해도 되나?' 그래서 참 오래된 문제부터, 또 지금 당하는, 처하는 문제들, 이런 문제들까지 이야기를 하는데, 몇 건을 다뤄봤는데, 그 다루어본 어떤 건도, 단 하나의 건도 그 행위 자체에 주목해서 인정하지 않더라구요, 남성들이. 그니까 내가 '성희롱을 당했어요, 이렇게 조치해주세요'라고 할 때, '쟤가 저렇게 이야기하는 거는 다른 꿍꿍이가 있는 거야. 오래된 성추행 건이 지금 불거졌는데, 원래 요구하는 건 그게 아니라 다른 게 있었어'라고 하는. 그런 부분들이 오히려, 이걸 보라고 이야기하고 있는데 '그 뒤에 뭔가 있다니까', '맞아 그거야'라고 하는. 그 행위자가 한 행위 자체에 대한 비판을 하거나 피해자에 동조하기보다는 피해자가 저렇게 이야기를 하는 것은 다른 이해관계와 다른, 자기가 관철시키고자 하는 이익이 있기 때문에 성희롱 건, 성추행 건으로 나오는 거다라고 하는 거에 있어서 남성들이 신기할 정도로 공통되게 인식을 같이하고 있더라구요. (A공기업 노조 여성 간부)

③ 노동조합 남성 간부들의 정체성 위기

형식적이지만 공기업이나 정부 기관은 조직의 방침에 따라 성희롱과 성폭력에 대한 예방과 처벌이 진행된다. 여기서 나타나는 역설적인 현상은 노동조합이 이 문제에 대해 소극적이거나 때로 저항하는 모습까지 보일 수 있다는 것이다. 그 이유는 노동조합 간부의 대부분이 남성이며, 이 남성들이 지닌 의식은 가부장적이지만 자신을 진보적이라고 생각해 자기 성찰을 외면한다는 데 있다. 노동운동을 이끌어가는 민주적 세력이라는 정체성이 여성들에 대한 차별적 사고를 덮고 그런 자신을 성찰할 기회를 박탈하는 것이다. '민주적 노동운동'이라는 정체성과 '가부장적 남성중심주의'라는 서로 다른 정체성의 층위들이 공존해 있는 것이다. 이런 정체성의 이중성은 개인의 정체성을 넘어 노동조합의 집단적 정체성group identity의 중요한 축을 구성하고 있다. 그리고 그 결과는 노동조합이 피해 여성의 대변자가 되지 못하고 오히려 심정적으로 가해자의 편에 서게 하는 정체성의 위기로 나타난다. 그래서 때로 여성들은 노동조합이 가장 변하지 않는다고 느낀다.

일단 조건의 문제가 있는 것 같아요. 노동조합 99.9퍼센트가 남성 간부들만으로 이루어져 있고, 그동안 어떤 문제 제기도 없었고. 그리고 노동조합 간부들이 가지고 있는 도덕 감정들 있잖아요, 우리는 옳은 사람으로, '우리는 진보적인 사람들이야', '우리는 문제를 해결하는 사람들이지, 문제를 만드는 사람들이 아니야', 그런 것들이 전제되어 있다보니까 인식이 그렇고, 노동조합 내부에 이와 같은 것들을 처리하기 위한, 그니까 회사가 가지고 있는 어떤 형식적인 절차라든가, 제도, 이런 것들이 전혀 없는 거고. 그런 것들을 만들 것을 요구할 때, 필요한 건가? 이런. 그리고 내부적으로 실제 문제가 발생했을 때, 노동조합 내부에서 처리해줘라, 노동조합 간부가 성추행을 했다, 성희롱을 했다라는 문제 제기를 할 때 뭐 어쩔 줄 몰라 하고. 그런데 사회적인 흐름은 있어요, 그러니 그 흐름을 외면할 수는 없어요, 그래서 처리하는 시늉은 내는데, 인정하고 싶지 않고, 억울하고, 분하고, 가급적 되돌리고 싶고. 이런 혼란스러운 상황을 겪고 있는 게 노동조합인 것 같아요. (A공기업 노조 여성 간부)

20여 년 이상의 경력을 지닌 노동조합 여성 간부의 이런 이야기가 단순히 성적 대립이나 분노, 비난으로 읽혀서는 안 된다. 정부가, 회사가 주도하는 상황에서 일터 내 성폭력에 대한 대응 노력은 되레 노조의 남성 간부에게 거부감을 일으킬 수 있다. 노조 남성 간부들(어쩌면 일부 여성들까지 포함해서)의 의식 속에 오랫동안 내면화되어온 성차별적 사고가 외부의 압력에 밀려 하루아침에 사라지기는 어렵기 때문이다. 이러한 성차별적 의식은 진보적 이념이나 민주적 노동운동의 지향으로 해소되지 않는 '별개의, 독자적인' 층위를 지닌다. 노동조합과 남성 간부들이 진정한 의미에서 민주적 노동운동을 이끌어가기 위해서는 먼저 성차별적 사고와 행동에 대한 철저한 자기 성찰이 필요할 것이다.

④ 남성들의 피해 의식

미투 운동은 여성의 피해자 경험에 관련된 고발로 전개되는 만큼 남성들이 불편해할 수 있다. '불편하다'는 표현은 미투 운동 과정에서 나타난 남성들의 의식이나 행동에 관련해 가장 자주 사용된 단어였다. 그러나 단지 불편함의 수준을 넘어 '여자들 때문에 남자들이 피해를 입는다'는 생각이 확산되고 있는 것에 주목해야 한다. 이런 피해 의식은 남성이 소수인 조직에서 두드러진다.

워낙 여성이 70~80퍼센트고, 남성이 20~30퍼센트로 작다 보니까 남성들은 굉장히 피해 의식에 젖어 있는 거예요. ……저희는 남성이 소수다 보니까 배제까지는 시킬 분위기가 안 되는 거죠. 오히려 본인들이 항상 위축되어 있고 이런 거라서 배제까지는 아니지만, 남성들끼리나 남성들이 여성들에게 대놓고, '그렇게 예민해?', '그렇게 이게 무슨 성희롱이라고 하는 거야?' 막 이런 식으로. 여성들이 생각하는 성희롱의 인식 수준과 남성들의 행위는 굉장히 큰 차이를 보여요. 남성들은 굉장히 직접적으로 뭐 신체를 만졌다던가 굉장히 큰 사건이 있어야만, 행위가 있어야만 성희롱이라고 인식을 하지만, 여성들은 굉장히 작은 행위나 말이나 이런 것에도 예민하거든요. 그러니까 그런 걸로 서로 불편해하는 게 있는 거예요. '조금만 뭘 하면 성희롱이래!' 이렇게 남자들이 툭 던지는 말들이 굉장히 많고, '이러려면 진짜 접근을 못하겠네', '같은 공간에도 있으면 안 되겠네' 그런 식으로 굉장히 남성들이 성희롱이라는 주제나 성희롱이라는 것을 말하는 것에 대해서 껄끄러워하고, 불편해하고, 그런 게 많아요. 그러면서도 '우리는 오히려 보건 사업장에서는 우리가 피해자야, 우리가 소수고, 우리가 더 당해! ……우리는 오히려 여성에게 당하는데 왜 이래?' 그렇게 말하는 사람들이 많고.

(B병원 노조 여성 간부)

남성들이 지닌 피해 의식은 성희롱에 대한 인식에서 여성과 남성 간 차이가 크다는 점을 원인으로 꼽을 수 있다. 따라서 남성들은 성희롱 자체에 대해 말하기를 꺼려하고 불편해한다. 그러나 남성들이 말하지 않고 토론하지 않을수록 성희롱에 대한 인식을 바꿀 기회는 사라진다. 일터 안에서 여성들과 더 많은 이야기를 나누고, 토론을 통해 남성들이 지닌 오해를 바로잡고, 여성과의 거리를 좁히기 위한 노력이 필요하다는 것을 알 수 있다.

⑤ 백래시 — 남성 연대와 페미니스트에 대한 낙인 찍기

C노조의 여성 간부는 남성들의 피해 의식이 궁극적으로 성희롱 사건을 덮거나 사건에 대한 대응을 왜곡시킬 수 있는 '남성 연대'로 나아갈 수 있다고 염려한다. 미투 운동은 여성의 피해 경험을 드러내는 데서 시작되었고, 이 과정에서 여성들의 의식이 바뀌었다. 그러나 다수 남성들은 이 문제의 중요성을 인식하고 여성과 어떻게 협력해야 하는지 모르는 상태에 있다. 따라서 미투 운동을 피상적으로 남녀 대립으로 받아들일 경우 남성들은 공격받는다고 생각하고 방어적이거나 적대적인 태도를 취할 수 있다. 이때 오래된 남성 중심적 사고, 즉 성별 차이를 인정하지 않은 채 젠더 권력을 가진 남성의 입장에서 판단하는 사고방식이 수면 위로 드러나고, 이런 심층 의식을 기반으로 보이지 않는 네트워크가 형성된다. 이런 남성들의 심정적 연줄망 속에서 성폭력 사건의 피해자는 '한 남성의 생존권을 박

탈하는' 가해자적 위치로 역전되고, 성폭력 가해자는 동정의 대상으로 바뀐다. 피해자와 가해자 위치의 역전reversal이 일어나고, 이런 역전의 감정 구조는 현실의 피해-가해 관계를 투명하게 바라보지 못하게 만든다.

제가 봤을 때, 미투 운동에서의 변화라고 하면, 남성 동지들의 자발적인 변화보다는 저는 그런 미투 운동을 통해서 많이 여성 동지들을 말할 수 있게 변화했다고 말할 수 있는 것 같아요. 근데 말을 하다보니까 남성 동지들이 긴장을 하거나 떨고 있는 거죠. 그래서 어쩔 수 없이 변화를 해야 되는, 그런 쪽으로 가는 것 아닌가 저는 보고 있고, 그 과정에서 결과는 여성들이 입을 열었을 때 남성 동지들의 연대, 남성 연대로 그런 문제들이 계속해서 발생하고 있다. ⋯⋯남성 연대는 굳이 그렇게 안 해도 저절로 다 자리를 마련해주더라구요. 그리고 이번에 사건 하나는, 저희는 활동하다가 해고되는 노동자도 많잖아요? 지금 한 사건은 어느 지역에 해직되신 분이 노조 일을 하면 노조에서 월급을 주고 생계를 이어간단 말이에요. 근데 그분이 그 지역 수많은 여성 활동가들한테 성희롱을 하고, 이런 짓을 했었다고 하더라구요. 오래됐는데, 미투 운동, 남성보다는 여성이 변했잖아요, 그래서 이야기를 해도 되는구나 입이 열린 건데, 그 자체 그 사람 행위를 판단하기보다는, '저 사람 어떻게 살아? 여기서 아웃되면 생계가 막막하잖아', 이거를 다른 사람들이 발언을 함으로 인해서 피해자 고통, 행위에 대한 잘못을 지적하기보다는 자꾸 가해자를 동정하게끔 분위기를 만드는 거예요. 마치 피해자가 그런 걸 이야기했을 때, 가해자의 생존권을 박탈하는 듯한 죄의식을 만드는. 저는 그게 잘못됐다고 생각하는 거예요. 그런 것들이 은근히 피해자에게 '내가 저 사람의 생존권을 박탈한 사람이야'라는 죄의식을 심어주는 거라 보기 때문에 저는 그게 잘못됐다고 생각하는데, 굳이 뭐 어떤 걸 얘기하지 않아도, 자기들의 연대 의식은 강화되어 있다고 느끼는, 저는 그게 남성 연대라고 봐요.

……피해자한테 자꾸 봐주도록 유도하는 거죠. 저 사람 이렇게 되면 어떻게 먹고살아. 근데 그거는 그 사람의 행동에 대한 본인의 책임인데, 왜 그걸 주변 사람들이 고민을 하고, 그 얘길 왜 피해자한테 하냐는 거예요. (C노조 여성 간부)

피해자가 문제를 제기했을 때 가해자가 받을 처벌을 우선시하며 피해자에게 죄책감을 갖게 하는 것은 명백한 2차 가해다. 그러나 이런 상황이 자연스럽게 형성되는 이유는 굳이 말이 필요 없는 남성들 사이의 연대 의식이 존재하기 때문이라는 것이다. 따라서 성폭력 사건을 제기하고 해결하려는 여성 조합원들은 '메갈'이나 '워마드' 같은 낙인이 찍히기 쉽다. 공격 대상이 되는 것이다. 이런 부조리한 상황에서 심지어 노조 안에서 '페미니즘' 대신 '성평등'이라는 말을 쓰자는 난센스까지 출현한다. 이런 시도는 미투 운동에 대한 강력한 백래시backlash로 볼 수 있다. 사회 진보를 지향하는 운동에 대한 거부라고 할 수 있는 백래시는 미투 운동의 이념인 페미니즘, 즉 성차별주의에 맞선 저항의 이름을 지우고 좀더 순화된 정책 언어로 대체하는 데서도 나타난다.

절차대로 하면 되는데 자꾸 피해자한테 가해자 이해를 요구하고, 그 사람 이후의 삶에 대해 이야기를 하는 것이 피해자가 자신의 권리를 주장하지 못하게 하는, 굉장히 얽매는……. 요즘에 학교에서 성평등 수업을 하거나, 의도성을 가지고 교사가 학생들 지도 중에 '선생님이 메갈이예요?' 이런 거 물어보거든요? 그래서 약간 페미니스트가 메갈하고 등치되는, '선생님 워마드예요?' 그럼 인제 제가 메갈이나 워마드가 되는 순간 공격의 대상이 되는 거예요. ……학생들이 메갈이나 워마드라고 명명함으로 인해서. 그런데 그것이 어떻게 조직에 드러나게 되었냐면, 저번에 대의원대회에서 페미니즘 내지는 페미니스트라고 선언했을 때 공격이 되게 가시화되고, 예민하기 때문에, 그때 뭐라고 나왔냐면 여성위원회든 페미니즘이라는 용어를 쓰지 말고 성평등이라고 하면 어떠냐, 이런 게 나온 거예요. 전 너무 깜짝 놀랐어요. (C노조 여성 간부)

⑥ 펜스 룰

펜스 룰, 즉 성희롱이나 성폭력 사건이 발생할 수 있다는 염려를 구실로 조직과 업무, 일상적 관계에서 여성을 배제하거나 분리하는 현상도 확인됐다. 건설노조의 한 남성 간부는 분명히 최근 들어 여성 채용을 더 기피하는 현상이 두드러진다고 말한다. 그런 현상이 나타난 이유는 성희롱 사건이 발생할까 두렵기 때문이다.

회사는, 남성 위주의 조직들은 이제 아예 (여성을) 배제를 하려고, 채용에서 배제한다든지, 회식 자리에서 배제한다라든지, 뭐 거리를 두는 거죠. 아무래도 좀. (질문: 그게 최근에 더 강해진 것 같습니까?) 네. 두려움이 있으니까. 아예 안 보는 게 좋은 거니까, 남성들 입장에서는. 최근에 제가 소속되어 있는 회사도 여성 지원자를 입사 지원을 받았는데, 면접 대상으로 아예 안 뽑았거든요. 아예 안 보고. 그거 뭐 성평등, 양성평등 같은 경우에는 생각해 가지고 형식적으로 맞춰 가지고……그런 고려도 없이 여성은 그냥 배제하거든요. (D건설 노조 간부)

금속산업 사업장에서도 여성에 대한 배제나 분리는 노골적으로 나타난다. 최근 비정규직 여성 노동자들을 정규직으로 전환해 남성과 같은 생산 공정에 배치한 자동차 회사에서도 현장에서는 여성들을 기피하거나 배제하는 현상이 발생하고 있다. 그런데 여기서 '미투'는 이중적 의미로 나타난다. 첫째, 여성에 대한 기피나 배제는 여러 가지 이유에서 발생하지만, 미

313

투 운동에 대한 남성들의 반발이 실제로 존재한다. 성희롱이나 성폭력의 가해자가 될지 모른다는 남성들의 불안감이 커지면서 남성 노동자들이 여성을 기피하는 이유로 미투를 꼽는 경우가 늘었다. 신체적 접촉만 잘못해도 '미투할 것 아니냐'는 비난과 함께 여성이 자기 라인에 들어오는 것을 막는다. 전형적인 펜스 룰이다.

둘째, 그러나 실제로 펜스 룰의 맥락을 살펴보면, 또 다른 의미도 발견된다. 일터에서 여성 배제 또는 여성 기피가 이미 존재해 왔으며, 이런 관행을 정당화하는 구실로 미투가 이용되고 있다는 해석이다. 이런 사업장에서는 성희롱이나 성폭력 행위에 대한 불안감 자체보다는 기존의 성차별적 관행을 합리화하는 데 미투의 맥락을 끌어들인다. 이러한 상황은 미투운동 때문에 생긴 부정적 결과로 펜스 룰이 확대된 것이라기보다는, 기존의 여성 배제 관행을 강화하는 데 미투가 부정적으로 활용되고 있는 것으로 해석할 수 있다.

현장에서 일하고 있는 여성 비정규직 조합원들을 정규직화했잖아요. 그 하는 과정도 문제가 있고 그런데, 회사도 불편해하고 조합원도 불편해하고. 왜냐면 어쨌든 라인에 들어가서 일하게 되면 여성이 아무래도 신체적 차이가 있으니까 남성들한테 주로 맞춰져 있잖아요? 그런 어려움을 호소하고. 그럼 자기들이 도와줘야 되는데, 이거 왜 내가 해야 해? 그니까 여성들은 여기 안 들어왔음 좋겠다, 이런 것들은 굉장히 많구요. 그리고 또 화장실이, 여성이 없다가 여성이 들어오게 됐는데, 라인에 한두 명 밖에 배치가 안 돼요, 굉장히 공장이 넓어요. 저도 현장에 가보면 한 시간 동안 막 뛰어다니다가 어느 시점에 가면 그 인제 앞에 안내하는 동지들이 딱 거기 서면서 '화장실 갔다 오세요' 그렇게 얘기를 해요. 여성 화장실이 현장에서 엄청 멀다는 거예요. 여성들이 한두 명 늘어나게 되면서 화장실이나 휴게실이나 탈의실, 뭐 이런 것들을 해줘야 되잖아요? 그것 때문에, 예를 들어서 우리가 생각하기에 간단하게 화장실을 지어주던가 아니면 남성 화장실이 있으니까 그 공간을 잘라서 여성 화장실을 하거나, 그건 아주 최악의 경우인 거고, 다른 곳에 지어줘야 되는 건데, 회사가 반대하는 거예요. '이건 우리 남성 화장실이야. 왜 여기에 여자 화장실을 지어야 해? 우리가 불편하잖아', '왜 우리 권리를 침해해?' 그렇게 나온다고 하더라구요, 그것뿐만이 아니라 남성들이 여름이 되거나 옷을 훌러덩 벗기도 하고 그래요. 그런 걸 못하니까 어떻게 해서든 우리 라인에 여성들이 안 들어오게 하는 거(웃음)를 굉장히 연구를 하고 로비를 하고……. '저 여자들이 와서 내가 불편하니까 오면 안 돼. 그리고 뭐 우리가 조금만 잘못하면 미투할 거 아냐', 이런 거가 있는 거예요. 그래서 뭐, '신체적 접촉이 살짝 있었다, 이렇게 되면 인생을 조지는 거야', 이렇게 이야기를 한다는 거예요. 그렇게 될 수 있어, 그렇게 이야기를 한다는 거예요. 그래서 그러면 그걸 고칠 생각을 안 하고 못 오게 하는, 이런 경우들이 지금 현재 벌어지고 있다. (E금속산업 노조 간부)

⑦ 브라더 문화

F제과 노조 여성 간부는 한국 사회를 휩쓴 미투의 물결에도 일터에 별다른 변화가 나타나지 않은 이유는 '브라더 문화Brother Culture'에 있다고 이야기한다. F제과는 20대 여성 제조 기사들을 30~40대 남성 관리직이 통제하는 노무 관리 시스템을 가지고 있다. 숫자로는 여성이 대다수이지만 10퍼센트 정도의 남성 관리직 사원이 여성 기사들의 고용 계약과 노동과정을 통제한다. 이러한 구조 속에서 나이 어린 여성들은 성폭력 문제를 제기하기 어렵다. 무엇보다 여성 기사들은 개인별로 각기 다른 업주 밑에서 일하는 반면 남성 관리자들은 철저히 연대하며 집단적으로 움직인다.

저희는 그게 있거든요. 남자들끼리 모여서 하자, 모임도 따로 가지시고, 진급자분들이 '너 언제까지 그 위치에 있을래? 너도 과장인데 너 이렇게 해야지, 따라와라' 해서 그런 식으로 모임을 따로 형성하거든요. 근데 여자들에게는 '이건 여자들이 하기 좋은 직업이야. 가사랑 병행하면서 하기에 좋은 직업이다. 승진까지 생각하지 말아라!' 그렇게 얘기를 하시고. 남자들한테는 '너 언제까지 그렇게 있을래? 따라와. 내가 너 밀어줄게', 이런 식이 되니까 남자만 진급이 되는 구조가 되거든요. 저희가 이걸 브라더 문화라고. (F제과 노조 여성 간부)

이런 남성들 사이의 동맹을 인터뷰 참여자들은 '줄 문화', '라인 문화', '사무실에서 흡연자들이 모여서 하는 얘기'라고 부르기도 했다. 브라더 문화는 동성사회성, 즉 남성들만의 동질적인 집단을 형성하고 자신들의 이해관계를 배타적으로 추구하는 집단의 존재를 가리키는 말이다. 이러한 브라더 문화는 진급과 승진을 위한 중요한 연줄망이 되며, 일터에서 성별위계와 불평등을 지속시킨다. 생산 업무는 여성이 하고, 관리와 감독, 지시업무는 남성이 맡는 수평적이고 수직적인 성별 직무 분리를 지속시키고, 그 결과 여성을 낮은 지위와 상대적 저임금 일자리에 제한한다.

저희가 직원 자체는 90퍼센트가 여자인데 진급자, 그러니까 관리자들이 10명 중에 8~9명은 다 남자예요. 그리고 여자들이 이미 경력이 훨씬 더 차 있음에도 불구하고 남자가 새로 들어오면 그 남자부터 밑바탕이 깔리는 거죠. 이제 그 사람부터 올리는 거죠. 여자들은 손재주가 좋으니까 여자들은 그냥 계속 거기 있어라, 너희들은 계속 생산해라, 이런 거고, 남자들한테는 어느 정도 관리할 수 있으려면 남자들처럼, 어느 정도 지시도 할 수 있고 그래야 된다는 거죠. …… 이번에도 제가 근무하는 매장에 남자 주임님이 오셨는데, 저희가 제조 기사랑 카페 기사가 있거든요. 그래서 기사 직군이, 양 직군이 한 명씩 있는데, 남자 제조 기사님인데, 남자 주임님이 오셨는데, 서로 처음 보는 사이여서 통성명을 하면서 '야, 내가 우리 지역에 남자들만의 모임을 하나 만들려고 해! 너도 껴라!', '왜 남자들만요?' 하고 그 기사님이 물어보시니까 '야, 남자들끼리 해야 취미도 맞고 하지, 우리들끼리, 내 라인을 하나 만들려고 해!' 이런 걸 대놓고 말씀을 하시더라고요. (F제과 노조 여성 간부)

브라더 문화의 존재가 당연시되거나 오히려 남성들의 특권으로 간주되는 일터에서 여성에 대한 배제가 지속되고 정당화되는 이유는 여성 기사는 출장이 어렵다는 데 있다. 이른바 '지원 기사'라고 불리는 출장을 자주 다녀야 하는 직무가 승진의 통로가 되는데, 여성은 성폭력 피해를 당할 위험이 있으니 출장을 못 보낸다는 것이다. 결과적으로 여성은 성폭력 위험을 회피한다는 이유로 출장 근무에서 제외돼 승진이 없는 제조 기사에 머무르게 된다.

그렇다면 이 회사에서 여성은 성폭력의 위험에서 얼마나 자유로운 것일까? 노조 여성 간부는 많은 제조 기사들이 오히려 개별 사업장에서 성폭력의 사각지대에 있다고 이야기한다. 출근 뒤 옷을 갈아입을 탈의실조차 없기 때문이다. 제과점이 대부분 상가 건물에 입주해 있기 때문에 상가의 비좁은 화장실에서 옷을 갈아입거나 아예 근무복을 입고 출근해야 한다. 그러나 이런 조건에 문제를 제기하면 예민한 사람이 된다.

'다들 어디서 옷을 갈아 입냐?' 냉장고 문을 열고 CCTV 안보이게 가려서 입으래요. 근데 그게 솔직히 완전히 믿을 수가 없는 거잖아요, 사장님 말은 거기가 사각지대라는데, 저희가 믿을 수가 없거든요. 그래서 탈의실을 설치해달라 그런 식으로 얘기를 했어요. '여초 직장이고 당연히 탈의실은 있어야 하는 거 아니냐?' 얘기를 한 번 하니까 점주협의회에서 난리가 난 거예요. 그 평수에 탈의실을……. 그러니까 그걸 저희가 탈의실 문제를 거론하면 예민하다는 거예요. '왜 그렇게 예민하게 굴어?' (F제과 노조 여성 간부)

이러한 상황을 보면 지난 1년간의 미투 운동에도 불구하고 노동조합이 있는 일터의 여성 노동자들 중에서도 성폭력에 관련된 문제 제기나 시정 요구가 쉽지 않은 사람이 적지 않으리라고 추측할 수 있다. 미투 운동을 통해 성폭력 피해를 드러내고 예방하기 위해서는 일터 내 성차별과 성별 위계의 해소가 전제되어야 한다는 것을, 적어도 두 가지가 동시에 진행되어야 한다는 사실을 알려준다.

6. 여성 혐오의 극복과 새로운 노동조합 민주주의

문제는 계급이나 젠더, 인종 중 어느 것이 더 우선시되어야 하는 것이 아니다. 노동자들은 다양하며, 단 하나의 노동자가 존재하지는 않기 때문에, 단 하나의 계급 정체성이나 계급의식도 존재하지 않는다. 어느 누구의 개별적인 경험이 보편적인 것으로 여겨지지 않을 때 새롭고 생동적인 노동계급의 정치가 가능해질 것이다. (Cobble & Michal 2003)

젠더나 섹슈얼리티(성 정체성), 인종 등 인간이 지닌 차이를 인정하는 것은 노동조합의 새로운 프로젝트가 될 것이다. 이 목표를 위해서는 노동조합의 민주주의를 다시 정의해야 한다(Ledwith 2003). 페미니스트 관점에서 보면 노동조합은 젠더 결손$^{gender\ deficit}$ 상태에 있다. 노동조합의 조직률과 대표성, 그리고 사업을 위한 각종 데이터에서 성별 격차가 크고, 이런 상황이 지속되어왔다. 이런 상황은 민주주의를 견인해야 할 노동조합에서 심각한 결손 상태를 초래한다. 미국의 노동운동 연구자인 도로시 수 코블과 모니카 비엘스키 미칼은 새로운 노동계급의 정치가 필요하다고는 사실을 주장하면서, 노동조합은 '여성의 목소리'에 귀를 기울이려 노력해야 한다고 썼다(Cobble & Michal 2003). 21세기 노동운동이 더 많은 노동자들을 끌어들이기 위해서는 일터와 가족의 변화를 고려하지 않으면 안 되며, 여성들은 새롭고 강력한 노동운동의 주체가 될 수 있기 때문이다. 2000년대 이후 영국이나 스웨덴 등 오랜 노동운동의 전통을 가진 국가에서 기울어가는 운동의 중심을 바로 세우는 집단이 여성이다. 이 국가들의 노동조합은 청년층 여성들을 적극적으로 포섭함으로써 운동의 활력을 얻고 있다. 물론 청년 여성들이 노동조합으로 들어오기까지 노동조합은 매력적인 공간으로 탈바꿈하기 위해 노력을 아끼지 않았을 것이다.

사실 한국의 민주적 노동운동은 1960~1970년대 봉제산업과 전자산업 여성 노동자들의 투쟁에서 시작되었다고 해도 지나친 말이 아니다. 그런 점에서 여성 노동자들은 노동운동에서 제대로 인정받지 못한 세력이라고 할 수 있다. 오히려 아직도 많은 노동조합은 여성 혐오 문화에서 벗어나지 못하고 있다. 혐오란 단순히 타자를 싫어하거나 미워하는 감정이 아니다. 혐오란 사회적 소수자나 주변인의 위치를 갖는 타자들의 정체성 자체를 부정하는 감정이다(홍성수 2018). 앞서 미투 이후 남성 조합원들이 보여준 감정은 여성 혐오의 전형이다. 노동조합은 여성 혐오 문화를 어떻게 해소할 수 있을까?

여성학자 낸시 프레이저는 여성과 남성이 평등해지기 위해서는 세 가지 조건이 충족되어야 한다고 보았다. 여성 집단에 대한 사회적 인정, 경제적 재분배, 정치적 대표성의 확보다. 노동운동에서도 마찬가지일 것이다. 생산의 정치에서 여성 노동자의 기여에 대한 인정, 성별 임금 격차의 해소, 노동조합 내 여성 대표성의 강화. 이런 맥락에서 지금까지 살펴본 내용을 토대로 노동조합의 젠더 민주주의를 발전시키기 위한 과제를 제시하면 다음과 같다.

첫째, 작업장과 노동조합 내의 성별 불평등을 해소하기 위해 적극적으로 노력해야 한다. 임금은 물론 채용부터 배치, 순환, 보직, 근로 시간, 휴가, 교육 훈련, 퇴직에 이르기까지 곳곳에 널려 있는 성차별적 관행과 제도, 의식을 혁신해야 한다. 성별 임금 격차를 해소하고 여성의 임금 수준을 개선하기 위해서는 동일 노동 동일 임금 원칙과 함께 각 영역에 숨어 있는 성차별 요소를 발견하고 해체해야 한다. 그런 의미에서 '노동조합의 성 주류화'가 필요하다. 성 주류화란 노동조합의 모든 기구와 부서, 중요한 의사 결정과 정책의 모든 영역에서 성인지적 관점gender sensitivity이 관철되는 상태를 가리킨다. 노동조합의 크고 작은 활동과 정치적 결정이 노동조합과 기업, 사회 전반의 성별 격차에 어떤 영향을 줄 것인가를 고려하고, 이러한 평가를 토대로 제도와 활동을 개선해야 한다.

둘째, 이러한 성평등 실천은 생산의 영역에서 여성 노동자의 몫을 늘리는 것을 넘어 새로운 사회적 지향으로 나아간다. 앞서 본 서울시 성평등 임금 공시 결과처럼 여성이 짧은 근속 기간 때문에 낮은 직급에 머물면서 저임금에 갇히게 되는 상황은 순수한 성차별과 함께 출산과 양육이라는 돌봄자의 위치 탓에 더욱 심화된다. 따라서 '성평등한 노동'이란 여성-돌봄자/남성-부양자라는 성별 분업을 해체하고, 여성과 남성이 생산 노동과 돌봄 노동의 책임을 함께 짊어지는 것을 함축한다. '82년생 김지영'이 존재하는 한 일터의 성평등은 실현 불가능한 목표일 수밖에 없다. 김지영이 일터를 떠나지 않고 김지영의 남편이 함께 아이를 돌볼 때, 회사와 정부가 함께 제도와 환경, 문화를 개선할 때 '김지영들'은 살아남을 수 있을 것이다. 노동조합 역시 중요한 책임이 있다는 사실을 기억해야 한다.

셋째, 이런 노력은 결국 '자본주의 사회 노동자의 생활 양식'에 대한 더 깊은 성찰을 요구한다. 더 오래 일해서 더 많이 벌면 좋은 삶인가? 우리의 노동과 노동조합운동은 무엇을 향해 달려가고 있는가? 우리가 원하는 삶은 어떤 것인가? 그런 삶을 위해 노동조합은 무엇을 어떻게 바꿔가야 하는가? 이런 성찰을 하려면 노동조합이 남성 중심 문화에서 벗어나야 한다.

프랑스 철학자 장프랑수아 리오타르는 이렇게 썼다. "사회 정의는 듣는 것에서 시작된다." 노동조합은 여성 노동자의 목소리에 더 귀를 기울여야 한다. 그러려면 가장 먼저 실천할 수 있는 것부터 시작해야 한다. 각급 단위의 노동조합에 여성 대의원과 교섭위원을 늘리고 성평등 기구를 설치하는 일, 민주노총 본부를 비롯한 가맹 조직에 여성국을 확대하고 성평등 관련 데이터 수집과 정책 연구, 조직 활동에 예산과 인력을 배분하는 일, 성평등 의제를 사업의 전면에 배치하는 일……. 정답은 찾을 수 있다. 다만 그 답안지를 작성하고, 그 답을 현실에서 구현해가는 노력은 노동조합의 몫이다. 자신의 책임을 외면하지 않는 노동조합이 되기를 기대한다.

✓읽을거리

김수경, 〈민주노총 25년, 여성대표성의 현황과 과제〉, 민주노총 여성위원회, 2019.

박현미, 〈발전국가시대의 성별화된 노동조합과 제1세대 여성노동자 연구〉, 중앙대학 교 대학원 사회학과 박사 학위 논문, 2019.

서울특별시 성별임금격차개선위원회, '서울시 투자·출연기관 성평등임금공시 토론회' 자료집, 2019.

신경아, 〈미투운동 1년 일터의 변화 — 민주노총 조합원 의식조사〉, 민주노총 여성위원 회, 2019.

폴 윌리스, 김찬호·김영훈 옮김, 《학교와 계급재생산》, 이매진, 2004.

하이디 하트만, 〈자본주의, 가부장제, 성별분업〉, 여성평우회 편, 《제3세계 여성노동》, 창작과비평사, 1985.

홍성수, 《말이 칼이 될 때》, 어크로스, 2018.

Acker, J, "Gendering Organizational Theory", Albert J. Mills and Peta Tancred(ed.), *Gendering Organizational Analysis*, London: Sage, 1992.

Cobble D. S. and M. B. Michal, "On the edge of equality?: Working women and the US labour movement", Fiona Colgan and Sue Ledwith(ed.), *Gender, Diversity and Trade Unions*, London: Routledge, 2003.

Colgan, F. and S. Ledwith, "Diversity, Identities and Strategies of Women Trade Union Activists", *Gender, Work and Organization* 16, 2002.

Ledwith, S., "Gender politics in trade unions. The representation of women between exclusion and inclusion", *Transfer: European Review of Labour and Research* 18(2), SAGE, 2012.

Ledwith, S. and F. Colgan, "Tackling gender, diversity and trade union democracy: a worldwide project?", F. Colgan and S. Ledwith(ed.), *Gender, Diversity and Trade Unions: International Perspectives*, London and New York: Routledge, 2003.

5장

진보 정당, 여전히 중요하다
'통합'을 넘어 '탈자본주의 지향'을 향한 전환

장석준

1. 들어가며 — 애물단지가 된 진보 정당?

언제부터 진보 정당은 노동운동에 애물단지가 됐다. 발단은 진보 정당의 분열에 있다고 한다. 2000년대에 민주노총 조합원들에게 '노동자 정치세력화'란 민주노동당을 지지하고 발전시키는 일이었다. 간단명료했다. 그러나 2008년 민주노동당이 분당한 뒤로는 더는 그렇지 못했다. 노동조합 간부들은 조합원들에게 '노동자 정치세력화'를 설득하기 힘들다고 하소연하기 일쑤였다. 여러 개로 나뉜 진보 정당 중에서 어느 당을 지지하라고 해야 할지 난감하다는 것이었다.

그러나 진보 정당의 분열만 문제는 아니었다. 더 큰 문제는 실은 민주대연합에서 비롯됐다. 노무현 정부의 실패를 발판 삼아 2007년 대통령 선거에서 한나라당 이명박 후보가 승리했다. 5년 뒤 선거에서도 그 후속 세력인 새누리당 박근혜 후보가 당선했다. 2016~2017년 촛불 항쟁으로 박근혜 대통령이 탄핵될 때까지 9년 동안, 리버럴 정당보다 오른쪽에 있는 정치 세력이 집권했다. 김대중-노무현 정부 시기에 집권한 리버럴 정당은 이 기간 중에 야당으로 활동했다. 10년 만에 리버럴 정당이 야당이고 그 당보다 수구적인 세력이 여당인 구도가 등장하자 진보 정당에 민주대연합을 하라는 압력이 거세졌다. 리버럴 세력을 중심에 둔 반한나라당/반새누리당 연합의 한 부분으로 포함되라는 것이었다. 2008년 미국산 소고기 수입 반대 촛불 시위가 패배로 귀결된 뒤부터 '진보 개혁' 시민사회를 중심으로 이런 여론이 비등하기 시작했다. 진보 정당들 안에는 일정하게 저항의 움직임도 있었지만, 결국 주류는 민주대연합에 참여하는 길을 택했다. 그 결실이 2012년 창당한 통합진보당이었고, 지금의 정의당도 이 흐름의 연장선 위에 있다.

대략 이때부터 노동운동 안에서 진보 정당을 지지하는 열기도 차갑게 식어갔다. 민주대연합이라는 큰 우산 아래에서 리버럴 정당이나 진보 정당이나 엇비슷한 주장을 하는데 왜 굳이 소수파인 진보 정당을 지지해야 하는지 잘 모르겠다는 이야기가 공공연히 나오기 시작했다. 제1 야당인 리버럴 정당과 연대하면 훨씬 더 쉽게 입법 성과를 낼 수 있지 않겠냐는 의견이 민주노총 안에서도 힘을 얻었다. 촛불 항쟁 이후 리버럴 정당이 드디어 정권을 탈환하자 노동운동 안에는 이런 흐름이 더욱 거세졌다. 그럴수록 독자 진보 정당을 통한 노동자 정치세력화는 먼 과거의 아련한 추억이 되어가는 것만 같았다.

정말로 독자 진보 정당 노선은 과거의 추억이 되어야 할 운명인가? 나는 이 물음에 단호히 '아니다, 그렇지 않다'고 답한다. 그렇게 답하는 근거는 세 가지다. 첫째, 지구 자본주의가 대위기에 휩싸이며 시작된 2020년대에는 탈자본주의를 지향하는 '진보' 정당이 노동자-민중에게 과거 어느 때보다 더 절실히 필요한 무기로 떠오를 것이다. 둘째, 이런 격변기일수록 노동자가 미래의 국가 운영 세력으로서 세계를 바라보고 행동하게 만들 진보 '정당'이 노동운동의 여러 기구들 중에서도 관건적인 역할을 할 것이다. 셋째, 지구 자본주의가 새로운 체제로 이행해야 할 시점에 뒤늦게 재벌-중산층 헤게모니가 구축된 한국 사회에서 대안 사회를 향한 균열과 격동을 낳으려면 바로 이런 진보 정당을 통한 과감한 대중정치가 필요하다. 그럼 이제부터 이런 주장을 하나하나 살펴보자.

2. 왜 '진보' 정당인가?

진보 정당 이야기를 하다보면 흔히 나오는 반문이 하나 있다. "민주당 안에 들어가 활동하면 왜 안 되냐?" 이 글을 쓰는 2020년 6월 현재, 더불어민주당은 여당이다. 게다가 제21대 국회에서 무려 180석에 가까운 의석을 점하고 있다. 더불어민주당 안에는 과거 민주화운동, 노동운동, 학생운동, 시민사회운동에 참여한 인사들이 많다. 이런 사람들이 더불어민주당의 주류라고 해도 과언이 아니다. 그래서 극우 언론은 더불어민주당을 '좌파'라고 부르며, 더불어민주당에 우호적인 인사들 역시 이 당을 '진보' 정당이라 칭한다. 실제로 이 당은 복지 확대나 그린 뉴딜처럼 민주노동당이나 정의당이 주장한 정책들을 수용해 나름대로 추진하는 모습을 보이기도 한다.

이런 상황에서 적지 않은 노동자들이 더불어민주당과 진보 정당에 커다란 차이를 두지 않으며, 차라리 더불어민주당 안에 들어가 이를테면 '노동자-진보 블록'을 구성하는 게 좋지 않겠냐고 생각한다. 국회 의석 3분의 2 선을 넘보는 더불어민주당에 견주면, 6석짜리 정의당은 너무 왜소해 보인다. 그렇다고 빠른 시간 안에 크게 성장할 것 같지도 않다. 한때 연동형 비례대표제를 도입하면 원내 교섭단체 수준으로 금방 성장하지 않겠느냐는 막연한 기대를 불러일으키기도 했지만, 제21대 총선에서 비례 위성 정당들이 등장해 선거 제도 개혁이 물거품이 된 탓에 이제는 이런 희망을 품기도 힘들다. 그렇다면 더불어민주당 바깥에서 어렵게 소수 정당을 유지하느니 차라리 더불어민주당과 합당하거나 집단 입당해 더불어민주당을 더 왼쪽으로 움직이는 쪽이 한국 사회 변화에 더 효과적이지 않겠는가? 정치에 관심이 많은 이들일수록 자연스럽게 품을 수 있는 생각이다.

이런 의문에 답하기 전에 우선 용어부터 명확히 하자. 더불어민주당은 '진보' 정당인가? 그렇다면, 혹은 아니라면, '진보 정당'의 의미는 무엇인가? 제6공화국에서 '진보 정당'은 오랫동안 좌파 정당을 뜻하는 한국적 정치 용어였다. 4·19 혁명 이후 들어선 제2공화국에서는 이런 정당을 '혁신 정당'이라 불렀다. 그렇지만 5·16 쿠데타로 좌파 정당의 역사가 완전히 단절됐다가 6월 항쟁 이후에 한 세대만에 다시 부활하면서 '진보 정당'이라고 자처하게 됐다. 그래서 오늘날도 노동자 정치세력화를 추구하는 이들은 자기가 지지하거나 만들려는 정당을 '진보 정당'이라고 부른다. 민주노동당, 진보신당, 통합진보당, 정의당 같은 정당들 말이다. 이때의 '진보 정당'이란 곧 좌파 정당이다. 다른 나라에서 사회민주주의 혹은 사회주의 정당, 공산주의 정당, 신좌파나 급진 좌파 정당이라 불리는 정당들과 궤를 같이하는 정당이라는 뜻이다.

반면에 더불어민주당을 진보 정당이라 할 때의 '진보 정당'은 의미가 전혀 다르다. 흔히 미래통합당 계열 정당을 '보수' 정당이라 하면서 더불어민주당 계열 정당을 '진보' 정당이라 부르는데, 이때 '진보'의 뜻은 영어의 'liberal'에 가깝다. 'liberal'은 번역하기 쉽지 않은 말이다. '자유주의'라고 옮길 수도 있고, '개혁파'나 '중도파'로 풀이할 수도 있다. 이런 여러 의미를 함께 담고 있기 때문에 많은 경우 그냥 '리버럴'이라 적는 게 편하다. 한국의 더불어민주당 계열 정당들은 바로 이런 의미의 '리버럴' 정당이다. 우리한테 가장 낯익은 다른 나라 리버럴 정당은 미국 민주당이다. 아무튼 리버럴 정당과 좌파 정당은 전혀 다르며, 서로 대립하기도 한다. 그런데 한국 사회에서는 이 둘을 다 '진보 정당'이라고 하니, 혼동이 일어날 수밖에 없다. 나는 더불어민주당은 정확히 리버럴 정당이라 부르고, 진보 정당과 엄격히 구별하겠다. 아니, 의미를 더 분명히 하기 위해 '좌파 정당'이라는 말을 '진보 정당'과 함께 쓰겠다.

노동계급에게 필요한 정당은 리버럴 정당이 아니다. 물론 극우 정당이나 수구 정당도 아니다. 이런 정당들과 경쟁하고 대립하는 좌파 정당이다. 민주노동조합운동의 주된 과제 중 하나인 노동자 정치세력화란 한국 사회에 이런 좌파 정당을 만들겠다는 것이었고, 이 열망과 노력이 민주노동당 같은 진보정당운동으로 나타났다. 그럼 왜 노동계급에게는 좌파 정당이 필요한가? 수구 정당도, 리버럴 정당도 노동자의 대안이 될 수 없고, 굳이 좌파 정당이 있어야만 하는 이유는 무엇인가?

자본주의 사회에서 노동자는 여러 가지 문제로 고통받는다. 여전히 낮은 임금에 신음하는 노동자들이 있고, 더 무서운 것은 실업의 공포, 즉 고용 불안이다. 한국의 수도권과 대도시에서는 천정부지로 치솟는 집값도 시름거리이고, 은퇴 후에 찾아오는 빈곤 역시 두렵기만 하다. 그런데 입으로나마 이런 문제를 해결하지 않겠다는 정당은 거의 없다. 진보 정당이나 리버럴 정당은 말할 것도 없고 심지어는 수구 정당조차 복지를 대폭 늘리겠다고 약속한다. 그러나 수구 정당이나 리버럴 정당은 결코 안 하는 약속이 하나 있다. 노동자들이 일상에서 겪는 모든 문제의 근원에 손을 대겠다는 약속이다. 그 근원이란 무엇인가? 바로 자본가와 노동자 사이의 불평등한 권력 관계다. 진보 정당 아닌 정당들도 자본가가 노동자에게 좀더 양보해야 한다고 말할 수는 있다. 평소에는 그렇지도 않지만, 크나큰 경제적 혹은 정치적 위기가 닥치면 자본가가 세금을 더 내야 한다거나 임금과 노동 조건을 더 챙겨줘야 한다고 주장할 수도 있다. 그러나 반드시 한 가지만은 불변이어야만 한다. 명령을 내리는 쪽은 어디까지나 자본가여야 하며 노동자는 여기에 따라야 한다는 것이 그것이다. 다른 건 몰라도 권력만은 자본가의 손에서 떠나서는 안 된다. 달리 말하면, 노동자는 권력만은 넘봐서는 안 된다.

그렇지만 자본가가 위에 있고 그 아래에 노동자가 있는 권력 관계가 뒤집히지 않고는 아무것도 참으로 변했다고 할 수 없다. 노동자가 임금을 아무리 많이 받고 근무 조건이 좋아도 권력 관계가 바뀌지 않는다면 노동자는 여전히 자본가와 동등한 시민이라 할 수 없다. 임금을 다시 낮추고 근무 조건을 개악하며, 더 나아가는 노동자를 실업자로 만들어버릴 결정권이 자본가의 수중에 있기 때문이다. 복지국가 역시 마찬가지다. 부유층이 높은 세금을 받아들이고 몇 세대에 걸쳐 관대한 복지 정책이 실시되더라도 생산과 서비스 현장에서 자본가가 여전히 최종 결정권을 쥐고 있다면, 여전히 복지 수준이 좀 높은 '자본주의'일 뿐이다. 실제로 신자유주의 전성기에 북유럽 복지국가들에서는 자본가가 한때 노동계급에게 허용한 노동권이나 복지 제도를 환수하는 일이 벌어졌다. 이런 역사의 후퇴를 막으려면, 노동계급은 모든 고통의 뿌리에 놓인 가장 근본적인 불평등을 뒤집지 않으면 안 된다. 민주주의를 경제 영역까지 확장하여 자본 소유 계급이 독점한 결정권이 모든 시민의 것이 되게 만들어야 한다.

좌파 정당은 애당초 이런 근본 목표를 실현하려고 만든 정당이다. 과거에는 이것을 '사회주의'라는 말로 쉽게 표현할 수 있었다. 최초의 진보 정당인 독일 사회민주당만 해도 그렇다. 독일 사회민주당은 1890년까지 당명이 '사회주의노동자당'이었다. 이들은 자본가가 권력을 쥔 세상을 '자본주의'라 부르고 자본주의를 극복한 새 세상을 '사회주의'라고 불렀다. 새롭게 당명으로 채택한 '사회민주당'에 포함된 '사회민주주의'라는 말 역시 '사회주의'와 같은 뜻이었다. 그 뒤 좌파 정당들이 사회민주주의(개혁적 사회주의) 노선과 공산주의(혁명적 사회주의) 노선으로 나뉘는 바람에 용어법이 복잡해지기는 했지만, 어쨌든 20세기 말까지 좌파 정당의 정체성은 '사회(민주)주의'로 쉽게 설명됐다. 물론 지금은 그렇게 간단하지가 않다. 현실 사회주의 국가들의 몰락, 중국이나 북한 사회주의(이 국가들을 '사회주의'로 부를 수 없다는 이들도 많다)의 부정적 이미지, 서구 사회민주주의 정당들의 우경화 등 때문에 좌파 정당을 '사회(민주)주의'라는 말만으로 설명하기는 쉽지 않다. 분단과 전쟁 때문에 여전히 반공주의의 영향력이 강하게 남아 있는 한국 사회에서만 그런 게 아니다. 다른 나라들도 사정은 크게 다르지 않다.

한데 지금 상황은 극히 역설적이다. '사회주의'라는 말의 권위는 이렇게 유례없이 약화됐지만, 자본주의를 극복해야 한다는 요청은 21세기 들어 역사상 그 어느 때보다 더 절박해졌다. 지구 자본주의는 현재 막다른 골목에 처해 있다. 2008년 금융 위기 이후 자본주의는 장기 침체 국면에서 헤어 나오지 못하는 중이다. 그동안 세계 경제의 평균 성장률을 끌어올리던 중국 등 신흥 공업국들마저 성장률이 낮아지고 있다. 이렇게 침체가 일상이 되다 보면, 세계 경제의 지속 성장을 전제로 지탱해오던 지구 자본주의 구조 전반이 더욱 커다란 혼란에 빠지지 않을 수 없다. 이런 경제적 궁지는 지구 정치의 격동으로 이어지고 있다. 그동안 지구 자본주의의 패권국이던 미국과 새로운 패권국으로 부상하려 하는 중국 사이의 갈등이 심화되고 있다. 패권국 지위를 놓고 노골적인 경쟁과 대립을 벌이지만, 두 나라 모두 새로운 세계 질서의 청사진을 제시하지는 못하는 처지다. 상황은 점점 더, 100년 전인 1920~1930년대에 어떤 강대국도 전세계적 헤게모니, 즉 지적-도덕적 지도력을 보여주지 못함으로써 2차 대전이 일어날 수밖에 없던 국면과 비슷해지는 중이다.

이런 경제적, 정치적 위기보다 더 심각한 것은 기후 위기, 즉 지구 생태계 위기다. 1차 산업혁명 이후 지금까지 지구 자본주의는 석탄, 석유 등 화석 연료를 남용하며 성장을 거듭해왔다. 화석 연료를 태우며 대기 중에 배출된 다량의 온실가스(주로 탄소) 때문에 지구 평균 기온이 급속히 상승하고 있으며, 그런데도 자본주의의 끝없는 확대 재생산 탓에 대기 중에는 계속 더 많은 탄소가 배출되는 중이다. 21세기에 들어서는 지구 위의 어느 지역에서든 평균 기온 상승에 따른 기후 급변을 체감할 수 있는 상황이 됐다. 한반도만 해도 여름은 더욱 더워지는 반면 겨울은 더욱 추워지고 있다. 가을에 찾아오는 태풍 또한 늘어나고 있다. 이런 기후 급변은 그동안 지구 자본주의를 지탱하던 농업 생산의 안정성을 위협하고 있으며, 기후 난민 증가를 통해 북반구와 남반구 사이의 긴장과 갈등을 부채질한다. 게다가 2020년 전 인류를 덮친 코로나19 바이러스 대유행도 기후 급변과 밀접한 관계가 있다고 한다. 과학자들은 2050년까지 탄소 배출 제로 상태를 달성해야 이번 세기 안에 지구 평균 기온 상승을 1.5도 수준으로 제어할 수 있다고 내다본다. 그러나 확대 재생산 기조를 이어가야 하는 자본주의의 속성 때문에 탄소 배출 급감은 어느 나라에서든 탁상공론에 그치는 형편이다. 비관적인 과학자들은 계속 이런 상태에서 벗어나지 못한다면 지구 평균 기온이 걷잡을 수 없이 상승해 인류가 더는 대처할 수 없는 지경에 이를 것이라 전망한다. 자본주의가 지속되는 한 기후 재앙은 피할 수 없다. 인류는 처음으로 자본주의의 지속과 문명의 생존 중 하나를 선택해야 하는 상황에 처한 것이다.

이제 인류는 생존을 위해서라도 자본주의를 넘어 새로운 사회를 향해 나아가야 한다. 그러자면 지금 당장 현실 정치 안에 탈자본주의라는 선택지가 있어야 한다. 21세기의 탈자본주의는 20세기에 '사회주의'라 불린 체제들과 많이 다를 것이기 때문에, 아니 어떤 면에서는 정반대여야 하는 점들도 많기 때문에 꼭 '사회주의'라고 불릴 수만은 없다. 그래서 여러 개의 수사를 단, 가령 '민주적 생태적 사회주의' 식으로 표현해야 한다는 의견도 있다. 그러나 중요한 것은 어쨌든 자본주의 '아닌', 자본주의를 '넘어선' 체제를 지향해야 한다는 점이다. 어느 나라든 이런 지향을 분명히 하는 좌파 정당들이 현실 정치의 선택지로 발전해야만 한다. 앞에서 말한 대로 자본주의의 핵심이 지배자와 대중 사이의 불평등한 권력 관계이기 때문에 이 말은 이렇게 정식화될 수도 있다. 소수 자본 소유 계급과 다수 노동 대중 사이의 불평등한 권력 관계를 결정적으로 뒤집으려는 좌파 정당들이 존재하고 성장해야만 한다고 말이다.

그래도 여전히 이게 리버럴 정당 안에 들어가 당내 블록으로 활동하자는 구상에 대한 반박은 되지 못한다고 생각하는 분들이 있을지 모른다. 좌파 정당이 있으면 좋겠지만 한국 사회에서 이런 정당을 유지하고 발전시키기가 너무 힘들다는 것이다. 혹은 좌파 정당이 집권을 바라볼 때까지 기다리기에는 비정규직 등 열악한 처지에 놓인 노동자들이 더 버틸 힘이 없다는 가슴 아픈 하소연도 있다. 그러나 이런 식의 '리버럴 정당 내 진보 블록' 론은 결코 독자 진보 정당 노선보다 더 현실적이라고 말할 수 없다. 리버럴 정당의 구성 요소 중에는 다양한 민중 집단도 있지만, 자본가계급의 여러 분파도 있다. 전자가 있어야만 리버럴 정당이 대중들 사이에 자본주의 헤게모니를 관철할 수 있지만, 또한 후자가 있어야만 자본주의 통치 정당으로서 제 기능을 다할 수 있다. 이렇게 서로 대립까지 하는 구성 요소들 중에 리버럴 정당 안에서 실제 구심 역할을 하는 것은 단연코 지배 계급의 여러 분파다. 그렇지 않다면 리버럴 정당은 분해될 수밖에 없다. 리버럴 정당의 쓸모는 이 당을 통해 지배계급이 광범한 민중 집단을 지배 질서의 잠정 지지자로 묶어두는 데 있기 때문이다. 지배 엘리트들이 쓸모없다 여겨 무참히 버린 리버럴 정당에는 미래에 좌파 정당에 지지층을 물려준 뒤 사멸할 운명이 기다릴 뿐이다. 20세기 초에 영국 자유당이 그러했다.

그렇기 때문에 리버럴 정당 안에서 자본주의에 맞서며 노동계급을 대변하는 세력이 성장하기란 쉽지 않다. 하물며 반자본주의적-노동계급적 세력이 리버럴 정당의 주류가 돼 당을 통째로 인수하기란 불가능하다. 실제 사례가 증명한다. '민주사회주의자'를 자처하는 버니 샌더스 상원의원이 2016년과 2020년 미국 민주당 대통령 후보 예비 경선에 뛰어들어 바람을 일으키자 한국의 진보 세력도 이 일을 모델로 삼으라는 훈수를 귀 아프게 들었다. 그러나 샌더스와 지지자들이 민주당 대선 예비 경선에 참여한 것은 그야말로 고육지책이었다. 공화당-민주당의 양당 구도가 너무도 강력하게 뿌리를 내린 탓에 당장은 독자 진보 정당을 통해 정치세력화를 할 수 없어 어쩔 수 없이 택한 방도였다. 게다가 두 차례 예비 경선에 참여한 결과는 우리에게 정반대 충고를 던진다. 샌더스와 좌파 세력은 예비 경선 초기에는 압도적인 힘을 과시했지만, 매번 민주당 주류의 체계적인 압박에 부딪혀 본선 진출에 실패했다. 민주당 주류란 곧 민주당을 지지하는 미국 자본가계급의 여러 분파다. 미국의 변혁운동은 본선이 아니라 예비 경선 단계에서 미국 자본주의 지배 질서에 제압되고 만 것이다. 미국 민주당에 견줘 주류 세력의 장악력이 훨씬 강한 한국의 리버럴 정당에서 결과는 더 참담하면 참담하지 그 반대는 아닐 것이다. 한국의 진보 세력이 굳이 기존 양대 정당 구도를 더 강화하면서 이런 어리석은 선택을 할 이유가 없다.

1920~1930년대처럼 지구 자본주의가 대위기에 접어든 2020년대에 우리는 과거 어느 때보다 더 적극적으로 진보정당운동을 지지하고 육성해야만 한다. 탈자본주의를 지향하며 노동계급에 바탕을 둔 좌파 정당을 수구 정당, 리버럴 정당과 대등하게 경쟁할 정치 세력으로 키워야 한다. 지난 20여 년 동안 겪은 잇단 실패와 좌절은 교훈을 뽑아낼 기본 자료는 될지언정 도전을 돌연 중단할 이유는 되지 못한다. 비록 리버럴 정당인 더불어민주당이 촛불 항쟁의 최대 수혜자가 되면서 2020년 현재 무소불위의 권력을 누리고 있지만, 이 국면이 더불어민주당의 뜻대로 오래가기는 쉽지 않다. 한국 사회에 모처럼 안정적인 지배 질서가 등장한 것처럼 보이지만, 지구 자본주의의 근본적 위기 탓에 이 안정성은 결코 오래갈 수 없다. 자본과 노동의 불평등한 권력 관계를 전복하려는 정치 세력이 예상보다 빠르게 성장할 가능성이 다분하다. 한국 노동운동은 이 가능성을 제대로 살려 내지 않으면 안 된다. 그러기 위해서도 지금 '진보' 정당의 필요성과 가능성을 결코 가볍게 봐서는 안 된다.

3. 왜 진보 '정당'인가

진보 정당에 관련해서 이런 물음도 많이 나온다. "노동자 정치세력화를 꼭 정당을 통해서만 해야 하나? 노동조합만으로는 왜 안 되는가?" 1990년대 말, 민주노총 안에서 진보 정당 창당이 처음 논의될 때도 이런 질문을 쉽게 들을 수 있었지만, 민주노동당이 창당하고 국회에 진출하자 한동안은 수그러들었다. 그렇지만 2010년대에 진보정당운동이 계속 혼란한 모습을 보이자 정당이 꼭 필요하냐는 목소리가 다시 심심찮게 들리기 시작했다.

과연 노동운동에 정당이 반드시 필요한 것인가? 그렇다. 정당은 꼭 필요하다. 그렇기 때문에 19세기 말 유럽 노동자들은 노동조합과 함께 사회주의 정당을 건설했다. 노동계급 정당, 노동조합, 협동조합은 자본주의 사회 안에서 노동자의 생존권을 확보하고 더 나아가 자본주의 사회 자체를 바꾸는 데 없어서는 안 될 3대 필수 무기였다. 100여 년 뒤에 브라질 노동자들은 이 교훈을 잊지 않았다. 그래서 브라질에서는 민주노동조합총연맹을 만들기 전에 노동자 정당부터 만들었다. 바로 1980년에 창당해 2002년에 집권한 노동자당[PT]이다. 브라질의 민주노총인 노동자중앙연합[CUT]은 3년 뒤인 1983년에 출범했다. 그만큼 브라질 노동자들은 독자 좌파 정당이 노동운동의 중요한 무기라고 생각한 것이다.

19세기 말 유럽 노동자들이나 20세기 말 브라질 노동자들의 생각, 즉 노동조합만이 아니라 좌파 정당이 꼭 있어야 한다는 사고를 잘 정리해놓은 고전이 있다. 블라디미르 일리치 레닌의 《무엇을 할 것인가?》다. 이 책 이름을 듣는 순간, 가슴 벅차 하는 이들이 있는가 하면 머리가 지끈지끈 아프다는 이들도 있을 것이다. 이 책은 1980년대에 군부 독재에 맞서 싸운 노동운동가와 학생운동가들에게 큰 영향을 끼쳤다. 당시 막 혁명적 사회주의를 받아들인 젊은 운동가들은 《무엇을 할 것인가?》를 읽으며 하루빨리 남한에도 비합법 전위 정당을 건설해야겠다고 다짐했다. 레닌이 당대 러시아 동지들에게 권고한 것처럼 지하 신문을 만들어 전위 정당 건설의 맹아를 구축해야겠다고 계획을 짜기도 했다. 이게 민주화운동 시대에 《무엇을 할 것인가?》를 읽은 표준적 방식이었다. 이때 운동가들은 이 책을, 20

세기 벽두의 러시아나 당시 한국 같은 독재 체제에서 비합법 혁명운동을 벌이는 사회주의 정당에 대해 논한 저작으로 읽었다.

물론 레닌이 이 책을 쓰며 대화 상대로 삼은 독자는 지하 활동을 벌이는 러시아 혁명가들이었다. 그렇다고 이 책에 전개된 레닌의 정당론이 1900년대의 러시아 사회민주노동당^{RSDLP} 같은 비합법 정당에 한정된 것은 아니었다. 《무엇을 할 것인가?》에 전개된 레닌의 정당 사상은 좌파 정당 일반에 적용될 수 있는 것이었다. 비록 러시아의 특수한 맥락을 배경으로 하는 논의가 많은 부분을 차지하지만, 이 책에서 가장 압권인 제3장 〈노동조합주의 정치와 사회민주주의 정치〉는 노동조합과 정당을 비교하는 논의를 통해 어느 나라에든 적용될 수 있는 정당론을 펼친다. 실제로 레닌은 이 부분을 쓰면서 러시아의 비합법 정당뿐만 아니라 독일에서 이미 합법적으로 활동하며 한창 성장 중이던 사회민주당도 염두에 두고 있었다. 이 무렵 레닌에게 독일 사회민주당은 노동계급에 바탕을 둔 사회주의 정당의 모범이었다(Lih 2008). 그러고 보면 《무엇을 할 것인가?》를 독재 체제에서 활동하는 지하 전위 정당에 대해 논한 책이라고 본 1980년대 운동권의 독해는 반쪽짜리인 셈이다. 레닌은 이 책에서, 어떤 자본주의 사회에서든 노동계급이 새로운 사회 건설의 주역으로 성장하려면 비합법/합법, 공개/지하 여부에 상관없이 노동조합과 구별되는 좌파 정당이 반드시 필요하다는 점을 역설했다고 할 수 있다.

《무엇을 할 것인가?》에서 이런 논의가 집중된 대목을 살펴보자. 3장 〈노동조합주의 정치와 사회민주주의 정치〉의 다섯째 절 '민주주의를 위한 전위 투사로서의 노동자계급'이다. 주의할 것은 여기에서 '사회민주주의'가 1917년 10월 혁명 이후에 세계 사회주의 운동이 사회민주주의(개혁 노선)와 공산주의(혁명 노선)로 양분된 때의 그 '사회민주주의'가 아니라는 점이다. 독일 사회민주당을 소개하며 언급한 것처럼, 레닌이 《무엇을 할 것인가?》를 쓴 1902년 무렵에 '사회민주주의'는 그저 '사회주의'의 동의어였다. 그러니까 레닌이 '노동조합주의 정치'와 대비시키는 '사회민주주의 정치'는 당대의 사회주의 정치이자 좌파 정당들의 정치였다.

이 대목에서 레닌은 노동조합 활동가들에게도 많이 알려진 유명한 문구를 꺼낸다. '노동조합 서기'와 '인민의 호민관'의 대비가 그것이다. '노동조합 서기'는 노동조합 상근 활동가라는 의미다. 레닌은 노동조합 서기가 다음 같은 일을 하는 사람들이라고 설명한다.

> 영국의 노동조합 서기라면 누구나 노동자가 경제 투쟁을 수행하는 것을 항상 도우며, 공장 폭로를 조직하고, 파업의 자유와 사수대 구성(해당 공장에서 파업이 있다는 것을 모든 사람들에게 경고하기 위한)의 자유를 제한하는 법률과 조치들의 부당함을 설명하고, 부르주아 계급에 속하는 중재 재판관의 편파성 등등을 설명한다. 한마디로 노동조합의 서기들은 한결같이 '고용주와 정부에 대한 경제 투쟁을 수행하고 돕는다. (레닌 2001, 105)

노동자가 파업 투쟁을 하도록 돕고, 각 기업에서 사측이 펼치는 노동 탄압을 폭로하며, 노동 악법을 폐지하기 위해 싸운다? 모두 다 가장 모범적인 민주노동조합에서 헌신적인 활동가들이 하는 일이다. 그렇다면 노동조합 서기야말로 계급투쟁의 선봉에 선 투사로 칭송받아야 하지 않는가? 그렇지만 레닌은 결코 칭찬하고 권장하려고 '노동조합 서기'라는 표현을 꺼낸 게 아니다. 레닌이 보기에 사회민주주의자가 된 노동자는 노동조합 서기에 머물지 않고 '인민의 호민관'으로 성장해야만 한다. 인민의 호민관이 하는 일이 노동조합 서기와 도대체 무엇이 다르길래 그러는 것인가?

이러한 것(노동조합 서기의 활동 ─ 인용자)**이 아직은** 사회민주주의가 아니라
는 사실, 이상적인 사회민주주의자는 노동조합의 서기가 아니라, 전횡과 억압
─ 그것이 어디에서 발생하건, 어떤 계급, 계층에 관계된 것이건 상관없이 ─ 이
드러나는 온갖 현상에 대응할 능력이 있는, 그리고 이 모든 현상들을 경찰의 폭
력과 자본주의적 착취라는 하나의 그림으로 종합할 능력이 있는, 또한 **모든 사
람들 앞에서** 자신의 사회주의적 신념과 민주주의적 요구를 표명하고 **모든 사람
들에게** 프롤레타리아트 해방 투쟁의 전 세계적, 역사적 의의를 설명하기 위해서
그 어떤 사소한 사건이라도 활용할 능력이 있는 그러한 **인민의 호민관**이어야
한다는 사실은 아무리 주장해도 충분치 않다. (위의 책, 105~106. 강조는 원저자)

노동조합 서기는 공장 안에서 벌어지는 일에 시야를 제한하지만, 인민
의 호민관은 모든 사회 현상을 국가 폭력과 자본주의 착취라는 하나의 그
림으로 종합하여 설명할 수 있다. 또한 노동조합 서기는 주로 파업 투쟁을
벌이는 노동자들과 함께하지만, 인민의 호민관은 노동조합원뿐만 아니라
모든 사람들에게 사회주의적 신념과 민주주의적 요구를 표명한다. 레닌이
강조하는 문구에 따르면, '모든 현상'을 '모든 사람들'에게 해명한다는 점
이 인민의 호민관이 노동조합 서기와 구별되는 특성이다.

이것을 레닌은 '모든 주민 계급 속으로'라는 정식으로 간명하게 정리한
다. 노동계급이 새로운 사회 건설의 주역이 되기 위해 갖춰야 할 정치적 계
급의식은 다름 아니라 이 '모든 주민 계급 속으로'를 수행함으로써 획득된
다. 달리 말하면, '모든 주민 계급 속으로' 나아가 활동할 때에만 노동계급
은 '민주주의를 위한 전위 투사'로 떠오르고 광범한 대중을 자본주의를 넘
어선 사회로 이끌 수 있다. 좀 길지만, 레닌의 설명을 들어보자.

계급적 정치 의식은 **오직 외부에서**, 즉 경제 투쟁의 외부에서, 고용주에 대한 노동자의 관계라는 영역 밖에서 노동자에게 전달될 수 있다. 이런 지식을 건질 수 있는 유일한 영역은 국가와 정부에 대한 모든 계급 및 계층의 관계라는 영역이며, **모든** 계급들의 상호 관계라는 영역이다. 따라서 노동자에게 정치적 지식을 가져다주기 위해서 무엇을 할 것인가라는 문제에 대해, '경제주의'에 경도된 실천가들은 말할 것도 없고, 대부분의 실천가들을 만족시키는 한 가지 답변만을 해서는 안 된다. "노동자에게로 가라"는 답변 말이다. 노동자에게 정치적 지식을 가져다주려면 사회민주주의자들은 **모든 주민 계급 속으로** 나아가야 한다. 자기 군대의 분견대를 **모든 방면으로** 파견해야 한다. (위의 책, 104, 강조는 원저자)

레닌은 '모든 주민 계급 속으로' 나아가는 노동계급의 활동이 펼쳐지는 조직이 정당이라고 봤다. 적어도 레닌이 보기에는 노동조합은 이런 과업을 맡을 수 없다. 노동자들을 인민의 호민관으로 성장시키는 것은 사회주의 정당의 몫이다. 어찌하여 정당만 할 수 있다는 말인가? '국가와 정부에 대한 모든 계급 및 계층의 관계라는 영역' 혹은 '모든 계급들의 상호 관계라는 영역'을 일상적으로 분석하고 이 영역에서 대안을 제시하는 조직이 정당이기 때문이다. 노동조합은 아니다. 적어도 이런 일을 자신의 성격을 규정하는 가장 기초적인 임무로 여기지는 않는다.

왜 '모든 계급들의 상호 관계라는 영역'이 정당의 고유한 활동 무대가 되는가? 이것이 본래 국가가 작동하는 영역이기 때문이다. 모든 계급과 계층의 관계들을 끊임없이 특정하게 접합함으로써 기존 지배 질서를 안정적으로 유지하는 것이 자본주의 국가의 역할이다. 그런데 정당이란 현존 민주주의를 무대로 국가 권력을 획득하려는 경쟁에 뛰어드는 조직이다. 어느 민주주의 국가에서든 국가 권력을 쟁취하려고 일상 활동을 벌일 수 있도록 헌법이 보장하는 조직은 정당뿐이다. 모든 정당은 국가의 운영자가 되고자 하며, 일상 시기에 정당이 벌이는 모든 활동은 바로 이 목표에 맞춰 전개된다. 비록 야당이라 할지라도 장래의 국가 운영자로서 사고하고 행동하며, 현재 아무리 보잘것없는 소수 정당이라 하더라도 마치 지금 국가를 경영하는 것처럼 세상을 바라보며 만인을 향해 발언한다.

이러한 정당들 사이에 좌파 정당도 있다. 더구나 좌파 정당은 현존 국가를 철저히 '변형'시켜 새로운 국가를 건설하려 한다. 현존 국가에 대해 미래의 국가로서 맞서는 것이 좌파 정당의 정치다. 그렇기 때문에 노동조합운동은 민원인의 입장을 취할 수 있어도 진보정당운동은 그럴 수 없다. 민원인이 아니라 주권자여야 한다. 지금도 국가와 동렬에 있으며 장래에는 새로운 국가 그 자체일 주권자여야 한다. 물론 주권자는 특정 정당이 아니라 민중들 자신이어야 한다. 그렇지만 당장은 모든 민중이 이렇게 행동하기 쉽지 않다. 언젠가는 민중 전체가 주권자로 나서야겠지만, 그 상태와 현상태 사이에는 간극이 존재한다. 레닌은 그 간극을 잇고 메우는 역할을 정당에 맡겼다. 즉 노동자들은 정당을 통해 (민원인이 아닌) 주권자로서 인식하고 실천하는 훈련을 한다. 이런 과정을 통해 '민주주의의 전위'로 성장한 노동계급을 중심으로 다수 대중이 주권자로서 각성하고 성숙하게될 것이다. 다시 말하지만, 이런 과정은 정당을 통해서만 실현될 수 있다. 레닌이 보기에 노동운동의 다른 조직들은, 가장 전투적인 노동조합이라 하더라도, 이런 일을 대신할 수 없다.

《무엇을 할 것인가?》에서 읽어낼 수 있는 이러한 정당 이론이 100퍼센트 다 옳다고 할 수는 없다. 이 초기 저작에서 레닌이 정당에 너무나 거대한 임무를 맡기다보니 그 뒤 사회주의 운동 안에 정당 편향이라 할 수 있는 흐름이 나타났다. '전위 정당'을 신화화하는 오류가 대두한 것이다. 혁명 러시아를 추종하는 좌파 정당들 사이에서는, 대중 전체가 아니라 대중을 이끄는 정당이 계속 미래의 주권자 노릇을 하는 것처럼 여기는 경향이 확산됐다. 그러나 《국가와 혁명》 같은 레닌의 또 다른 저작들을 함께 검토해보면, 레닌의 궁극 목표는 어디까지나 민중들 자신이 실질적인 주권자로 성장하는 것이었다는 점을 확인할 수 있다. 당은 이 성장 과정의 매개자일 따름이다. 안타깝게도 혁명 이후 레닌 스스로 자신의 구상에서 이탈하는 선택을 반복해 일당 체제로 가는 길을 열기는 했지만 말이다(이 문제를 가장 먼저, 가장 정확히 비판한 이는 1918년에 《러시아 혁명》이라는 제목으로 볼셰비키 노선을 비판하는 팸플릿을 펴낸 로자 룩셈부르크다).

노동조합을 바라보는 《무엇을 할 것인가?》의 관점 또한 문제가 있다. 정당의 고유한 가능성을 강조하다 보니 노동조합의 저력을 너무 얕잡아 봤다. 물론 정당은 처음부터 국가 수준으로 시야를 넓히도록 요구받고 노동조합은 그렇지 않은 것은 사실이다. 그렇지만 노동조합운동이 항상 이 한계 안에 갇혀 있지는 않았다. 20세기 들어 과거의 직업별 노동조합에 견줘 포괄 범위와 영향력이 몰라보게 거대해진 산업별 노동조합이 성장하면서 노동조합의 관심과 전망 역시 사회 전체를 담을 만큼 확장됐다. 그래서 어떤 경우는 산업별 노동조합이 좌파 정당보다 더 적극적으로 사회 개혁에 앞장서기도 한다. 가령 1960년대 말부터 1970년대에 걸쳐 이탈리아에서는 공산당이 제도 정치 지형에 갇혀 개혁을 밀어붙이지 못하는 상황에서 친공산당 계열인 이탈리아노동총연맹CGIL에 속한 금속노동자연맹FIOM이 주거, 교육, 여성 문제 등에서 돌파구를 열기도 했다(이 시기의 이탈리아 좌파 정당과 노동조합의 관계는 장석준(2019)의 326~329쪽을 참조). 따라서 레닌이 《무엇을 할 것인가?》를 쓰던 무렵보다는 훨씬 더 역동적으로 좌파 정당과 노동조합의 관계를 바라봐야 한다. 정당만이 아니라 노동조합도 사회 전체를 시야에

담으며 정치적 행위자로 나설 수 있고, 그게 바람직하다. 어렵더라도 노동조합 역시 그런 역할을 수행하려고 노력해야 한다.

그럼에도 불구하고 《무엇을 할 것인가?》에 정리된, 정당과 노동조합의 차이에 대한 안목은 여전히 날카롭다. 좌파 정당은 노동자들이 지금 당장부터 경제적-부문적 이익의 추구자가 아니라 미래 사회 건설의 주인공으로서 생각하고 행동하게 만드는 가장 훌륭한 통로다. 노동조합이 이런 과업을 맡으려면 엄청난 노력이 필요한 반면 정당은 처음부터 이런 역할이 본업이다. 특히 신자유주의 지구화-금융화가 한 세대 넘게 전개된 끝에 어느 나라든 노동계급이 전에 없이 분열되고 해체된 상황에서 우리는 이런 진보정당운동의 잠재력에 더욱 주목하지 않을 수 없다. 앞으로 노동계급의 뿌리 깊은 분열을 극복하고 새 세대 노동조합운동이 성숙기에 접어들려면 상당한 과도기를 거쳐야만 할 것이다. 이러한 과도기에는 노동조합운동 옆에 믿음직한 진보정당운동이 버티고 있어야만 한다. 대격변기에 노동운동이 '모든 주민 계급 속으로' 나아가 새로운 사회를 여는 '전위'로 성장하려면, 노동조합운동 곁에 반드시 비전과 의지가 넘치는 좌파 정당(들)이 있어야 한다.

4. 진보 정당은 '어떻게' 사회를 바꾸는가?

그럼 민원인의 정치와 구별되는 주권자의 정치는 구체적으로 어떤 목표를 추구하며 어떤 모습을 띠는가? '모든 주민 계급 속으로' 나아가는 정치는 공장 안에 갇힌 정치와 도대체 무엇이 달라야 하는가? 지금까지 한 논의만으로는 아직 선명히 와 닿지 않는다.

한국 노동자들에게 익숙한 노동 정치는 사실 노동조합의 일상 활동과 크게 구분되지 않는다. 노동조합의 주된 관심사는 임금, 고용, 노동 조건 등인데, 노동자들이 진보 정당에 바라는 바도 이 내용을 그다지 벗어나지 않는다. 노동조합의 단체협상만으로 임금 인상이나 고용 안정을 달성하기 힘들 때 진보 정당이 나서서 도와주기를 바란다. 혹은 아무리 기업별을 넘어 산업별 수준에서 단체협약을 체결하더라도 미처 다루기 힘든 과제들(국민경제 전체 수준의 고용 유지나 노동 조건 개선 등)을 입법을 통해 해결하기를 기대한다.

물론 이런 활동은 항상 노동 정치의 주된 내용이 되어야 할 사안들이다. 그렇지만 문제는 노동자들의 관심이 대개 이 수준에 머물기만 한다는 것이다. 노동자의 직접적인 경제적-부문적 이익에 어쩔 수 없이 가장 먼저 눈길이 갈 수밖에 없다고 하더라도 여기에만 머물면 안 된다. 경제적-부문적 이익은 사회 전체의 이익에 곧바로 연결되지 않을 뿐만 아니라, 같은 이유에서 노동계급 전체의 이익과 일치하지 않는 경우가 흔하다. 그러나 '모든 계급들의 상호 관계라는 영역'을 조망하면서 이 영역을 무대로 작동하는 변혁 정치는 반드시 사회 전체의 입장에서 바라보고 발언하며 행동해야 한다. 그래야만 노동계급은 다수 대중의 지지를 받으며 기존 지배 세력을 권좌에서 내몰 수 있다. '사회'주의 정치가 '경제'주의 정치 혹은 '노동조합'주의 정치와 구별되며 이것을 넘어서야 하는 이유가 여기에 있다.

비마르크스주의 입장의 사회주의자 칼 폴라니 역시 대표작 《거대한 전환 — 우리 시대의 정치, 경제적 기원》에서 비슷한 주장을 한다. 폴라니도 계급투쟁의 종국적 성패는 계급의 즉각적 이해관계가 아니라 오히려 사회 전체의 복리를 대변한다는 사실을 인정받는 데 있다고 주장하며, 따라서 가장 선진적인 노동계급 정치는 계급을 넘어서야 한다는 역설을 강조한다. 《무엇을 할 것인가?》와 《거대한 전환》은 사회주의 운동의 전혀 다른 전통에 속한 저작들로 평가받지만, 아래에 인용한 《거대한 전환》의 몇 대목이 말하는 바는 《무엇을 할 것인가?》의 메시지와 별반 다를 바 없다.

여러 계급의 투쟁 속에서 어떤 계급이 승자가 될 확률이란 각각의 계급이 자기들 바깥의 폭넓은 성원들로부터 어느 만큼 지지를 얻을 능력이 있는가로 결정될 것이다. 그리고 또 그렇게 폭넓은 지지를 얻을 능력이란 자신들 계급의 협애한 이익보다 훨씬 넓은 사회 전체의 여러 이해 집단들이 요구하는 여러 과제들을 얼마나 충족시킬 수 있는가에 의해 결정될 것이다. 따라서 핵심이 되는 것은 사회 전체의 상황이다. (폴라니 2009, 413)

따라서 궁극적으로 따져볼 때, 어떤 계급이 전체 역사의 드라마에서 얻게 되는 배역은 그 계급이 사회 전체와 맺고 있는 관계에서 주어지는 것이며, 그 계급이 성공을 거두는지를 결정하는 것은 그 계급이 스스로의 이익이 아닌 다른 계급들의 여러 이익을 얼마나 폭넓게 또 다양하게 끌어안을 수 있고 또 거기에 봉사할 수 있는가이다. 어떤 일개 계급이 자신들의 협애한 이익에만 집착하는 정책을 내놓고자 한다면, 그 자신의 이익조차 제대로 지켜내는 데에 실패하게 되어 있다는 것이 거의 예외 없는 법칙이라 할 수 있다. (위의 책, 419)

레닌에게 직접 이어받은 언어를 사용해 비슷한 문제의식을 펼친 인물로 폴라니의 동시대인인 안토니오 그람시가 있다. 그람시는 자본주의 사회라고 해서 모두 다 자본-노동의 사회적 관계라는 동일한 잣대만 갔다대면 되는 천편일률적인 것으로 봐서는 안 된다고 강조했다. 각 사회는 자본-노동 관계뿐만 아니라 자본주의 이전 시대에서 물려받은 요소들, 근대

국민국가를 건설하면서 뿌리내린 요소들이 서로 복잡하게 얽힌 채로 존재한다. 이렇게 사회 세력과 제도, 관행과 이념들이 엇물린 상태를 그람시는 '역사적 블록'이라 칭했다. 여기에서 '블록bloc'이란 '결합' 혹은 '연합'이라는 뜻이다. 그람시가 볼 때 어느 나라에서든 자본주의는 특정한 역사적 국면에 맞게 세력과 제도, 관행과 이념이 결합됨으로써(만) 존립한다. 그 중심은 물론 자본-노동의 사회 관계이지만, 이것은 어느 사회에서도 결코 홀로 작동할 수 없다.

그람시가 이런 사상을 발전시킨 이유는 이탈리아 사회의 독특한 상황 때문이었다. 당시 이탈리아는 수도 로마를 기준으로 북쪽과 남쪽이 확연히 나뉘었다. 북부 이탈리아에서는 알프스 산맥 북쪽 나라들(독일, 프랑스 등)과 비슷한 수준으로 산업자본주의가 급속히 발전하고 있었다. 반면 남부 이탈리아는 낙후한 농업 지대로 남았고, 남부의 농지는 대개 대지주가 독차지하고 있었다. 북부에서는 이미 자본가와 노동자의 대립이 주된 현안이었지만, 남부에서는 20세기가 되어도 대지주와 소작농이 사회 관계의 중심이었다. 그런데 이탈리아 자본주의 전체는 북부와 남부의 이런 지독한 격차를 최대한 활용했다. 북부 자본가와 남부 대지주가 서로 경제적-부문적 이해관계를 달리하면서도 가장 중요한 문제에서는 힘을 합쳤다. 둘은 이탈리아 민중이 단결해 지배 질서에 도전하지 못하게 가로막아야 한다는 점에서는 한마음 한뜻이었다. 그래서 북부 노동자가 남부 농민을 북부 공장의 일자리를 넘보는 경쟁자로 느끼게 만들었고, 남부 농민에게는 북부 노동자가 북부 자본가와 함께 농민을 수탈해 번영을 누리는 '귀족'이라고 선전했다. 이 전략은 상당히 성공을 거두었고, 덕분에 이탈리아 자본주의는 심각한 내적 모순에도 불구하고 어찌어찌 버텼다.

이런 이탈리아 사회를 분석하면서 그람시는 자본주의 사회에서 지배가 단순히 폭압을 통해서만 작동하지 않는다는 점을 절감했다. 물론 항상 폭압은 필요하지만, 여기에 더해 피지배 세력의 적극적인 동의가 필요하다. 주먹만으로는 부족하다. 피지배자들이 마음속으로 복종해야 한다. 달리 말하면, 지배 세력이 지적-도덕적 권위를 인정받아야 한다. 이렇게 폭압과 동의를 겸비한 지배를 그람시는 '헤게모니'라 불렀다. 그람시가 볼 때 역사적 블록을 구성하는 여러 요소 중에서도 핵심은 기존 질서가 헤게모니적 지배를 실현할 수 있게 만드는 여러 계급과 세력들의 연합이었다. 이것을 '헤게모니 블록', 즉 '헤게모니 연합'이라 부를 수 있을 것이다. 이 헤게모니 연합은 지배 블록, 즉 지배 연합보다는 더 광범한 사회 세력을 포괄해야 한다. 그래야만 헤게모니 연합에 직접 포섭된 일부 민중 집단과, 헤게모니 연합이 사회에 끼치는 좀더 확대된 영향을 통해 헤게모니적 지배를 완성할 수 있다. 그람시가 활동하던 시대의 이탈리아 사회에서 지배 연합은 북부 자본가와 남부 대지주의 동맹이었다. 그리고 이 지배 연합을 중심으로 더 큰 동심원을 형성한 헤게모니 연합에는 안타깝게도 북부 노동자 일부도 포섭돼 있었다. 남부 농촌의 빈곤과 수탈에 등을 돌리고 당장의 경제적-부문적 이익만 좇는 상당수 북부 노동자들은 무의식적으로 지배 연합의 헤게모니적 지배가 완성되는 데 결정적 요소가 되어주고 있었다.

이런 상황에서 그람시 같은 이들은 경제주의적 정치관에 대한 레닌의 비판에 크게 공감하지 않을 수 없었다. 이탈리아 사회의 지배 질서를 뒤엎으려면, 북부 자본가와 남부 대지주 지배 연합에 맞설 북부 노동자와 남부 소작농의 더 거대하고 굳건한 동맹이 필요하다. 그렇지만 이런 노동자-농민 동맹을 구축하려면, 북부 노동자들이 자신들의 임금 인상과 고용 안정에만 매달리는 경제주의적 정치에 머물러서는 안 된다. 자신들의 즉각적인 경제적-부문적 이익을 희생하는 한이 있더라도 남부 농민 입장에서 기존 지배 질서를 뿌리째 흔드는 데 앞장서야 한다. 그래야 노동자 일부가 기존 헤게모니 연합의 구성 요소가 되는 상황을 극복하고 노동자-농민 동맹을 주축으로 새로운 질서를 구축할 수 있다. 즉 노동자-농민 동맹은 기존 헤게모니 연합에 대비되는 '대항-대안 헤게모니 연합'이라 할 수 있다. 이런 대안 헤게모니 연합이 성장한다면, 종국에는 기존 역사적 블록을 해체하고 새로운 역사적 블록의 건설을 향해 나아갈 수 있을 것이다. 이것이 그람시가 구상한 탈자본주의 변혁 과정이며, 그람시는 이 과정을 기동전과 진지전의 결합이라는 비유로 설명하기도 했다.

이러한 그람시의 사상은 진보정당운동을 통해 전개되어야 할 노동 정치가 어떤 모습이어야 할지에 대해 많은 것을 말해준다. 좌파 정당은 현존 역사적 블록에 맞서면서 이것을 대신할 새로운 역사적 블록의 구성 요소들을 발견하고, 육성하며, 서로 결합시켜야 한다. 그중에서도 핵심은 대안 헤게모니 연합을 구성할 여러 계급과 세력들의 새로운 동맹을 구축하는 일이다. 달리 말하면, 좌파 정당은 현 사회의 토대를 형성하는 사회 관계들에 대비되는 새로운 관계들을 구축할 수 있다는 점을 여러 민중 집단들 사이의 특정한 동맹을 통해 보여줘야 한다. 그람시 자신은 20세기 초 이탈리아의 상황에서 북부 자본가와 남부 지주의 동맹에 맞서 북부 노동자와 남부 농민의 동맹을 건설하려 했지만, 오늘날은 '북부 자본가'와 '남부 농민'의 자리를 과거에는 상상도 할 수 없던 새로운 사회 집단들로 채워야 할 것이다. 어쨌든 중요한 것은 모종의 '동맹'에서 출발해야 한다는 점이다. 다양한 피지배 집단들이 지배 체제가 강요하는 것과는 다른 방식으로 서로 관계 맺으려 하는 순간에 변혁 과정은 시작된다.

이렇듯 그람시와 폴라니는 각자 독자적인 여정 끝에 유사한 결론에 도달했다. 두 사람의 결론에 따른다면, 계급 권력 관계를 둘러싼 투쟁은 단지 힘과 힘의 충돌만은 아니다. 그 투쟁은 대립하는 세력들 중 어느 쪽이 더 바람직하게, 더 매력적으로 '사회'를 구성하는지를 놓고 벌이는 경합이다. 즉 현대의 계급투쟁 정치란 각 계급이 상대에게서 무엇을 얼마나 더 많이 빼앗아 오는지 겨루는 싸움이 아니다. 각자가 얼마나 더 매력적인 '사회'를 제시할 수 있는지를 둘러싸고 벌이는 싸움이다. 기존 권력 관계를 돌이킬 수 없이 역전시킨다는 진보정당운동의 과업은 이 경합의 양상에 따라 성패가 갈리게 된다.

그럼 한국의 진보정당운동이 대결하고 대체해야 할 현존 역사적 블록은 어떤 얼개로 구성돼 있으며 어떻게 작동하는가? 우선 한국 사회의 지배 연합을 보자. 지배 연합을 구성하는 주된 요소는 국내 독점 자본인 재벌, 외환 위기 이후 지배력을 강화한 초국적 금융자본, 한국형 금리 생활자의 전형인 부동산 부유층 등이다. 자본 축적을 위한 여러 기능을 담당하는 최고위 인력들로 범위를 넓힌다면, 대기업 고위 관리직, 국가기구의 최상층 관료 등이 포함될 것이다. 이 집단들은 민주화, 외환 위기, 세계 금융 위기 등을 겪으면서도 그때그때 국면과 정세에 맞게 형태와 전략을 달리하면서 한국 사회를 지배해왔다.

이 집단들의 굳건한 영향력은 문재인 정부의 대재벌 관계나 친자본 입법에서도 분명히 확인된다. 문재인 정부는 감히 '촛불 정부'라 자임하면서도 삼성 재벌가와 친밀한 관계를 유지하려고 갖은 노력을 다하며, 코로나19 사태 속에서도 대기업의 정리해고 권한 보호(노동자 고용 보호가 아니라!)와 가일층의 노동 유연화를 강조한다. 이런 모습은 선거 결과를 통한 대의 권력의 변동 여부에 상관없이 한국 사회의 구조적이고 지속적인 권력이 실제로는 지배 연합의 손아귀에 있다는 것을 증명한다.

그러나 그람시가 지적한 대로 발전된 자본주의 사회에서는 지배 연합만으로 지배가 관철될 수 없다. 헤게모니적 지배가 실현되려면, 지배 연합보다 더 큰 동맹이, 지배 연합을 중심으로 한 더 큰 동심원으로 형성돼야 한다. 좁은 맥락의 헤게모니 연합이 지배 연합의 경제적 이익 일부를 더 넓은 계급-계층에 공유함으로써 구축된다면, 넓은 맥락의 헤게모니 연합은 지배 연합의 경제적 이익을 실질적으로 공유하지 않더라도 자신의 이익이 지배 연합의 이익에 연동돼 있다고 믿는 더욱 광범한 계급-계층을 포괄한다.

현재 한국 사회에서 좁은 맥락의 헤게모니 연합은 지배 연합에 중산층, 특히 '세습 중산층'(조귀동 2020)이라고 지목되는 상위 중산층이 결합된 형태를 띤다. 상위 중산층은 지배 연합의 자본 축적-권력 확대에 유리한 소득-자산-교육의 다중 불평등 구조에서 복합 기득권을 구축함으로써 지배 연합과 공동 이해관계를 형성한다. 상위 중산층에 속한 이들이 자본 권력-국가 권력의 직접적인 기능 담당자가 아니더라도 이러한 공동 이해관계를 통해 상위 중산층='세습 중산층'과 지배 연합의 굳건한 동맹이 형성된다.

그리고 이런 좁은 맥락의 헤게모니 연합은 실질적인 이해관계를 넘어 정체성, 가치, 세계관을 통해 더 큰 동심원으로 확장되는 경향을 보인다. '세습 중산층'에 속하지 않는 중산층 하층도 '세습 중산층'과 동일한 경쟁의 장에, '세습 중산층'을 모방하는 전략으로 참여함으로써, 지배 연합과 '세습 중산층', 즉 좁은 맥락의 헤게모니 연합과 자신을 공동 운명체로 여긴다. 노동시장의 이중 구조에서 내부자 지위에 있으면서 상층 결정권자들보다는 하층 외부자들에 대해 더 강하게 자신들을 구별하며(계급의식이 아닌 추격의식), '똘똘한 아파트' 1채 이상을 통해 부동산 시장에 뛰어들고, 자녀의 입시 경쟁에 에너지를 쏟아붓는다. 한국의 86세대 중산층은 촛불 항쟁의 주역 중 하나이지만, 이렇게 지배 헤게모니가 좁은 맥락의 헤게모니 연합을 넘어 사회 전체로 관철되게 만드는 가교 역할을 하기도 한다.

그렇지만 넓은 맥락의 헤게모니 연합이 구축되더라도 이것만으로 지배 헤게모니가 성공적으로 관철되는 것은 아니다. 헤게모니 연합 바깥에 자리한 광범한 피해 대중까지 헤게모니 연합에 동의하도록 만들거나, 최소한 대항 헤게모니 연합을 구축하지 못하게 사전에 효과적인 장벽들을 구축해야 한다. 현재 한국 사회에서는 다음 요소들이 지배 헤게모니가 피해 대중으로 확산되는 통로이자 대안 헤게모니 형성을 가로막는 장애물 구실을 하고 있다.

① 세계 금융 위기 이후 한국 자본주의의 상대적 안정성과 추격의식의 잔존

한국 자본주의는 2008년 금융 위기의 직격탄을 맞지 않았다. 대서양 양안 국가들에서 부동산 거품이 터지고 실업이 늘며 경제적 충격이 정치적 격변으로 이어지는 와중에도 한국 사회는 2000년대의 사회경제 체제를 큰 변동 없이 이어갈 수 있었다. 2010년대에 들어서면서 상위 중산층이 '세습 중산층'으로 안정될 수 있던 이유도 여기에 있다. '세습 중산층'을 중심으로 소득-자산-교육 영역에서 계급-계층 사다리의 위로 진입하거나 자신의 우월한 지위를 영속하려는 게임이 지속된 탓에 중산층뿐 아니라 사회 전체에 (계급의식이 아닌) 추격의식이 잔존하게 됐다. 특히 중산층 하층이나, 중산층보다 낮은 계층 중에서 중산층 하층에 인접한 집단(고학력 청년 구직자-비정규직, 수도권 전세 가구 등)에서 이런 추격의식이 강하게 지속된다. 이것은 피해 대중 중에서 가장 풍부한 자원을 지닌 이 집단들이 대안 헤게모니 형성의 출발점이 되지 못하게 가로막는 역할을 한다.

② 복지보다는 감세를 추구해온 국가-시민사회의 상호 작용

한국 사회에서는 오랫동안 다수 시민이 국가의 조세 능력 강화를 통해 복지를 확대하도록 요구하기보다는 소득세 면제 경쟁을 벌여왔다(김도균 2018). 그 결과 저부담-저복지 체제가 지속되고 있다. 이런 사정 때문에 공백으로 남는 복지 기능은 온전히 개별 가족의 몫이 되며, 최근까지 다수 시민은 이런 상황을 어쩔 수 없는 현실로 받아들였다. 완만한 속도이지만 공공복지를 확대해야 한다는 여론이 성장하고 있고, 사회의 자기 파괴, 즉 인구 붕괴 가능성을 마주하고 있는데도, 이런 전통적인 국가-시민사회 결합 양태가 여전히 긴 그림자를 드리고 있다. 이것은 중산층과 피해 대중이 새로운 대안 헤게모니 연합을 구축할 가능성, 즉 복지 동맹 구축 가능성을 차단하는 역할을 한다.

③ 다중 불평등 구조에 따른 피해 대중의 다양성과 이질성 심화

최소한 3대 축, 즉 소득-자산-교육이 교차하는 다중 불평등 구조(황규성·강병익 2017)에서는 최상위 기득권층 사이에서 구심력이 강화되는 반면 피해 대중 사이에서는 원심력이 강화되는 경향이 있다. 피해 대중이 더욱 광범해질수록, 오히려 내부의 다양성과 이질성이 심화되는 것이다. 이것이 '90퍼센트' 혹은 '80퍼센트'라 지칭되는 광범한 피해 대중이 좀처럼 단결하지 못하는 중요한 이유다. 가령 중산층 진입 가능성을 버리지 못하는 고학력 청년 비정규직은 본래 빈곤 가정 출신인 여성 비정규직 노동자를 동료로 생각하기 쉽지 않으며, 중산층 언저리에 있다가 퇴직과 함께 빈곤에 내몰리는 '임계장' 세대 노인들은 전통적인 저학력 저소득층과 사고와 행동 양식이 전혀 다르다('임계장'은 '임시 계약직 노인장'의 줄임말이다. 조정진(2020) 참조). 이런 피해 대중 내부의 원심력 때문에 피해 대중 내부를 교차-횡단하는 대안 헤게모니 연합이 구축되기가 쉽지 않다. 결정적으로는 흔히 '전통적 노동계급'으로 분류되는 집단 중에서 가장 풍부한 자원을 보유한 집단, 즉 대기업-정규직-조직 노동자가 헤게모니 연합과 피지배 집단 사이에서 계속 요동 중이기 때문에 대안 헤게모니 형성의 단초를 잡기가 쉽지 않다.

④ '수구 대 리버럴' 양당 지배 체제를 통한 헤게모니의 종단적 관철

문재인 정부에 들어서서 완성된 '수구 대 리버럴' 양당 지배 체제가 지배 헤게모니를 계급-계층 피라미드의 각 층위에(최하층까지) 종단적으로 관철하는 가장 효과적인 장치로 작동한다. 각각 수구와 리버럴 성향을 보이는 양대 정당은 모두 최상층에서 지배 연합의 이익을 보장한다. 그리고 중산층의 경제적-분파적 이익을 가장 중요한 통치 원칙으로 삼는다. 현재 수구 정당은 원조 강남 중산층의 지지를 받고 있고, 리버럴 정당은 이 계층들에 대한 추격의식을 지닌 더 광범한 중산층 대열의 지지를 받고 있지만, 결과적으로 중산층 전체의 경제적-분파적 이익이 최대한 보장되게 만든다는 점에서는 일치한다. 그러면서 각 정당은 수구(환상적인 박정희주의)와 리버럴(김대중주의)의 정체성, 가치, 세계관을 통해 다른 많은 계급-계층, 지역, 세대, 집단을 지지 연합으로 결집시킨다. 이런 과정을 통해 헤게모니 연합에 직접 속하지 않은 광범한 계급-계층조차 자신들이 지지하는 수구 정당 혹은 리버럴 정당을 통해 헤게모니 연합에 예속되기에 이른다. 가령 고령이거나 영남권에 거주하는 저소득층은 미래통합당을 지지함으로써 원조 강남 중산층을 정점으로 한 지배 헤게모니 장치에 포섭된다. 마찬가지로 수구 정당을 심판하려고 리버럴 정당을 지지하는 젊은 세대나 비정규직 노동자는 86세대 중산층이 주력군 역할을 하는 지배 헤게모니 장치에 포섭된다. 이런 식으로 '수구 대 리버럴' 양당 지배 체제는 지배 헤게모니가 한국 사회의 계급-계층 피라미드를 종단하며 관철되게 만든다.

이런 장치들을 통해 관철되는 기존 역사적 블록의 헤게모니가 너무나 강고해 보일 수 있다. 그러나 결코 난공불락은 아니다. 아니, 현재 한국 사회를 규정하는 역사적 블록은 2008년 세계 금융 위기 이후 신자유주의가 한계에 봉착했는데도 시대착오적으로 이 낡은 질서를 이어가고 있기 때문에 실은 극히 불안정하다고 해야 맞다. 포스트-촛불 국면에서 '수구 대 리버럴' 양당 지배 체제가 정착됨으로써 현존 역사적 블록이 완결되었다고 하더라도, 이 완성형이 지속가능성까지 보장받은 것은 아니다. 완숙 국면은 오히려 붕괴의 시작을 뜻할 수도 있다. 특히 다음 세 측면에서 현 역사적 블록을 안팎에서 뒤흔드는 변화의 바람을 예감할 수 있다.

첫째, 현존 역사적 블록을 구성하는 사회 관계들의 하중이 사회의 재생산을 가로막는 지경에 이르고 있다. 특히 기존 국가의 공공복지 기능이 저발전한 탓에 시민사회의 여러 계급-계층, 세대, 집단이 벼랑 끝에 내몰리고 있다. 전에 없이 새로 형성되는 집단들, 가령 결혼 딜레마에 봉착한 젊은 세대나 '신세대' 노인, 페미니즘 열풍을 통해 각성된 여성은 이런 사회의 자기 파괴 상황에 맞서 새로운 정치적 선택을 할 가능성이 있다.

둘째, 지구 자본주의의 한계와 모순이 전지구적 위기로 폭발하면서 한국의 현존 역사적 블록을 격동시키고 변화를 강요할 것이다. 이미 코로나19 대유행이 첫 사례로 전개 중이다. 전염병 확산으로 촉발된 세계 경제 위기 앞에서 한국의 완고한 경제 관료들조차 한사코 반대하던 확장적 재정 기조를 받아들이지 않을 수 없는 처지가 됐다. 그렇지만 코로나19는 예행연습일 뿐이다. 기후 위기, 미-중 패권 대결, 한반도 정세 격동, 장기 경제 침체 등 코로나19를 능가하는 대충격이 잇따를 것이다. 특히 기후 위기는 녹색 전환(그린 뉴딜 등)처럼 기존 사회의 기본 골격을 바꾸는 대대적인 급진 개혁을 요구하게 될 것이다. 이런 세계사적 국면에서 현재의 역사적 블록은 장기 지속하기 쉽지 않다. 다만 기존 역사적 블록이 시대착오적으로 생명을 연장하면서 한국 사회의 위기 대응력과 회복 탄력성을 현저히 약화시키고 자기 파괴적 상황으로 이끌 가능성은 충분히 있다.

셋째, 위의 두 충격, 즉 내생적 충격과 외생적 충격이 결합해 시너지를 일으킬 수 있다. 가령 2008년 금융 위기를 능가하는 세계 경제 위기 속에서 한국의 부동산 시장도 금융 위기 직후의 대서양 양안 국가들처럼 대폭락에 이를 수 있다. 그렇게 되면 현존 역사적 블록의 기본축인 지배 연합과 헤게모니 연합의 공동 이익, 즉 부동산 시장 부양을 통한 공동 이익이 붕괴하게 된다. 또한 한국 사회의 더 폭넓은 계급-계층에게 영향을 끼쳐온 이런 부동산 시장 부양을 통한 성공 신화 역시 붕괴하게 된다. 진보 정당은 이런 위험을 누구보다 먼저, 꾸준히 제기하면서, 실제 이런 가능성이 현실화되는 시점에 '준비된 대안 세력'으로서 기민하게 개입하여 역사의 전개 방향에 결정적 영향을 끼칠 수 있어야 한다.

특히 진보 정당은 피해 대중 중에서 가장 활동적인 집단들을 식별하고 이 집단들을 핵심 지지층으로 조직해야 한다. 피해 대중 전체가 단결하게 하기 위해서도 먼저 피해 대중 중에서 상대적으로 가장 역량이 뛰어난 집단들에 주목해야 한다. 예컨대 중산층과 가장 인접한 이들(고학력 비정규직, 수도권 전세 가구 등)은 지배 헤게모니가 확산되는 주된 통로가 되기도 하지만, 지배 헤게모니 바깥에서 피해 대중을 정치적이고 사회적으로 가시화하고 세력화하는 데 가장 유망한 출발점이 될 수도 있다.

비정규직 노동자 중에서는 특히 상대적으로 젊은 세대가 몰려 있으며 최근 자본주의 변화에 따라 늘어나는 중이고, 경제-생태 위기 와중에 사회적으로 필수적인 노동을 수행하는 집단(플랫폼 고용 형태의 배달 노동자 등)이 여론 형성과 조직화의 열쇠를 쥐고 있다. 고령층 중에는 막 퇴직이 시작된 55세 이상의 베이비 부머가 사회운동의 주역이 될 가능성이 높으며, 여성 중에서는 페미니즘의 세례를 받은 젊은 세대뿐만 아니라 조직화 가능성이 높은 비정규직 서비스 노동자(대개 주부를 겸하는)가 중요하다. 진보 정당은 이 집단들에 가장 효과적으로 접근할 수 있는 정책을 앞에 내세워 이 집단들을 적극 만나고 이 집단들이 만든 조직과 유기적 연계를 맺어야 한다.

기존 역사적 블록의 헤게모니 연합과 달리 새로운 역사적 블록의 주축이 될 대안 헤게모니 연합은 처음부터 완결된 모습일 수 없다. 가령 '90퍼센트' 혹은 '80퍼센트'로 상징할 수 있을 정도로 광범한 '복지 동맹'을 처음부터 전제할 수는 없다. 당장 할 수 있는 것은 그런 미래 헤게모니 연합의 맹아들을 창출하는 것이다. 이런 맹아는 이전에는 없던 집단 간 교류와 일상적 관계의 구축, 정책 대안을 통한 공동 이익의 구성, 보편적 상징과 담론과 문화의 생산 등을 통해 창출될 수 있다. 가령 미투 운동의 세례를 받은 젊은 여성과 비정규직 노동운동을 통해 조직된 중년 저소득층 여성이 진보 정당을 통해 일상적으로 교류하고 공동 실천을 펼치면서 새로운 담론을 만들어낸다면, 이것은 대안 헤게모니 연합의 한 맹아라 할 수 있다. 또한 부모 세대 부양을 고민하는 청년 세대와 공공복지 확대를 요구하는 '신세대' 노인들 사이의 연대도 그런 맹아가 될 수 있다.

5. 결론을 대신해 — '탈자본주의 지향' 진보 정당을 향해

지금까지 독자 진보 정당을 통한 노동자 정치세력화가 여전히 중요한, 아니 지금에 와서 더욱더 중요해진 이유를 여러 측면에서 살펴봤다. 이런 입장에 따른다면, 노동조합운동은 과거보다 더 적극적으로 진보정당운동에 개입해야 한다. 목소리를 내고, 정당 활동에 참여하며, 동반 성장을 꾀해야 한다. 그렇지만 목소리를 낸다고 하더라도 지난 10여 년간 해오던 내용과 방식을 똑같이 반복하면 안 된다. 2010년대에 노동조합운동이 진보 정당들에게 전한 메시지는 오로지 '통합'이라는 한마디였다. 노동조합운동은 민주노동당과 진보신당 혹은 정의당과 민중당으로 나뉘어 있던 진보 정당들에 반복해서 합당을 요구했다. 그래야 진보 정당을 적극 지지할 수 있다는 입장이었다.

그러나 과연 지금도 진보 정당들의 통합이 정당-노동조합 관계에서 가장 중요한 현안인지는 의문이다. 첫머리에서 이미 밝혔듯이, 현재 진보정당운동의 가장 큰 문제는 분열이 아니라 지난 10년간 누적된 민주대연합 체질, 즉 리버럴 정당에 대한 예속과 우경화다. 더구나 이 대목에서 우리는 진보 정당이 꼭 하나로 정리되어야만 하는지에 대해서도 물음을 던져야 한다. 어느 나라도 좌파 정치 지형이 단 하나의 거대 정당으로 통합돼 있지는 않다. 상식적으로 생각해봐도 우파 정당이 여럿인데 좌파 정당이 하나만 있을 이유가 없다. 현대 사회가 더욱 복잡해지면서 좌파 정치의 다양성, 다원성도 더욱 강해지고 있다. 물론 좌파정치의 원심력이 구심력에 견줘 지나치게 강해지면 문제가 있다. 그렇지만 이 경우에 구심력을 강화하는 수단으로는 합당말고도 다양한 수준의 연합 전선이 있다. 설령 일정한 통합이 필요하더라도 서로 다른 좌파 정당들이 합당에 이르려면 반드시 오랜 연합 전선의 경험을 거쳐야 한다. 게다가 오늘날은 하나의 좌파 정당이 단독 집권하는 사례보다는 여러 좌파 정당(사회민주주의 정당과 급진 좌파 정당, 녹색 정당 등)이 선거 연합이나 연립 정부 혹은 더 높은 수준의 정당 연합을 구성해 집권하는 사례가 더 많다. 한국의 좌파 정치도 이런 보편적 경로를 밟을 가능성이 높다. 굳이 진보 정당 통합에만 매달릴 이유가 없는 것이다.

이제 노동조합운동이 진보정당운동에 강력히 해야 할 요구는 우리 시대, 즉 지구 자본주의의 위기와 격변의 시대에 꼭 필요한 형식과 내용을 갖춘 진보 정당이 되라는 것이다. 무엇보다도 리버럴 정당을 왼쪽에서 압박하는 세력 정도에 머물던 과거에서 벗어나 수구 정당과 리버럴 정당에 맞서 대결하는 좌파 정당의 위상과 지향을 분명히 하기를 요구해야 한다. 앞에서 전개한 주장에 따른다면, 양대 정당 지배 체제가 중요한 기둥 노릇을 하고 있는 기존 역사적 블록을 해체하고 새 역사적 블록의 출발점이 될 대항-대안 헤게모니 연합을 구축하는 정당이 되라고 촉구해야 한다. 지구 자본주의 대위기의 시기에는 오직 자본주의를 극복한 새 사회를 건설하겠다는 분명한 지향을 지닌 진보 정당, 즉 '탈자본주의 지향' 진보 정당만이 이런 자격을 충족시킬 수 있다. 탈자본주의 지향 진보 정당은 다음 내용들을 강령과 정책에 포함하며, 이 내용들을 일상 활동으로 구현해야 한다.

- 주력 산업의 사회적 소유와 통제.
- 다양한 공적-사회적 소유의 확대.
- 시장을 조절하는 민주적 참여 계획의 확대.
- 기업과 산업, 국민경제에서 노동자, 시민의 결정권 보장.
- 화폐 발행과 유통의 공적 통제.
- 필수 재화와 서비스의 탈상품화.
- 지구 생태계와 공존 가능한 에너지 체제, 자원 이용 체제 확립.
- 생태적 지속가능성을 중심으로 한 농업의 재건.
- 초기업/탈기업 노동조합들을 통한 노동 시민들의 단결.

- 협동조합과 사회적 경제 부문을 통한 소비 생활 조직화.
- 노동시간의 획기적 단축과 일자리의 사회적 배분.
- 기본소득제와 일자리보장제의 장점을 합친 참여소득 제도와 보편적 기초자
  산 제도.
- 불평등의 지속과 그 세습을 억제하는 조세제도.
- 국가기구의 철저한 민주화와 참여민주주의 활성화.
- 성평등 실현과 다양한 소수자 권리 보장.
- 한반도를 시작으로 지역, 지구로 확대되는 탈핵 군축.
- 인류 문명의 생태적 지속 가능성을 위한 초국적 협력.

노동운동은 진보 정당들이 이런 지향에 충실하기를 끊임없이 요구하고 압박하며, 이런 내용을 공동으로 실천해야 한다. 노동계급 대중운동이라는 생명체에는 노동조합만이 아니라 또 다른 여러 머리들이 있어야 하고, 그중 하나가 바로 진보정당운동이기 때문이다. 거대하면서 생기에 넘치는 노동 대중의 자주적 결사체들이 동반 성장하지 않는다면 어떠한 진보 정당도 껍데기에 불과하고, 마찬가지로 노동조합운동이 아무리 생존과 발전을 위해 몸부림쳐도 탈자본주의를 지향하는 진보정당운동이 함께하지 않는다면 늘 제자리를 맴도는 시시포스의 노동이 될 따름이다. 우리의 모든 인식과 실천에서 이 진실을 늘 염두에 두는 것, 이것이 중요하다.

✓얘깃거리

1. 노동계급이 세상을 바꾸려면 왜 반드시 노동조합과 좌파정당이 함께 있어야 할까요? 좌파 정당이 없고 노동조합만 있다면 어떤 어려움이 생길까요? 반대로 좌파 정당이 있더라도 노동조합이 발전하지 못한 상태라면 어떤 어려움을 겪을까요?

2. 좌파 정당의 발전을 중심으로 세계 여러 나라의 정치 지형을 비교해봅시다. 특히 노동조합이 리버럴 정당인 민주당을 지지하면서 좌파 정당이 발전하지 못한 미국과 다른 나라들, 이를테면 유럽이나 캐나다, 라틴아메리카 등을 비교한 뒤 우리에게 필요한 교훈을 찾아봅시다.

3. 한국 사회를 바꾸기 위해 진보정당운동이 가장 앞세워야 할 정책이나 실천은 무엇일까요? 진보정당운동이 이런 정책과 실천에 집중하게 하려면 노동운동은 어떤 노력을 해야 할까요?

✓읽을거리

김도균, 《한국 복지자본주의의 역사》, 서울대학교 출판문화원, 2018.

블라디미르 일리치 레닌, 최호정 옮김, 《무엇을 할 것인가?》, 박종철출판사, 2001.

장석준, 《세계 진보정당 운동사》, 서해문집, 2019.

조귀동, 《세습 중산층 사회》, 생각의 힘, 2020.

조정진, 《임계장 이야기》, 후마니타스, 2020.

칼 폴라니, 홍기빈 옮김, 《거대한 전환》, 길, 2009.

황규성·강병익 엮음, 《다중격차 2》, 페이퍼로드, 2017.

Lars T. Lih, *Lenin Rediscovered: What Is to Be Done? in Context*, Haymarket Books, 2008.

6장

좌담
노동운동의
미래와 전략

일시: 2020년 5월 15일(금)
장소: 평등사회노동교육원
사회: 노중기
토론: 김호규, 박장현, 장석준, 진기영, 한지원

국제 정세와 한국 사회의 중장기 변화를 전망하다

노중기 반갑습니다. 오늘 얘기할 주제는 세 가지인데요, 첫째는 최근에 국제 정세뿐만 아니라 세계 사회와 한국 사회의 구조적 변화에 관련해서 질문 두 개를 같이 논의합니다. 둘째는 노동운동과 사회운동의 현황에 대한 점검입니다. 관련된 소주제가 더 있습니다. 마지막은 노동운동의 혁신과 앞으로 나아갈 방향에 관한 문제들입니다. 저는 사회자 역할, 진행자의 역할에 충실하겠습니다.

　첫째, 국제 정세와 한국 사회의 중장기 변화 전망입니다. 지금 코로나 한복판에 우리가 토론을 하고 있습니다만, 외환 위기 이후 제일 심각한 노동위기를 예상하고 있습니다. 이미 진행되고 있습니다. 그것만 하더라도 큰 문제인데요. 그것을 넘어서서 2008년 이후의 세계 경제 위기나 기후위기, 환경 재앙, 특히 최근에 우리 사회에서 많이 논점을 제공하고 있는 4차 산업혁명, 플랫폼 노동 등 이런 부문에서 큰 변화가 진행되고 있습니다. 이런 장기 구조 변화에 대해 우리 노동운동은 일반적으로 '위기다'는 인식 수준에 머무는 것 같습니다. 느끼시는 것 혹은 강조하고 싶은 것이 어떤 것이 있는가 말씀을 듣도록 하겠습니다.

박장현 지금은 사회의 모든 관심이, 아마 노동조합도 비슷하다고 보는데, 모든 관심이 코로나19에 집중되어 있습니다. 저는 코로나19, 기후위기, 4차 산업혁명을 따로 볼 수 없다고 생각합니다. 가끔 기후위기와 코로나19의 연관 관계를 지적하는 사람들이 나오는데, 거기에 4차 산업혁명까지 포함해서 연관 관계 혹은 상응 관계가 있다고 보는 게 맞지 않을까 합니다. 그래야 전망을 찾아낼 수 있지 않을까 생각합니다. 코로나19는 4차 산업혁명이 불러일으킬 변화의 예고편, 전주곡 정도로 보는 게 좋습니다. 이 변화는 코로나19 때문에 졸지에 생겨난 변화가 아니고, 이전부터 누적되어 온 요인들이 코로나19를 통해서 터져 나온 것입니다. 코로나19 때문에 터져 나오지 않았어도 어차피 터져 나올 문제들, 특히 경제의 압축적이고 단축적인 재편성, 디지털 경제의 확산, 그리고 자본주의 시장경제가 과연 지속적으로 유지될 수 있을 것인가 등의 문제를 꼽을 수 있습니다. 이런 것들을 코로나19를 통해 새로운 각도에서 바라볼 수 있는 기회가 생긴 것 같습니다. 장기 저성장에 맞서기 위해 국가가 대대적으로 개입해왔습니다. 그런 과정에서 터져 나와야 할 갈등이 코로나19를 통해 외부화되어버린 측면이 있습니다. 대표적인 것인 고용 문제라고 볼 수 있습니다. 예컨대 정리해고가 어머어마한 규모로 진행되고 있습니다. 코로나19가 아니면 분명 엄청난 싸움이 벌어질 문제인데, 코로나19 때문에 당사자들이 저항도 한 번 못하고 있는 상황입니다. 저는 그래서 코로나19와 4차 산업혁명 사이의 연관 관계를 좀더 신중하게, 심각하게 볼 필요가 있다고 생각합니다.

김호규　오늘 아침에 밥 먹다가 뉴스 자막을 봤어요. IMF 총재라는 분이 코로나19로 불평등이 심화되는 상황에서 진보적인 조세 개혁을 이야기하면서 조세 문제를 적극적으로 제기해야 된다고 했고, 이 내용을 신문과 방송이 다 받아서 보도하더군요. IMF 총재라는 사람이 불평등 얘기를 할 정도이고, 최근에 총선 평가를 하다가 사회주의 대중화 문제를 이야기하면서 자본주의 위기가 정점을 치닫고 있기 때문에 자본주의 이후를 대비해야 한다고 진단하시는 분도 있었습니다. 그런 진단을 제 나름대로 해석하면, 그동안 많은 분들이 지적은 하고 실제 하지는 못했지만, 불평등 문제와 양극화 문제를 해당 주체의 하나인 노동이 적극적으로 나서서 대안을, 혹은 대안까지는 아니더라도 극복 방향을 제시하려는 목적의식을 가져야 된다고 봅니다.

디지털화 문제는 제조업 입장에서는 전동화 문제로 볼 수 있는데, 자본이 이윤을 찾아 끊임없이 시도하고 있는 생산방식의 변종이라고 할 수 있습니다. 2019년에 현대자동차 남양연구소에서 기존의 원 포인트 단순 작업 로봇에서 투 포인트 혹은 스리 포인트까지 작업할 수 있는 로봇이 가능하다는 것을 보여주었고, 좀 나아가면 조립 라인에서 사람을 대체할 수 있는 수준까지 과학기술이 발전해 있습니다. 예전에 자동차에 보면 서스펜션이나 조절 장치가 유압이었는데, 이것도 전기로 조치할 수 있게 변하고 있습니다. 이런 것을 볼 때 단순히 전기차의 문제가 아니라 전기차에 연동된 기술 발전이라는 점에서 전동화로 표현합니다. 4차 산업혁명에 노동자들이 제대로 대응하지 않으면 상당한 인력이 물밀듯이 나가야 할 것입니다. 현대자동차가 2025년까지 1만 7000여 명이 정년퇴직을 하는데 신규 채용을 하지 않아도 된다면서 드는 근거 중의 하나가 전기차로 흐름이 변화한다는 것이지만, 사실은 마음만 먹으면 조립 라인까지 로봇을 투입할 수 있다는 자신감 때문입니다. 예전에 차체 라인에서 사람이 하던 용접을 로봇으로 대체한 것처럼 지금 과학기술의 발전에 따라 로봇이 투 포인트 내지 스리 포인트까지 팔을 사용해서 조립을 할 수 있게 될 겁니다. 그래서 제가 보기에는 현재의 위기를 극복하는 새로운 이윤 창출 방식을 가진 자본주의 변종이 나타날 수밖에 없는데, 기후위기든 코로나든 노동이 제대로 준비하지 않으면 뭔가 엄청난 상황에 직면하게 될 겁니다. 다만 그런 변화가 한꺼번에 오지는 않을 것입니다. 자본주의 위기의 정점, 사회주의 대중화라는 추상적인 논의보다는 우리가 처한 내부적인 조건과 상황을 면밀하게 검토하는 것이 지금은 더 중요한 논점이고, 실천 과제를 도출하는 것이 중요하다고 생각합니다.

진기영 세계 경제 위기에 연동해서 본다는 것에 대해서는 이견이 없고, 권력과 자본이 대응하는 모습을 유심히 볼 필요가 있다고 봅니다. 다음주에 원 포인트 노사정 대화를 한다고 하는데, 운동하는 입장이 아닌 일반 대중이 바라보는 정부의 대응에 대한 평가에는 온도 차이가 있습니다. 고용보험 문제가 구체화되고 있고, 그래서 공공 기관 현장의 분위기는 IMF 위기 때처럼 공공 기관에서 대폭적인 축소는 없을 것으로 보고 있습니다. 코로나19 방역 대응에 대한 긍정적 판단처럼 고용에 대한 정부의 대응이 IMF 위기 때랑은 다르다고 보고 있는 것 같아서, 업종과 고용 형태별로 차이는 있지만, 코로나19를 통해 대안 사회로 나아가지는 못하더라도 당장 대응하기가 쉽지 않아 보입니다. 과거랑은 많이 다르다고 느끼고 있습니다. 치밀하게 준비해서 정부가 제시하는 대안을 뛰어넘는 담론을 만들지 못하면, 안정적 위치에 있는 노동자들도 코로나19에 따른 경제 위기와 고용 불안을, 시차를 두고 들어오기는 하겠지만, 조직화된 운동으로 단기간에 반격을 하기가 쉽지 않겠다는 염려가 있습니다.

노중기 IMF 위기에 비교해서 얘기해주셨는데, 중요한 논점 중 하나가 될 것 같습니다. 그때와 이번 위기의 성격이 다른 측면이 있습니다. 그때는 지역적이거나 일국적인 측면이 있는데, 지금은 포괄적인 차원에서 진행되는 것이고 정부의 대응도 달라지는 면이 있습니다. 말씀을 듣다보니 노조도 연구가 필요하겠구나 하는 생각이 듭니다. 노조가 전략을 만들고 정책을 만드는 장기적인 준비를 해야겠다는 생각입니다. 다음은 장석준 동지가 말씀해주시죠.

장석준 저는 코로나19가 굉장히 막강하고 최첨단이라고 우리가 생각해온 지구 자본주의 구조물이 얼마나 취약한지를 전 인류한테 체험으로 학습시키고 있다고 봅니다. 신자유주의 시기에 수십 년 동안 형성된 지구화 메커니즘이 코로나19를 낳기도 했지만, 코로나19 때문에 작동이 정지될 정도의 상황이 되는 것을 보고, 그동안 무소불위라고 생각하던 지구 자본주의가 얼마나 허망한지 느끼고 있다고 생각합니다. 그런데 코로나19 자체가 본 게임이 아니고, 기후위기의 전조 혹은 예행연습이라고 봅니다. 기후위기가 진행될수록 전염병 혹은 천재지변이 훨씬 더 큰 규모로 반복적으로 나타날 수 있다고 봅니다. 자본주의가 인류사적 한계 국면에 접어들었다는 메시지를 던지는 게 아닐까요? 물론 자본주의를 비판하고 극복하겠다는 사람들은 아주 여러 국면에서 자본주의의 한계를 말해왔는데, 사실은 인간과 인간들의 관계 속에서 자본주의의 한계, 붕괴 가능성 등을 얘기했죠. 이제는 인간과 인간들의 관계를 넘어서서 지구 전체와 맺는 관계 속에서 추상적인 이론이 아니라 전 인류가 경험한 현실로 다가오고 있고, 어찌 보면 인류 역사상 처음으로 자본주의 극복이 현안으로 제기된 시대를 살고 있는 것이 아닌가 싶습니다. 그런 점에서 4차 산업혁명에서 이야기한, 디지털화의 진전을 통해 2008년 금융 위기에서 시작된 자본주의 침체를 전환의 국면으로 활용하려 하는 자본의 프로젝트도 미래가 불확실하다고 생각합니다. 예전처럼 새로운 자본주의를 안착시키는 것으로 끝나기는 쉽지 않은 상황입니다. 특히 에너지 문제를 어떻게든 해결해야 하는데, 한국의 자본은 유럽이나 중국보다 훨씬 인식이라든가 대처가 늦고, 전기를 더 사용하는 전동화를 추구하는 자기 모순적인 행보를 보이고 있습니다. 이런 부분들에 대해서 사회운동 진영이 예전보다 총제적인 대안을 제시하면서 대응해야 할 텐데, 어떻게 보면 대응하기가 오히려 쉬운 것이 아닌가 합니다. 자본주의를 극복해야 할 필요성이 이미 눈앞에 펼쳐지고 있기 때문이지요.

노중기 약간은 불확실성, 불안감이 있지만, 대체로 실천의 측면에서 긍정적 결론을 이끌어낸 것 같습니다. 장석준 동지 말씀을 들으면서 1929년 대공황을 해결하는 과정에서 큰 전쟁이 벌어졌고, 한판 난리가 났다는 생각이 떠올랐습니다. 어떤 형태로 이 자본주의를 재조직해서 새로운 질서로 나아갈까 하는 그런 과정이 불투명해서 매우 불안하기도 하고 걱정스럽기도 합니다. 또 그때하고는 다른 새롭고 주체적인 대응이 필요한 것이 아닌가 합니다.

박장현 코로나19가 모든 사람이 느끼는 큰 문제지만, 신문을 보면 백신이 빨리 개발되면 금년 말, 내년 초면 해결된다는 기사도 있고, 더 늦을 거라는 기사도 있습니다. 코로나19는 어쩌면 요란했지만 금방 지나가버린 사건으로 될 수도 있을 겁니다. 그렇게 된다면 사람들의 생활은 다시 옛날식으로 이어지게 될 겁니다. 만약에 그 정도보다 심각한 문제, 주기적으로 닥치는 문제라고 하면 사람들의 생각이나 생활 방식이 근본적으로 변화하지 않을 수 없을 겁니다. 근데 그 변화를 예측하기는 힘들 것 같습니다. 이른바 옛날식의 정상 생활로 돌아갈지, 아니면 지속적인 변화를 만들어낼

지 아직까지는 확신하기 어려운데, 노동운동 쪽에서는 이것을 근본적인 변화의 예고편이다, 혹은 전주곡이다 하는 식으로 인식을 하는 것이 좋지 않을까 합니다.

노중기 둘째 소주제로 넘어가겠습니다. 25년간 신자유주의가 한국 사회를 지배했는데, 특히 4년 전 촛불투쟁 이후 변화의 조짐이 조심스럽게 제기되고 있습니다. 포스트 신자유주의, 요즘은 포스트 코로나라는 말로 바뀐 여러 가지 변동의 조짐이 있습니다. 노동운동을 넓게 보면 남북 관계와 한-미 관계의 변동이 진행되고 있으며, 최근 선거에서는 수구 세력이 많이 밀리는 현상도 두드러집니다. 반대로 노동운동은 어찌 보면 정치 변동, 조직 확대로 새로운 계기를 맞이하였습니다. 정치 변동, 사회 변동, 즉 30년 정도에 걸친 한국 사회의 큰 구조적 변화를 노동운동에 연관해 어떻게 해석하는지가 궁금합니다. 어떤 분들은 굉장히 비관적으로 보는 분도 있습니다. 예를 들어 민주노총은 망했다, 혹은 노동운동이 할 수 있는 것이 없다는 시각이 많습니다. 그러나 반대로 민주노총의 조직 역량이 늘어나고 있으며, 그래서 사회운동이 해야 할 역할이 많아지는 구조 변동이라는 해석도 존재합니다.

장석준 지금 상황을 이해하려면, 한국의 2010년대 사회 성격을 이야기해야 될 것 같습니다. 한국을 제외한 지구 자본주의 중심부 국가들에 2010년대는 2008년 금융 위기 이후의 신자유주의 지배 구조가 급격하게 흔들리고 기존의 정치 주류이던 리버럴 세력과 사회민주주의 세력이 공히 위기에 몰리면서 좌우 양쪽에서 주류 세력을 협공하는 시대였습니다. 이런 협공이 사회운동으로 나타나기도 하고 좌파 포퓰리즘과 우파 포퓰리즘 정치세력의 약진으로 나타나기도 하면서, 경제적이고 사회적인 변동과 경기 침체가 정치적 변동으로 이어지는 2010년대였습니다. 반면 한국 사회는

2008년 금융 위기의 영향도 간접적이었고, 바로 그 시점에 리버럴 정부가 붕괴하고 이명박-박근혜 정부가 들어서면서, 뭔가 세계사와 겹쳐 있는 듯하면서도 엇박자를 보이는 2010년대를 살았습니다. 더군다나 보수의 혁신을 내걸고 경제민주화와 복지를 내걸면서 2012년 대선에 승리한 박근혜 정부가 대선 때 제기한 과제를 폐기하고 가장 반동적이고 무능한 수구 정부가 되면서 결과적으로 2016년 촛불 항쟁으로 무너지게 되었습니다. 2010년대의 대부분을 차지하는 이명박-박근혜 정부는 '잃어버린 9년'으로 평가되었습니다. 지금 상황은 2010년대 초중반과 달리 지구 자본주의 전체와 완전히 동조화된 그런 구조와 시간대로 한국 사회가 진입한 것 아닌가 싶습니다. 촛불 항쟁 때부터 세 차례 이어진 전국 선거를 통해서 확인되고 다져진 질서는, 그동안 이명박-박근혜 정부 때문에 한국 사회의 시민들이 수구 대 민주라는 과거 회귀적인 구도를 통해 세상을 바라보던 상황이 급격히 현실성을 잃었으며 지구 자본주의 문제를 정면으로 마주해야 될 상황으로 급격하게 나아가고 있다는 것을 보여줍니다. 특히 2020년대에는 코로나19와 마주하면서 시각의 전환을 요구받는 상황입니다. 총선에서 압승을 거둔 리버럴 정부는 어떻게 보면 한국 자본주의가 박근혜 정부 시기에 드러난 완전히 퇴행적인 모습에서 벗어나 '정상화'된 모습을 보여주는 것이라고 할 수 있습니다. 이런 변화는 지구 자본주의의 현재적인 한계와 모순을 날것 그대로, 한국적인 프리즘을 통해서가 아니라 그동안 한국 사회가 직시하지 못하던 실물로 갑자기 직시하게 만들고 있습니다. 그런 식으로 사회운동에 시각의 재정립을 요구하는 정치 지형이 만들어진 것이 아닌가 합니다.

노중기 전문가들이라서 그냥 짧게 말씀을 하셔도 스토리 하나가 논문 한 편처럼 들렸습니다. 1987년 이후 한국 사회는 '비동시적인 것의 동시성',

또는 압축 성장이라는, 과거의 과제와 미래의 과제가 혼란스럽게 중첩되어 있던 사회적 과제와 씨름했습니다. 그중 하나가 냉전 수구 정치 세력과 사회 세력의 문제입니다. 그런데 촛불 이후의 변화를 낙관적이고 긍정적으로 바라보는 쪽에서는 수구 세력의 정치적 몰락을 강조합니다. 반대로 다음 선거에서는 수구가 다시 치고 올라올 것이라는 생각을 하시는 분들도 있습니다.

진기영 첨언하면 제가 정치위원장을 하면서 그런 표현을 많이 썼습니다. 한국 사회가 압축 성장을 했듯이 운동도 압축적으로 경험하면서 촛불이, 서복경 교수 표현대로 집단 학습의 효과를 가져왔다는 것입니다. 이번 총선의 결과도 학습의 효과였고, 완전 마침표는 아니더라도 그것을 확인하는 선거였다고 봅니다. 최근 김무성전 의원이 한 발언을 의미 있게 봐야 한다고 생각합니다. 탄핵 때 탄핵 반대 집회 앞에 아무도 없었다든지, 유튜브에 나오는 보수 우파는 돈벌이하고 있는 거라고 말하는데, 수구 보수에서 균열이 생기고 있고, 그것을 탈피하지 않으면 향후 집권은커녕 유의미한 정치 세력으로 생존하기가 어렵다는 정도로 인식하는 것입니다. 지금 얻은 103석의 의석이 문제가 아니라, 총선의 긍정적인 측면과 부정적인 측면이 있지만, 이런 발언이 한국 사회의 압축 성장과 압축 정치의 내용과 흐름들을 형성하고 있는 것은 아닌가? 진보 진영의 현재 모습과 현실로 나타나는 결과를 보면서 향후 재편될 정치 질서에서 세력 재편의 구도 속에 우리는 어떤 포지션을 가질 것인가? 미래통합당이 자리하고 있던 위치에 더불어민주당이 간다면, 진보라고 왜곡되던 더불어민주당의 기존 위치를 진보 진영과 노동운동이 차지하려고 한다면, 무엇을 할 것인가? 보기에 따라서 왜소할 수도 있지만, 그 위치를 차지해야 되거나 주요한 역할을 해야 될 정의당이 제대로 된 자기 정체성을 가지고 자리잡고 있냐고 되물었을 때 여전히 의문이라고 할 수 있습니다. 수구 보수가 밀려나고 있는 것은 맞는데, 수구 보수의 반대편에 자리잡고 있고 더불어민주당으로 대표되는 진보의 포지셔닝이 여전히 불투명하다고 할 때 노동운동이나 사회운동의 노력이 필요한 시기가 아니겠는가?

박장현 거기에 보태고 싶은 것이 있습니다. 우리나라에서는, 특히 노동운동에서는, 1997년 이후부터 20년 동안 '신자유주의'라는 공식, '신자유주의'라는 논거를 모든 싸움이나 토론에서 얘기를 해왔습니다. 우리나라에서는 IMF 위기를 겪고, 장석준 동지가 얘기했듯이, 2008년 경제 위기를 살짝 스친 뒤에 두 번의 보수 정권이 들어섰기 때문에 20년 동안 더 그럴 수밖에 없었습니다. 그러나 세계적으로 보면 2008년 경제 위기를 분수령으로 해서 신자유주의가 더는 대세로 성립하기 어렵다, 혹은 지속되기 어렵다는 흐름이 형성된 것 같습니다. 세계 경제나 세계사적 흐름은 그렇게 흘러갔는데, 우리는 10년 동안 엇박자로 지내오다가 촛불이 터지고 나니, 노동운동 쪽에서는 신자유주의만 주구장창 얘기해왔는데 갑자기 촛불이 터지고 나니, 갑자기 새로운 얘기를 할 만한 준비가 안 된 상태입니다. 그래서 노동운동은 여전히 신자유주의를 판단의 근거로 삼고 있는 것 같습니다. 제가 생각할 때는 노동운동에서 신자유주의를 비판하고 저항하는 것은 이제 시대에 맞지 않을 수 있다고 봅니다. 지금처럼 신자유주의라는 것을 지속적으로 얘기를 해서는 시대의 변화를 따라갈 수 없는, 실천적으로 잘못된, 시대에 뒤진 선택을 하게 되지 않을까 걱정됩니다. 2008년 경제 위기 이후 경제 흐름이 어떻게 바뀌고 있는가를, 그리고 생산이나 삶의 방식이 어떻게 바뀌고 있는가를, 우리로서는 10년 정도를 거꾸로 올라가면서 재구성할 필요가 있습니다. 늦었지만 노동운동에서도 '신자유주의' 다음에 그것을 넘어서는 논거, 새로운 실천 전략을 만들어내야 할 것인데, 그런 식의 시도가 노동운동 쪽에서 별로 보이지 않는 것 같습니다. "신자유주의가 더는 아니면 지금은 뭐냐?" 이 질문에 대한 판단이 노동운동에서도 나와야 하는데, 이름을 못 붙이고 있는 이런 상태가 촛불 이후에 지금까지 지속되고 있는 것은 아닌가 합니다.

진기영 일부에서 코로나 때문에 국가 개입이 늘어나면서 국가독점자본주의로 가는 거 아닌가 하는 질문이 있는데, 한국 자본주의가 그전보다 세련된 상태에서, 사회구성체 논쟁에서 제기된 국독자라는 규정은 지양해야 된다고 생각합니다. 노동운동에서도 최근에는 신자유주의라고 얘기를 잘 안 합니다.

박장현 그러면 지금은 뭐냐, 이름을 붙일 줄 알아야 어떻게 대응할 수 있을지 알 수 있겠죠. 자본이 시장을 확장해야 되는데, 시장을 확장하는 방법으로 사용한 수단이 세계화, 금융화, 노동의 유연화, 노동 탄압이고, 그것이 신자유주의입니다. 지금은 그런 방법을 안 써도 할 수 있는 방법이 생겼습니다. 정보화, 디지털화가 그런 것입니다. 구태여 법을 바꾸면서 금융 자율화, 무역 자유화를 하라고 하지 않아도 충분히 할 수 있는 새로운 방법, 새로운 기술이 생겼기 때문에 신자유주의 방식을 더는 쓸 필요가 없는 단계로 바뀐 것이 대체로 2000년대, 터져 나온 것이 2008년이 아닐까? 저는 '신자유주의' 시대에서 '정보자본주의' 시대로 넘어갔다고 이름을 붙이는 것이 어떤가 하고 제안을 하고 싶습니다.

노중기 논점이 잘 드러나는 것 같지만, 사실은 가려진 논점이 있다고 봅니다. 장석준 동지도 민주대연합 노선의 극복이라는 이런 전망도 했고, 많은 분들이 현재의 한국 사회가 여전히 신자유주의 사회라고 보는 것 같아요. 그런데 박장현 원장님은 현대 사회를 신자유주의로 파악하는 것이 맞는 가라는 좀더 근본적인 문제 제기를 한 것 같습니다. 그것 자체도 논점이지만, 이 문제는 정치적으로 현재의 국면을 어떻게 해석하는가에 연관이 되어 있습니다. 촛불 이후의 변화를 어떻게 보는지 김호규 위원장님의 말씀을 들어보겠습니다.

김호규 현재 수구 보수의 상태를 보여주는 상징적인 장면이 소위 나경원 전 의원의 빠루 사진입니다. 또 하나는 김부겸이라는 정치인이 이천 화재 참사에 관한 발언을 하면서 진보적인 의제를 포함한 노동 문제를 민주당이 좀더 적극적으로 끌어안아야 된다고 했는데, 제가 보기에는 이미 민주당이 우리의 의제를 상당 부분 흡수하려고 시도하고 있습니다. 물론 제대로 안 되겠지만, 이미 주도권을 민주당이 상당 부분 가지고 있다는 생각이 듭니다. 다른 하나는 양정철, 이 사람이 총선 기간에 보여준 행보입니다. 민주당이 2020년 총선에서 180석을 가지게 된 여러 가지 이유가 있겠지만, 빅 데이터를 이용해서 사람들의 동선을 파악해 선거 운동을 했다고 합니다. 양정철이 매일 아침 이 빅 데이터를 가공해 모든 선본에 뿌렸다는 거죠. 휴대폰 발신 신호나 카드 사용 내역 등을 이용해서 사람들의 동선을 확인하고 사람이 많이 모이는 곳을 중심으로 유세 동선을 짰다고 합니다. 통제까지는 아니라고 하더라도 지금은 정보를 독점하는 자가 권력을 독점하는 것이 아닌가 생각이 듭니다. 결론은 수구 보수는 되살아나더라도 회복세가 더디게 올라올 가능성이 있고, 민주당은 지금보다도 훨씬 더 권력을 공고하게 다져갈 가능성이 있는 반면, 진보 진영은 여전히 분열보다는 분절화되어 있는 상태로 고착화될 가능성이 커 보입니다. 이 구조를 바꾸지 못하면 우리는 여전히 탄압을 받고 대안은 투쟁밖에 없는 국면으로 지속될 가능성이 높아 보입니다. 우리보다 훨씬 빨리 움직이는 지배 권력의 변화 흐름을 봐야 된다고 생각합니다. 정몽구와 이재용이 만나서 경쟁하던 삼성과 현대가 전략적 제휴를 하는 정도까지 변화가 진행되고 있습니다. 거기에 비하면 우리가 늦어도 많이 늦은 게 아닌가 하는, 이런 생각이 듭니다.

노중기 과연 촛불 이후 자본과 지배 정치 세력의 전략이 뭐냐를 더 깊이 고민해야 한다는 말씀 같습니다. 앞서 체제 개념으로는 정보자본주의라는 얘기도 나왔고, 빅 데이터, 또는 보수 세력의 균열을 말씀하신 분이 있었습니다. 장석준 동지가 이런 담론들에 대해 논평을 해주시기 바랍니다.

장석준 차이점이라고 보기보다는 비슷한 생각을 저 나름대로 잠정 정리하면, 한국 사회만 볼 때 지난 몇 십 년 동안 외국과 비교해서 자본주의 지배 세력의 전략 측면에서는 가장 안정화된 국면에 들어선 것이 아닌가 합니다. 왜냐하면 2000년대 이후에 대북 전략 등에서 평화를 추구하고 경제 정책과 사회 정책에서는 신자유주의를 추구한, 제가 어느 글에서 '김대중주의'라고 표현했는데, 김대중 정부와 노무현 정부의 정책 기조이던 이런 입장이 2000년대에는 헤게모니를 완전히 갖추지 못했습니다. 대단히 불안한 상황이었습니다. 정치적으로는 한나라당을 정점으로 하고 조중동 등이 포함된 세력이 노무현 정부를 흔들면서 이명박 정부와 박근혜 정부를 만들었지만, 집권 기간 동안 이 세력들이 경제민주화와 복지 등을 포함해서 새로운 패러다임을 내세워야 했는데, 그렇게 하지 못했기 때문에 그런 점에서 수구 세력의 회복 가능성이 대단히 낮아졌습니다. 그런 패러다임을 만들어야 다시 중앙으로 진출할 수 있는데, 그럴 전망이 안 보입니다. 반면에 180석을 차지한 리버럴 세력은 김대중주의의 한반도 전략과 신자유주의부터 계속 이어져오는, 그러면서도 진보의 내용을 상당히 수용해서 재벌 중심의 한국 자본주의 재생산을 그럴듯하게 포장할 수 있는 패러다임을 갖추었습니다. 그런 점에서 보면 한국 자본주의 지배 세력 측면에서 완성도가 높은 상황에 이르렀다는 것입니다. 문제는 전체 지구 자본주의 수준에서 보면 대단히 불안한 과도기라는 점입니다. 박장현 원장님 말씀하신 내용에 대해서 저는, 신자유주의에서 정보자본주의로 넘어가려고 노력을 하고 있는 과도기 상황이라고 봅니다. 여전히 관성 측면에서는 금융 세력이 자본주의를 주도하고 있지만, 이것만으로는 안 된다고 생각하니까 4차 산업혁명까지 이야기하면서 슘페터적인 출구를 찾으려 하고 정보자본주의 프로젝트를 띄우고 있고, 코로나19를 계기로 여기에 동력을 달려고 하고는 있지만, 그것 자체가 실물이 있는 것은 아니라는 거죠. 가령 자동차산업하고 결합시켜서 무슨 대단한 시장을 연 상황이 아니라서 커다란 꿈으로만 남아 있는 겁니다. 지구 자본주의 전체가 아직 불확실한 과도기에 있기 때문에, 모처럼 온 한국 자본주의 지배 세력의 완성도 높은 지배 전략도 지구 자본주의 전체와 결합해서 불안정할 수 있는 이런 국면에 우리가 처해 있는 것은 아닌가 생각합니다.

노중기　제가 약간의 논점, 쟁점, 이렇게 말씀드린 것은 차이가 느껴졌기 때문입니다. 장석준 동지는 사회경제적 신자유주의, 김대중주의, 대북 평화주의가 헤게모니를 가지고 있어서 한국 사회가 축적 구조나 경제 체제로 보면 신자유주의 틀 위에 구조적으로 안착해 있다고 봅니다. 다만 전세계의 환경이 그렇지 않고 신자유주의가 전세계적으로 위기이기 때문에 그 사이에 지배 세력 내부에 갈등 요소가 있을 수 있다는 입장이지요. 그런데 다른 세 분은 신자유주의를 객관적으로 벗어나고 있다고 말씀을 하신 것 같습니다. 차이점이 있지 않을까 합니다.

한지원　촛불 전후로 구조적 정세 변화가 있었다는 것에 회의적입니다. 역사를 뒤로 돌려보면 1987년 개헌이 있고 1993년에 문민정부가 들어설 때는 한국 사회를 지배하던 엘리트의 한 축을 무너트려서 군부가 다시는 복귀할 수 없도록 만들었는데, 2007년 촛불 이후에는 뭐가 복권 불가능할 정도로 억압되고 궤멸된 것이 있나 생각해보면 그 상태에서 약간의 힘 관계의 변화 정도만 일어난 것이 아닌가 합니다. 정치 권력 측면에서도 그렇고, 또한 경제적 측면에서도 1987년부터 1993년 기간에는 중화학공업 중심의 추격 성장, 박정희 정권이 추진하던 정책이 한계에 봉착한 상황에서 개혁을 어떻게 할 것인가를 둘러싸고 이런저런 논의를 했는데, 사회주의적 대안들이 무너진 상황에서 남은 개혁 방안은 우리가 신자유주의라고 부르는 방안밖에 남아 있지 않았다고 봅니다. 한국 사회는 3저 호황 이후에 어떤 식으로든 개혁을 추진해야 했는데, 지지부진하다가 외환 위기를 맞이해서 IMF에 강제적으로 구조 개혁을 당했다고 할 수 있습니다. 그런 점에서 보면 촛불을 통해 경제 분야에서 구조 개혁, 다른 발전 전략이나 성장 전략이 나왔다고 하기는 어렵고, 정치 엘리트나 지배 계급의 한 축을 근본적으로 재편한다는 측면에서도 큰 변화가 없다는 점에서 보면, 박근혜 정부를 퇴진시킨 것은 정치적으로 작은 일은 아니겠지만 촛불을 구조적인 정세 변화의 단절점으로 보기는 어렵다고 생각합니다. 촛불을 중심에 두고 정세 분석을 하는 것은 그다지 효과적이지 않을 수 있겠다는 것이 제 생각입니다.

박장현 저는 촛불이 꽤 큰 변화를 만들어냈다고 봅니다. 우리 역사에서 보수 세력이 분열돼서 싸운 적이 없었는데, 촛불이 수구 세력을 둘로 분리시켰고, 분리된 양자 간의 알력이 이번 선거 결과로 나타난 것입니다. 앞으로 보수 세력이 다시 하나로 합쳐질 것인가 하는 문제는, 수구 세력이 몰락하는 식으로 나가는 것 아니면 보수 세력이 재편되기는 어렵다고 봅니다. 그런 점에서 촛불이 한 시대를 끝내는 변화를 만들어냈다고 생각합니다.

한국의 노동운동과 사회운동의 현재를 진단하다

노중기 이제 둘째 주제로 넘어가겠습니다. 첫째 주제를 다소 오래 얘기했는데, 이론적인 측면도 있고 구조적인 변화를 논의한 측면도 있기 때문입니다. 다들 전문가니까 줄여서 핵심적인 강조점을 얘기해주시기 바랍니다. 현재 한국의 노동운동과 사회운동에 대한 진단입니다.

김호규 보는 각도에 따라 다양한 분석이 나올 수밖에 없는데, 개인적으로는 세 가지 지점이 있습니다. 첫째는 3년 동안 민주노총 집행부를 보면서 집단적 지도력이 아예 없었다고 생각합니다. 둘째는 이념 문제조차 논의를 하지 못하고, 전략적 담론에 대한 논의를 진전시키지 못하고 있다는 것입니다. 셋째는 민주노총 집행부는 전략적 목표로 사회대개혁을 이야기했는데, 사회적 대화가 틀어지면서 전략 담론이 불확실해졌다는 것입니다. 이런 민주노총의 상황을 만든 원인이 다양하겠지만, 직선제가 핵심적인 이유라고 봅니다. 직선제이기 때문에 쟁점을 논의하거나 토론하기보다는 표를 받는 것에만 집중하게 됩니다. 직선제만 고집하는 것은 맞지 않다고 봅니다. 그러면 직선제가 아닌 것이 대안이 되느냐고 물어보면 그건 아니지만, 오히려 간선제를 통해서 논의를 집중해보는 방안을 고민할 필요가 있다고 봅니다. 결론은 그나마 100만 민주노총을 만든 것은 간접 고용, 비정규직, 특수 고용직, 작은 사업장의 조직화에서 성과가 나왔기 때문이라고 봅니다. 이런 분들의 목소리가 반영되고, 그런 분들의 민주노조운동을 어떻게 열어줄 것인가가 중요한 과제라고 봅니다.

노중기 정확한 입장을 확인하기 위해서 질문을 드립니다. 먼저 문제점 세 가지를 지적하셨습니다. 집단 지도력이 없다는 것, 이념과 전략 담론이 없다는 것, 그리고 그런 원인으로서 직선제입니다. 반면에 다른 한편으로 조직적 성장, 중소 영세 비정규직 노동자들 조직화가 성과를 보이고 있다는 점도 강조했습니다. 그러면 두 가지를 합하면 낙관인가요, 비관인가요?

김호규 낙관해야죠, 운동하는 사람인데. 다만 낙관의 근거를 찾아내고, 그 근거를 좀더 운동이 발전하는 계기로 삼아야지 앞으로 운동이 발전한다고 생각합니다.

진기영 제가 일하는 공공운수노조는 조합원 수로는 최대 산별인데 질적으로는 전혀 아니라고 생각합니다. 현재 상태에서 하는 진단입니다. 김호규 위원장이 담론으로서 얘기하셨다면, 저는 현실적으로 얘기해서 '양적 확대 질적 저하'로 표현하고 싶습니다. 노조에서 12년을 전임으로 일했습니다. 2007년 당시 2만 8000명 공공노조, 13만 명 공공연맹에서 조합원 수가 두 배로 증가하였고, 채용 간부도 두 배 가까이 늘어났습니다. 이번에 민주일반연맹은 여섯 명으로 엄청난 톨게이트 투쟁을 하였습니다. 엊그제 법률원장이랑 담배 피우면서 얘기할 기회가 있었는데, 법률원에서 일한 지 10년이 되었고 10년 동안 법률 자문하고 소송을 했는데 가끔 자신이 무엇을 하고 있는지 고민이라는 얘기를 들었습니다. 저 역시 12년 전임 기간에 조합원 수가 두 배가 되었지만 무엇을 하고 있는지 의문일 때가 있습니다. 현장의 자발성과 주체성은 거세되고 있는 게 아닌가 하는 고민이 듭니다. 복수 노조, 전임자 임금 지급 중지로 현장에서는 상급 단체 상근자들에 대한 기대가 높아지고 있지만 기대를 충족하지 못하고 있고, 상급 단체 지원이 없으면 현장이 주체적으로 움직이지 못하는 심각한 상황이라고 봅니다. 이런 문제가 극복되지 않으면 조합원 수가 200만 혹은 300만 된다고 한들 무슨 의미가 있겠습니까? 사회운동의 중심 대오인 노동운동이 제대로 역할을 할 수 있을까요? 교육 사업도 열심히 하는데, 여전히 어렵습니다. 산별 노조와 정치세력화라는 이른바 양날개 전략은 끝난 게 아니냐 하는데, 역설적으로 부활하거나 재정립하고 재설계하는 것이 필요하지 않을까 생각합니다. 낙관을 하려면 먼저 정확히 진단하고 대안을 만들어야 한다고 봅니다. 토대를 복원하는 것이 무엇보다 중요하다고 생각합니다.

노중기 한편에서는 비슷한 진단이고 다른 한편에서는 약간 결이 다르기도 하고, 그런 것 같습니다.

박장현 노동운동과 사회운동의 관계를 보면, 민주노총을 중심으로 하는 민주노조운동은 사회운동에서 왕따를 당하고 있다고 생각됩니다. 민주노총은 아니라고 생각하지만, 민주노총이 두 개인 것 같다는 이런 생각입니다. 초기의 민주노총 구성원들, 정규직 대기업 노조 중심의, 탄탄한 노조 중심의 민주노총이 있고, 그 뒤에 새로 조직된 비정규직, 작은 사업장 등을 포괄하는 민주노총이 있습니다. 내부 의사 결정 구조를 보면 말 따로 몸 따로 움직입니다. 상급 단체에서는 말을 열심히 하지만 실제 현장이나 기업에 가서는 몸이 따로 놀고 있습니다. 아직까지 민주노총의 관심사 혹은 전략은 일자리 중심의 전략, 일자리 지키기 전략, 고용 안정과 정리해고 반대 전략이 주된 전략입니다. 이렇게 된 것은 민주노총 안 노조들만의 책임은 아닙니다. 노조들은 기업별 노조라는 틀에서 출발해서 그 틀을 넘어서기 위해 애쓰는 측면이 있습니다. 큰 책임 중의 하나를 맡아야 할 진보 정당운동이 무너져버리면서, 진보 정당이 수행해야 할 역할을 노동조합이 다 수행하면서 이런 식의 불리한 처지에 있게 된 것이 민주노총과 노동운동이라고 생각합니다. 노동조합은 아무래도 사업장과 고용 안정과 임금 인상에 힘을 실을 수밖에 없는 그런 운동 조직입니다. 그것을 넘어서 국가적인, 세계적인, 혹은 미래 전략을 내는 것은 일차적인 책임이 진보 정당에 있는데, 진보 정당이 그 책임을 못하고 있는 것입니다. "만약 노동조합운동이 계속 지금처럼 간다면 과연 생존할 수 있겠느냐?" 이런 식의 도발적인 질문이 타당하다고 봅니다. 미국에서 도널드 트럼프를 대통령으로 만든 사람들이 백인 노동자들, 우리로 치면 정규직 노동자들입니다. 민주노총도 그런 식으로 흘러가고 있는 것이 아닐까요? 결정적인 이유를 들자면, 일자리 지키기 전략에 몰두할수록 그런 식으로 가게 될 것입니다. 사회가 변하고 있고 자본주의가 변하고 있는 것을 보면, 앞으로는 노동조합이 맡아서 할 수 있는 역할은 상대적으로 축소될 겁니다. 반면에 진보정당이 맡아서 할 역할이 상대적으로 증대될 겁니다. 예를 들어 고용 안정을 넘어서는 대안이 뭘까요? 소득 안정으로 전략을 바꿀 필요도 있겠습니다. 기본소득이든 뭐든 새로운 대안을 제출해야 된다고 봅니다. 그러자면 진보 정당의 역할이 커져야 하는데, 우리는 그런 사정이 못 되는 편입니다. 그래서 노동운동의 전망을 낙관하기 힘든 게 아닌가 합니다.

노중기 노동운동의 위기를 질적 저하, 전략 담론과 이념의 부재, 집단 지도력의 문제 등으로 표현해주셨습니다. 제게 익숙한 표현으로 하자면, 민주노총이 정규직 대공장과 중소 영세 비정규직으로 쪼개져 있는 상황을 전혀 바꾸지 못한다는 지적이었습니다. 대체로 비관적인 평가로 보이는데, 중요한 축 중 하나가 진보정당운동이라는 말씀입니다.

한지원 민주노총에 대한 평가에는 대체로 동의하는 것 같습니다. 노동조합운동이라는 것이 큰 틀에서 보면 20세기적 형식입니다. 대규모 제조업이 성장을 하고, 세계적으로 인구와 함께 노동시장이 팽창하고, 노동자들이 파업이라는 무기를 가지고 사회 변화나 계급적 이익을 방어하기 위해 적극적으로 나설 수 있던 조건에서 나타난 운동의 한 형태라고 할 수 있습니다. 21세기가 되면 성장도 안 되고, 제조업은 세계화로 다 도망가고, 성장하는 노동시장을 전제로 하는 파업이나 대중 행동을 중심으로 하는 운동이 구조적으로 불가능한 점이 있습니다. 21세기 들어서서 뜨는 운동 중에 노동조합은 별로 없습니다. 일종의 레드오션, 그런 말을 긍정하는 것은 아니고, 다만 형성된 하나의 조건입니다. 노동조합운동이 어떤 식으로 나아야 되는가를 생각해야 되는데, 민주노총의 현재 상황하고 겹쳐지는 것이 있습니다. 큰 틀에서 방향 전환이 필요한 시점에서 민주노총에 안 좋은 조건이 있는데, 두 가지 문제, 즉 지적 퇴보와 리더십 구성의 타락이라고 봅니다. 지적 퇴보란 세계가 변화고 있으면 거기에 맞는 이념이 있어야 하는데, 그게 없다는 겁니다. 사회주의라고 하든 사회민주주의라고 하든 테마를 가지고 포인트를 잡아야 무엇을 개혁할 것인지 제시할 수 있는 법인데, 민주노총은 예전에도 없고 지금도 없습니다. 예전에는 대충 성장하면서 뭉개는 식으로 갈 수 있었는데, 지금은 그게 없으면 뭔가를 잡을 수가 없습니다. 결국 당면 투쟁을 열심히 하는 것으로 평가받을 수밖에 없습니다. 리더십 구성의 타락은 직선제 문제입니다. 민주노총은 형식 원리를 보면 산별 연맹의 연합이고, 내적으로 보면 산별 연맹에서 활동하는 간부들, 세상을 바꾸려고 하는 간부들이 이념적인 집단 지성을 구성하는 것이 총연맹이라고 봅니다. 조합원 투표로 뽑는데, 민주노총도 결국 인기투표가 되어버리고 있어서 무조건 직접민주주의나 투표가 답은 아니라고 봅니다. 만일에 사회주의가 필요하다고 생각하면, 직선제로 그게 되겠어요? 두 가지 개혁이 되어야 한다고 보는데, 이 두 가지 개혁이 된다면 아주 비관적이라고 생각하지는 않습니다. 부르주아들도 답이 없습니다. 이쪽도 답이 없는 것처럼 저쪽도 답이 없습니다. 이쯤 되면 먼저 답을 내는 사람이 깃발 잡고 나아가는 것이 중요합니다. 우리가 빨리 답을 찾아야 합니다. 지적 퇴보와 리더십 구성의 타락은 활동가 차원에서 먼저 진지하게 고민해서 빠른 시간 안에 개선해야 된다고 생각합니다.

장석준 다른 생각을 하기 위해서도 큰 틀에서 진단이나 방향 모색이 필요할 것 같습니다. 노동조합운동은 노동운동의 하위 범주라고 할 수 있는데, 노동운동의 목표는 노동계급의 헤게모니를 통하여 새로운 사회로 나아가는 것이라고 봅니다. 그 기준을 가지고 평가할 필요가 있습니다. 최근 한국 사회에서 노동운동이 못한 것이 뭘까요? 한마디로 한국 사회의 2010년대는 중산층의 헤게모니가 전례없이 강화된 시기라고 할 수 있습니다. 2000년대부터 전조가 있었습니다. 노무현 정부는 중산층의 동원을 통해 등장한 정권이었습니다. 그리고 한 차례 부동산 문제 등이 겹치면서 중산층이 리버럴 세력에서 이탈해 수구 정당으로 이동했다가, 다시 2010년대에 복귀했죠. 어떻게 보면 촛불 항쟁이 복귀 과정의 일환이었지요. 한국 사회가 2008년 금융 위기를 비껴가면서 부동산 거품이 유지됐고, 그러면서 한국의 중산층은 유례없이 입지가 강화되었을 뿐만 아니라 사회문화적으로도 상종가를 치게 된 것입니다. 지금 한국 사회는 중산층만 행위자로 존재하는 상황이고, 결국은 노동운동이 거기에 다 묻혀버린 셈입니다. 고용 전략 중심으로 하던 방식이 노동조합운동의 한계라는 것도 그런 현실에 연관시켜서 볼 수 있습니다. 노동조합운동이 방어적이 되면서 노동운동 바깥에서는 중산층 일부의 운동으로 보이게 되는 거죠. 노동운동이 가장 호소해야 될 불안한 계층에게는 노동조합운동이 중산층의 토대인 일자리를 지키려는 중산층 운동으로 규정되는 겁니다. 그러면서 노동계급은 더욱더 헤게모니를 중산층에게 뺏기게 되는, 그런 상황에 처해 있습니다. 진단하신 것처럼 진보 정당이 잘해야죠. 2010년대는 진보 정당이 잘못하는 수준을 넘어서서 진보 정당이 민주대연합 노선을 통해 중산층의 헤게모니가 강화되는 데 기여했다고 생각합니다. 그 점에서 운동 전체의 한계를 만드는 오류를 범한 것인데, 지금이라도 탈자본주의 지향을 분명히 하고 거기에 필요한 담론이나 이념을 생산하는 중심의 역할을 진보 정당이 다시 해나가면 전체 노동운동에 기여할 수 있을 겁니다. 그런데 노동조합운동에 관련해서는 저는 오히려 양날개론에서 다시 시작하면 된다고 생각합니다. 산별 노조가 대안이었는데, 지금 제대로 안 된다고 하면서 회의론도 나오고 비관론도 들리지만, 산별 노조의 핵심은 초기업성에 있습니다. 물질적 토대가 기업성에 있지만 뭔가 초기업적인 것을 해보자는 것이었지요. 그런데 그게 잘 안 됐다는 겁니다. 그렇지만 지금도 지향이나 문제 해결의 열쇠가 초기업성에 있는 게 아닌가, 더 나아가 정보자본주의 국면으로 넘어가는 상황이라서 더욱더 탈기업성이 필요하지 않은가 생각합니다. 그런 점에서 노동조합운동이 계속 중요하다고 보지만, 그 형태가 20세기와는 다른 형태가 될 것이라 봅니다. 한국의 기업 단위 노동운동 관성을 넘어서는 노력이 전지구적 문제의식과 만나는 부분이 있을 것입니다. 어떻게 하면 초기업 수준을 넘어서 아예 탈기업적 수준의 노동조합운동이 될 것이냐 하는 거죠. 기왕에 큰 이야기가 나왔으니 한마디 더하자면, 저는 기본소득이 대세가 될 것 같습니다. 그렇지만 자본이 주도하는 기본소득이기 때문에 '기본소득 디스토피아'가 되는 것이 염려가 되는데, 노동조합운동이 하나의 변수가 되지 못하는 상황에서 기본소득 디스토피아가 되면 결국 중산층 세상이 될 겁니다. 헤게모니적 주체가 될 수 있는 자원을 가진 계층이 사회를 주도하게 될 것이며, 지식인 헤게모니가 강한 한국 사회에서는 더욱더 그럴 것입니다. 이런 사회에서 저소득층이나 불안정층이 사회적 주체로서 목소리를 내려면 역설적으로 20세기보다 더 노동조합운동이 절실히 필요합니다. 기업 소속이나 산업을 넘어서서 일하는 사람의 정체성을 가지고 노동조합을 만들려면 한국의 노동조합운동 전통에 대해 단절적인 시도가 필요합니다. 단순히 기업별 노조를 모아서 산별 노조를 건설하던 방식을 넘어서는 시도가 필요하다는 이야기입니다.

노중기　장석준 동지의 말씀은 박장현 원장님하고 같은 문제를 제기한 것이라고 봅니다.

진기영　양날개론을 폐기하자는 것이 아니라 재정립론을 이야기하는 겁니다. 산별 노조가 자기 정립과 초기업성을 강화하는 담론을 만들어야 하는데, 그게 너무 어렵다는 것을 이야기하고 싶습니다. 공공운수노조 23만 명 조합원의 절반 정도가 공공 기관 노조 정규직입니다. 한계와 운동성이 병존하는데, 갈수록 운동성이 줄어들고 한계가 커지고 있습니다. 운동성을 유지하려면 이념과 전략, 지도력이 필요한데, 쉽지 않은 구조로 가는 이유에는 자본의 포섭도 있습니다. 임금과 고용 측면에서 자본이 활용하고 있고 노조 역시 거기에 영합하기도 합니다. 대기업 정규직 노조에 대한 비판은 한편으로 타당하다고 보는데, 공공 부문에서 임금 격차가 6~7배 정도 납니다. 노조 수준에서 구조적으로 해결이 안 됩니다. 산별 노조가 다층, 다산업, 다구조, 다업종으로 되어 있어서 하나로 담아내기가 현실적으로 어렵습니다. 그래서 다른 경로로 업종본부를 만들어가는데 전략적 담론을 만들어내지 못하면, 사회적 담론으로 가지 않으면, 그리고 진보 정치가 병행되지 않으면 공공 부문 노동운동은 발전하기 어렵습니다. 공공 기관 노동자들은 180석을 차지한 더불어민주당을 부정적으로 바라보지는 않고 있어서 개인적으로는 등골이 오싹합니다. 진보 정당은 아예 눈에 들어오지도 않습니다.

노중기　산별노조운동도 새롭게 해야 되지만 굉장한 난제여서, 진보 정치가 같이하고 지도력도 같지 만들어야 된다는 말씀인 것 같습니다.

한지원　저는 노동조합이 한 번도 저소득층 노동자들이 모여서 와장창 운동을 해본 적이 없다고 봅니다. 자본에 위협을 가할 수 있는 노동자들이 모여서 세상을 바꾸려고 교섭력을 발휘한 것이 노동조합운동이 발전한 역사이지, 소득 수준이 낮은 사람들이 모여서 운동을 한 것은 아니라고 생각합니다. 귀족 노조라고 욕하고 비판하지만, 노동조합이 정규직으로 구성되고 대기업 공공 부문이 중심이라는 게 문제가 아니라, 대기업 정규직 노동조합이, 그리고 공공 부문 노동조합이 하는 운동의 내용이 없어진 것이 문제가 아닌가 합니다. 반대로 비정규직이 많아진다거나 비정규직 투쟁을 열심히 한다고 해서 노동조합의 계급성이 높아지는 것은 아닙니다. 양대 노총이 포괄한 200만 명 플러스 알파의 노동자가 한국의 핵심 노동자들인데, 그 노동자들이 자본을 얼마나 위협할 수 있을 것인가, 그런 내용을 어떻게 갖출 수 있는가가 핵심이 아닐까 생각합니다. 귀조 노조나 노동조합의 구성 문제에 너무 강박적으로 반응하거나 포괄 범위 문제로 접근할 필요는 없다고 봅니다. 반대로 이야기하면 현재의 200만 명이 못 변하면 1000만 명이 되어도 똑같을 겁니다.

진기영 공공운수노조의 40퍼센트가 비정규직입니다. 문재인 정부에 들어서서 공공 부문 비정직 정규직화를 던졌기 때문에 사업장 내 정규직 투쟁을 하는데, 이게 답이 될 수 있는지가 고민이 있습니다. 사업장 내에서 정규직이 된다는 것이 노동운동의 근본적인 답이 될 수가 있을까 하는 고민을 하게 됩니다. 오히려 문재인 정부에 이용당하는 게 아닌가 할 정도로 정규직화에 관련된 과대한 담론이 내부 갈등을 격화시키고 있습니다. 건강보험공단이나 한국가스공사에서 정규직화를 두고 정규직과 비정규직이 갈등하고 있습니다. 정규직화는 맞는데, 해결 방안이 안 나옵니다. 운동의 담론을 어떻게 형성할지, 과연 사업장 내에서 정규직화가 답인가 고민이 됩니다. 답을 찾지 못하면 양질 전화가 아니라 양적 팽창이 조직의 갈등과 분화로 나타날 가능성이 높아 보입니다.

노중기 자본이나 조중동이 얘기하는 귀족노조론이 있고, 노동운동 내부에서 제기하는 귀족노조론도 있습니다. 또한 객관적으로 존재하는 정규직 중심의 노동운동 관성이나 관행, 현재적 조건이 작용하는 등 서로 다른 층위가 동시에 부닥쳐서 어려움이 배가되었습니다. 이 주제는 노동운동의 미래를 생각할 때 다루어야만 할 것 같아요. 장기적으로 방치해버리면 총연맹이 두 개가 될 수도 있다는 염려도 있어서 중요하다고 봅니다.

김호규 논의 주제를 미리 고민을 좀 해봤습니다. 첫째로 양날개론을 재정립해야 한다고 봅니다. 기본소득 문제에 대해서는 찬성과 반대를 떠나서 논의가 필요하다고 봅니다. 다만 주도권을 누가 가져갈 것이냐 하는 판단을 정확하게 해야 된다고 생각합니다. 그 전제로 필요한 것이, 노동계급 내 임금 격차를 고려할 때 소득 주도 성장을 중심으로 한 임금 체계 논의를 노조운동이 적극 고민해야 할 단계라고 봅니다. 단순히 차이를 좁히는 문제가 아니라 어떻게 바꿀 것인지 설계 도면도 나와야 되고, 그것을 실행할 계획도 나와야 합니다. 금속노조가 하후상박 원칙을 얘기했지만 구체성이 떨어지고 실험 단계라고 할 수 있는데, 그 정신만큼은 목표점으로 가기 위한 의미 있는 수단이라고 봅니다. 임금 체계 개편이 한꺼번에 안 되면 보완 조치로 소득 주도 성장을 중심으로 하는 기본소득을 고려할 수 있다고 봅니다. 기본소득은 부가적 측면으로 고려하고 기본적으로는 최저임금을 올리는 것이 중요한데, 그 설계도를 만들어서 소득 주도 성장하고 잘 결합시켜 분배 구조 문제까지 포함해 얘기해야 될 문제라고 봅니다.

정치세력화에 관련해서는 백가쟁명식으로 논의해야 합니다. 누구도 왕도가 없습니다. 노조가 정치 방침에 대해 격하게 논의할 필요가 있습니다. 울산, 거제까지 포함해서 노동포럼이라고 하는 친문 노동 세력이 민주당 내부 경선에서 모두 졌는데, 이런 현상을 어떻게 볼 것인지 생각해봐야 합니다. 진보적인 담론과 시스템을 어떻게 만드는가가 제일 중요한데, 이것이 기존 당으로 안 된다면 대선과 지방 선거를 대비해서 인물 중심이 아니라 진보 정당 재편이 필요하다고 봅니다. 대중화를 거부하거나 합류가 어려운 부분을 제외하고, 나머지 진보 정치 세력을 하나로 모아보려는 노력이 필요합니다. 날자 날자 양날개가 아니라 바닥에서 기는 4륜 구동을 만들자는 생각을 해봅니다. 바닥에서 기는 작업을 할 수 있는 각오를 전망과 함께 제시할 필요가 있습니다. 민주노조운동의 담론과 정치세력화 진단에 동의하고 진보 정치의 성장과 확대 방안을 만들어내는 '민주노동당 버전 2'가 필요한 것 아닌가 하는 생각을 해봤습니다. 2년 뒤 대선과 지선이 있지만 아무 준비가 없는데, 하반기 민주노총 선거가 사람 중심이 아니라 그런 준비를 책임 있게 의식적으로 하는 과정이 되어야 한다고 봅니다.

노중기 양날개론을 새로운 수준에서, 바닥부터 논의를 해야 된다, 민주노동당 버전 2, 즉 정치세력화를 새롭게 해보자, 그런 취지의 말씀인 듯합니다. 궁금한 것은 기본소득이나 최저임금 등이 대기업 조직 노동 중심의 민주노조운동에 닥친 위기를 해결할 답인가 하는 겁니다.

김호규 네, 맞습니다. 방향을 틀어보자는 겁니다. 최근 재난지원금 기부 문제가 노동운동 내부에서도 거론되는데, 이 사안을 조직적으로 판단할 수 있는 논의가 필요하다고 봅니다. 기부라는 표현이 적절하지는 않지만, 사회연대기금이든 뭐든 테이블에 올려놓고 조합원 눈높이 맞춰가면서 얘기를 해보자는 것이죠. 그냥 제안해봐야 얘기가 안 될 테고, 논의하기 위한 집단적 노사관계 틀이라도 만들어보자는 고민을 하는 중입니다. 이 사안을 교섭 의제로 올려야 한다고 생각합니다.

노중기 평화통일운동, 최근 드러난 시민운동의 한계, 정의기억연대 회계 문제를 포함하고, 조국 논란 등에 관련해서 덧붙일 말씀이 있으면 해주시기 바랍니다.

진기영 양날개론이 실패한 것은 맞지만 재정립하자고 말씀드렸습니다. 민주노동당 창립 20주년이 지났지만, 당이 복수화되고 여러 가지 조건이 달라졌습니다. 노동운동 현장 조직을 재편하면서 '평등의길'을 만들고 정치운동에 대한 관심을 높이려고 합니다. 노동자 정치세력화와 노동자 중심성에 대해 말하자면, 노동자 당원 다수가 참여하고, 민주노총이 중심을 잡고, 이념적 지향과 계급적 단결을 명징하게 나타내는 것이 노동자 중심성을 설명할 수 있다고 봅니다. 노동자 정치세력화 측면에서 세 가지가 모두 부족합니다. 그래서 노동운동 내부에서는 신당 창당론, 기존 정당 강화론 혹은 활용론, 대중 투쟁 강화를 통한 현장 강화론이 나옵니다. 우선 신당 창당에 대해서는 가능하겠느냐는 의문이 제기됩니다. 현실적으로 어렵다고 봅니다. 개인적으로는 두 번째 입장에 중점을 두는데, 결과적으로 정의당 강화론이죠. 대중적으로 민주당에 관련해서 사표론이 작동되는 것처럼 진보 정당 안에서도 사표론이 작동하고 있다고 봅니다. 진보 정당에 대해서도 현장에는 집중 현상이 보인다는 말인데, 정의당 쏠림 현상이 있습니다. 정의당이 보여주거나 정의당으로 대표되는 진보 정치의 한계가 분명하게 있지만, 한계를 극복하고, 보완하고, 강화하는 방안을 찾아야 합니다. 기존 정당의 강화와 더불어 대중 투쟁의 강화를 병행해야 한다고 봅니다. 위기의식으로 확장하는 이유는 노조운동이 자기 정체성을 가지기 위해서라도 진보 정당이 독자적인 위치를 차지해야 하고, 그래야 노조운동도 병행 발전할 수 있다고 생각하기 때문입니다. 노동조합운동도 대중운동이기 때문에 성과와 내용이 외화되는 것이 제도화인데, 진보 정당이 확장되어야 대중 투쟁도 거꾸로 발전할 수 있다고 봅니다. 180석이 갖는 의미를 살펴보면 두렵기도 하지만, 기존의 민주당을 뛰어넘는 다양한 정치적 진보성을 가지려 노력하는 모습이 더 무겁게 다가옵니다. 이런 현실이 진보 정당이 가지는 의미를 희석시키면서 노동자들을 포섭하는 결과로 이어지고, 결국 진보정당운동이 침체되거나 약화될 수 있다고 염려됩니다.

박장현　이 문제를 많이 생각해보지는 않았지만 답답하게 느껴지는 것이 있습니다. 민주노동당 이후로 노동자 정치세력화를 위해 많은 노력을 해왔습니다. 현재 상태에서 보면 정의당 안에서 노동조합 활동을 한 사람이 많이 있는데도 왜 토론이 안 되고 노선 투쟁이 벌어지지 않을까, 왜 정의당 안에서 노동 문제를 더 적극적으로 제기하지 않을까 하는 점입니다. 당대표 선거에서 '민주적 사회주의'를 뜬금없이 들고나온 것을 보고 놀랐습니다. 선거용일 테지만 반응이 호의적이고 적극적이었습니다. 그래서 더 놀랐습니다. 그 일을 기회로 세력화가 진척되기를 기대했는데 진행이 안 되고 있어서 유감입니다. 정치세력화를 새로 도모한다면 있는 현실 안에서, 구체적인 현실 안에서, 정의당 안에서 노동자들이 세력화되고 노선 투쟁이 벌어지지 않는다면, 진척이 안 될 겁니다. 당대표 선거나 비례대표 선거 때문에 반짝 움직이는 정도로는 정치세력화가 쉽지 않다고 봅니다.

한지원　민주당이 180석이 되고, 내부에 진보와 보수가 있고, 자력을 갖춘 상황으로 봅니다. 이런 상황에서 정치세력화란 뭘까요? 두 가지가 있을 것 같습니다. 우선 민주당 좌파화 전략입니다. 민주당이 노동당 급은 아니겠지만 좌파화 전략도 가능하다고 봅니다. 허황된 얘기는 아니라고 보는 이유는, 현재 정의당을 보면 민주당의 왼쪽이랑 뭐가 다른지 모르겠다는 겁니다. 정부랑 다르게 해야 한다고 주장하기보다는 세게 하자는 것 아닌가? 정치세력화라고 하지만 어디에 도달하려고 하는 것인가? 민주당 왼쪽과 다를 게 없습니다. 이게 큰 쟁점은 아닌 것 같습니다. 결국 현재 자본주의 위기를 볼 때 투쟁이라는 측면에서도 그렇고 계급의 실제적인 갈등이라는 측면에서도 그러한데, 노동시장에서 첨예하게 부딪칠 수 있는 노동조합이 계급적 지향을 갖추고 그 지향에 기반해서 계급적인 스탠스를 확보할 수 있는 운동을 길게 보고 하는 것이 맞다고 생각합니다. 너무 쟁점화가 되면 오히려 길게 고민해야 할 문제를 짧게 논의하는 식으로 흘러가지 않을까 하는 염려가 됩니다.

노중기 박장현 원장과 반대되는 제안을 한 것으로 이해됩니다. 박 원장께서는 정의당 안에서 이런 논의를 촉발할 필요가 있다고 했는데, 한지원 동지는 민주당 왼쪽과 정의당이 큰 차이가 있겠냐고 반문하십니다. 오히려 노동조합 안에서 길게 보고 장기적으로 대응하는 방식이 필요하다고 얘기한 것 같습니다. 이 문제를 오래 고민한 장석준 동지가 한마디 해주시죠.

장석준 민주당 좌파 얘기는 하나의 사례로 나왔을 텐데, 단순히 양적 문제는 아닌 것 같습니다. 민주당이 국가 정당, 통치 정당이 되었는데, 통치 정당의 한 블록으로 들어간다거나 합류한다는 것은 현재 지배 세력의 헤게모니를 인정한다는 이야기가 됩니다. 탈자본주의 지향의 노동운동을 논하면서, 그런 이야기는 하면 안 됩니다. 노동운동이 진보 정당에 관심을 갖고 개입하려 하는 것은 대단히 반가운, 더욱더 강화되어야 할 흐름이라고 생각합니다. 다만 2010년대 민주노총이나 진보 정당에서 의견을 내는 방식을 보면, 워낙 이 시대가 민주노동당의 분당에서 시작되다 보니 주로 각 정파를 어떻게 다시 모이게 할지가 논의의 중심이 되는 식이었습니다. 지금도 노동조합운동이 진보정당운동에 개입한다면 그 선상에서 진행되는 게 많은데요. 가장 필요한 시대적 과제를 보면, 그건 아닌 것 같습니다. 왜냐하면 진보정당운동의 한 시대가 끝났다고 하는 말의 핵심은 정의당이나 민중당이 한 대오를 형성하지 못한 게 문제가 아니라 둘 다 민주대연합에 흔들린 게 문제라는 겁니다. 어떤 노선을 취할 것인가, 이 시대에 맞는 지향은 뭔가, 노동운동과 파트너십을 형성할 정당의 자질은 무엇인가 같은 게 문제이지, 단순히 정파적 연합을 어떻게 할 것인가 하는 건 문제가 아닙니다. 지금 필요한 개입의 방식은 이런 겁니다. "리버럴 정당인 민주당과 구별되는 진보 정당의 지향을 명확히 해라. 사회주의까지는 못해도, 노동운동 입장에서 탈자본주의 내지 반자본주의 지향성을 분명히 해라. 이것을 분명히 하는 정당을 지지하겠다." 이렇게 말해야 한다는 것이지요. 이런 식의 개입은 충분히 할 수 있고, 지금 가장 필요한 개입이기도 합니다. 진보 정당에 대한 노동조합의 개입이 그전의 관성하고 다르게 전개될 필요가 있다는 이야기입니다.

노중기 정의당 안 노동 블록에서는 왜 당의 미래 노선이나 선거 전략에 대해서 논의나 소통이 없느냐는 질문도 있었습니다만.

장석준 느리다고 느낄 수 있지만, 안에서는 흐름을 만들어가는 노력이 진행되고 있습니다. 정의당은 처음부터 원내 정당으로 출발했기 때문에 중간에 뒤늦게 개입하는 사람들이 힘이 부쳐 하는 상황입니다. 노동자 당원이 많지 않습니다. 사실은 여전히 부족합니다. 일상 활동 참여도도 낮은 상황입니다. 문제 제기를 하는 사람들을 조직화하는 일도 이제 시작 단계입니다. 모든 사람이 만족하기에는 속도가 느리지만, 정체된 것이 아니라 속도가 느린 것이라고 말씀드리고 싶습니다. 모르기는 해도 앞으로도 상당한 시간이 걸릴 겁니다.

박원장 정의당 안에 있는 노동자 당원들을 옹호해주시는 느낌입니다.

장석준 다르게 얘기하면, 정의당 자체가 그런 뿌리가 너무나 약했습니다. 뒤늦게 개입하려니 바꾸는 속도가 느릴 수밖에 없습니다.

노동운동의 혁신과 중장기 전략을 전망하다

노중기 정의당의 계급적 구성을 보면 프티 계층으로 구분되는 분들이 많이 들어와 있습니다. 그런 점에서 현장에서 노동조합운동 수준의 정치세력화 운동을 체계적이고 장기적으로 끌고가면서 당을 바꾸는 것이 빠른 길일 수 있다고 생각됩니다. 지금까지 한 논의는 현재 상황에 대한 진단이 중심이었다면, 이제 미래에 대해서 이야기할까 합니다. 앞으로 우리 운동이 무엇을 해야 할지를 말씀해주십시오.

한지원 혁신에 대한 공감대는 있지만 실행이 안 됩니다. 기업별로 조직된 대기업 노조나 공공 기관 노조에 방울을 달지 않으면 불가능하다고 봅니다. 산별 노조가 있지만 장악력이 약합니다. 대기업과 공공 기관 노조의 단체교섭권과 쟁의권을 산별노조로 가져오지 않으면 아무것도 못할 것이라고 봅니다. 만약에 노동조합이 못하면 어떻게 될까요? 노동조합이 스스로 못하면 자본이 할 수도 있습니다. 하나 이야기하면 기업별 노조 금지법을 할 수 있습니다. 그것보다는 노동운동이 기업별 노조의 권한을 제한하고 산별 노조로 가져오는 것이 가장 중요한 부분이 될 겁니다. 나머지는 그다음 얘기입니다. 대체로 공감대는 있는 것 아닌가요? 임금 격차를 줄여야 하고, 누진 증세도 해서 재분배한다고 할 때 반대하지는 않을 겁니다. 비정규직 조직화를 위해 자원을 모은다고 할 때 반대는 안 할 겁니다. 기업 노조의 권한을 제한해야 한다고 봅니다.

노중기 기업별 노조 중심의 민주노조운동에 대해 용기 있게 태클을 걸어야 한다는 말씀인데요. 그 역할을 수행할 또 다른 주체인 정치운동에 대해서는 어떻게 생각하시는지?

한지원 정당운동은 무엇이라고 하든 '선 이념 후 조직'이라고 생각합니다.

전위 정당이든 대중 정당이든 먼저 이념을 중심으로 뭉치는 것입니다. 대중 조직은 '선 경제적 이익 후 이념'이라고 할 수 있습니다. 그런데 진보 정당에서 이념이 뚜렷하게 안 드러나기 때문에 어떤 얘기를 해도 혼란과 약세를 벗어나기 어렵다고 봅니다. 민주적 사회주의도 함량 미달이라고 봅니다. 민주적 사회주의는 이론적으로 따지면 경제학 이론, 포스트 케인스주의 현대 화폐 이론Modern Monetary Theory, 소득 주도 성장론, 뉴뉴딜 등을 모아놓았다고 봅니다. 무엇을 붙이든 시장경제를 어떻게 할지 대안을 제시하는 게 핵심이라고 하는데, 직접적인 문제 제기가 없습니다. 도달할 수 있는 한계가 여기라고 봅니다. 정당의 한계가 노동조합보다 더 크다는 것이죠. 수사적으로 얘기하는 것을 넘어서야 합니다. 코로나19의 영향으로 조금 달라질 수 있습니다. 교육을 하다보면 큰 그림을 보여달라는 의견도 적지 않습니다. 이런 계기를 통해서 업그레이드가 되어야 정당 얘기를 할 수 있을 것 같습니다.

진기영 정치 영역에서 시민들이 배부르고 안전하게 사는 게 가장 중요하다고 말들 하는데, 어떤 사람은 그것을 계급 평등, 사회주의라고 얘기하기도 합니다. 평균 소득은 많이 높아져 있지만, 외환 위기 때와 코로나19 시기 때의 정권과 자본의 대응은 달라졌다고 봅니다. 기본소득도 누가 주도하느냐보다 사각지대에 있거나 배고픈 사람들 입장에서는 주는 것을 원하고 있습니다. 기본소득 의제를 정의당이 먼저 제안했으면 좋았겠다고 생각합니다. 진보 정당은 선명한 이념이 필요하다고 보지만, 사회주의라는 네 글자로 얘기하는 것이 절대적으로 중요하다고 생각하지는 않습니다. 이념적 선명함을 위해 사회주의로 지향을 명확히 하는 것은 좋지 않다고 봅니다. 공공운수노조의 민낯을 얘기하자면, 외환 위기 시기에 공무직 노조(상용직)가 만들어져서 투쟁을 통해 노동 조건을 엄청 개선하고 안정화되었습니다. 그런데 어떤 공무직노조 지회가 사무실 옆에 휴게 공간을 만들어달라는 장애인 콜택시 노동자들의 요청을 반대하는 모습을 보았습니다. 30년 동안 노동조합운동은 임단투만 해왔습니다. 비정규직도 정규직이 되면 함께 살자는 마음이나 계급적 연대가 없어지는 경우가 많습니다. 노조 만들어서 열심히 투쟁하다가 안정화되면, 1년쯤 연대 활동에 참여하다가 중단하는 경우가 대부분입니다.

한지원 덧붙이자면 저는 기본소득이 전혀 급진적이라고 생각하지 않습니다. 불황기가 되어 필요해지니 나오는 것입니다. 실현 가능성도 있습니다. 그래서 우파가 적극적으로 얘기한다고 생각합니다. 노동조합 관련해서 대기업과 공공 기관 노조에 방울을 달아야 한다고 했는데요, 법제도 측면에서 권한의 문제를 얘기하기는 했지만, 정신도 중요하고 기본 관점도 중요하다고 봅니다. 개인은 속물적이고, 이기적이고, 이익이 충족되면 편안한 것을 찾는 것이 당연합니다. 그렇지만 개인은 경제적이라고 해도 노조는 경제적이면 안 된다고 봅니다. 노동조합은 도덕적이고 이념적일 수 있습니다. 서유럽과 한국 노동조합의 가장 큰 차이가 뭐냐면, 조합원이 얼마나 실리적인가가 아니라 노동조합을 바라보는 관점인 것 같습니다. 노동조합이 조합원의 실리적 요구를 얼마든지 거부할 권리가 있다고 봅니다. 노동조합의 도덕은 조합원의 도덕과 다를 수 있습니다. 그런데 한국은 이 둘이 일치합니다. 조합원의 이해와 요구를 다 받아야 한다는 관점을 당위적으로 민주 노조의 정신이라고 생각합니다. 그런 관점을 어용 노조에 맞서 싸우면서 현장성이라는 이름으로 구축해왔는데, 이 프레임을 바꿔야 합니다. 노조는 도덕이 있어야 합니다.

노중기 현장성이라는 것은 기업별주의라는 비판, 또한 현장은 기업에만 있는, 내 이해관계에만 있는 것이라는 따가운 말씀입니다.

박장현 한지원 동지의 의견과 다릅니다. 대기업과 공공 기관 노조의 목에 방울을 달지 않으면 길이 없다는 말에는 의견을 달리합니다. 이런 생각도 공장 시대 노동운동의 연속선 위에 있는 것이 아닐까요? 공장 시대는 지나가고 있습니다. 서비스직, 판매직, 모두 다 포함해서 공장 시대는 지나가고 있습니다. 공장 시대의 가장 첨예한 노선인 신자유주의 시대도 지나가고 있습니다. 정보자본주의 시대, 플랫폼 시대로 확장되고 있고, 그게 코로나19에서 변태적으로 표출되고 있는 것입니다.

그래서 노동운동은 양면 작전을 써야 한다고 봅니다. 장정 전략, 대장정의 장정을 의미합니다. 후위대는 방어하고 전방 부대는 전진하는 식의 전략을 구사할 필요가 있다는 것입니다. 노동운동이 고용 안정 전략을 지금처럼 추구하면 길이 없습니다. 소득 안정 전략을 추구해야 합니다. 기본소득, 노동시간 단축, 일자리 나누기, 그리고 공공 부문을 지속적으로 확장하는 전략을 쓸 필요가 있습니다. 공공 부문을 빼면 일자리가 만들어질 곳이 별로 없습니다. 공장 규모는 지속적으로 축소될 겁니다. 그린 뉴딜이나 녹색 산업혁명이 필수적으로 들어가야 한다는 것이 확인되고 있습니다. 그런 세력들이 형성되어야 합니다. 비정규직이나 플랫폼 노동자들. 문제는 이런 노동자들을 조직하기가 힘들다는 겁니다. 그런 점에서 노조라는 형식은 한계가 있습니다. 이런 사람들을 조직화하는 데에는 진보 정당이 훨씬 더 유리할 것입니다. 전진하는 세력을 만들어내는 한편, 대공장과 공공 기관 노조는 자본과 야합하지 않는 방안을 찾아야 합니다. 대공장과 공공 기관 노동자들은 노동 조건 하락에 맞서는 투쟁을 할 것입니다. 다만 야합을 할 가능성이 있습니다. 그래서 장정 전략이 필요합니다. 방울을 달기 전에 야합해서 심지어는 반동 세력으로 갈 수도 있습니다. 비슷한 사례로 미국의 백인 노동자들이 트럼프랑 야합하는 경우를 확인하고 있습니다. 이런 사례는 역사 안에서도 많이 발견할 수 있습니다.

노중기 다른 관점을 제시해주셨습니다. 대기업 정규직을 대표하는 조직 중 하나인 금속노조 위원장님의 의견은 어떠신지요?

김호규 민주노총의 한계를 지적하던 논의의 연장선에서 이야기하겠습니다. 민주노총 집행부가 선택한 슬로건 중에서 자신들의 지향점을 보여주는 것이 '모든 노동자들의 노동조합'이라고 생각하는데, 결과적으로 치열하지 못했다고 봅니다. 구조조정 저지 투쟁 과정을 정확하게 복기해야 된다고 보는데, 저는 쌍용차 투쟁이 한 번도 제대로 평가된 적이 없다고 생각합니다. 쌍용차 투쟁이 갖는 상징성이 있지만, 대단히 복잡한 지형에서 무조건 옥쇄 식으로 가는 것이 맞았는가 하는 고민을 해봅니다. 저는 금속노조 상집과 중집에서 구조조정 저지 투쟁이 필요하면 투쟁을 할 테지만 대안 중심의 논의가 없으면 싸움을 하지 않겠다는 발언을 한 적도 있습니다. 반드시 대안을 준비해야 한다는 겁니다. 그러자면 산업 분석도 하고 그 밖의 다양한 논의를 해야 하는데, 이렇게 할 수 있는 능력과 실력이 현재의 민주노총과 금속노조에는 없다고 생각합니다. 늘 아쉬운 것이 우리 정책 능력의 한계입니다. 다양한 의견과 분석이 존재하지 않는 것, 내부에서 치열하게 논쟁하지 않는 것이 문제입니다. 구체적인 판단의 근거를 제시하지 못하고 있습니다. 민주노총 정책연구원은 현재의 규모와 역량을 가지고는 정책 대안을 내기가 쉽지 않다고 봅니다. 민주당의 정책과 민주노총의 정책을 조합원이 딱 볼 때 어느 쪽이 더 정교함이나 대중성을 갖추고 있는지 판단할 수 있도록 해주어야 합니다. 그런 점에서 이념과 좌표 같은 것들은 간부들 내부에서는 충분히 논의하되 표현할 때는 대중적인 언어를 써서 판단의 근거를 정확히 제시하는 식으로 설득력 있는 민주노조운동을 해야 '모든 노동자의 노동조합'이 될 수 있다고 생각합니다. 과거처럼 머리띠 두르고 깃발 든다고 대중이 오지 않습니다.

　두 가지 사례가 있습니다. 삼성디스플레이 노조가 조합원을 대상으로 민주노총에 갈지 한국노총에 갈지 선택하는 투표를 했습니다. 아무런 조건 없이 두 노총의 자료 정도만 제시했습니다. 사실 집행부도 내심 한국노총을 선호하고 있는 상태였는데, 투표 결과는 59 대 41로 한국노총으로 나왔습니다. 제가 보기에는 민주노총 선택이 생각보다 많이 나왔습니다. 그 의미를 찾아가는 과정이 앞으로 우리가 해야 할 전망이나 풀어야 할 과제에 관련된다고 생각합니다. 선전전 정도 한다고 조직 확대가 되지 않습니다. 이념과 목표와 함께 정교함이 필요합니다. 금속노조는 하반기 대의원대회를 하면서 미조직 기금을 신설해 조직 확대 사업을 정교하게 할 생각을 가지고 있습니다. 재벌사 조직화 문제, 특히 삼성전자, 포스코, LG전자까지 개입해 조직 확대를 할 것이고, 중소 공장은 지역 지회 중심으로 조직 확대 전략을 준비하고 있습니다. 다음으로 6월 29일 금속노조 대의원대회를 진행하면서 교섭 방침 수정안을 제출할 예정입니다. 수정안의 핵심은 이번 위기 국면을 활용해서 집단적 노사관계를 만들어 산별 교섭을 한 단계 더 진전시키자는 겁니다. 그런 자리가 만들어지면, 기금이든 조세 개혁이든 노사정이 모여 같이 논의해볼 수 있다고 생각합니다. 현대자동차도 호봉 상승을 제외하면 지난 5년 동안 임금 인상이 2만 원 정도 수준이었습니다. 이윤율이 감소하는 상황에서 과거처럼 10퍼센트 영업이익을 낼 수가 없습니다. 자본도 고민을 할 수밖에 없는 상황입니다. 우리도 코로나 위기 국면을 돌파하기 위한 위기 대응 협약, 그리고 그 협약을 논의하기 위한 업종별 테이블을 구성하자는 요구를 하고 있습니다. 이번 원포인트 노사정 대화의 전제 조건으로 업종별 협의체 구성을 가능하게 해서, 노정이든 노사정이든 되도록 힘을 싣고 가자는 겁니다. 지금은 민주노총이나 금속노조가 중심을 잡아야 할 때라고 봅니다.

장석준 일단 '민주적 사회주의'라는 말이 희화화돼 얘기된 측면이 있다고 보는데, 여기에는 여러 층위가 있다고 생각합니다. 대안 사회에 대한 일정한 체계를 갖춘 이념 또는 이론이라는 층위도 있지만, 윤리적 층위도 있고 전략적 층위도 있다고 봅니다. 한국 사회에서 노동운동이 직면한 답답함에 관련된 이야기는 사실 계급의식이 부족한 데서 비롯됩니다. 지금까지 우리에게 영향을 미친 경제주의적 마르크스주의 이론에 따르면 계급의식은 물적 조건만 갖추어지면 거의 자동으로 발전하는 것이었습니다. 그런데 우리가 지금 나누는 이야기 속에서는 이미 전제가 바뀌어 있어요. 상당한 윤리적인 의식이 갖추어져 있어야만 정책이라든지 운동이 통한다고 보거든요. 윤리 의식을 추상적으로 얘기하면 민주적 사회주의라고 할 수 있는 것입니다. 자본주의하고는 다른 어떤 상태가 인간으로서 더 바람직하다는 동의가 있어야만 그 동의를 가지고 우리가 운동을 하고 구체적인 정책이 먹히는데, 한국 사회는 이게 형성이 안 돼 있습니다. 오늘날 민주적 사회주의를 이야기할 때에는 옛날처럼 지식인 운동가들이 선전 선동하는 차원에서 말하는 것이 아닙니다. 윤리적 토대, 즉 계급의식이라고 하지만, 많은 부분은 도덕적이고 윤리적인 의식이 얽혀 있는 집단의식을 어떻게 만들 것인가 하는 문제의식이 깔려 있습니다.

또 하나는 완성된 대안 체계의 상이 없다고 하더라도, 지금 현재 노동계급이 아니라 중산층 헤게모니가 관철되게 만드는 지배 헤게모니의 작동 통로들이 있는데, 이 구체적인 통로들을 어떻게 공격하고 변형시킬 것인가 하는 문제입니다. 한국 사회에서는 주로 교육과 부동산이 그런 통로인데요, 이런 통로를 통해 중산층 헤게모니가 관철됩니다. 민주노총 조합원을 포함한 노동계급 상층까지 중산층 헤게모니가 작동되는 데 중요한 역할을 하고 있습니다. 여기에 대해 이제까지 진보 정당은 제대로 된 공격을 하지 못했습니다. 그런 부분을 공격하고 자기만의 대안을 이야기하자는 것이 전략으로서 탈자본주의, 민주적 사회주의를 말할 때 바탕에 깔려 있는 부분입니다. 이런 부분을 정당이 어떻게 요구하고 노동조합운동이 어떻게 개입할 것인가 하는 문제는 먼 미래의 일이 아니라 시급히 해결해야 할 당면 과제입니다.

마지막으로 노동운동의 생존이라는 문제는 한국만의 문제는 아닙니다. 신자유주의에서 정보자본주의로 넘어가고 있다고 보는 분들은 노동조합운동이 미래에도 의미를 가질 수 있을까 하고 진지하게 물음을 던지는데, 저는 노동조합운동이 해야 할 역할이 계속 있고 어찌 보면 더 중요할 수 있다고 봅니다. 사고 실험 차원에서 정보자본주의 국면에서 자본의 생존을 위해, 수요의 지속을 위해 기본소득이 작동되는 상태가 된다면, 그런 상황이야말로 노동조합운동이 더 필요한 때라고 봅니다. 왜냐하면 자본이 주도하는 사회에서 노동하는 자들은 단순히 경제적 이익만을 방어하려고 노조가 필요한 것이 아니기 때문입니다. 소유하는 인간이 인간의 전형이 되던 사회에서 노동하는 인간이 인간으로서 더 품위 있고 더 존엄하다는 목소리를 낸 것이 19세기, 20세기 노동조합운동의 위대한 역사라고 생각합니다. 만약에 정보자본주의가 정착되고 부정적 의미에서 기본소득이 작동되는 사회가 된다면, 그야말로 지식과 정보를 독점하는 사람이 가장 바람직한 인간이 되고 노동하는 인간은 그 어느 시대보다도 더 비인간 취급을 당할 수 있는 가능성이 열린다고 봅니다. 그런 사회일수록 오히려 노동자의 단결이 필요하고, 그때의 노동조합운동은 예전의 길드 같은 역할과 성격을 가져야 합니다. 직업인들이 소유인이나 지식인에 견줘 자기들이 더 보편적인 인간성을 구현하고 있다는 것을 드러내기 위한 전통적인 조직이 길드인데, 이제 노동조합이 그런 역할을 끌어안고 발전해야 할 상황이 아닌가 싶습니다. 대안 사회가 된다고 하더라도 길드형 노동조합이 필요하고 그 길로 나아가야 된다는 생각을 한다면, 한국에서는 더더욱 초기업적이고 탈기업적인 노동조합운동을 향해 나아가는 것과 대안 사회를 향해 나아가는 것이 분리된 문제일 수 없습니다. 그렇다면 한국 노동조합의 전환이라는 과제를 놓고 먼 미래에 대한 전망이랑 현재적 과제를 연결시켜 의미를 부여하고, 적극적으로 고민하고 실천할 수 있지 않을까요? 그렇게 본다면 노동조합이 과연 생존할 수 있을까 하는 물음이 문제가 아니라, 노동조합은 자기 변형을 통해 반드시 생존해야 한다고 답하고 싶습니다.

노중기 민주적 사회주의는 여러 층위가 있는데, 비판적으로 보자면 지금까지 진보 정당이 교육과 부동산 등 중산층 헤게모니에 도전하지 못해서 문제였으며, 거기에 도전할 수 있는 틀이 정치세력화이고 이념이라는 말씀이군요. 노동조합운동도 동일한 일을 다른 차원에서 한다는 점을 지적하신 것 같습니다.

진기영 한국 노동운동은 생존을 할 수 있을 것이냐는 질문에 대해서는, 생존을 위해 무엇을 할 것이냐는 물음에 대한 답이 나와야 할 것 같습니다. 새롭게 조직된 노동자들도 많지만, 공공운수노조를 보면 노조의 근간을 형성하고 있는 공공 기관 노조들의 선배 세대 조합원들이 앞으로 5년 안에 3분의 2 정도가 나갑니다. 건강보험공단, 서울교통공사, 철도 등이 다 그렇습니다. 반면에 젊은 노동자들의 생각은 다양한데, 특징 중 하나가 문재인 정부의 공정과 정의라는 프레임에 걸려 왜곡된 측면이 있다는 겁니다. 노동조합 구성원들의 세대가 변화하는 상황에 대비하고 대응해야 합니다. 생존을 할 수 있느냐는 질문과 생존을 해야 한다는 당위를 고려할 때 교육이 중요합니다. 젊은 간부들을 양성한다는 측면에서 현장에서는 교육 관련 수요가 꽤 높습니다. 민주노조운동이 생존하기 위해 현장에서 많은 노력을 하고 있고, 이런 시도들이 확장돼 담론과 결합되면 자본이 원하는 방향이 아니라 우리가 지향하는 세대 교체가 일어날 수 있는 여지는 여전히 남아 있습니다. 그런 토대가 있다는 점에서 민주노조운동은 생존할 수 있을 것이고, 생존의 가능성을 높일 방안을 구체적으로 만드는 것이 중요하다고 생각합니다.

김호규 그 문제에 관련해서 공약도 내세우고 질문도 받고 해서, 개인 생각이지만 퇴직자 10퍼센트 재조직화론을 고민하고 있습니다. 노동조합운동에서 중요한 것은 간부라고 생각합니다. 현대자동차 기준으로 보면 2025년까지 1만 7000여 명이 퇴직하는데, 그중 10퍼센트를 조직하면 1700여 명입니다. 1700명을 조직 안 해도 좋은데, 1987년 세대의 10퍼센트를 조직하겠다는 목표를 잡아서 퇴직하는 활동가를 재조직하고, 이 분들이 또 나서서 주변을 조직하는 것이 중요하다고 봅니다. 앞으로 10년, 20년 이상 더 살아갈 텐데, 사는 방법의 변화를 모색하는 프로그램을 퇴직자 재조직화 프로그램으로 고민하고 설계해야 됩니다. 울산에서 현대자동차와 현대중공업 퇴직자들을 모아 숲 만들기 사업을 해보려고 합니다. 생각은 조금씩 다르지만 일단 퇴직 활동가들의 베이스캠프라도 만들어야 한다는 점에는 공감하고 있습니다. 이런 집단들을 조직하는 것이 노동운동 생존 전략의 하나라고 생각합니다.

박장현 한마디만 보태면 진기영 동지가 말한 교육 프로그램도 제가 이야기한 장정 전략에 연관시켜서 볼 수 있습니다. 장정 전략이라는 것은 우리가 이미 확보하고 있는 안전하고 편안한 진지를 떠나는 위험을 감수하고 고생을 하면서 한 바퀴 돌아 다시 오는 겁니다. 평등사회노동교육원이 교육 프로그램을 만들 때 편안한 고지는 노동조합 조합원을 교육하는 것이었습니다. 먼저 소수 간부들을 모아서 키우고 그 간부들이 다수의 조합원을 교육하도록 만드는 방식은 아니었습니다. 그런 편안한 고지를 떠나서 5년쯤 고생을 하고 나니 그때부터 사람들이 차차 관심을 가지기 시작했습니다. 마찬가지로 노동조합운동은 현재의 편안한 고지를 떠날 마음을 못 먹으면 고립되고, 자칫 잘못하면 야합하는 그런 처지가 되지 않을까요? 그렇게 되면 생존하기 어려울 겁니다. 물론 지금 당장 편안한 고지를 떠나는 선택이 쉽지는 않을 것이라고 생각합니다.

노중기 필사즉생이죠. 박장현 원장이 말씀하신 화두입니다. 대기업 정규직 노동조합운동에 대한 사회적 비판, 그리고 내부 성찰이라는 문제를 어떻게 할 것이냐. 다시 확인한 중요한 문제였습니다. 토론이 예상보다 많이 길어졌습니다. 모두 긴 시간 진지하게 참여해주셔서 대단히 감사합니다.